지역산업분석

Regional Industry Analysis

김 대 중

도서출판 대영문화사

머리말

급격하게 변화되는 세계경제 속에서 경쟁력을 키운 지역은 더욱 발전하였으나 그렇지 못한 지역은 쇠퇴하는 양상이 발생하고 있다. 특히, 변화에 적응하는 방법과 내용은 해당지역의 특성에 따라 다르게 나타나고 있어 지역의 의미를 새롭게 이해하려는 노력이 필요하다. 지역에 대한 깊은 이해가 지역의 가치를 다양하게 부여할 수 있기 때문이다.

산업경쟁력 제고를 위한 산업발전의 패러다임은 산업의 집적과 지역 간 연계를 중시하고, 경제의 세계화와 지역화가 동시에 진행되며 지역이 새로운 경쟁단위로 부상하면서 지역단위의 연관기업 간 경쟁, 협력, 유기적 연계체계는 지역경쟁력뿐만 아니라 산업 전체의 경쟁력에 영향을 미치고 있다.

우리나라의 지역산업정책은 정권이 바뀔 때마다 큰 변화를 겪고 있기 때문에 국정방향과 국정목표를 구현할 수 있도록 지역의 현상을 진단하여 새로운 정책수단을 발굴·기획하여 추진하는 것이 지역의 과제가 되고 있다. 지자체에서는 어떻게 하면 지역 내에서 성장속도가 빠르고, 높은 고용창출이 가능한 기업들이 많이 창업하거나, 그런 기업들을 유치하여 지역산업 성장을 견인할 것인가에 정책의 우선순위를 부여하고, 지역의 산업별 특성을 감안한 양질의 일자리 창출 방안을 강구함으로써 지역발전을 이루고자 하고 있다.

이를 위해서는 지역의 여건에 맞는 산업입지 및 경제기반을 구축하는 것이 중요하다. 지역은 급격한 정책변화가 발생될수록 지역산업에 대한 지속적인 모니터링이 요구된다. 상시 모니터링 시스템은 급격한 정책변화가 발생되더라도 신속하게 대응할 수 있어서 자체적인 지역산업발전정책의 추진이 가능해질 수 있기 때문이다.

최근 지역산업정책을 통해 추진되는 사업들은 산업, 기술, 지역발전이라는 요소가 결합된 복합적이고 종합적인 성격을 지니고 있다. 따라서 전략적 · 체계적이고 차별화된 접근이 필요하며, 기술혁신을 통한 지역발전이 보다 효율적으로 이루어지기 위해서는 지역산업정책, 지역과학기술정책, 지역개발정책 수단들을 동시에 고려해야 한다.

즉, 지역산업 추진의 복합적이고 종합적인 성격을 고려하여 효율적으로 지역발전을 달성하기 위해 지역경제발전과 관련된 부문별 정책인 산업정책, 기술정책, 지역개발정책 수단들을 동시에 고려하여 지역적 특성에 맞게 조합하여야 한다는 것이다.

동시에 형평성 차원의 지역정책은 지역 간 격차 해소를 추진하되 지역정책과 부문별 정책을 지역적 특성에 맞게 조합함으로써 균형적이고 건강한 지역발전을 목표로 하는 자립적인 지역발전 모델이 필요하다. 즉, 지역산업정책, 과학기술정책 및 지역개발정책별 공통분모를 가지고 있으면서 각 정책이 다루지 못하는 분야나 기존 정책과는 방향을 달리하는 정책영역과의 정책소통을 통해 공동의 목표인 지역발전과 최종목표인 국가발전을 도모하여야 한다.

이 책은 이와 같은 관점에서 지역의 산업경제분야에 대한 체계적이고 종합적인 인식제고를 위해 필요한 지역산업경제를 분석할 수 있는 제반 이론과 다양한 분석방법들을 현실적인 자료를 바탕으로 실무에 적용할 수 있도록 학습하고 연구하는 데 도움이 되고자 집필되었다. 지역의 산업경제 문제를 분석할 수 있는 다양한 방법론을 이해하고 실제 분석해 봄으로써 지역산업경제분야에 대하여 정확한 진단과 처방을 내릴 수 있게 되고, 관련 연구와 실무에 적용할 수 있는 분석력과 기획력을 높여준다면, 지역별, 산업분야별 다양한 응용분야에서 수요가 있을 것으로 기대한다.

이 책은 지역산업경제분야의 문제를 이해하고 분석 및 연구하는 데 필요한 분석방법을 총 7장으로 구성하여 소개하였다. 각 장에서 다루고 있는 주요 내용을 간략하게 소개하면 다음과 같다. 제1장에서는 산업경제분야에 대한 관련 이론과 정책을 소개하고, 지역산업정책의 핵심기관 역할을 하고 있는 과학기술단지 등 지역산업정책의 추진과 관련 깊은 추진주체에 대한 내용을 담았다. 제2장에서는 산업분류에 대하여 설명하였다. 한국표준산업분류(KSIC)에 대한 소개와 최근 개정된 법률에 의한 산업분류와 이론적 근거에 의한 산업분류, 그리고 지역산업정책적 차원에서 추진된 사례를 관련 정책적 배경과 함께 살펴보았다. 제3장에서는 기본적인 분석과정에 필요한 다양한 자료의 기술방법에 대해 설명하였다. 제4장은 지역산업분석에 대한 내용으로 산업의 집적(특화), 산업구조 다양성, 산업구조 고도화, 고용구조, 산업 효율성, 그리고 지역경제 성장요인(변이·할당분석) 분석방법들에 대하여 필자가 개발한 방법론을 포함해 소개하였다. 제5장은 기업의 재문분석을 위한 분석방법들을 다루었고, 제6장은 연구개발 및 특허에 대한 기술분석방법과 수출입 관련 분석방법론 및 시장구조 분석방법을 설명하였으며, 제7장에서는 인구현황분석과 지역경제분석 방법론을 설명하였다. 또한 부록에는 전국과 지역(충남)의 통계데이터를 제공함으로써 실습에 활용할 수 있도록 하였다.

이 책은 지역의 산업경제 관련 문제를 다루는 학과의 대학생과 대학원생, 그리고 지역의 산업경제 관련 분야의 실무자들을 위해 쓰여진 책이다. 이 책은 필자가 지역산업정책기획 실무를 하면서 산업분석 방법론들을 집대성할 필요가 있음을 절감하고, 그동안 실무와 연구과정을 통해 개발한 내용들을 종합하여 저술한 것으로 시험 출간을 거쳐 내용을 수정·보완하여 정식 출간하게 되었다.

그동안 이 책에 대해 많은 관심을 보여주신 여러 교수님들과 학생들에게 감사의 말씀을 드리고, 출간에 많은 도움을 주신 대영문화사 정재훈 과장님과 장선옥 선생님께 감사를 드리며 발간의 기회를 주신 대영문화사 임춘환 사장님께 감사드린다. 또한 오늘이 있기까지 한없는 자식사랑으로 아들의 건강과 행복을 빌어주신 존경하는 어머니와 하늘에 계신 아버지께 감사드린다. 특히, 큰 버팀목이 되어준 아내와 아들 선우에게 한없는 사랑과 고마움을 전하며 큰 힘이 되어주신 장모님께 감사드린다.

마지막으로 독자들께 부족한 부분들에 대해서는 앞으로 더욱 좋은 책으로 거듭날 수 있도록 보완해 나가겠다는 약속을 드린다.

2016년 5월
글로컬 산학협력관 연구실에서 김대중

차 례

제 1 장 이론 및 정책적 배경

제 1 절 이론적 배경

이 장에서는 지역의 산업경제와 관련된 이론들을 알아보고자 한다. 전통적 산업입지이론을 살펴본 후 산업클러스터 이론을 정리하고, 클러스터와 관련된 지역혁신체제, 사회적 자본, 네트워크 등에 대하여 논의하며, 마지막으로 지역경제성장론에 대하여 김대중(2010)[1]의 연구에 논의된 내용을 중심으로 정리해 보고자 한다.

1 산업입지 이론

산업입지 이론에 관해서는 베버(Alfred Weber)와 후버(E. M. Hoover) 등에 의한 산업입지 이론과 마셜(Alfred Marshall)의 산업지구론, 그리고 정보화시대에 접어들면서 이에 따른 기술변화와 경제활동입지의 변화를 설명하고 이론들을 살펴보고자 한다.

1) 김대중(2010), 테크노파크의 지역전략산업 지원효과에 관한 연구: 충남의 산업구조변화와 지역경제성장과의 관계를 중심으로, 단국대학교 박사학위 논문.

1) 산업입지론

경제학자인 베버(Weber, 1929)는 모든 기업은 원료와 노동력을 최소의 비용으로 활용할 수 있는 최적입지지점을 가지고 있다고 주장한 최소비용 접근법의 주창자이다. 그의 이론에 의하면, 기업의 입지는 수송비용, 노동비용, 그리고 집적력이라는 세 가지 요소의 상호작용에 의하여 결정된다. 원료와 소비시장의 지리적 분포를 주어진 것으로 보고, 노동력은 고정된 임금률로 무한히 공급할 수 있다는 가정하에 기업들이 우선 생산원료를 구할 수 있는 지점과 저렴한 노동력을 보유한 지역을 탐색하여, 이들 지역과 상품 판매시장 간의 최소비용지점에 입지하는 것으로 보았다.

베버와 같이 비용적 측면에서 기업의 입지문제를 다룬 후버(Hoover, 1948)는 기업의 최적입지는 생산요소들의 공간적 입지가 산출하는 한계생산 비율이 생산품의 소비자 구입가격의 비율과 같은 지점에서 이루어질 것으로 보았다. 그러나 만약 생산함수가 이질적일 경우 유일한 최적입지지점은 생산수준에 따라 변화하기 때문에 존재하지 않는다고 주장한다.

이들은 기업의 입지결정을 생산요소들 간의 대체효과라는 분석틀 안에서 설명하고 있다. 이상에서 논의된 입지이론은 주로 경제활동의 공급측면에 초점을 맞추고 있고, 기업의 최적입지를 주도하는 힘의 원천이 비용 최소화에 있는 것으로 보고 있다. 따라서 이러한 이론적 틀 안에서는 시장에서의 수요변화와 기업들 간의 전략적 상호작용 등 역동성을 고려할 수 없다는 문제점이 있다.

신고전주의 입지이론가들의 논의는 중공업을 비롯한 재래산업의 입지를 설명하는 데 더 적합한데, 이는 첨단산업의 경우 상품이 가볍고 고가인 경우가 많아서 수송비가 차지하는 비중이 거의 무시할 수 있을 정도이기 때문이다. 또한 첨단기업들의 주요고객은 특정계층에 한정되어 있거나 세계 도처에 분포하고 있어 어느 특정지역이 판매에서 입지적 우위를 점유하지 못한다. 첨단산업에서 필요로 하는 노동력은 재래산업에서 필요로 하는 저임금 노동력과는 달리 교육수준이 높고, 고도의 숙련기술을 지닌 이동성이 비교적 높은 집단이기 때문에 노동시장에서 입지적 우위를 지닌 지역도 정해져 있지 않다. 신고전주의 입지이론은 정태적이어서 산업들이 서로 다른 시기에 서로 다른 장소에서 성장하고 쇠퇴하는 이유와 동종산업 내에서도 한 기업이 특정지역에서 성장을 지속하는 반면, 다른 기업은 다른 지역으로 이전하거나 또는 쇠퇴하게 되는 원인을 설명하지 못한다.

주로 제품 공급측면의 입지이론이 안고 있는 이러한 결점을 보완하기 위하여 기업의 입지행태를 수요측면에서 접근하는 이론이 대두되었다. 이 이론의 기본 가정은 만일 상품의 구매자들이 소수의 시장에 모여 있지 않고 넓은 공간에 고루 퍼져있다면, 그리고 생산비용이 일정하다면, 생산자들은 최대의 판매량을 허용하는 곳에 입지한다는 것이다. 생산자들은 최대의 상권을 확보함으로써 수입을 극대화할 것이고 결과적으로 이윤극대화를 이룰 수 있을 것이다. 이 이론의 대표적인 이론가인 뢰쉬(A. Loesch)는 기업입지의 공간적 균형이 기업을 비롯한 상호독립적인 경제주체들이 이윤극대화 경향에 의하여 결정된다고 보았다. 한편, 이튼과 립시(Eaton & Lipsey, 1976)는 중간소비자들인 기업은 주로 특정산업의 집적지에 입지한 기업들로부터 생산활동에 필요한 중간소비재를 구매하는 경향을 상품의 품질과 가격을 쉽게 비교할 수 있을 뿐만 아니라, 최신 기술정보 수집을 가능하게 하는 장점이 있기 때문이라고 주장한다. 기업입지에 관한 수요측면에서의 접근이 집적경제 이외의 다른 요인에 의해서 야기될 수 있음을 보여주기는 하지만 기업들의 경쟁관계, 기술적 상호보완성, 연구개발에서의 협력, 시장에서의 시너지효과 등 기업들 간의 상호작용에 관한 설명을 배제하고 있다는 점에서 이론적 한계를 지니고 있다(고석찬, 2004).

2) 정보화시대 기술변화와 경제활동입지

정보화사회는 정보·지식이 사회의 핵심적 활동으로 등장하며, 산업분야에서 그 가치와 기능이 인정받는 사회로 정의될 수 있다. 즉, 산업분야에서 정보·지식의 생산, 가공, 처리, 분산 등과 관련된 활동이 핵심적 산업으로 등장하며, 그 파급효과 및 연계효과가 경제에 지대한 영향을 미치는 사회를 의미한다. 한편, 조직분야에서 고찰하면, 자료·정보·지식의 이용, 처리, 축적, 가공 등과 관련된 활동이 조직관리의 핵심적 기능으로 등장하는 사회를 의미한다. 따라서 과거에는 인력관리, 재무관리, 영업관리 등이 조직의 핵심적 활동이었으나, 정보화사회에서는 정보의 효과적 이용과 관리가 조직의 생존과 성장에 핵심적 활동으로 등장한다. 기술적 측면에서 고찰하며, 산업사회 노하우(know-how) 중심에서 노웨어(know-where)

중심으로 변화하는 사회를 의미한다. 즉, 핵심적 기술의 자기보유, 직접보유보다는 핵심적 기술의 보유전문가, 조직, 장소 등에 관한 정보의 가치가 중요성을 가지며, 이들의 이용을 위한 연계 네트워크 활동이 가치창조를 위하여 중요성을 갖는 사회를 의미한다. 이러한 특성을 가지고 있는 정보화사회는 각 분야별로 상이한 용어로 표현되고 있는데 정치 · 경제분야에서는 포디즘(fordism) 사회에서 포스트포디즘(post-fordism) 사회로의 변화로 표현되는 반면, 문화분야에서는 근대성(modernism) 사회에서 탈근대성 또는 초현대성(post-modern) 사회로 표현되기도 한다. 다른 한편으로 사회분야에서는 산업사회(industrial society)에서 탈산업사회(post-industrial society)로 표현되기도 하며, 기술혁신을 중심으로 한 경기변화의 장주기 분석에서는 제5기 콘트라티에프로 표현되기도 한다(김천권, 2004).

정보화사회에서의 지역개발은 산업사회에서의 지역개발과는 상이한 설명과 접근이 필요하다. 예를 들면, 산업사회에서 경제활동의 입지형태를 설명하기 위하여 베버(Alfred Weber), 스미스(David Smith) 등에 의하여 개발된 산업입지 접근은 정보화시대에 첨단산업의 입지행태를 적절히 설명하지 못한다. 마찬가지로 임대료와 운송비를 중심으로 공간이용 행태를 분석한 신고전적 접근(neo-classical approach)도 기술 개발과 인적자원의 확보, 환경의 쾌적성을 중시하는 현대적 입지인자를 고려할 때 논리적 근거와 이론적 타당성이 부족하다는 비판을 받고 있다(김천권, 2004). 그래서 등장한 입지이론이 신산업공간 이론(new industrial spaces)이다.

(1) 제품수명주기 이론

제품수명주기 이론(product life cycle theory)은 버논(Vernon, 1996)과 허쉬(Hirsch, 1967)에 의해 발전된 모형으로 이 이론의 개념에 의하면 공업생산은 일반적으로 연구개발, 새로운 상품의 개발, 성장단계, 성숙단계를 거치게 되며, 제품수명주기의 각 단계는 기업의 조직 및 기술적 특성과 관련되고, 또한 각 단계에 따라 공간적 특성이 달라지게 되는데 이 진화과정 동안 시간의 흐름에 따라 상품은 숙련된 노동집약적인 활동에서 비숙련 노동력을 이용하는 자본집약적인 활동으로 변화한다. 지리적 측면에서 상품이 여러 단계를 거쳐 진화함에 따라 단계별 시설의 기능과 기본조건이 변하며, 이는 입지조건의 변화를 가져온다(박삼옥, 2005).

표 1-1 제품의 성장단계와 행태적 특성

	신제품 개발과 상품시장 진입	성장기	성숙기	쇠퇴기
성장속도	불규칙적 성장	점증적 성장	점감적 성장	점증적 감소
위험부담 정도	높은 위험부담	위험부담의 감소	낮은 위험부담	위험부담 증가
시장구조	준독점 체제	과점체제	가격, 품질의 경재체제	경쟁의 수축
제품생산전략	단일제품 생산	유사제품 등장	제품생산의 표준화	다양한 제품생상
생산의 주요소	정보, 전문인력, 모험자본	전문인력	자본	비숙련 노동력
주요입지행태	연구개발 인프라의 집적 지역, 쾌적한 환경	지역 내 분산입지	지역 간 분산입지	저비용 지역으로 생산시설 이전

자료: 김천권(2004), 도시개발과 정책, 대영문화사.

초기 단계에서는 인적자원의 집중성과 제품의 혁신이 중요한 요소로 작용하므로 주로 인구 밀집지역에서 생산활동의 공간적 분업과 기술변화 사이의 상관관계가 관찰되지만, 생산방식의 혁신이 일어나는 후반부에는 노동집약적 활동을 위하여 외곽 혹은 주변지역에서 생산시설의 입지가 이루어지며, 첨단산업의 입지에 대한 분석에서도 유사한 현상이 관찰된다(김천권, 2004).

(2) 장기파동 이론

기술혁신에 의한 신산업의 발전이 불황을 극복하고 경기를 호황으로 이끌 수 있다는 주장이 대두되면서 콘트라티에프(Kondratieff, 1978)의 장기파동 이론(Kondratieff cycles)이 관심을 끌게 되었는데, 콘트라티에프는 18세기 후반 이후 산업발전은 50년 정도의 주기로 일련의 장기파동에 의해 일어났다고 주장하였다(박삼옥, 2005).

표 1-2 장기파동과 지역 및 산업변화

	1차 주기	2차 주기	3차 주기	4차 주기	5차 주기
장주기 기간	1787~1845년	1846~1895년	1896~1947년	1948~1980년대	1980년대~?
신기술혁신	제직, 제련 기술	제강, 증기기관	전력, 자동차	트랜지스터, 컴퓨터	정보통신, 신소재 유전공학
주요핵심산업	섬유, 철강	증기기관, 철도산업	전력산업, 중기계산업	자동차, 항공, 중화학, 컴퓨터산업	정보통신, 전자, 소프트웨어산업

기업조직유형	개인기업, 소규모 기업경쟁	소규모기업경쟁, 대기업의 등장	거대기업, 독과점 체제 등장	다국적 기업들의 과점적 경쟁	대기업과 중소기업의 연계, 주문형 생산체제
지리학적 영향	도시(광산, 항구)로의 인구이동	광산지역의 성장	대도시의 인구집중	교외지역성장, 대도시의 인구감소, 신산업도시등장	교외화 현상강화
기술 선도국	영국, 프랑스, 벨기에	영국, 프랑스, 벨기에, 독일	독일, 미국, 영국, 프랑스	미국, 독일, 기타 EC국, 일본	일본, 미국, 독일
정권과 규제유형	중세봉건체제의 붕괴, 자유방임 체제의 등장	극단적 자유방임, 야경국가체제, 규제의 최소화	제국주의, 민족주의체제, 기간산업의 국유화	복지국가/ 국가경쟁체제, 고용과 투자에 대한 정부개입강화	규제완화, 기업가적 정부운영
정치경제학자	Smith	Ricardo, List	Marshall, Pareto	Keynes, Schumpeter	Schumpeter, Aoki

자료: 김천권(2004), 도시개발과 정책, 대영문화사.

기술혁신을 설명하는 슘페터(J. Schumpeter)의 이론을 지역개발과 연계시켜 설명하는 장기파동 이론은 경제성장은 장기적으로 주기적 변동을 거듭한다는 것을 역사적 분석을 통해 보여준다. 경제의 주기적 변화인 경기회복, 호황, 침체, 불황의 과정들은 사회에 높은 파급효과를 준다. 신기술의 출현은 혁신과 직접적으로 연계되어 있으며, 이 과정에서 어떤 지역은 빠른 성장을 보이는 반면, 다른 지역은 침체 또는 퇴보를 경험하는 지역격차가 발생한다. 즉, 새로운 기술혁신을 선도하는 지역이거나 그에 따른 산업변화에 적절한 적응을 보이는 지역은 성장을 보이는 반면, 구 기술 중심의 전통산업지역들은 정체 혹은 퇴보의 과정을 보인다.

콘트라티에프 파동은 장기적 경기변동을 설명하는 장기파동의 가장 대표적 모형이라 할 수 있다. 자본주의 체제의 주기적 경기 불안정을 설명한 콘트라티에프의 장주기는 산업혁명 이후부터 약 50~60년을 주기로 물가상승률의 부침현상을 발견하였다. 이후 1939년에 슘페터가 보완적 연구를 거쳐서 콘트라티에프 파동이라는 공식명칭을 부여하였으며, 이러한 장기적 주기변동의 주요변수로서 핵심기술의 혁신(innovation)과 새로운 상품시장(commodity market)의 등장을 제시하였다(김천권, 2004).

(3) 유연생산체제 이론

과학기술의 변화는 필연적으로 산업조직 및 생산방식의 변화를 유도한다. 유연생산체제(flexible production system) 혹은 유연한 전문화(flexible specialization) 등으로 불려지는 생산방식은 과학기술의 발전이 가져온 산업조직과 생산방식의 변화라고 할 수 있다. 경직된 생산방식에서 탈피하여 생산과정의 유연화와 분업화를 강조하는 유연생산체제는 산업행태에서 생산방식의 분업화를 추구하며, 생산제품의 다양화 · 고급화 · 첨단화를 추구하고, 다품종 생산체제를 제공하며, 환경변화에 대한 신속하고 융통성 있는 대응체제를 제공한다는 특성이 있다. 유연생산체제가 도입된 산업의 경우에 대다수의 협력업체들이 인접입지의 성향을 보이며, 상호연계된 산업활동을 수행하는 노동인력의 밀집현상을 가져오고, 이들의 행태적 특성에 따라 지역문화가 결정되는 연쇄적 효과를 창조하는 것으로 분석된다(김천권, 2004).

포스트 포디즘시대에 유연생산체제의 도입과 연계된 지역공간 이용 행태의 변화로서 산업활동의 집적입지를 들 수 있다. 유연생산체제에서는 전후방적 연계관계를 갖는 산업활동들이 인접하여 입지하는 경향을 보이기 때문에 이 과정에서 산업정책과 지역정책의 기능적 · 공간적 상호연계가 발생한다. 즉, 기능적 측면에서는 생산과정에서 상호연계성을 갖는 소규모 기업체들의 인접입지를 통하여 기업생산성의 향상을 가져오는 한편, 공간적 측면에서는 토지이용의 활성화를 통한 고용창출과 지역경제의 성장을 유도할 수 있다.

2 산업클러스터 이론

1) 클러스터의 의의와 개념정의

지역산업의 경쟁력 제고와 지역균형발전을 위해 산업클러스터(Industrial Cluster)의 중요성이 강조되어 왔다. 특히, 참여정부에서는 최고 국정과제의 하나로 지역의 특성화 발전에 의한 국가균형발전을 설정하였다. 지역특성화 발전은 산업클러스터의 형성을 통해 지역산업을 육성하고 지역혁신체제(Regional Innovation System, RIS)의 구축을 통해 혁신역량을 극대화함으로써 지역 고유의 경쟁력을 함양하는 것을 말한다. 그리고 국가균형발전은 지역내부의 자원과 역량을 활용하는 내생적(endogenous) 발전전략에 기초하여 지역의 발전 잠재력을 증진함으로써, '전국이 개성있게 골고루 잘사는 사회 건설'을 지향하고 있다(국가균형발전위원회, 2003). 국제적으로도 산업클러스터 중심의 지역혁신체제 구축은 지역균형발전은 물론 지식기반경제시대에서의 새로운 산업발전전략으로 그 중요성이 강조되고 있다. 이는 지식기반경제에서 기업 간 경쟁이 심화되고 경쟁의 공간적 범위가 확대됨에 따라 세계화, 지역화(블록화), 지방화 촉진 등 공간적 차원에서 경제환경의 변화가 나타나고 있기 때문이다(OECD, 1999).

산업클러스터에 대한 논의는 유럽의 경험적 연구에서 시작된 것으로, 1890년 마샬(A. Marshall)이 『경제원론(*Principles of Economy*)』에 게재한 '전문화된 산업입지의 외연성'이라는 글에서 최초로 클러스터라는 용어를 사용하였다. 마샬은 19세기 말 영국의 쉐필드와 랭카셔 지역의 산업에서 동일지역 내에 집적된 산업단지에서 대량생산의 이점이 발생한다는 것을 발견하고 이를 '집적화에 의한 규모의 외부경제'라 칭하였다. 특정지역에 동일업종의 기업이 집적하여 근접성의 효과가 발생하고 이를 통해 개별 기업이 경제적 효과를 누릴 수 있다는 것이다. 그 후 1990년에 미국 하버드대학의 포터(M. Porter)는 클러스터의 특정 단면 또는 유형에서 한 단계 나아가 역동적인 경쟁이론에 접목시킴으로써 연구영역을 확장하였다.

포터(1998)는 클러스터의 개념을 기업의 경쟁력에 영향을 미치는 지역의 경쟁우위(competitive advantage)[2)]를 확보 또는 유지하는 방법에 관한 사고의 틀로서 '국가, 주, 도시경계에 관한 새로운 사고방식'으로 표현하였다. 포터는 클러스터의 지역적 범위를 한정하지는 않았지만 클러스터의 핵심은 지리적 인접성(geographical proximity)임을 주장하였다. 즉, 클러스터는 신뢰(trust)와 호혜적 행동(reciprocity)에 기초한 비공식 접촉에 의존하며 아이디어의 이전과 공동의 노동력 풀(pool)은 경쟁력을 제고시키고 클러스터 전체의 경쟁우위를 강화시킨다고 주장하였다.

산업클러스터의 정의는 학자에 따라서 다양하게 사용되고 있다. 특히, 가치사슬 클러스터(value-chain industrial cluster)를 별도로 구분하는 경우도 있는데, 이는 투입-산출이나 구매자-공급자 사슬이 확대된 산업클러스터로 정의된다. 가치

2) 포터가 말하는 경쟁우위는 주어진 것이 아니라 개발되고 창조될 수 있다는 점이 전통적인 지역의 경쟁력에 대한 해석과 다르다고 볼 수 있다(박삼옥, 2005).

사슬 클러스터는 최종시장 수요자와 거래관계에 있어서 직·간접적으로 연계되어 있는 1차, 2차, 3차 공급자를 포함한다. 유럽에서의 산업클러스터 논의는 혁신(innovation)의 중요성을 보다 강조하고 있다. EU에서는 클러스터를 전문화된 경제주체와 기타 기관들이 지리적으로 집중되어 있는 생산시스템으로서 시장·비시장 거래를 발전시키고, 각 구성주체와 지역자체의 경쟁력과 혁신에 기여하는 것을 보고 있다.

지역산업클러스터(regional industrial cluster)에 관한 주요 국가의 연구와 정책 동향을 간략히 정리하면, 1980년대 초 이탈리아 북부지역(Third Italy)의 국지적 산업지구를 중심으로 지역에 기반을 둔 기업 간 협력이 혁신에 중요한 역할을 수행한다는 연구 결과에 의하여 지역발전 모델로 소개되었다. 1990년에는 포터(M. Porter)가 국가 경쟁력을 설명하는 다이아몬드 모델을 제시하면서, 특정산업이 특정지역에서 발전하는 원천이 클러스터(regional cluster)이고, 이것이 국가의 핵심적인 경쟁력을 주도한다고 주장하였다. 1994년에는 색스니언(A. Saxenian)이 미국 실리콘밸리의 발전을 보스톤 지역과 비교하여 설명하면서, 지역에 뿌리내린 기업 문화와 제도, 지원체계 등의 역할을 강조하여 산업클러스터에 대한 관심을 증폭시켰다. 1996년에 OECD가 국가혁신시스템(national innovation system, NIS)의 주요주제로 혁신클러스터를 논의하기 시작함으로써 선진국 내에 관련 연구와 정책적 관심이 획기적으로 증대되었다. 그리고 1990년대 후반에 지역혁신체제(regional innovation system, RIS)의 개념이 등장하였다. 지역혁신체제는 지역을 기반으로 공동학습과 혁신능력을 배양하여 클러스터 내 기업들의 상호협력적인 혁신이 발현된다는 이론이다.

이러한 지역산업클러스터에 관한 연구는 경제지리학 분야에서 논의가 활발하며, 전통입지 이론, 신산업공간 이론(new industrial spaces theory), 지역 이론(district theory), 혁신환경(milieux innovateur) 이론, 클러스터 이론(clustering), 지역혁신체계(regional innovation system) 이론 등과 연관되어 이론적 체계를 잡아가고 있다.

국내에서의 클러스터에 대한 정의를 살펴보면 과학기술정책연구원(2002)에서는 클러스터를 '생산업체, 판매업체, 수요업체, 연구기관, 대학 등 지식 창출기관, 지식 활용기관, 지식 및 정보의 연계기관, 고객 등의 군집'으로 정의함으로써 기본적으로 포터와 유사하나, 지식의 생산 유통 및 활용의 측면을 강조하고 있다는 점

그림 1-1 지역산업클러스터 관련 이론 체계

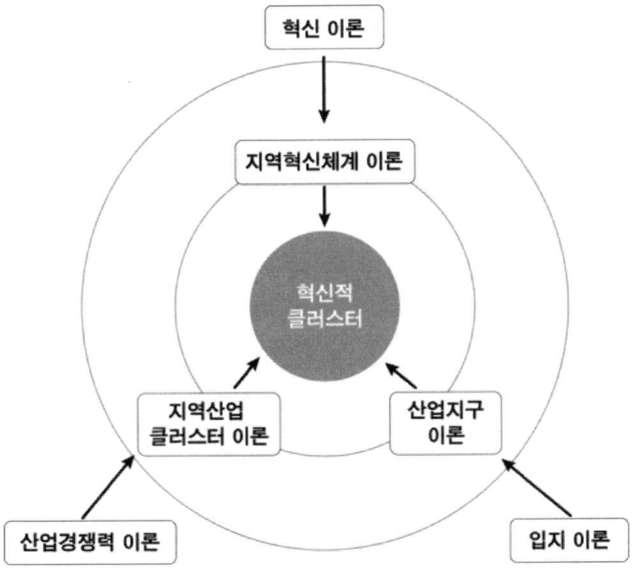

자료: 김정호·박문호·김태연(2004). 지역농업 클러스터의 형성과 발전 방향. 한국농촌경제연구원.

에서 차이가 있다. 국가균형발전위원회(2005)는 클러스터를 산업클러스터(industrial cluster), 산업지구(industrial district), 혁신클러스터(innovative cluster)의 3가지로 구분하였다. 여기서 산업클러스터란 '생산요소의 전·후방 연계 및 거래비용 절감 등 경제 원리에 따라 특정산업과 기업들이 지리적으로 연계된 단순집적지(simple cluster)', 산업지구란 '전문화된 중소기업들이 인접지역 내에서 문화적 유대감을 토대로 수평적이고 유기적인 협력관계를 유지하는 유기적 집적지(organic cluster)'를 뜻한다라고 정의하였다. 한편, 혁신클러스터란 '인접한 혁신주체들 간의 상호작용과 체계적인 네트워킹을 통해 지속적인 혁신과 생산성 향상이 이루어지는 지리적 공간'으로 정의하고, 한국의 경우 대부분의 산업단지들이 산업클러스터 단계에 머물러 있음을 지적하였다.

2) 클러스터의 형성조건

포터가 주장하는 클러스터 이론의 핵심은 산업클러스터가 경쟁적 우위를 갖기 위해서는 소위 다이아몬드 모형이라고 알려진 상호연관된 4가지 결정요소(요소조건, 수요조건, 연관 및 지원산업, 기업의 전략과 구조 및 경쟁)가 갖추어져 있어야 한다는 것이다. 산업클러스터가 성공적으로 발전하기 위해서는 이와 같은 4요소를 충분히 갖추어야 된다는 것이다.

표 1-3 마이클 포터의 클러스터 입지 4대 결정요인

입지 조건	내 용
요소조건	• 천연자원, 인적자원, 금융자원, 물적 하부구조, 관리 하부구조, 정보 하부구조, 그리고 과학 및 기술 하부구조 등 필요 • 요소조건의 핵심요인 중 하나로서 과학 및 기술 하부구조를 제시함으로써 단순한 산업단지가 클러스터가 될 수 없음을 분명히 하고, 지속적으로 새로운 기술과 과학 지식이 만들어지고 그것에서 출발한 신생기업들의 발생을 강조
연관산업 및 지원산업조건	• 클러스터가 타깃으로 하는 산업과 관련한 역량이 있고 지역 기반이 있는 공급업체가 인근에 충분히 존재해야 한다는 것 • 해당산업과 관련된 연관산업 군이 충분히 존재하는 것도 클러스터의 입지결정을 위해서 반드시 필요함
수요조건	• 클러스터의 산출물의 질을 지속적으로 향상시킬 수 있는 세련되고 다양한 요구사항을 가진 고객의 존재를 클러스터의 존립을 위한 입지조건의 하나로 제시 • 세계시장도 선점할 수 있는 특화된 세분시장을 대상으로 할 수 있는 독특한 지역 수요를 주도하는 고객 계층의 존재도 포함
경쟁여건 및 기업전략	• 기업의 창업, 조직, 관리 등과 국내 기업 간의 경쟁구도를 지배하는 국가 기구의 특성 • 해당지역에 기반을 두고 있는 비독점적인 여러 기업 간의 치열하고 공정한 경쟁여건의 존재 또한 클러스터의 입지를 결정하는 중요한 요인

자료: 윤진효(2008), 클러스터, 클러스터 정책의 이론, 쟁점 및 사례 검토, 산업기술재단.

국가균형발전위원회(2005)는 외국 선진국의 성공적인 혁신클러스터 사례에 대한 심층분석을 통해서 <표 1-4>와 같이 네트워크 조건, 인센티브 조건, 기업가 정신 조건, 기술평가 및 이전 활성화 조건 등을 클러스터의 형성조건 혹은 구성요소로 제시하였다. 여기서는 주로 클러스터 성공요인을 기능 중심으로 설정하고 클러스터의 성공적 구축을 위해서 정립되어야 할 기능들을 외국의 사례를 통해서 <표 1-4>에서 보는 바와 같이 클러스터의 4대 형성조건을 단일접촉창구(인센티브 조건), 네트워크 조건, 기술평가 및 이전 조건, 도전적 기업가 정신으로 나누어 정리하고 있다.

표 1-4 국가균형발전위원회의 클러스터 4대 형성조건

4대 형성조건	내 용
단일접촉창구 (인센티브 조건)	• 혁신클러스터의 인접 지역에 기업과 대학 등 혁신주체들에게 종합적 서비스를 제공하는 단일접촉창구가 필요 • 단일접촉창구는 혁신주체들에게 다양한 인센티브를 제공해주는 역할 담당
네트워크 조건	• 혁신클러스터가 형성, 진화하기 위해서는 지역수준에서 기업, 대학, 연구기관, 정부기관 등 다양한 혁신주체들이 긴밀하게 협력할 수 있는 체계적인 네트워크 형성 필요
기술평가 및 이전 조건	• 끊임없는 기술혁신을 통해서 혁신클러스터가 활성화되기 위해서는 기술평가 및 이전이 활발하게 이루어져야 함
도전적 기업가 정신	• 혁신클러스터가 형성, 진화하기 위해서는 신기술 창업을 통해 혁신기업을 양산할 수 있는 도전적 기업가 정신의 함양이 필수적

산업클러스터를 구성하고 있는 주체들은 비전 제시자(Vision Providers, VP), 시스템 통합자(System Organizers, SO), 전문 공급자(Specialized Suppliers, SS) 등의 3개 주체로 구성되며, 이들 세 구성주체 간 역할 분담을 통한 분업네트워크 형성, 상호작용을 통한 지식창출이 클러스터의 작동원리[3]이다.

복득규 외(2003)는 클러스터 내 참여자의 역할 배분에 따라 <표 1-5>와 같이, 클러스터의 구성주체를 원천기술 제공을 담당하는 세계적 연구중심 대학 등과 같은 비전 제시자, 원천기술의 상업화와 부품 및 요소기술의 통합을 담당하는 기업 등과 같은 시스템 통합자, 그리고 부품과 요소기술을 제공하는 중소 벤처기업, 금융, 법률서비스 등과 같은 전문 공급자 등으로 구분하고 있다. 특히, 이들은 실리콘밸리의 터너 학장과 같은 혁신적 기업가 정신을 가진 리더, 즉 비전 제시자의 역할과 기능의 중요성을 명시적으로 제시하고 있는 점이 특징적이다.

김선배 외(2005)는 클러스터의 구성요소를 3가지 차원으로 구분하여 보고 있다. 첫째, 가장 핵심을 이루는 요소는 지역전략산업 및 연관산업 혹은 지식기반이 되고, 둘째, 지역의 전략산업과 지식기반의 혁신환경(innovation milieus)은 지식 및

3) 비전 제시자(Vision Providers, VP)는 원천기술을 개발하고 산업 발전방향을 제시하며 인재공급과 벤처창업의 토대로서 역할을 하고, 시스템 통합자(System Organizers, SO)는 원천기술을 상업화하고 요소기술과 부품을 통합하여 제품화하는 역할을 담당하며, 전문 공급자(Specialized Suppliers, SS)는 부품과 요소기술을 제공하는 중소기업 · 벤처와 금융 · 마케팅 · 법률서비스 등을 제공하는 지원서비스업체 등을 지칭함.

표 1-5 클러스터의 구성주체

구성주체	내 용
비전 제시자	• 기초기술과 원천기술을 개발하고 산업 발전방향이나 지역의 발전비전을 제시하는 역할을 담당 • 인재를 공급하고 벤처 창업의 기반이 되는 것도 비전 제시자의 역할임
시스템 통합자	• 비전 제시자의 비전과 신기술을 실제 제품과 서비스를 구체화하는 역할을 담당하는 구성 주체 • 비전 제시자에게 정보와 자금을 제공하고 전문 공급자의 부품과 기술을 수요하는 역할을 담당
전문요소 공급자	• 제품과 서비스의 완성에 필요한 요소기술이나 부품을 개발하고 지원서비스를 제공하는 구성주체 • 비전 제시자에게 정보와 자금을 제공하고 시스템 통합자에게 부품과 요소기술을 제공하는 역할을 담당
도전적 기업가 정신	• 혁신클러스터가 형성, 진화하기 위해서는 신기술 창업을 통해 혁신기업을 양산할 수 있는 도전적 기업가 정신의 함양이 필수적

기술인프라 공식적 · 비공식적 게임의 룰, 기업지원제도 및 시설, 물리적 인프라로 구성되어 있으며, 셋째, 전략산업 및 지식기반과 혁신환경이 상호연계되어 시너지를 창출하기 위한 공식 · 비공식적 네트워크가 활성화되어야 한다고 하였다. 이처럼 지역혁신체제의 각 구성요소는 물리적 요소와 제도적 요소가 혼재되어 있고, 각 구성요소가 영향을 미치는 공간적 범위도 국지적 차원(local level)과 지역적 차원(regional level)으로 서로 상이하다는 것이다.

3) 클러스터의 발전단계

클러스터의 발전단계에서 네트워크 변화에 따른 클러스터의 진화단계에 대하여 카펠로(R. Capello)의 논의에 따르면, 클러스터는 내부의 네트워크구조, 지식교환의 방향, 암묵지(tacit knowledge)와 형식지 등의 교환되는 지식의 종류, 외부 사회와의 연계 정도나 내용에 따라 <표 1-6>과 같이 진화단계[4]가 구분된다. 산업

4) 네트워크 시작단계의 경우, 네트워크가 약하여 코드화된 형식지를 중심으로 한 방향으로 지식의 유통되고, 사회적 연결은 매우 약한 상황으로 클러스터 형성의 초기단계이기 때문에 일부 공통의 관심사를 보유한 기업, 대학 및 정부 기관 간의 약한 네트워크가 형성된다. 네트워크 강화단계로 클러스터가 진화하면 네트워크 구조가 강해지고 형식지뿐만 아니라 암묵지까지 쌍방향으로 유통되지만, 사회적 연계는 약한 상태로 유지되다가 점차 참여 기업과 연구기관 대학의 수가 증가하게 되고 이들 간의 역할분담의 체계화를 위한 조직 구조가 정비된다. 클러스터가 좀 더 진화하여

그림 1-2 산업클러스터의 구성요소

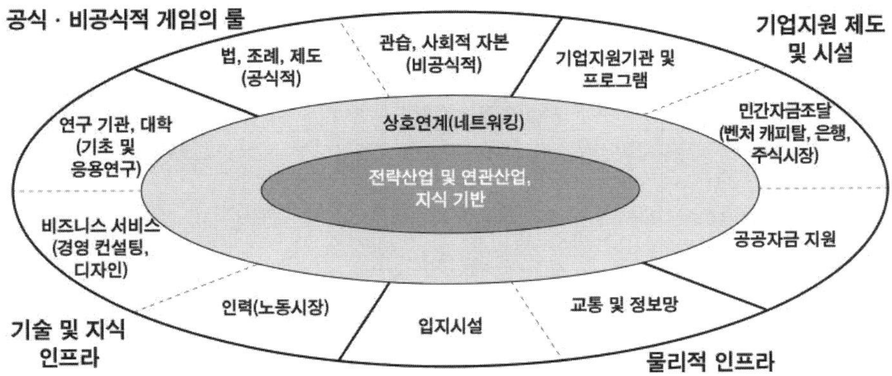

자료: 김선배 · 정준호 · 이진면(2005), 산업클러스터의 효율성 진단(모형) 연구, 산업연구원.

클러스터의 유형 및 발전단계를 결정하는 핵심요소는 국지화,[5] 네트워킹,[6] 착근성 및 제도적 집약,[7] 집단학습,[8] 혁신시너지[9] 등의 다섯 가지로 이러한 핵심요소들이

학습단계에 들어가면 네트워크 자체가 여러 층을 가지는 다층 구조가 형성되고 지식이 여러 방향으로 유통되며, 사회적 연대가 점차 강화되어 성공한 유사 산업클러스터의 벤치마킹과 클러스터의 양적, 질적 성장이 시작되면서 클러스터 내의 산업 활성화를 위한 제도 및 투자 촉진방법의 개선이 된다. 마지막으로, 클러스터가 혁신단계로 진화하면 네트워크가 다층 구조로 정착되고 다각적인 지식의 흐름 속에서 새로운 지식이 창출될 뿐만 아니라 다양한 사회적 연계가 강화되어 산업클러스터 내에 새로운 역할을 하는 구성요소가 점차 추가되고, 관련 산업의 확대 및 발전으로 인해 새로운 산업의 등장을 촉진하게 되어 더욱더 복잡하고, 유기적인 형태의 클러스터 구조를 형성하게 된다(윤진효, 2008).

5) 국지화(localization): '동종 또는 유사한 기업들이 한 장소에 집적함으로써 얻어지는 외부경제효과'로 지역노동시장 등 요소시장의 형성과 업체 간 노동분업에 의한 전문화 등을 포함.

6) 네트워킹(networking): 기업 간 분업에 의한 협력의 지속적 관계로서, 생산활동의 전후방 연계, 동종업체 간의 기술협력, 이종업체 간의 전략적 제휴 등을 포괄.

7) 착근성(embeddedness) 및 제도적 집약(institutional thickness): 미시적으로는 기업 간 관계가 사회적 관계 구조 속에 고착됨으로써 형성하는 신뢰와 문화를 의미하며, 거시적으로는 다양한 연관조직(기업, 지방정부, 연구소 등)이 해당지역의 사회관계 속에서 형성시킨 관습과 지배구조, 그리고 공통된 인식 등을 포괄.

8) 집단학습(collective learning): 군집 내에 생성된 혁신과정의 결과가 빠른 시간 내에 공공재가 되어 관련 활동주체라면 누구든지 자유롭게 사용할 수 있게 됨으로써, 지역 내 혁신의 프로세스와 성과를 촉진시키게 되는 것을 의미.

9) 혁신시너지(innovative synergy): 혁신의 잠재력이 높은 지구에서 창의적인 사업아이디어가 실질적인 경제적 성과로 전환되기 위해 필요한 제반 활동과 여건을 의미.

클러스터에 어떻게 형성되어 있느냐에 따라서 클러스터를 단순집적지, 산업클러스터, 혁신클러스터의 세 가지로 클러스터의 발전유형을 구분한다.

단순집적지가 지역산업군집으로 발전하기 위해서는 유관산업이 집적되는 국지화(localization)와 동시에 기업 간의 조직적 근접성 등 네트워킹(networking)이 형

표 1-6 네트워크 정도에 따른 클러스터의 진화단계

구 분	네트워크 시작단계	네트워크 강화단계	학습단계	혁신단계
네트워크 구조	약한 네트워크	강한 네트워크	다층 네트워크	다층 네트워크
지식교환	일방적	쌍방적	다각적	다각적
지식종류	형식지	형식지/암묵지	형식지/암묵지	신지식창출
사회적 연계	약함	약함	중간	강함

자료: Capello(1999); Stuart et al.(1998); Dyer & Noveoka(2000).

그림 1-3 산업클러스터 발전단계별 핵심요인 및 정책수단

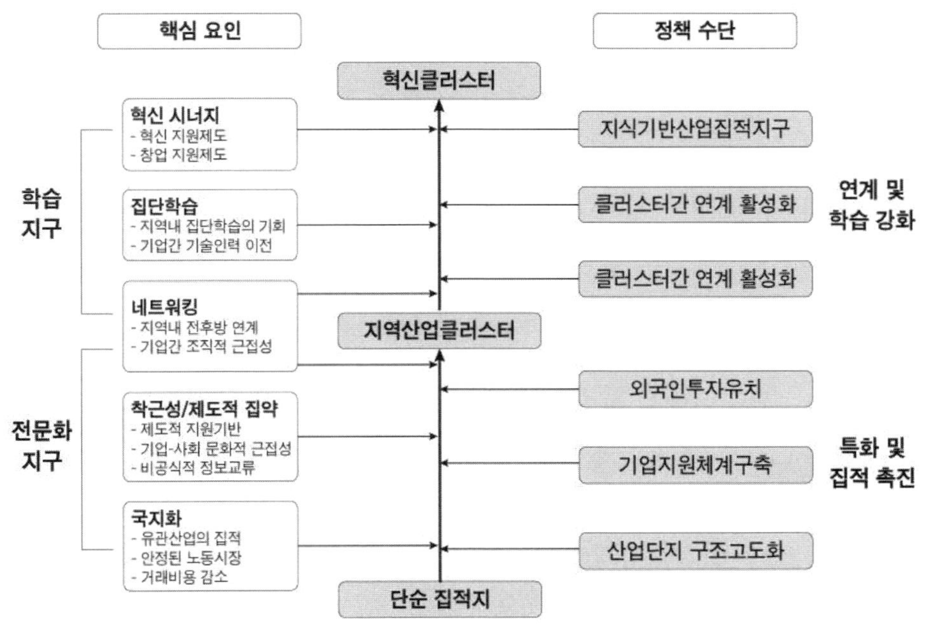

자료: Cappello(1997); 김선배 · 정준호 · 이진면(2005). 산업클러스터의 효율성 진단(모형) 연구. 산업연구원.

성되어 있어야 하고, 지원서비스의 발달, 기업-사회 간 문화적 근접성, 비공식적 정보교류 등 착근성(embededness)과 제도적 집약(institutional thickness)이 이루어져야 한다. 이러한 발전과정에서 단순집적지는 전문화지구로의 발전을 거쳐 산업클러스터로 성장하는 것이다. 또한 산업클러스터가 혁신클러스터로 발전하기 위해서는 지역 내 경제주체 간에 새로운 기술과 혁신에 대한 공동학습(collective learning)과 함께 공동학습을 통해 형성된 잠재적 혁신능력을 실질적인 수익으로 전환할 수 있는 혁신시너지(innovative synergy) 체계가 구축되어야 한다. 이러한 발전과정에서 산업클러스터는 학습지구를 거쳐 혁신클러스터로 발전하는 것이다.

3 기타 클러스터 관련 이론

1) 이론적 논의 동향

클러스터와 관련된 기타 이론들의 논의는 상호작용적 혁신과 깊은 연관성이 있다. 지식기반경제시대의 도래와 더불어 산업이나 기업 경쟁력 제고의 원천으로 혁신의 중요성이 강조되면서, 협의의 혁신은 기술혁신(제품 및 공정혁신)만을 의미하지만, 광의의 혁신은 기술혁신뿐만 아니라 경영, 마케팅 혁신(새로운 판로와 시장개척, 새로운 원자재 공급원 창출, 새로운 산업조직 형성)까지 포함한다(OECD, 1992). 이러한 혁신의 다양성과 특성으로 인해 혁신창출을 위해서는 과학, 기술, 학습, 생산, 정책 및 수요를 포함한 다양한 경제주체의 복잡한 피드백 메커니즘과 상호작용적인 관계를 필요로 한다. 혁신창출에 있어 경제 주체 간 상호작용의 중요성은 연속적인 제품개발 사이클에 기반한 혁신 메커니즘 분석에서도 강조되고 있다(Padmore & Gibson, 1998). 이와 같은 상호작용적 혁신이론에 바탕으로 둔 논의는 혁신체제(innovation system) 연구로 집약되고 있다. 혁신체제의 개념은 1980년대 중반 이후 프리만(Freeman), 파비트(Pavitt), 룬트발(Luntvall), 도시(Dosi) 등에 의해 국가혁신체제(national innovation system, NIS) 논의가 발전하면서 사회과학 전 분야에 급속하게 확산된 개념이다(OECD, 1999).

산업클러스터론과 혁신체제론이 결합은 이후 지역의 산업, 혁신 인프라, 지원

제도, 추진체계 등 포괄하는 지역혁신체제(regional innovation system, RIS)론으로 발전하게 된다. 지역혁신체제는 산업 집적, 산업 전문화, 집단학습을 산업발전의 중요한 요소로 인식하고 있고, 혁신주체의 상호작용을 위한 제도적 시스템 구축이란 정책적 요인을 강조하는 것이다. 즉, 지역혁신체제론은 중앙 및 지방 정부의 혁신시설 및 제도가 산업클러스터 형성을 통해 기업의 학습 및 혁신능력을 향상시키는 데 어떻게 작용하는지를 고찰하는 것이다(김주한 외, 2003).

1990년대 들어 산업클러스터의 성장 원동력으로 거래비용 감소와 생산장비의 공동활용이란 정태적 효율성뿐만 아니라 혁신시너지를 창출할 수 있는 사회적 자본(social capital), 학습지역(learning region), 제도적 집약(institutional thickness)에 의한 동태적 효율성이 강조되고 있다. 사회적 자본은 산업집적지의 성장요인으로 구성원들 간의 신뢰를 바탕으로 한 자원과 정보의 공유를 강조하며(Braczyk, Cooke & Heidenreich, 1998; Coleman, 1988), 학습지역은 산업지구의 경제주체 및 노동자 간의 상호작용과 공동학습(collective learning)을 강조하는 개념이다(Capello, 1999). 제도적 집약은 사회관계의 총체적 특성으로 다양한 연관조직의 존재와 지역사회의 관습과 공통된 인식이 산업발전에 중요함을 강조하고 있다(Amin & Thrift, 1995; Keeble et al., 1999).

산업내·외적 연계공간인 테크노파크와 같은 클러스터를 형성하는 주요요인으로는 혁신과 사회적 자본, 그리고 네크워크를 들 수 있다. 지역혁신체제는 클러스터를 기반으로 형성되는 제도적 환경으로서 입체적이고 시스템적 접근으로 기업의 경쟁력을 향상시키고, 네트워크는 클러스터와 동전의 양면과 같은 상호보완적 성격을 가지고 있어 기업 간 협력 및 공동학습을 통한 기업경쟁력을 강화시키는 역할을 수행하며, 사회적 자본은 클러스터 구성요소들의 상호연결을 고무시키는 촉매제 역할을 한다. 따라서 이 절에서는 테크노파크와 관련된 개념으로 지역혁신체제, 사회적 자본, 네트워크 등에 대하여 논의하고자 한다.

2) 클러스터와 혁신환경 및 지역혁신체제

(1) 지역혁신체제

GREMI 그룹(Camagni, 1991) 등의 혁신환경론(innovation milieu)에 따르면, 제품에 대한 새로운 아이디어는 특정분야 전문가들 간의 긴밀한 네트워크로부터 나오며, 이를 위해서는 특정분야 전문가들의 공간적 집적이 필요하다고 한다. 혁신적 환경론은 혁신의 발생이 행위 주체들 간의 공동학습과 네트워크에 의존한다는 인식에 토대를 두고 있다. 즉, 개인이나 개별 조직이 단독으로는 혁신을 창출하기 어려우며, 혁신의 성취가 거의 항상 서로 다른 능력을 보유하고 있는 개인들이나 독립적인 조직들 간의 상호협력 및 네트워크를 필요로 한다는 것이다(De Bresson, 1999). 혁신환경론은 혁신적 지역네트워크의 배경과 형성에 대한 심층적 이해를 추구하며, 학습과 혁신을 강조한 지역경쟁력의 사회학적이고 문화적인 측면을 탐구한다. 이 접근법은 혁신능력을 지탱하는 사회적 과정의 지역화 방식에 대해서는 다양한 시각을 제시하지만, 공간적 상호의존성의 본질과 원인에 대해서는 여전히 설명하지 못하는 한계를 안고 있다(홍성범 외, 2000).

Cooke(2002)는 지역혁신체제(regional innovation system, RIS)란 기업대학연구소 및 지방정부 등 지역 내 다양한 경제주체들이 지역의 생산과정이나 새로운 기술의 창출, 도입, 확산과정에서 상호협력하여 상승작용을 함으로써 지역의 혁신역량을 최대화하고 지역경쟁력을 제고시키기 위한 지역 내 연계망과 제도라고 정의한다. 즉, 지역혁신체제란 지역을 기본단위로 하여 기술혁신을 추진하는 행위주체 및 제도들 간의 시스템을 지칭하는 개념이다. 지역혁신체제는 기술혁신을 지역발전의 중심변수로 파악한다는 점에서 기존의 지역발전 이론들과 구분된다. 지역혁신체제는 기업 간 관계뿐만 아니라 기업의 기술혁신 능력을 촉진하는 지역적 차원의 착근(embeddedness), 즉 연구소 및 대학, 다른 관련 기관과의 상호작용으로까지 시야를 확대하고 있다(조형제 외, 2001).

지역혁신체제는 제도화된 시스템에 뿌리를 내린 학습 궤적(trajeectories)의 결과로 혁신능력이 발휘된다는 국가혁신체제의 논의를 지역단위에 결부시킨 것이라 할 수 있다. 즉, 지역혁신체제는 기업의 학습 및 혁신능력에 산업의 집적이 어떻게 작용하는지를 고찰하기 위해 제도적 관점을 채택함으로써 공간적 환경에 행위자와 네트워크의 역할에 대한 보다 발전된 개념화를 이룬 것이다(홍성범 외, 2000).

국가적 수준이든 지역적 수준이든 혁신적인 클러스터의 특성을 파악하기 위해서는 기술혁신의 메커니즘을 깊이 있게 이해하는 것이 필요하다. 기술혁신 자체를 이해하는 것뿐만 아니라 기술혁신이 부가가치 창출에 미치는 영향 등 기술혁신의 파급효과를 관찰하는 것도 필요하다. 기술혁신을 중요한 경제변수의 하나로 인정

그림 1-4 지역혁신체제의 이론적 배경

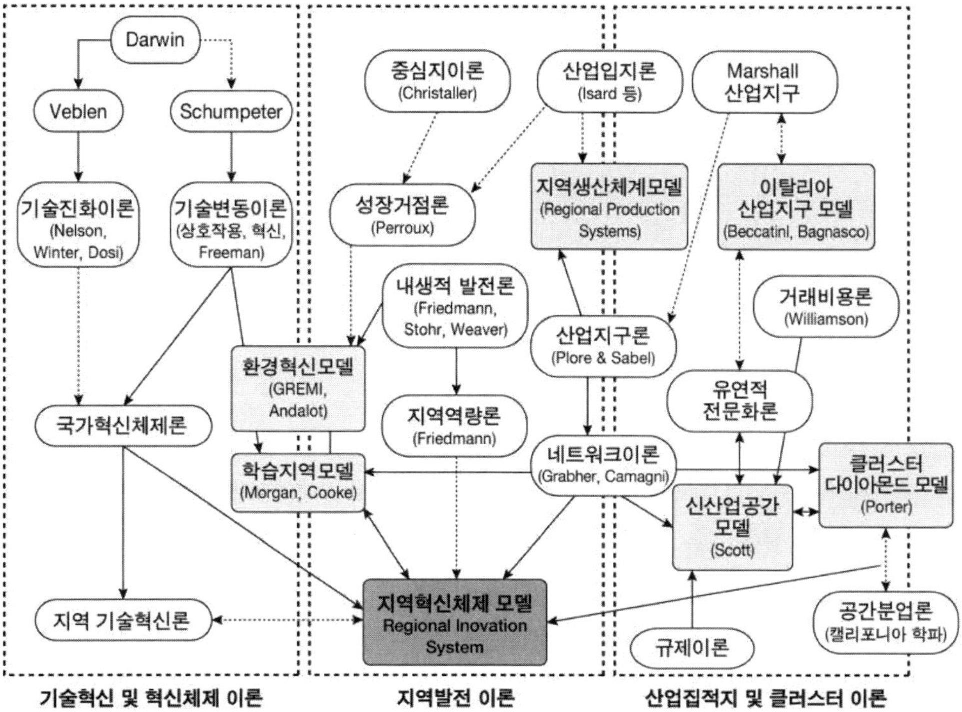

자료: Moulaert & Sekia(2003); 김영수(2007), 지역산업정책 10년의 성과와 과제, 산업연구원.

하고, 경제성장을 설명하는 신경제성장 이론과 신제도학파나 슘페터학파 등의 경제 이론이 혁신클러스터를 이해하는 이론적 배경이 된다(교육과학기술부, 2004).

정리하면, 지역혁신체제는 지역 내의 정치, 경제, 사회, 문화 등 각 분야에서 활동하는 혁신주체들이 상호신뢰와 호혜를 바탕으로 공동학습과 네트워크를 구축하여, 상호작용과 혁신을 통해 자생적이고 역동적인 지역발전을 추진하는 체제로서 어느 특정산업에 국한하지 않고 다양한 분야에서 지역혁신체계가 구축될 수 있다. 클러스터는 지리적으로 인접한 지역에 하나의 특정한 분야의 기업과 해당분야의 연구개발 유관기관들이 연결되어 혁신의 원천자원을 공유하고 공급자 및 생산요소를 긴밀하게 연계함으로써 특화된 서비스를 특정지역으로 유인하고, 협력과 경쟁을 통해 특정분야의 미래에 대한 비전을 공유하며 사회자본을 형성한 형태의 지역을 말한다.

클러스터와 지역혁신체제는 집적, 네트워크, 학습과정, 경로의존성 등의 개념을 중요시한다는 점에서 유사하나, 지역혁신체제는 정치·행정적으로 규정된 지역의 개념에서 다양한 분야의 혁신을 주도하나, 클러스터는 정치·행정적 개념을 벗어나 공동의 경제적 이해관계에 의해 범위가 규정되고 한 분야의 혁신을 주도한다는 점에서 차이가 있다. 한 경제권역에서 하나의 특정산업을 중심으로 혁신체제가 설정되면 클러스터와 지역혁신체제는 같은 개념이지만, 하나의 행정지역 내에 다양한 산업(산업, 서비스업, 문화, 교육 등)을 추진하기 위해 혁신체계가 설정되면 지역혁신체계로 보아야 하며, 행정구역을 뛰어 넘어 다양한 지역에서 하나의 분야에 혁신체계가 설정되면 규모가 큰 클러스터 개념으로 이해해야 한다.

(2) 클러스터와 지역혁신체제의 기능적 관계

김선배 외(2005)는 국가적 여건에 따라 지역혁신에 강조되는 요소가 달라질 수 있다는 점과 현실에서는 클러스터가 상호연계되어 있는 경우가 일반적이기 때문에 클러스터와 지역혁신체제를 개념적으로 구분하는 것 자체가 어려울 수도 있다고

그림 1-5 클러스터와 지역혁신체제의 기능적 관계

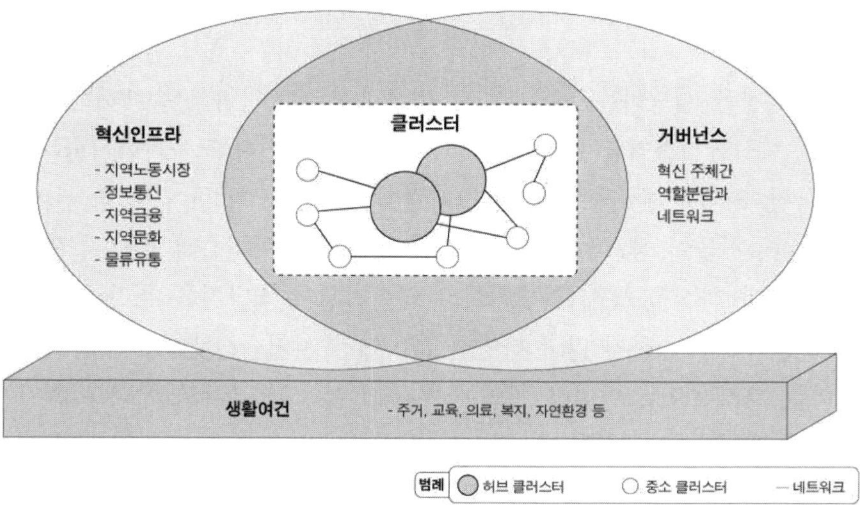

자료: 김선배·정준호·이진면(2005), 산업클러스터의 효율성 진단(모형) 연구, 산업연구원.

주장하였다. 따라서 클러스터 육성에 정책적으로 접근하기 위해서는 국지적 차원과 지역적 차원의 혁신체제, 즉 클러스터와 지역혁신체제로 구분이 필요하며 구성요소의 기능적 관계를 통해 클러스터와 지역혁신체제의 구조를 살펴볼 필요가 있다고 주장했다. 기능적 관점에서 본다면, 지역혁신체제는 클러스터의 형성과 발전을 위해 필요한 지역혁신 인프라와 지역거버넌스로 이루어져 있다고 했다. 이 경우, 클러스터는 하나의 클러스터가 아니라 수개의 클러스터가 상호연계된 형태이며, 국지적 차원의 혁신체제를 말한다. 지역혁신 인프라와 거버넌스는 중층적으로 연계된 수개의 클러스터에 공통적으로 영향을 미치기 때문에 지역적 차원에서 작동하게 된다는 것이다.

(3) 지역혁신체제의 구성요소

Andersson & Karlsson(2002)은 지역혁신체제의 구성요소로 혁신인프라, 제도와 거버넌스, 인센티브로 나누어 설명하고 있다. 혁신인프라는 물리적, 기술, 지식인프라로 분류하고 있고, 제도와 거버넌스로서는 중앙 및 지방의 지원체계와 촉진자와 조정자가 필요하고 관습 및 사회적 자본을 제시하고 있으며, 인센티브로는 공적금융지원과 벤처캐피탈이 완결적인 지역혁신체제의 구성요소로서 필요하다고 하였다.

그림 1-6 완결적인 지역혁신체제의 구성요소

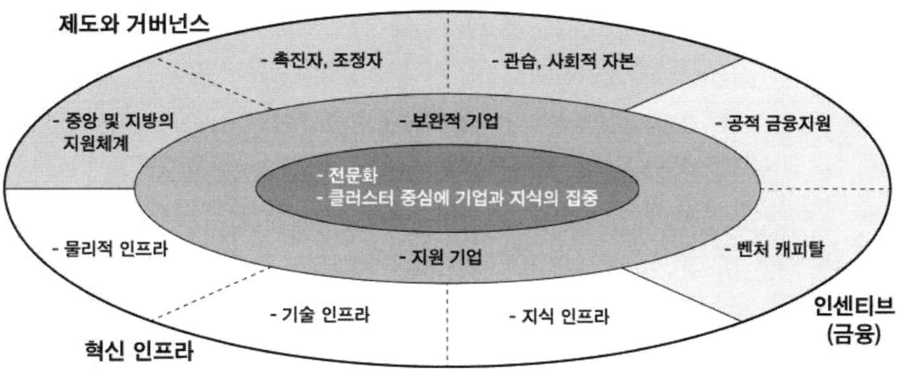

자료: 박삼옥(미발간자료).

쿡(P. Cooke)은 지역혁신체제의 구성요소를 크게 하부구조와 상부구조로 구분한다. 하부구조는 혁신을 위한 구체적인 지원체제를 의미하는 것으로 도로, 공항, 통신망과 같은 물리적 하부구조와 대학, 연구소, 금융기관, 교육훈련기관, 지방정부

표 1-7 지역혁신체제의 상·하부구조 요소

구 분		혁신체제 강화요소	지역혁신체제 약화요소
상부구조요소	제도적 차원	협력적 분위기의 문화	경쟁적 분위기의 문화
		조합주의	개인주의
		학습 선호 경향	새로운 것이 없음
		변화지향	보수적
		민간-공공 사이의 협력	민간-공공 사이의 불화
	조직적 차원(기업차원)	신뢰적 노사관계	대립적 노사관계
		작업장 내 협력	작업장 불화
		노동자 복지지향	착취
		조언과 교육	죽느냐, 사느냐
		외부화	내부화
		혁신	적응
	조직적 차원(정책차원)	포용적	배타적
		모니터링	반동적
		분권적	중앙집권적
		자문, 상담	권위적
		네트워킹	고립적
하부구조요소		지방정부의 독자적 필요에 따라 조세징수 및 지출 가능	기존에 정해진 틀에 따라 조세징수 및 지출
		지역차원의 민간금융 존재	국가적 차원의 금융조직에 종속
		지역적 파트너십을 통한 자금조달 가능	지역적 파트너십을 통한 자금조달 곤란
		지역적 차원의 조정과 지원역량 강함	지역적 차원의 조정과 지원역량 약함
		전략적으로 중요한 하부구조에 대한 영향력과 통제력 보유	전략적으로 중요한 하부구조에 대한 영향력과 통제력 부재
		지역에 뿌리를 내린 대학	지역과 분리된 대학
		지역과 통합된 R&D 연구소	R&D 연구소 지역 내 부재
		지역차원의 직업훈련 역량 존재	국가차원의 표준적인 직업훈련체계
		지역차원의 혁신역량 존재	단편적인 혁신프로젝트

자료: 김용환(2007). 산업클러스터의 형성에 관한 연구. 재편집.

등과 같은 사회적 하부구조를 포함한다.

이때 중요한 것은 이들 사회적 하부구조들의 존재 여부가 아니라 지역 내에서 혁신활동을 위해 얼마나 효율적으로 운영되는가 여부에 달려 있다. 상부구조는 지역의 조직과 제도, 문화, 분위기, 규범 등을 의미한다. 혁신네트워크 형성에는 기회주의적 행동을 배척하고 신뢰와 협력의 문화를 지속시킬 수 있는 통제와 조정력이 상부구조 차원에서 갖추어져야 한다(김용환, 2007).

3) 클러스터와 사회적 자본

(1) 클러스터에서 사회적 자본의 역할

사회적 자본의 구축과 축적이 지식창출 및 혁신의 중요한 원천으로 기능한다고 인식되고 있다. 개별 기업 및 조직 수준에서 조직 내에 점진적으로 축적된 사회적 자본은 구성원들 간의 관계적 근접성(relational proximity)을 향상시킴으로써 지리적 및 기능적으로 분산되어 있는 조직적 지식들을 통합하고, 조직학습과 혁신능력을 향상시켜줄 수 있는 촉매제 역할을 한다(Cohend, 1999). 다시 말하면, 사회구성원 간의 관계에서 형성되는 규범, 신뢰, 네트워크가 조직 내의 구성 주체들 간에 형성됨으로써 구성원들의 활동을 원활하게 해주고, 그로 인해 조직의 문제해결 능력이 증진된다고 할 수 있다(정경희, 2008).

포터는 사회적 자본을 클러스터를 결속시키는 중요한 부문으로 인식하고, 클러스터로부터 형성되는 경재우위는 클러스터 내 정보 및 지식의 가치와 밀접한 관련이 있는데 이러한 가치의 효율적 공유를 위한 네트워크와 상호관련성, 그리고 신뢰의 정도는 클러스터의 사회적 기반이 된다. 한편, 네트워크와 관련하여 푸트남(Putman, 2000)은 사회적 자본의 중심적인 생각은 네트워크와 상호호혜로 연결된 규범들이 지닌 가치에 있다고 하였다. 이는 사회적 자본이 어떠한 종류의 가치를 발생시키는가 하는 문제를 제기시킬 수 있다.

OECD(2002)는 사회적 자본과 클러스터에 관해 다음과 같은 논의를 제시하였다(최병훈, 2008). 첫째, 사회적 자본과 클러스터를 연결할 고리가 존재하느냐 하는 것이다. 클러스터 내에서의 혁신은 기본적으로 협력, 근접성, 네트워크 등에 기반을 두고 있으며 상호학습, 경쟁, 긍정적인 역할, 개인적인 접촉 등을 통해서 활성화된다고 할 때 지역적인 클러스터는 이러한 기업들 간의 의견교환이 가능한 공간이며, 활발한 의견교환이 바로 사회적 현상이다. 따라서 사회적 자본은 클러스터의 형성과 발전에 있어 긍정적·부정적[10]인 효과를 포함하는 기본적인 요소가 된다.

둘째, 높은 수준의 사회적 자본을 가진 클러스터는 높은 성과를 나타내는가 하는 것이다.

고메즈(Gomez, 1999)는 사회적 자본이 자영업자의 생산성을 향상시키고, 노동시장의 성과를 증진시키며, 지식의 확산에 기여하고 있다고 하였다. 또한 Cooke와 Clifton(2002)은 중소기업 간에 사회적 자본은 비즈니스를 진행시켜 나가는 데 중요한 단초가 되지만, 사회적 자본은 경제적 성과를 개선시키는 데 있어서 이를 충분하게 설명해주는 변수가 되지는 않는다고 지적했다.

지식정보화사회에서 지역경쟁력을 제고하는 핵심적인 역할을 수행하기 위해서는 클러스터에서 발생하는 지식의 이전과 학습, 그리고 혁신이 활발하게 유지되어야만 한다. 클러스터의 성공은 다양한 행위자 간의 수직, 수평적인 협력관계를 가져올 수 있어야 하며 그러기 위해서는 이들 간의 네트워크에 기반을 둔 상호작용과 이를 통한 신뢰형성이 필요하다. 따라서 사회적 자본은 클러스터 구성요소들의 상호연결을 고무시키는 촉매제 역할을 하는 중요한 클러스터 구성요소인 것이다.

(2) 사회적 자본에 대한 이론적 논의

① 사회적 자본의 개념

사회적 자본(social capical)이라는 용어는 하니판(L. J. Hanifan)에 의해 1916년 처음 사용되었으며, 학술적으로는 프랑스 사회학자 부르디외(P. Bourdieu)가 1986년 처음 제시한 것으로 알려져 있다. 부르디외는 사회적 자본이란 지역사회에서 회원제(membership)를 통해 주민들에게 발생하는 추가 이익과 기회창출의 의미로 사용하였고, 콜맨(J. S. Coleman)은 주민들의 사회적 연대(social ties)로부터 나타나는 개인적 자원이란 의미로 사용하였는데, 푸트남은 사회적 자본을 활동을 조정 혹은 용이하게 함으로써 사회의 효율성을 증대시킬 수 있는 신뢰, 규범, 연계망(network)과 같은 사회조직의 특징과 연관시켜 정의하였다.

주요학자들의 사회적 자본에 대한 다양한 정의는 각 연구자들의 연구목적과 깊이 관련되어 각기 다른 방식으로 개념화·조작화된다는 것을 알 수 있다. 그러나

10) 외부유입자의 배제, 제한된 유동성, 변화에 대한 적응력 결여.

표 1-8 주요학자들의 사회적 자본에 대한 정의

연구자	사회적 자본에 대한 정의
Bourdieu(1986)	단체구성원 상호 간에 지속적인 네트워크를 유지함으로써 구성된 상호 간 제도화된 관계를 인정하게 된 결과, 각 구성원들이 집단적으로 소유하게된 실제적 또는 잠재적 자원의 합
Coleman(1988)	단일 실체가 아닌 일반적으로 두 요소 내의 다양한 실체로서 사회구조의 일련의 측면을 구성하며, 구조 내 행위자의 특정한 행위를 촉진하는 것
Putnam(1993)	신뢰, 규범, 네트워크 등과 같은 사회조직의 특징과 관련되는 것으로 사회구성원의 상호이익을 위해 조정과 협력을 가능하게 함으로써 경제적·정치적 효율을 높이는 것
Fukuyama(1995)	집단 내 구성원 간의 협력을 가능하게 하는 일련의 비공식적인 가치나 규범으로 집단 또는 조직의 공동목표를 위해 함께 일할 수 있는 구성원의 능력

자료: 박희봉(2009). 사회자본. 조명문화사. 재구성.

대부분의 정의가 사회적 자본이 개인과 집단, 사회 내 구성원들 사이의 상호관계로부터 발생하여 자본화가 가능한 무형자산으로 인간의 정치·경제·사회 등 모든 분야의 활동결과에 가시적인 영향을 미친다는 공통점을 발견할 수 있다(박희봉, 2009).

② 네트워크와 신뢰

네트워크는 지식과 같은 상품을 교환할 때 적절한 조직유형이다. 이 유형은 신뢰라는 기제에 의해 작동되는데, 효율적으로 작동되기 위해서는 사회적 자본이 그 기반이 되어야 한다. 이러한 네트워크는 다양한 행위자, 예컨대 자본가, 투자자 간의 수평적 네트워크와 고객과 부품업체 간의 하청관계인 수직적 네트워크로 구성되어 있다. 실리콘밸리에서는 기술개발과 혁신을 위한 다양한 네트워크가 작용하고 있으며, 이러한 네트워크를 통해 신뢰를 기반으로 한 새로운 기업창출(start-up process)이 가능하게 된다(Kenney & Patton, 2003)

실리콘밸리와 Route 128지역을 상호비교한 Saxenian(1996)의 논문을 통해 네트워크와 신뢰에 대한 교훈을 얻을 수 있다. 실리콘밸리는 다양한 기업들이 수평적 수직적 협력관계를 구축하면서 지역경제와의 총체적 네트워크와 연계되어 움직인다. 중소 협력업체와의 정보교환과 기술이전 등을 통해 혁신이 지속되었으며, 이러한 네크워크 경제의 혁신적 배경에는 신뢰가 그 기반이 되고 있다. 즉, 혁신을 위해서는 신뢰를 기반으로 한 대면접촉(face-to-face) 의사소통과 지역경제와의 네트워크, 경제연계가 필수적인 것이다. 이와 달리 Route 128지역은 기업의 수직적 통합체제에 의한 독자적 생산체제를 그 특징으로 하고 있다. 따라서 기술이 비교적 천천히 변화하는 안정된 시장에 유리하며 빠른 기술변화에 잘 대응하지 못했다. 이 논의로부터 알 수 있는 것은 수직적·수평적 네트워크 경제의 기반은 신뢰이며 이를 통해 혁신이 지속되었다는 점이다. 기업 내부의 수직적 통합생산체제는 기업 간 상호작용과 협력, 신뢰를 창출하지 못했으며 따라서 빠른 기술변화에 적응하는 혁신에 긍정적 영향을 미치지 못했다는 점이다(임혜란, 2007).

푸트남(1993)은 사회적 자본이 사회네트워크, 규범, 신뢰 등으로 구성된 것이라고 할 때 기업 간 네트워크, 그리고 신뢰는 상호협력과 혁신을 증진시켜 주며 경제발전의 동인으로 작동한다고 하였다. 개별국가의 신뢰와 네트워크가 잘 발달된 사회일수록 경제성장이 높은 것으로 나타나는 것도 그 때문이다. 뿐만 아니라 사회적 자본이 높은 사회는 정치적으로도 민주화된 사회라는 것이 많은 학자들에 의해 주장된 바 있다.

4) 클러스터와 네트워크

네트워크는 클러스터의 작동원리 혹은 존립기반을 결정하는 가장 기본적인 요소 가운데 하나이며, 클러스터 발전전략을 수립함에 있어 가장 핵심적인 정책수단으로서 취급되어 왔다(Cook & Morgan, 1993).

(1) 네트워크의 개념 및 유형

네트워크의 개념적 정의는 매우 다양하게 논의되어 오고 있다. 쿡 외(Cooke et al., 1997)는 네트워크를 사물들의 집합이 그물처럼 서로 연결되어 하나의 전체를 구성하는 비가시적인 연계라고 정의하였으며, 노키와 쿠크린스키(Knoke & Kuklinski, 1991)는 특정한 형태의 관계들로 연결된 행위자들의 집합이라고 주장하였다. 또한 존스 외(Jones et al., 1997)는 선택적이고 지속적이며 구조화된 관계들로 연결된 둘 이상의 자율적인 경제 행위자들의 집합으로 정의하였고, 시폴로(Chiffoleau, 2005)는 네트워크가 지니고 있는 혁신에 좀 더 초점을 두어 혁신에 참여하는 사람들의 다양한 관계로 정의하였다.

네트워크를 사회의 다양한 행위자들이 상이한 역할과 이해를 가지고 상호작용의 관계를 유지해 가는 가운데 형성되는 관계적 형태 또는 구조(a structure of relationships)라고 할 수 있다. 상호작용의 구조로서 네트워크는 형태적 · 형식적 의미를 가지고 있으면서 참여하는 구성원들과 단위들에 대하여 일정한 질서와 힘을 가하는 기능적 의미를 함께 가지고 있다. 또한 이러한 속성으로 인해 네트워크는 정태적일 뿐만 아니라 성격과 기능에 따라 항상 변동하는 역동성을 가지고 있다고 하였다.

네트워크의 유형을 살펴보면 우선, 네트워크 당사자 간의 관계가 가치사슬구조(value chain system)에서 수요 · 공급의 관계정도에 따라 구분되며, 네트워크 당사자 간의 의존성의 방향과 정도에 따라 의존적 네트워크(dependent network)와 상호의존적 네트워크(interdependent network)로 유형화할 수 있다. 또한 네트워크 형성이 조직의 내부를 중심으로 하는가, 또는 조직의 외부를 중심으로 하는가의 정도에 따라 내부적 네트워크(internal network)와 외부적 네트워크(external network)로 구분된다. 그리고 네트워크에 참여하는 행위자들 간의 연계의 정도에 따라 강한 연계 네트워크(strong tied network)와 약한 네트워크(weak network)로 구분되며, 네트워크 관계의 지속기간에 따라 단기적 네트워크(short term network)와 장기적 네트워크(long term network)로 분류할 수 있다. 네트워크가 추구하는 목적에 따라 단일 목적 네트워크(single-aimed network)와 다중 목적 네트워크(multi-aimed network)로 구분할 수 있다. 네트워크 당사자 간 관계의 공식성 여하에 기초하여 공식적 네트워크(formal network)와 비공식적 네트워크(informal network)로, 이와 유사한 경성 네트워크(hard network)와 연성 네트워크(soft network)로 구분된다.

그리고 산업 네트워크에서는 기업을 중심으로 산 · 산 네트워크, 산 · 학 네트워크, 산 · 연 네트워크, 산 · 지원기관 네트워크, 산 · 관 네트워크, 산 · 학 · 관 네트워크 등으로 분류되나, 테크노파크는 주로 산 · 학 · 연 · 관 네트워크 활동과 사용을 주로 하지만, 때에 따라서 언론을 추가한 산 · 학 · 연 · 관 · 언이나 민간부문의 중요성을 강조한 산 · 학 · 연 · 관 · 민 네트워크로도 분류되고 있다.

(2) 네트워크의 특성

Grabher(1993)에 의하면, 네트워크는 상호성(reciprocity), 상호의존성(interdependence), 권력(power), 느슨한 결합(loose coupling)의 네 가지 특성을 지니고 있

다고 한다. 첫 번째, 일반적으로 네트워크의 어떠한 행위자가 다른 행위자로부터 어떠한 보상이 있을 것이라는 기대 하에 행위를 하게 되는 것을 가리켜 상호성 혹은 호혜성이라고 한다. 즉, 네트워크는 상호호혜의 원칙이 작용한다는 것이다. 두 번째, 상호의존성은 네트워크에서는 상호작용(link)이 점진적으로 발전하는 특성이 있다는 것이다. 세 번째, 앞의 상호성과 상호의존성이 내재하고 있는 협력의 과정이 이루어진다 하더라도 행위자들 사이에는 어느 정도의 지배종속 관계나 권력 관계가 형성된다는 것이다. 네 번째, 느슨한 결합은 일반적으로 서로에게 자율성을 유지시켜 주고 참여자들의 인식과 지향에 다양성을 허용함으로써 위계조직에 비해 새로운 것을 받아들이거나 혁신을 더 창출시킬 수 있고, 유연성을 높여 환경변화에 능동적으로 대처할 수 있는 등 위계조직과 같은 견고한 네트워크에 비해 상대적인 장점을 가지고 있다는 것이다.

4 지역경제성장론

1) 지역경제의 의의와 지역성장이론

(1) 지역경제의 의의

한 지역의 성장과 발전은 그 지역이 가진 산업의 성장과 불가분의 관계에 있다. 만약 어떤 지역이 쇠퇴하는 산업을 주종산업으로 할 경우 그 지역은 쇠퇴할 수밖에 없다는 사실을 우리는 역사를 통해 보아 왔다. 오늘날 세계경제의 개방화 추세가 계속되면서 지역의 경제 역시 세계시장에 편입되고 있다. 이러한 경제환경 속에서 한 지역의 성장과 발전은 국내뿐만 아니라 세계시장에서 어떠한 위치에서 어떤 분업체계를 갖고 있는가에 달려 있다고 볼 수 있다. 경제의 개방화시대에서 산업의 기반없는 지역은 다른 지역의 종속의 굴레로 빠져들 수 있기 때문에 경쟁력을 갖춘 산업을 유치하고 발전시키는 것이 모든 지역의 발전과제이고 지역경제의 자족적 기반을 마련하는 것이 중요하다.

산업혁명 이후 더욱 지역산업의 흥망성쇠는 지역의 흥망을 설명해 주고 있으며 어떤 지역이 가진 산업의 부침은 바로 지역의 성장과 쇠퇴를 잘 설명해 주고 있다

(박종화 외, 2006). 제2차 세계대전 이후 1970년대까지 자본주의 경제의 운용체제는 대량생산체제(mass production)가 주종을 이루었고, 이러한 대량생산체제를 갖춘 국가나 지역만이 경제적으로 성장할 수 있었다. 그러나 1980년대 이후 대량생산체제 하에서 생산된 표준화된 제품에 대한 시장수요가 한계에 이르게 되었고, 질적으로 다양하고 기능적으로 향상된 제품에 대한 수요가 증가하게 되었다.

이러한 상황에서 가변적인 시장수요에 신축적으로 대응할 수 있는 생산체제가 요구되었는데 이것이 유연생산체제(flexible production system)라 불리며, 이 유연생산체제는 소품종 대량생산방식을 근간으로 하는 포드주의(Fordism) 생산체제와는 상반된다는 점에서 포스트 포드주의(Post-Fordism) 생산체제로 불리기도 한다. 지역경제개발과 성장을 논의할 때 주로 등장하는 개념이 바로 포스트 포드주의 생산체제로 우리나라 지역경제성장을 위한 시사점이 크다.

(2) 지역성장이론

지역개발에 있어서 지역성장은 가장 중요한 목표 중 하나이다. 지역성장의 정도에 따라 지역개발의 방향과 내용, 그리고 전략이 달라질 것이다. 지역성장의 이론 중 전통적 시각은 크게 케인스류의 경제이론에 바탕을 둔 거시수요이론과 신고전학파 주도의 공급이론으로 나누어진다.

거시수요이론은 지역경제를 국가경제의 축소판으로 간주하고 지역의 성장은 외부로부터의 수요에 의하여 결정된다고 본다. 거시수요이론을 대표하는 것으로 케인스(J. M. Keynes)의 승수이론을 원용한 수출기반이론이 있다. 신고전학파 주도의 공급이론은 지역성장에 있어서 공급측면을 강조한다. 수요의 한계 때문에 성장이 제약받는 것이 아니고 노동이나 자본 등 생산요소의 공급과 기술수준의 향상이 장기적인 성장의 동인이라고 파악하고 있다. 따라서 이 이론은 각 지역별 생산요소의 부존현황에 따라 노동 또는 자본의 이동이 나타남에 따라 장기적으로는 모든 도시 또는 지역의 노동과 자본의 비율이 균등하게 되고, 결과적으로 소득수준이 공간상의 전 도시 또는 지역에서 균일하게 된다고 하고 있다.

거시수요이론과 공급이론 외에도 지역성장에 있어서 수요측면과 공급측면이 모두 고려되어야 한다는 측면에서 수요와 공급의 통합모형으로서 누적적 인과모형이 있다. 이 모형은 생산성의 향상과 수출의 증대 간의 상호관계에 초점을 둔 것으로서 지역산업의 생산성이 높아지면 산출량이 증대하고 수출이 확대됨에 따라 규모의 경제와 집적이익이 발생하고, 또 이와 같은 규모의 경제와 집적이익 때문에 생산성이 높아진다는 것이다. 즉, 수요가 확대되면 생산성이 향상되고 생산성의 향상은 공급측면에 영향을 미쳐 다시 생산비를 떨어뜨리고, 생산비의 감소는 또한 수출수요를 증대시킨다는 누적적 관계를 말한다. 그러나 전통적인 경제성장 위주의 지역개발론에 대해서는 마르크스주의를 비롯하여 최근에 환경을 중시하는 환경론적 시각에서 비판이 다양하다.

2) 균형 및 불균형성장론[11)]

지역개발이론은 자원배분방법, 개발사업의 입지배분, 도시지역과 농촌지역 등에 관한 지식체계로서 지역개발이론은 지역학, 지역경제학, 그리고 이론지리학의 세 분야가 서로 중첩되어 발전되어 왔다. 지역개발이론은 균형이론, 불균형이론, 두이론을 절충한 것 등 크게 세 가지로 구분된다. 균형이론의 핵심은 지역 간에 나타나는 생산요소와 상품이동이 가격과 소득수준의 균형화를 가져온다는 것으로 저임금 지역은 자본의 유입과 노동의 유출로 임금과 소득수준이 높아지게 되고, 고임금지역은 자본의 유출과 노동의 유입으로 임금과 소득수준이 낮아진다는 것이다. 균형이론에서는 생산함수, 한계생산체감함수, 교통비가 제로가 되는 경우를 가정하며 생산요소와 상품이 자유롭게 이동하는 것을 전제조건으로 삼고 있으나, 현실적으로는 생산요소의 선별적인 이동, 외부경제효과, 정부의 투자정책 등의 영향으로 그렇지 못하다는 것이 균형이론의 한계점이다.

미르달(K. G. Myrdal)의 불균형이론에서는 시장메커니즘은 지역 간의 균형을 가져오기보다는 불균형을 확대시킨다는 것이 핵심내용으로 분산효과(spread effect)와 역류효과(backwash effect)에 따라 시장메커니즘이 누적적으로 상향 또는 하향운동을 반복시킴으로써 지역격차가 커진다는 것[12)]이다.

미르달의 누적적 인과관계는 경제발전과 저발전을 결정짓는 요인을 시장과 자유방임에서 찾았다. 자유로운 시장메커니즘에는 지역불균형을 가져오는 요인이 존

---

11) 국토연구원(2001), 공간이론의 사상가들 중 서충원(미르달의 지역개발론), pp. 343−356; 윤대식(허쉬만의 불균형성장론)을 주로 인용함.

12) 순환・누적적 인과 법칙.

재하고, 빈곤국가일수록 불균형은 더욱 심화된다는 것이다. 사회체제는 자체적으로 균형을 추구하는 것이 아니라 오히려 순환과 누적적인 인과관계에 따라 불균형을 가져온다는 것이다. 특정중심지에서 개발이 시작되면 누적적 인과관계의 과정을 통해 중심지역의 성장은 더욱 강화되어 가고, 한 지역의 계속적인 성장이야말로 다른 한 지역의 희생에 의한 결과라는 것이다.

일반적으로 특정지역에서의 개발과 성장은 도시체계를 통해 다른 지역으로 전해지는데 이 과정에서 대도시로부터 중소도시로 전달되는 것은 쇄신이고 힘인 반면에 중소도시로부터 주요대도시로 보내지는 것들은 노동, 자본, 자원이다. 역류(분극)효과는 지역적으로 발전을 집중화(분극)시키는 원인으로 작용하고, 파급(누적)효과는 공간적으로 발전을 분산화(공평하게 파급)시키는 원인으로 작용한다. 따라서 지역격차는 파급효과와 역류효과의 상대적인 힘에 의해 생겨나는 것이다.

불균형개발전략에서 허쉬만(R. Hausman)은 기본적으로 분산형태보다 집중형태의 개발을 옹호하며, 생산성을 높이려면 핵심부문을 집중적으로 개발해야 한다는 논리이다. 즉, 선도부문으로부터 후발부문으로, 한 산업에서 다른 산업으로, 한 기업에서 다른 기업으로 전달된 성장을 통해 개발이 일어난다고 보는 것이다. 예를 들면, 대도시 중심지에 집중된 공업투자가 지역과 농촌지역의 개발을 유도한다는 것이다. 초기의 경제발전단계에서는 분극효과에 의해 지역격차가 나타나지만 앞서 성장한 지역이 상대적으로 낙후되어 있는 지역에 대해 투자를 확대할 것이기 때문에 점차 지역 간의 교류가 늘어나면서 지역격차가 좁혀진다는 것이다.

허쉬만은 여러 분야에 걸쳐서 소득의 흐름에 유리한 영향을 미칠 수 있는 일련의 투자사업을 추진하여야 한다고 주장한다. 투자를 사회간접자본(social overhead capital, SOC)에 대한 투자와 직접적 생산활동(directly productive activity, DPA)으로 구분하고, SOC에 대한 투자는 특정사업의 성장을 목적으로 하지 않고 일반적 경제성장을 목적으로 하는 다변적 투자라는 이유에서 DPA에 대한 투자에 비해 어느 정도 안전한 투자이나 과잉될 위험을 지적하고 있다. 경제개발유형을 SOC 초과능력형 발전과 SOC 부족형 발전의 두 가지로 구분하고, 저개발국 내에서도 특히 후진지역에서는 SOC 초과능력형을 미리 갖추더라도 그것이 결코 DPA 투자를 효율적으로 유도하지 못하므로 SOC 부족형 발전이 더욱 타당성을 가진다고 주장한다.

올센(Erling Olsen)의 절충이론은 지역격차는 균형화 요인과 불균형화 요인이

동시에 작용한다는 것을 기본전제로 삼고 있는데, 중요한 것은 어떤 상황에서 어느 요인이 강하게 작용하는 것이라고 보고 이를 계량적으로 분석하는 모형을 제시하며, 국가의 발전수준에 따라 균형화 또는 불균형화의 요인과 비중이 다르기 때문에 상대적으로 강하게 작용하는 요인에 따라 지역격차가 생겨난다는 점을 밝혀내려고 한다.

경제발전과정에서 성장거점(grow poles)의 도입에 따른 경제성장의 지역적 불균등은 성장 그 자체에 불가피하게 수반되는 것이며, 또한 성장의 조건이라고 보고 있다. 성극화현상(부정적 효과)은 경제발전의 초기에는 성장을 위하여 성장지역이 주변지역의 자원을 흡수하고, 누적효과(긍정적 효과)는 성장이 이루어지고 나면 산업의 연관을 통하여 성장의 효과가 낙후지역으로 확산된다고 본다. 공공투자의 지역적 배분 유형을 분산형, 성장지역 집중형, 낙후지역 발전촉진형의 세 가지로 구분하며, 분산형은 저개발국에서 가장 보편적으로 이루어지는 투자결정경향으로 투자재원을 전국적으로 널리 산재된 많은 소규모 투자하는 방식으로 정부의 경제정책에 대한 의사결정 가운데 가장 정치적으로 이루어지기 때문이라고 한다.

경제발전을 이루기 위한 정부의 기능으로서 균형파괴기능(disequilibrating function)과 균형회복기능(equilibrating function)의 두 가지 기능으로 나누고, 균형파괴기능은 멈춰서 있는 경제를 시동시키기 위해 불균형과 충격을 가하는 일이고, 균형회복기능은 경제가 시동하기 시작하면 불균형과 충격을 조정하고 완화시켜주는 일이다. 불균형성장론에 대한 평가는 균형성장론이 수요쪽에 중점을 두고 불균형성장론이 투자의 효율성에 중점을 두고 있는 차이는 있으나, 궁극적으로 각 산업부문과 지역이 균형을 이루도록 성장하여야 한다는 점에는 일치한다. 이들 두 이론 가운데 전략상 어떤 이론을 선택할 것인가 하는 문제는 결국 어떤 국가가 처한 경제적 상황에 의존할 것으로 보이며, 허쉬만의 불균형성장론은 개발도상국에서 채택되어 왔다.

3) 신내생적 지역발전론[13)]

(1) 문제제기

경제성장이 본격적으로 시작된 1960년대 이후 최근까지 우리나라가 적용한 국가성장 또는 지역경제성장 정책은 기본적으로 중앙정부 주도의 하향적 정책이고 산업성장 중심의 일률적인 정책임은 주지의 사실이다. 성장산업 중심의 자원배분과 효율적 생산을 위한 규모화의 추진이 기본원칙이었고, 여기에 적용된 관점은 기본적으로 근대화, 즉 경제성장의 우선적 추진으로 그 성과가 사회의 각 분야에 점차적으로 파급되어 국가가 전체적으로 발전하는 것이라고 할 수 있다. 이런 형태의 정책에는 기본적으로 케인스의 발전이론이 적용되었다고 할 수 있다. 즉, 낙후지역의 발전을 위해서는 중앙정부의 정책적 지원이나 외부 자본의 유입이 필수적이라는 주장이다. 이런 정책을 최근에 외생적 지역발전 정책이라고 분류하고 있으며, 이 정책들을 통해서 우리가 1970년대에 비약적인 경제발전을 이룬 것도 사실이다.

이러한 외생적 발전정책은 2003년 노무현 정부의 출범과 함께 크게 변화하여 소위 '내생적 발전정책'을 지역균형발전의 기본적인 원칙으로 도입하였다. 각 지역별로 특성화되고 차별적인 발전을 추진하기 위하여 국가균형발전위원회의 통솔 하에 지역에 특화된 산업의 발전을 위한 위원회가 지역별로 형성되어 자율적으로 지역발전의 수단과 목표를 정하도록 하였다. 그러나 이러한 내생적 발전원칙이 5년 동안 지역균형발전정책에 제대로 적용되었는지에 대해서는 적지 않은 비판이 있다. 결국, 외생적 발전전략으로부터 내생적 발전전략으로의 정책적 변화는 성공적으로 이루어지지 못했다고 할 수 있다.

(2) 기존 지역발전 방법론의 내용과 문제점

지금까지 국가적 또는 지역적 경제발전의 개념은 케인스 학파, 신자유주의, 그리고 최근의 제도주의 등 세 가지 사상적인 흐름에 의해서 이루어졌다. 케인스 학파 이론에 근거한 개발정책은 대부분 제2차 세계대전 이후부터 적용된 반면에 나머지 두 이론은 1970년대와 1980년대의 불황기 동안에 대두된 것이다. 이 중 케인스 학파와 신자유주의적인 방법이 주로 낙후지역의 문제를 경제성장을 중심으로

13) 본 내용은 2010년 12월 개최된 내생적 지역발전 세미나 발표자료인 김태연(2010), '내생적 지역발전의 새로운 전개'를 주로 인용함.

해결해야 한다는 데 비슷한 인식을 갖고 있었지만, 실제 그 발전을 성취하기 위한 방법에 있어서는 많은 차이가 있었다. 또한 신자유주의와 제도주의적 접근법이 1970~1980년대의 경제적 상황에서 출발했다고 하더라도, 이들은 저개발지역의 문제를 진단하는 데 있어서 근본적인 차이점이 있었다.

결국, 이들 세 사상을 중심으로 보면, 서구에서는 지난 50여 년 동안 지역개발 정책이 외생적인 모델에서 내생적인 요소에 의한 모델로 전환되어 왔다고 할 수 있지만 그 전환이 아직 완전하게 이루어졌다고 할 수는 없다. 이러한 상황에서 최근 내생적 발전의 타당성에 대해 의문을 제기하면서 비판하는 사람들은 신내생적 발전이라는 대안적인 개념을 제시하고 있다.

이와 같은 신내생적 발전 개념이 대두되는 과정을 살펴보고자 한다.

① 외생적 지역발전론

제2차 세계대전 이후 유럽에서 주로 사용되었던 지역발전의 고전적 형태는 (외부에 의해서 추진되는) 외생적 모델로서 산업화가 그 발전의 중심이다. 산업중심적 지역발전 이론은 초기에 케인스 학파의 발전이론에 근거를 두고 있었고, 1970년대 이래로는 신자유주의 이론에 의해 발전되었다. 케인스 학파의 이론은 낙후지역에 재정적인 지원을 함으로써 고용을 창출하고 국가적 · 지역적 소득 수준을 높이고 이를 통해서 대량생산 상품에 대한 시장을 활성화시키는 것이다. 따라서 필연적으로 공적자본과 민간자본을 결합시키고, 시장에 대한 규제를 통해서 국내산업을 진흥시키기 위한 국가계획 기능의 역할이 중요한 요소로서 강조되었던 것이다.

1970년대 중반 이래로 세계경제가 생산성 증가율의 둔화와 자본산출비율의 증가로 특징지어지는 경제 불황기에 접어들게 되면서 신자유주의 이론이 대두되었다. 이러한 문제들에 대해서 신자유주의 이론은 "잘못된 시장가격 지지정책과 지나친 정부개입으로 나타나는 잘못된 자원배분 때문에" 이러한 상황이 개선되지 않고 있다고 주장하였다. 따라서 넓은 의미에서 신고전학파 경제이론에 근거를 두고 있는 이러한 신자유주의 발전론은 국영기업의 민영화와 생산요소와 금융시장을 왜곡시키는 정부규제의 철폐를 경제발전과정의 핵심적인 요소로 간주하였다. 결국, 신자유주의 입장에서 보면, 발전이란 단순히 경제발전을 촉진하고 효율적인 자원배분을 유도하는 '시장의 마력'과 가격의 '보이지 않는 손'의 작동을 정부가 허용함으로써 자유시장경제를 촉진함으로써 달성되는 것이다.

이러한 외생적 지역발전 모델에 대해서 다음과 같은 비판이 제기되고 있다. 첫째, 종속적 발전이라는 비판으로 중앙정부의 정책결정과 보조에 지속적으로 의존하고 있다는 것이다. 둘째, 왜곡된 발전을 초래한다는 것으로 특정지역, 특정산업, 특정계층에 대한 지원을 집중하고 기타 비경제적 측면은 배제되어 있다는 것이다. 셋째, 파괴적 발전을 초래한다는 비판으로 개별지역의 문화적, 환경적 차별성을 파괴한다는 것이다. 넷째, 독단적 발전이라는 것으로 지역의 특성을 모르는 외부 전문가나 계획가에 의해 발전과정이 설정되고 추진된다는 것이다.

② 내생적 지역발전론

1970년대 말에 산업중심적 발전이론에 대한 비판이 제기되기 시작하였다. 계속된 농업의 집약화와 산업화는 국내시장과 환경적 한계를 포화상태에 이르게 했고, 1980년대 초의 불경기는 많은 분공장들의 폐업을 초래했고, 급속한 관광업의 확대를 경험했던 몇몇 지역도 역시 관광업의 계절적, 순환적 변동뿐만 아니라 대규모 관광업의 지역문화와 환경에 대한 악영향을 인식하게 되었다. 이러한 어려움들은 1980년대에 이른바 (내부로부터 추진되는) 내생적 발전을 모색하는 계기를 제공하였다. 내생적 접근법은 일정지역의 특정한 자연적, 인적, 문화적 자원들이 지속가능한 발전의 가장 핵심적인 요소라는 가설에 기반하고 있다.

내생적 지역발전에 관한 아이디어들은 네 가지 근거들을 기반으로 나타난다. 첫째는 1970~1980년대 동안에 특정한 낙후지역이 이전에는 인식되지 못했던 내적인 역동성을 갖고 괄목할 만한 진전을 이루어 왔다는 것이다. 이탈리아의 중부에서 북부까지 퍼져 있는 소도시와 전원지역이 포함된 준 농촌지역인 '제3이탈리아'는 가장 대표적인 사례이다. 둘째는 지역주의 운동과 단체들로서, 이들은 외부자본에 대한 의존성을 줄이는 지역발전형태를 추진하였다. 이는 지역의 다양성을 창출하고, 내재적 사업을 지원하며, 지역주도적인 시책들과 기업들을 장려하는 것 등을 포함하고 있다. 셋째는 지역의 지속가능성에 대한 논쟁이다. 지속가능성은 경제적 발전과 환경보호 간의 전통적인 분리를 재결합시키는 것일 뿐만 아니라 궁극적으로 환경과 경제적 활동의 토대가 되는 지역과 공동체들의 지속성을 포함하고 있다. 따라서 보존된 전원지역은 사회적으로 지속적이어야 하며, 지역공동체의 활력에 근거를 두어야 한다는 것이다. 넷째는 '자립'의 개념으로부터 나타났다. 이는 급진적 환경주의자들과 특별히 한계적인 그룹들과 협력하는 발전주의자 등 두 그룹을 통해 활성화되었다. '작은 것이 아름답다'는 슈마허(E. F. Schumacher)의 사상을 공동체 경제학의 영역으로 발전시켰으며, 이는 세계화를 주도하는 힘으로부터 지역공동체를 보호하는 경제적 활동에 대한 지역의 통제를 주장하는 것이다. 이들의 주장에 따르면, 가능하다면 지역의 생산은 지역에서 필요로 하는 것을 공급하는 데 초점을 두어야 하며, 그 전략은 지역자원의 사용으로 얻어진 부가가치를 지역 내에 보존해야만 한다는 것이다.

이런 제도적·내생적 발전모델은 주로 지역의 부존자원(기후, 토양비옥도, 수질, 오염정도 등)이 무엇인가에 초점을 두고, 또한 장기적인 지역발전에 필수불가결한 요소이면서 각 지역마다 독특한 지역의 사회적, 경제적, 문화적 네트워크가 어떻게 구성되어 있는가에 중점을 두고 있다. 이러한 요소들의 특성을 살펴봄으로써 이 모델은 궁극적으로 지역의 제도적 능력을 배양함으로써 지역의 경제적, 사회적, 문화적 환경을 개선하는 것을 목표로 설정하였다. 여기서 제도적 능력이란 지역에 미치는 외부의 영향력에 능동적으로 대처하고 내적자원들을 동원하는 능력을 의미하며, 이를 '제도적 견고성(Institutional thickness)'이라고 부르기도 하며, 이는 지역 내에 뿌리내린 사업들을 통한 경제적 발전뿐만 아니라 그 지역의 발전과정에 다양한 지역단체와 기관들이 참여해야 한다는 것을 강조하고 있다.

③ 신내생적 지역발전론

1990년대 후반 유럽의 농촌개발을 연구하던 몇몇 학자들은 내생적 지역발전론에 대해 다음과 같은 문제점을 제기하면서, 특히 농촌개발을 대상으로 신내생적 발전이론의 개념을 제시하고 있다. 먼저, 이들은 외부의 영향에 대해 자율적인 형태로 낙후지역이 사회경제적 발전을 추진한다는 내생적 발전론의 생각은 이상적인 것이고 유럽의 현실과는 거리가 멀다고 비판하였다. 특히, 인구적·경제적 기반이 약한 한계지역의 경우는 좀 더 외부의 원조에 의존적이다. 일반적으로 모든 지역에는 내적요인들과 외적요인이 서로 혼재되어 있기 때문에 외부지역과 항상 상호작용을 해야만 한다는 것이다. 이러한 과정에서 문제가 되는 것은 발전의 전 과정을 운영하고 지역의 이익을 위해 필요한 조치를 취할 수 있는 지역의 능력을 어떻게 강화하느냐 하는 것이다. 이런 문제에 초점을 두고 나타난 것이 '신내생적 지역발전'이라는 개념이며, 어떻게 지역과 외부의 정치적, 제도적, 교역적, 자연적 환경 간의 역동적인 상호작용을 중재하고 규제하느냐에 초점을 두고 있다.

신내생적 발전은 지역능력배양에 초점을 둔 내생적 발전모델의 몇 가지 요소들을 발전시킨 것으로 그 특징으로서, 먼저 일정한 지역적 범위 내에서 이루어져야 하는 활동에 대해서 다음과 같이 제시하고 있다. 첫째는 신내생적 발전은 지역의 물질적・사회문화적인 자원들을 이용하고 가치화하는 방향으로 이루어져야 하며 가능한 한 많은 이익들을 해당지역 내에 보유하는 것을 목적으로 해야 한다는 것이다. 둘째는 발전은 지역 활동가들의 요구, 능력, 관점에 따라서 정의되어야 하며 이 과정에서 주민의 참여는 가장 중요한 원칙이고 운영양식이 되어야 한다는 것이다. 셋째는 발전이 경제적, 사회문화적, 물질적 행복들 사이의 상호관계를 직접 다룰 수 있는 포괄적인 방법으로 이루어져야 한다는 것이다.

이와 더불어, 지역 외부와의 관계를 형성하고 유지하는 활동에 대해서는 신내생적 발전이 강조하고 있는 부분은 다음과 같다. 첫째, 신내생적인 지역발전에서의 정부개입은 분권적인 형태로 이루어져야 한다는 것이다. 즉, 기존과 같이 특정산업부문이나 계층에 대한 지원이 아니라 지역적인 필요와 잠재성을 향상시키는 형태로 이루어져야 한다는 것이다. 둘째, 공공 또는 민간기업이나 자원봉사 단체의 활동가들로 구성되는 지역범위의 파트너십이 발전계획을 작성하고 시행하는 데 주도적인 책임을 맡는다는 것으로 지역의 자원과 파트너십을 기반으로 한 발전은 지역내부에서 뿐만 아니라 그 상부조직으로부터 활성화될 수도 있다는 것이다. 셋째, 제도주의적인 발전론인 Amin & Thrift의 '제도적 두터움(Institutional Thickness)' 개념에서 도출한 것으로 지역발전의 가장 핵심적인 요소는 지역 내부의 자원을 활용하고 지역에 가해지는 외부의 힘에 대처할 수 있는 지역의 제도적인 능력을 향상시키는 것이다. 이러한 관점은 경제적 또는 사업적인 발전이 지역에 뿌리내려야 하고, 또 이를 달성하는 방법이 다양한 지역기관들의 참여를 통해서 이루어져야 한다는 것이다. 넷째, 지역의 자원과 참여를 바탕으로 한 발전은 그 내부에서 시작될 수도 있고 지역 외부에서 먼저 활성화될 수도 있다. 이러한 과정에서 형성된 아주 긴밀한 지역 네트워크는 지역의 화합, 행정비용의 최소화, 지역자본의 축적과 보유 등을 위해서 매우 중요하다는 것이다. 또한 이를 통한 전략적인 지역외부와의 연관

관계는 지역의 정치적, 경제적, 또는 상징적인 위치와 위상을 정립하는 데 매우 중요하다는 것이다. 이러한 연관관계는 정치 지도자, NGO, 공공기관, 사업체들의 네트워크, 지역 간 네트워크 등을 통해서 형성될 수 있다고 주장한다.

이러한 신내생적 발전은 지역 내에서(within the local area), 중간수준에서(from intermediate level), 그리고 상위수준에서(From above) 라는 세 가지 방법으로 활성화될 수 있다. 각각의 수준에서 활동하는 주체들을 살펴보면 다음과 같다. 첫째, 내생적 단위의 주체로서 가계, 개인기업, 커뮤니티조직, 생산자 조합, 비공식적인 지역 네트워크 등이다. 둘째, 신내생적 단위의 주체로서 리더, 사업지원단체 및 기관, 지방정부, 자발적 사회단체 등이다. 셋째, 신내생적 발전의 게이트키퍼(gatekeeper) 역할을 하는 지역적 또는 세계적 활동가들로서 지역 엘리트나 지도자 그룹, 지역발전기관(RDAs), NGOs, 대규모 및 다국적 기업, 공공기관, 지역 간 협력기구, 대중매체 등이다. 각각의 수준에서 이들 주체들의 활동에 의해서 신내생적 지역발전이 이루어지면 이들 간의 긴밀한 연관관계를 형성, 유지하는 것이 핵심적인 내용이라고 할 수 있다.

제 2 절 정책적 배경

지역정책의 개념과 목표, 정책수립 준거 등 지역정책의 상부구조 내지 패러다임을 총체적으로 다룬 국내 연구는 매우 드물다(장재홍 외, 2012). 지역정책에 대한 논의들은 형평성과 효율성에 대한 정책방향의 제언에 차이가 있다. 박경(2005)은 지역정책 추진에 있어서 균형보다 경쟁력 강화에 더 역점을 두어야 한다(박경, 2005)고 주장하고, 강현수 · 정준호(2004)는 사회복지적 정책을 보다 중시하여야 한다(강현수 외, 2004)고 주장하였다.

이후의 연구에서는 지역 간 격차 해소를 통한 형평성 제고가 지역정책의 최상위 목표임을 규정하고 지역정책의 정체성을 정립하였다. 장재홍 외(2012)는 지역 간 격차의 완화 또는 해소가 지역정책의 본질적 의미를 규정하고, 그 격차의 완화 또는 해소를 위해서는 단기적 관점의 자원 재배분, 즉 자산과 소득의 지역 간 단순이전 관점에서 접근할 것이 아니라 중장기적 관점에서 낙후지역의 발전잠재력 확충을 통해 지역과 국가가 함께 발전하는 가운데 지역 간 형평성이 제고되도록 해야 한다면서, 정책목표 달성을 위해서는 부문별 정책수단을 지역적 특성에 맞게 조합하는 것이 필요하다(장재홍 외, 2012)고 주장했다.

부문별 정책이라 할 수 있는 지역산업정책, 지역과학기술정책, 지역개발정책들에 대한 연구도 역시 정책의 개념과 목표, 정책수립 준거 등을 총체적으로 다룬 국내 연구는 매우 드물고, 지역산업정책에 대한 연구는 관련 국책연구소에서 추진 사업들에 대한 시스템 구축이나 성과정리에 대한 내용이 대부분이며, 지역과학기술정책에 대한 연구는 환경의 변화에 따른 새로운 과학기술정책의 패러다임과 관련한 연구가 주이다.

관련 정책에 대한 연구는 많지는 않지만 정책별로 연구가 이루어졌다. 그러나 지역발전이 보다 효율적으로 이루어지기 위해서는 산업정책, 기술정책, 지역개발 정책수단들을 동시에 고려하는 새로운 접근이 필요해 보인다. 따라서 지역차원에서 효율적인 지역발전 목표를 달성하기 위해 산업정책, 기술정책, 지역개발정책수단들을 동시에 고려해 볼 필요가 있다.

1 지역정책[14)]

1) 개념정리

지역정책이란 '중앙정부 또는 상위 행정조직이 이질적인 두 개 이상의 지역을 대상으로 지역 간 격차 해소와 지역별 발전 촉진을 위해 기획, 추진, 평가하는 일련의 정책'이라고 할 수 있다. 지역정책 중 중앙정부 고유의 영역은 지역 간 격차 해소, 즉 형평성 제고에 있다. 지역별 발전 촉진이라는 또 다른 목표는 중앙정부의 부문별 정책을 이용해서도 달성될 수 있으므로 지역정책의 보다 본질적인 목표는 지역 간 격차 해소를 통한 형평성 증진에 있다고 할 수 있다(장재홍 외, 2012).

14) 장재홍 · 송하율 · 김찬준 · 김동수 · 변창욱 · 서정해 · 정준호, '한국 지역정책의 새로운 도전(A New Paradigm of Korean Regional Policy: Harmonizing Efficiency with Equity)', 산업연구원, 2012.12.

2) 지역정책의 특성

부문별 정책들은 각 부문 고유의 정책목표를 준거로 기획 · 추진된다. 산업정책은 산업육성을, 과학기술정책은 과학기술발전을 목표로 한다. 그 반면, 지역정책은 정책기획의 최우선 준거가 '지역(공간단위)'이다. 공간적 정책 차별화의 범주는 지역 간 형평성 제고 측면과 지역별 효율성 제고 측면으로 나누어 볼 수 있다. 지역 간 격차 해소와 지역발전이라는 포괄적 목표를 갖고 있으며, 그 달성을 위해서는 부문별 정책수단을 지역적 특성에 맞게 조합하는 것이 필요하다. 즉, 공간 중심의 정책 패키지 또는 클러스터관점이 핵심이다(장재홍 외, 2012).

3) 지역정책의 영역

OECD(2012)는 지역정책을 통해 사회적 형평성을 어떻게 제고할 수 있을까에 대한 문제 제기를 하면서 정부정책 영역을 다음 [그림 1-7]과 같이 제시하였다.

그림 1-7 지역정책 영역

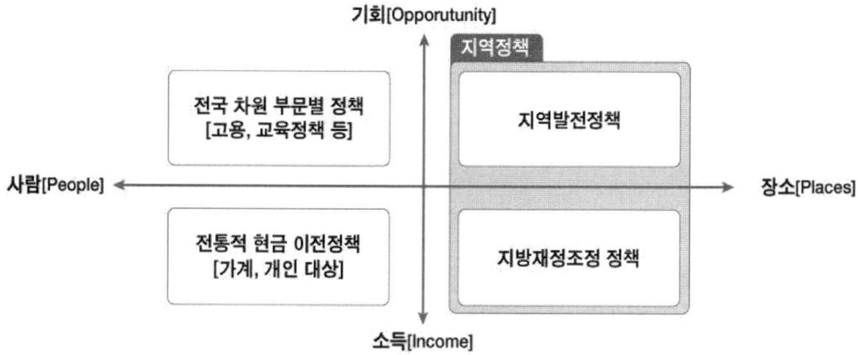

출처: 장재홍 외(2012).

정책대상을 장소와 사람, 정책목표를 기회와 소득으로 구분할 경우 사람-기회 조합은 고용, 교육, 과학기술정책 등 부문별 정책, 사람-소득 조합은 개인 또는 가구에 대한 금전적 재배분 정책(사회적 형평정책), 장소-소득 조합은 지방재정조정 정책의 영역이며, 장소-기회의 조합이 지역발전정책이라고 할 수 있다. 지역정책은 지방재정조정정책과 지역발전정책을 아우르는 것이라고 할 수 있는데, 전자는 현재의 소득 격차 보전을 위한 단기적 자원 이전정책을, 후자는 미래의 낙후지역 소득수준 향상을 위한 중장기적 발전역량 확충정책을 의미한다(장재홍 외, 2012).

4) 정책수단[15)]

지역정책은 지역 간 격차의 정태적·직접적 해소를 위한 정책과 낙후지역의 발전 잠재력 강화를 통한 동태적·우회적 수렴 정책으로 구분할 수 있다. 정태적·직접적 격차 해소 정책에 해당되는 것은 낙후지역과 선진지역 간의 후생수준의 격차를 직접적으로 축소시키려는 정책들이다. 이에 해당하는 정책은 소득보조, 의료·복지 서비스 지원 등 주로 사회복지정책의 영역에 속하는 것들이다.

그 반면, 동태적·우회적 수렴 정책에 해당되는 것은 낙후지역의 내생적 발전 잠재력을 강화하여 성장을 촉진하고, 그 결과 중장기적으로 선진지역과의 경제력 격차를 축소시키고자 하는 정책이다. 산업정책, 과학기술정책의 영역에 속하는 정책들이 이에 해당된다.

지역정책은 본질적으로 지역 간 격차 해소를 통한 형평성 제고 정책이다. 지역 간 격차 해소와 무관한 지역경쟁력 강화 정책은 지역정책이 아니라 산업정책이나 과학기술정책의 영역에 속한다. 다만, 그 공간적 대상이 지역이라는 것일 뿐이다.

따라서 최근의 지역정책의 변화는 지역균형발전을 위한 접근방법 또는 전략의 중심이 종전의 직접적 격차 해소보다는 낙후지역의 발전 잠재력 확충에 역점을 두고, 정태적 균등화에서 동태적 수렴을 보다 중시하는 방향으로의 이행이라고 할 수 있다.

2 지역산업정책

1) 개념정리

지역산업정책은 용어 그대로 '지역'의 '산업'을 발전시키기 위해 '중앙정부'가 추

15) 장재홍(2008), '지역경제 발전을 위한 새로운 정책 패러다임 모색', 응용경제, 10(2). 주로 인용함.

진하는 '정책'이고, 통상적으로 '지역정책'과 '산업정책'의 성격을 모두 갖는다고 할 수 있다(장재홍 외, 2002). 그러나 지역산업정책이 지역정책과 산업정책의 성격을 동일한 비중만큼 갖고 있다고 보기는 어렵다. 실제로 지역산업정책의 사례를 보면, 지역정책과 산업정책의 비중은 국가별, 시기별, 정책기조별로 다양하게 나타난다.

지역정책의 목표는 지역 간 불균형 발전의 완화이며, 지역 간 격차에서는 특히 소득격차와 성장률의 격차가 중점적 관심대상이며, 그 근저에는 지역 간의 생산성 격차가 자리잡고 있다. 반면에, 산업정책은 산업을 대상으로 한 정책으로서 산업의 경쟁력 제고를 통해 국가의 지속적 성장을 이루기 위해 추진된다(김영수 외, 2007).

2) 산업정책의 전개과정

(1) 산업정책의 변화와 평가

한국은 1962년 이후 1950년대의 수입대체전략에서 탈피하여 수출주도형 성장 전략으로 전환하였으며 이후 산업정책의 성격도 시대적 상황에 따라 변화를 거듭하여왔다. 한국의 산업정책은 산업구조의 고도화를 통해 경제성장에 크게 기여하였다. 수출주력업종이 1960년대 섬유제품, 합판, 가발, 신발 등의 경공업제품에서 2006년 현재 반도체, 승용차, 선박, 무선통신기기, 평판디스플레이 등으로 고도화되었다. 한국의 산업정책이 산업구조 고도화와 현재의 주력산업 형성에 크게 기여한 것은 사실이나 동시에 그 과정에서 많은 시행착오가 발생한 것 또한 사실이다(김원규 외, 2008).

(2) 지역산업정책 전개과정[16]

지역산업지원정책은 1980년대 상대적 저발전 지역을 중심으로 대규모 산업단지 조성, 1990년 "제1차 공업배치기본계획 수립", 1994년 "지역협력연구센터육성계획", 1995년 "기술하부구조확충 5개년계획" 등 산업단지 조성과 과학기술정책 분야를 중심으로 시작하였다.

그 이후 2000년 "산업기술단지조성계획", 2004년 "제1차 국가균형발전 5개년계획" 등 지역의 산업클러스터 조성, 지역 내 협력과 경쟁력 강화를 위한 다수의 중장기 정책이 수립 · 시행되었다. 2008년 이명박 정부 출범 이후에는 "창조적 광역발

16) 고석찬 · 김인환(1999), 과학기술정책과 지역발전, 과학기술정책연구원. 주로 인용함.

전 전략” 수립 및 광역경제권 발전 선도프로젝트 추진, 신성장 선도사업 지정 추진 등 광역경제권 중심의 지역발전정책을 수립·시행 중에 있다. 따라서 우리나라 지역산업정책은 외환위기 이후 클러스터 접근에 기초하여 본격적으로 시작되었다.

먼저, 1998~2001년의 기간은 클러스터에 기반한 지역산업정책의 도입기에 해당한다. 이 시기에 지역산업정책이 도입된 배경은 IMF의 경제위기와 함께 섬유와 신발산업 등의 급격한 산업구조조정으로 이들 산업에 특화된 지역의 경제침체 문제가 심각한 수준에 이르렀기 때문이다. 또한 저발전 지역의 산업단지 조성과 같은 산업기반시설 확충만으로는 지역의 산업발전과 지역 간 격차확대 문제를 해결하기 어렵게 되었기 때문이다.

이에 따라 1999년부터 부산(신발), 대구(섬유), 광주(光산업), 경남(기계)에서 지역별 특화산업의 육성을 지원하였다. 이 시기의 지역산업정책은 산업 구조조정 차원의 접근과 지역의 신성장동력산업 육성의 상이한 목적이 혼재되어 있으며, 사업의 기획, 세부계획의 수립, 사업의 집행과 평가 등에서 중앙정부 주도 하의 하향식 사업추진의 성격을 강하게 내포하고 있다.

그 이후 2002~2007년의 기간은 클러스터에 기반한 지역산업정책의 확대기에 해당한다. 2002년 9개 지역 제1단계 지역산업진흥계획(2002~2007)을 통해 시·도별 2~3개의 전략산업을 지원하였으며, 지역산업 육성정책을 비수도권 13개 시·도로 확대하였다. 2004년 국가균형발전 5개년계획을 통해 16개 시·도별로 4개씩의 전략산업을 선정·육성하였다. 사업 내용의 측면에서 2004년 4개 지역 2단계 사업에서 지원대상 전략산업을 확대하여 지원하였고, 3년 단위 지역산업혁신기반구축사업, TP 2단계 사업, 지역연고산업 육성사업 등을 추진하였다.

2008년 이후의 시기는 지역산업 지원사업의 체계화 및 광역화를 통한 클러스터 기반 지역산업정책의 심화기로 볼 수 있다. 2008년 Post 4+9 지역전략산업진흥사업 육성계획(2008~2012)을 수립하였고(시·도별 제3단계 사업), 2009년 5+2 광역경제권별로 2개씩의 선도산업 선정을 통해 광역경제권 선도산업 육성 시범사업을 추진하여, 선도산업 내 유망제품에 대해 집중적으로 지원하였다.

이 시기의 지역산업정책은 지역산업 육성정책의 확대과정에서 중앙부처별로 경쟁적으로 신규사업을 추진해 왔던 것에서 벗어나 유사·중복 사업을 개편하여 효율화를 시도하였다. 특히, 광역발전특별회계(구 국가균형발전특별회계)상의 지역개발계정에서는 포괄보조금을 도입하여 지역의 자율성을 제고하였으며, 시·도 단위의 지역산업진흥사업에서도 연차별 실행계획 수립을 통해 지역의 자율성과 책임성을 동시에 강화하는 방향으로 운용방식을 개편하였다.

3 지역과학기술정책

1) 개념정리

Feibleman(1961) 등은 과학을 체계적이며 공식화된 지식으로 기술은 산업기법의 과학으로 규정한다(Feibleman, 1961). 오늘날 과학과 기술의 의미가 점차적으로 하나로 결합됨으로써 과학과 기술의 성격을 모두 포함한 테크놀로지(technology)의 의미로 변하였다.

과학기술과 관련하여 자주 사용되는 연구개발(Research & Development)이라는 용어는 과학기술 관련 활동의 일부로서 과학기술지식을 확장 또는 개선하는 것을 의미한다.

과학기술정책이란 중앙정부가 한 국가의 과학기술의 발전방향을 제시하고 과학기술의 진흥을 보다 적극적이고 계획적으로 추진하기 위하여 정책적인 지원을 하는 것을 의미한다(김종범, 1993).

2) 과학기술정책의 전개과정[17)]

우리나라에서 과학기술에 대한 적극적인 투자는 경제발전이 본격적으로 시작된 1960년대부터였다. 1960년 「기술도입촉진법」의 제정으로 시작된 과학기술 관련 정책은 1962년 한국과학기술정보센터의 설립, 1963년 과학기술원 설립추진위원회가 구성된 것을 비롯하여 중앙부처 내에 1967년 과학기술처가 신설됨으로써 구체화되었다. 이듬해인 1968년에는 한국과학기술연구소 설립과 「한국과학기술정보센터육성법」 제정 등 과학기술과 관련된 다수의 법령을 제정함으로써 법적·제도적 정비가 이루어졌다. 1960년대에 이루어진 과학기술 관련 법과 제도의 정비는 이후

17) 고석찬·김인환(1999), 과학기술정책과 지역발전, 과학기술정책연구원. 주로 인용함.

중앙정부의 과학기술정책 수립과 집행에 기본적인 토대를 제공하였다.

1960년대의 과학기술 관련 법과 제도적 기반정비에 힘입어 중앙정부 차원의 과학기술진흥을 위한 정책적 노력은 1970년대에 더욱 활발히 이루어졌다. 과학기술진흥기반의 구축, 산업기술의 전략적 개발, 과학기술풍토의 조성을 정책의 기본방향으로 채택하였고, 1971년 한국과학원 설립과 홍릉연구개발단지 조성을 시작으로, 1972년에는 종합과학기술심의회가 설치되어 각 부처에 산재해 있는 과학기술활동을 총괄할 수 있는 제도적 장치가 마련되었다. 1973년에는 「특정연구기관육성법」이 제정되었고, 대덕연구단지건설 기본계획이 수립되기에 이르렀다. 1974년에는 한국기술진흥재단이 설립된 것을 비롯하여, 1975년 한국표준연구소 설립, 1976년 한국기술검정공단 설립, 1977년 한국과학재단 설립, 1978년 해양개발연구소 설립 등 1970년대는 우리나라 과학기술기반 조성에 필요한 분야별 연구개발조직과 시설이 갖추어진 시기였다.

1980년대는 과학기술진흥을 위한 국정수반의 의지가 기술진흥확대회의와 기술진흥심의회를 통하여 행정에 반영된 시기였다. 1960~1970년대부터 시작된 과학기술 관련 법과 제도의 정비가 지속적으로 이루어졌으며, 선진국의 기술보호주의 경향의 대두와 더불어 정부차원의 연구개발사업이 다원화된 시기이기도 하다. 또한 민간기업의 급속한 성장과 더불어 민간기업부설연구소의 양적인 확대가 현저하게 나타나면서 과학기술의 연구개발활동이 국가 전체적인 경제개발에 미치는 영향의 중요성이 뚜렷이 부각된 시기였다.

1980년에는 정부출연연구기관의 운영 효율화를 위하여 기존의 16개 출연연구소를 9개로 통폐합하는 조치가 취해졌고, 이를 위해 「특정연구기관육성법」을 이듬해 개정하였다. 또한 1981년에는 국내 최초의 연구개발자금 지원전담기구인 한국기술개발주식회사가 설립되었다. 1982년 기술진흥확대회의가 대통령 주재로 정기적으로 개최되었으며, 같은 해 과학기술처는 핵심산업의 기술고도화를 촉진할 목적으로 특정연구개발사업을 시행하였다. 1986년에는 과학기술단체총연합회에서 산학협동위원회를 설치하고, 산·학·연 간의 상호교류와 인적·물적 교류를 촉진하는 정책개발을 후원하기 시작하였다. 같은 해 「산업기술연구조합육성법」을 제정·공포한 것을 비롯하여, 1987년에는 산업자원부(현 산업통상자원부)가 기술자립기반을 구축하고 산업경쟁력 제고를 위하여 공업기반기술개발사업을 추진하였다.

이 밖에도 1988년에는 대덕연구단지 내에 산·학·연 연구교류센터가 설립된 것을 대표적인 정책사례로 들 수 있다.

1990년대 우리나라 과학기술정책의 특징은 민간주도의 기술혁신체제를 정착시키고 정부의 역할을 재정립하려는 노력이 가시화된 것과 연구개발비 증대에 따른 기술개발 투자의 효율성과 연구생산성 제고 문제가 중요한 쟁점으로 등장하였다는 점이다. 또한 이 시기에 들어와서 정부는 대학의 기초과학연구능력 향상의 필요성을 인식하면서 전국의 대학을 대상으로 과학연구센터(Science Research Center) 및 공학우수연구센터(Engineering Research Center)를 지정, 집중적으로 육성하기 시작하였다. 1992년 대덕연구단지 조성사업의 준공 이후 미국의 실리콘밸리와 같이 과학기술혁신을 통한 지역발전의 성공사례를 모방하고자 대덕 이외의 지역에 과학연구단지를 조성할 계획을 수립하였으며, 이는 광주첨단과학연구단지의 조성과 지방정부 차원의 대구, 대전, 부산, 전주, 강릉 등지에서의 첨단과학산업연구단지의 조성계획수립으로 구체화되었다.

1993년에는 대덕연구단지 내에 연구개발정보센터를 설립하였고, 1994년에는 산·학·연 기술개발협력을 촉진하기 위하여 「협동연구개발촉진법」을 제정하였으며, 이를 계기로 산·학·연 기술개발 콘소시엄 구성이 활발히 이루어지고 있다. 1990년대 중반부터는 기술공급과 기술수요 간의 연계를 강화하기 위한 기술확산에 정책적 노력이 기울여졌으며, 그 결과 1994년 한국과학기술원 내에 창업보육센터(Technology Business Incu bator)와 기술혁신센터(Technology Innovation Center)가 설립되었고, 1997년 이들 두 기관이 통합되어 신기술창업지원단(High-Tech Venture Center)으로 확대·개편되었다. 1996년에는 산업자원부(현 산업통상자원부)의 주도 하에 대학의 연구개발활동과 지역 내 중소기업체와의 산·학 연계를 활성화하기 위하여 기술집단화단지(techno park) 조성사업이 추진되어 현재 18개 테크노파크가 운영되고 있다.

1990년대 과학기술정책의 또 다른 특징은 지방자치단체들이 지방과학기술진흥의 중요성에 대한 인식을 하기 시작하였다는 점이다. 1993년 충청북도가 처음으로 과학기술 전담조직인 기술진흥과를 설치한 이후 1999년 현재까지 8개 자치단체가 지역경제국, 산업통상국, 또는 공업경제국 산하에 과학기술 전담조직을 설치하였으며, 과학기술진흥업무를 담당하는 전담부서가 없는 지방자치단체도 전담부서의 필요성에 대한 인식이 점차 확대되고 있다. 1997년에 제정된 「과학기술혁신을 위한 특별법」에서는 중앙정부가 지방의 과학기술진흥을 촉진하기 위하여 연구개발 자금, 연구인력 및 기술정보 등을 지원하기 위한 시책을 강구하도록 구체적으로 명시하고 있다(과학기술처, 1997). 이 밖에도 광역자치단체의 과학기술진흥 관련 예산의 비중이 점차 커지고 있을 뿐만 아니라 지방자치단체 차원의 독자적인 지역기술개발 촉진사업이 추진되고 있다.

이처럼 1990년대 후반에는 지방자치단체가 과학기술정책의 주체로 등장하면서 독자적인 과학기술정책을 개발하고, 이를 수행하기 위한 조직을 정비하는 동시에 지역과학기술진흥재단 등의 설립을 통하여 지역의 전략산업육성분야의 연구개발을 적극적으로 추진하고 있다.

4 지역개발정책[18)]

1) 개념정리

지역개발정책은 산업화와 도시화에 필요한 물적 기반의 마련, 지역 간 개발격차의 시정, 그리고 지역 내 사회경제적 조건을 개선하기 위한 공공부문의 다양한 제도적·실천적 노력을 포괄적으로 지칭한다. 지역개발정책은 지역개발을 촉진하기 위하여 지역의 균형발전이라는 일반적인 목표 하에 각종 지원이나 규제수단을 제시하고, 지역 간 개발격차를 해소하기 위해 국가적 차원에서 자원을 재배분한다.

일반적인 논의에서 지역개발정책은 "국가정책 목표의 달성을 위하여 특별히 마련된 공간정책"만을 의미한다. 국가의 경제성장을 위한 지역개발정책은 자원개발, 산업입지, 그리고 사회간접자본시설 등 물적기반의 조성을 위한 정책과 지역 간 격차해소를 위한 제반, 명시적인 공간정책을 의미한다.

2) 우리나라 지역개발정책의 전개과정

우리나라 지역개발정책의 전개는 경제성장을 촉진하기 위해 특정지역을 개발

18) 김영수·김선배·오형나(2007), '지역산업정책 10년의 성과와 과제', 산업연구원. 주로 인용함.

하는 것과 동시에 급속한 산업화와 도시화에 따른 인구 및 산업의 수도권 집중과 지역 간 격차문제를 해소하기 위한 정책적 대응의 과정이라고 말할 수 있다(변창욱 외, 2013).

우리나라의 경우 국가적인 차원에서 지역개발에 대해 관심을 갖게 된 것은 1960년대 초반 산업화 정책이 추진되면서부터이다. 산업화를 촉진하기 위하여 산업입지와 이를 지원할 수 있는 사회간접자본 시설 등 물적 기반의 확보가 필요하였다. 그러나 산업화 초기단계에는 자원이 매우 제한되어 있기 때문에, 자원의 효율적인 이용이라는 차원에서 산업시설의 입지와 사회간접자본 시설투자에 있어서 공간적인 차별화 전략의 마련이 불가피하였다. 이 당시 채택한 일부 지역에의 집중적 투자전략은 국가 경제성장이라는 목표를 효율적으로 달성하는 데 크게 기여한 반면, 서울을 비롯한 대도시 지역으로의 과도한 집중과 여타 지역의 상대적 낙후현상 등 심각한 지역 간 불균형을 초래하였다. 이와 같은 지역 간 불균형을 해소하기 위하여 1970년대 중반 이후부터 지역개발정책은 서울을 중심으로 한 수도권의 집중억제와 여타 지역의 발전을 촉진하는 데 보다 높은 우선순위를 두어왔다. 이에 따라 대도시권 집중억제 차원에서 서울과 수도권 지역으로의 입지규제와 성장억제 시책을 추진하여 왔고, 상대적 낙후지역에 대하여는 산업단지, 도로, 상하수도 등 사회간접자본시설 확충과 경제활동 촉진을 위한 다양한 시책을 추진하여 왔다(김용웅 외, 1998).

1980년대 들어서는 경제성장 위주의 산업화 과정에서 초래된 환경 훼손과 지역격차 문제에 대하여 사회적인 관심이 증대됨으로써 형평성을 기준으로 한 계획의 수립과 실천을 도모하고자 하였다. 이 시기의 지역개발정책은 인구의 지방정착을 통한 국토의 균형발전에 역점을 두고 진행되었으며, 이를 위한 전략으로 지역생활권 구성과 성장거점 개발방식이 채택되었다. 그러나 1980년대에 형평성 위주의 지역개발정책이 큰 성과를 이루어내지 못했다는 반성 위에 경제의 세계화에 대비하기 위해 1990년대 지역개발정책은 국가 및 지역의 경쟁력 강화에 우선순위를 두게 된다. 국제화를 위한 대규모 집적경제기반을 구축하기 위해 광역권 단위의 지역개발이 이루어졌다.

2000년대 들어서는 대외적으로 경제의 세계화가 더욱 심화되고, 대내적으로는 정치적 민주화의 진전, 분산·분권 등 국가운영 시스템의 변화 등으로 지역정책에서 고려해야 할 변수가 확대되었다. 2003년 출범한 노무현 정부는 국가균형발전을 국정과제로 삼고 성장과 균형의 병행, 수도권과 비수도권의 상생전략을 추구하고 지방의 내생적 발전전략의 실천을 도모하였다. 지역혁신시스템을 구축하고 선택과 집중을 통한 지역전략산업의 지정과 육성을 위해 국가 최소기준의 물리적 인프라와 생활 인프라 확충을 주로 국정추진과제로 삼았다. 또한 수도권집중억제와 지역균형발전을 위해 행정중심복합도시, 기업도시, 혁신도시, 지역특구 등 지역에 발전거점을 마련하는 개발정책을 추진하였다.

이후 이명박 정부에서는 국가경쟁력 강화 차원에서 규모의 경제를 고려한 5+2 광역권 정책을 추진하면서, 이전 정부에서 시작된 지역발전거점 사업을 추진함과 동시에 광역권의 교통망 확충을 위한 30대 선도프로젝트와 4대강 살리기 사업을 추진하였다. 또한 동해안 · 서해안 · 남해안 남북교류접경 · 내륙 등 초광역개발권을 설정 · 개발하고자 하였으나 대부분 구상단계에 머물렀다.

5 산학협력정책

1) 산학협력의 필요성 및 개념

우리나라는 노령화, 저출산에 따른 인구구조의 변화, 산업과 기술의 변화 등 급격한 변화의 물결이 사회 전반에 영향을 미치고 있는 가운데, 대학의 산학협력 역할에 대한 사회적 요청이나 지역의 기대도 높아지고 있다. 대외적으로는 세계경제 흐름의 변화에 부응하여 신흥 유망국과의 협력을 뒷받침할 수 있는 글로벌 창의인재를 양성함으로써 우수한 인재들이 해외에 진출할 수 있도록 대학이 교두보 역할을 할 필요가 있고, 대내적으로는 저출산 · 고령화로 인해 생산가능인구가 감소하고 생산인구가 고령화되고 있는 국내 인구구조의 변화에 따라 국가와 지역사회의 수요에 적극 부응하여 그간의 노동집약적 산업구조에서 탈피하여 지식집약적 산업구조로 변모할 수 있도록 대학이 맞춤형 인재를 양성하는 체제로 체질을 전환할 필요가 있다.

산학협력의 필요성에 대해, 대학의 측면에서 보면 인재육성, 지식생산, 산업 및 지역혁신 등 다양한 측면에서 대학에 대한 사회의 관심과 기대를 수용하고 선도할 필요성이 확대됨에 따라 산학협력이 대두되고 있으며, 기업의 측면에서는 기술혁신이 가속화됨에 따라 산학 간 연계협력이 기업경쟁력 강화의 중요한 전략 수단이 된다. 또한 정부의 측면에서는 창조경제를 선도하는 산학협력 등으로 국가가 보유한 혁신자원을 효율적으로 연계하고 활용하여 국가적 문제를 해소하고자 산학협력이 요구되고 있다(장후은, 2015).

산학협력은 대학과 기업 양자 간 활동에 초점을 맞춘 협의의 개념에서, 최근 개방형 혁신 강조와 함께 다자 간 협력과 비공식 영역을 포함하여, 혁신연계라는 다양한 관점이 포함되면서 광의의 개념화로 발전하고 있다.

산학협력의 개념은 대학과 기업 간·양자 간 활동에 초점을 맞춘 협의의 개념과 다자 간 활동·비공식 영역까지 포괄하는 광의의 개념으로 구분된다. 협의의 개념의 산학협력은 시장 니즈에 대한 대응이라는 관점만을 접근한 것으로 최근 산학협력 트렌드를 설명하는 데 한계가 있다. 과거에는 산학협력이 양자 간 활동·기업지원에 국한된 개념이 강조되었으나, 최근 개방형 혁신 강조와 함께 다자 간 협력과 비공식 영역을 포함하여, 혁신연계라는 다양한 관점이 포함되면서 광의의 개념화로 발전하고 있다. 법률적으로는 산학협력을 다자 간 공식·비공식 활동(교육, R&D, 기술이전, 공동 활용 등)에 초점을 맞추어 개념화하고 있으며, 「산업교육진흥 및 산학연협력촉진에 관한 법률(이하, 산촉법)」에 의해 규정되고 있다. 이에 정책적으로는 「산촉법」에서 정의된 이후 2010년 범정부 차원에서 개방형 혁신을 위한 산학연협력 선진화방안에 대한 검토가 있었으며, 범부처 차원의 산학연협력정책을 연구개발, 교육훈련, 기술이전 및 생산지원, 인적교류의 4가지로 정의하여 정책 프로그램화하여 추진하고 있다. 이러한 개념 정의에 따라 다양한 형태의 산학협력활동이 유형화될 수 있다. 교류방식에 따라 공식적 협력과 비공식 협력, 협력방식에 따라 산학 간 인적·물적·지적교류로, 주체 간의 협력관계에 따라서 대학주도형·기업주도형·정부 및 지자체 주도형 등으로, 추진내용에 따라서는 ① 공동(위탁) 연구개발 수행, ② 교육 및 훈련, ③ 지식 및 기술이전, ④ 기술자문, ⑤ 창업, ⑥ 인력 및 정보교류, ⑦ 기자재나 장비 등의 기반 공유 등으로 구분할 수도 있다(장후은, 2015).

2) 산학협력정책 추진현황

산학협력에 대한 사회적 요청이나 기대가 높아지고 있는 가운데, 정부는 산학협력 진흥을 위해 각종 제도를 마련하고, 재정지원사업을 적극 추진 중이다. 법률적으로는 산학협력을 다자 간 공식·비공식 활동(교육, R&D, 기술이전, 공동 활용 등)에 초점을 맞추어 개념화하고 있으며, 「산업교육진흥 및 산학연협력촉진에 관한 법률(이하, 산촉법)」에 의해 규정되어 있다. 2003년 개정된 「산촉법」을 근거로 대학에 별도 법인인 산학협력단이 설립되어, 산학협력과 관련된 제반업무(계약체결, 지재권관리, 기술이전 등)를 수행할 수 있도록 하였고, 2008년 개정된 「산촉법」에 의해 대학은 기술지주회사를 설립하고 자회사를 통해 직접적인 이윤추구 활동이 가능해졌으며, 2011년에는 산학협력중점교수제도를 도입하는 등 산학협력 제도적 기반을 확충하여 관련 인프라를 확대시켰다.

2004년부터는 대학에 대해 재정지원사업을 본격 추진하였으며, 주요 재정지원사업으로 '지방대학 혁신역량 강화사업(NURI, 2004~2008)', '산학협력 중심대학 육성사업(2004~2011)', '지방연구중심대학 육성사업(2004~2008)', '지역거점연구단 육성사업(2009~2011)', '산학협력 중심 전문대학 육성사업(2009~2011)', '광역경제권 선도산업인재양성사업(2009~2011)', '산학협력 선도대학(LINC)(2012~2016)' 등을 통해 산학협력 기반을 구축, 산학협력을 교육 및 연구와 같이 대학의 주류활동으로 정착시키고자 하였다. 중앙정부의 산학협력사업은 교육부를 중심으로 미래창조과학부, 산업통상자원부, 중소기업청, 농림축산식품부, 문화체육관광부, 환경부 등의 다양한 부처에서 추진되고 있다.

이와 같이 산학협력의 영역과 목적의 다양성으로 인해 정부부처별로 각기 조직목적에 맞춘 다양한 산학협력정책을 추진하고 있다(김태운·박문수, 2013). 교육부는 대학이 기업과의 협력을 통해 대학의 체질개선과 구조 조정을 강화하고, 학생의 취업연계를 제고하는 데 초점을 두고 산학협력정책을 추진하고 있다. 미래창조과학부는 R&D 전주기적 발전 및 개방형 혁신을 통해 과학기술 증진과 산학연협력에 관심이 있고, 최근에는 연구성과 확산에 대한 관심이 높아지는 추세이다. 산업통상자원부는 일정 규모 이상의 기업과 혁신적인 기술을 가진 대학 간 협력을 통해 획기적 기술(Breakthrough)을 개발하고, 이를 국가의 신성장 동력으로 발전시키는 데

표 1-9 부처별 산학협력 관련 사업 현황(2014년도)

부 처	주요사업
교육부	① 지역기초연구활성화(지역혁신인력양성사업), ② 산학협력활성화지원(학교기업지원), ③ 산학협력선도대학육성, ④ 산학협력선도대학(산업단지캠퍼스지원), ⑤ 산학협력인프라구축사업
미래부	① 대학중심핵융합기초연구 및 인력양성지원(학연공동연구확대지원), 산학연협력활성화지원(② 산학연협력클러스터지원, ③ 산학연공동연구법인지원, ④ 특화전문대학원, ⑤ 산학협력전담조직역량강화), ⑥ 기초연구성과활용지원사업, ⑦ 정보통신연구기반구축, ⑧ 국가연구시설장비선진화지원, ⑨ 산업기술인력양성(이공계전문기술연수지원), 과학기술연구회연구운영비지원(⑩ 이공계인턴쉽지원사업, ⑪ 출연(연)연구성과확산사업), ⑫ ETRI(중소기업동반성장을 위한 기업현장확산형기술지원 및 R&BD 사업화촉진), ⑬ NTIS사업(전문가검색서비스), ⑭ 대학보유기술사업화지원, ⑮ 해외 창업 및 해외진출 전문 컨설팅 사업
산업부	① 사업화연계기술개발사업, ② 지역전략산업육성(지역R&D 클러스터), ③ 지역특화산업육성, ④ 산업집적지경쟁력강화(⑤ 기업주치의센터, ⑥ 온라인클러스터연계망, ⑦ 산학연협의체) 기술확산지원사업(⑧ 생산현장종합지원, ⑨ 기술사업화정보망, ⑩ 글로벌기술이전·거래역량강화), ⑪ 정보통신기술인력양성(IT멘토링제도운영), ⑫ 산학융합지구조성, ⑬ 기술혁신형중소중견기업인력지원, ⑭ 산업전문인력역량강화
중기청	① 중소기업융복합기술개발(이전기술개발), ② 산학연협력기술개발(③ 산학연협력기업부설연구소지원), ④ 중소기업상용화기술개발, ⑤ 전문PD를 활용한 중소기업기술멘토링, ⑥ 연구마을지원, ⑦ 연구장비공동활용지원, ⑧ 이공계전문가 기술개발서포터즈사업, ⑨ 중소기업산학협력센터 코디네이터양성교육사업, ⑩ 기술전문가연계 및 과제해결지원사업
농림부	① 기술사업화지원, ② 농업기술시장진입 경쟁력강화
문화부	① 국내외연계융합형창의 인재양성(산업계맞춤형 인력양성지원)
환경부	① 환경기술전문 인력양성지원

자료: 국가과학기술위원회(2014).

목표를 두고 있으며, 중소기업청은 대학의 기술을 통해 영세한 중소기업의 기술력 강화와 부족한 인력 공급에 초점을 두고 있다.

우리나라 산학협력의 발전과정은 시대별로 4단계로 구분될 수 있다. 1단계 1960~1970년대에는 고등학교와 전문학교 중심의 초기 산학협력 단계로 실용 교육을 제공하였다. 2단계 1970~1980년대에는 정부출연연구소 중심의 현대적 산연협력 단계로 연구개발이 중심이었다. 3단계 1990년대에는 대학 중심의 산학연협력 확대 단계로 고등교육기관으로서 대학의 역할이 강화되었으며, 특히 고급 과학기술인력 양성에 대한 수요가 증가하였다. 4단계 2000년대에는 국가균형발전을 위한 대학의 역할과 현대적 산학협력이 강조된 단계로 대학의 역할에서 교육과 함께 연구개발의 의미가 중요해져 대학의 연구개발 성과에 대한 확산과 산학협력을 통한 기업의 기술이전이 중요한 이슈로 등장하고 있다.

그리고 최근의 정권별로 산학협력정책의 발전과정을 살펴보면, 참여정부는 '신(新) 산학협력'으로, 수요자 중심의 실용화・상품화를 위한 R&BD형 산학협력이 강조되었으며 대부분 대학단위의 종합적 지원이 진행되었다. 이명박 정부의 '선진(先進) 산학협력정책'은 상호신뢰와 자발적 필요에 따른 시장친화형 산학연협력체제로 전환을 추구하며, 지역 간 개방형 산학연협력 및 글로벌 네트워크 강화를 지원하였다. 현 박근혜 정부는 '창조경제형 산학협력'으로, 산・학・연・지역 연계를 통한 창조산업 생태계 조성을 국정과제로 선택하여 추진하고 있으며, 특히 산학연협력 패러다임을 통해 창업과 신산업 창출로 전환하고자 한다.

중앙정부가 본격적으로 산학협력을 진흥하게 된 시기는 2003년에 「산촉법」이 개정된 이후부터이다. 이 법의 경우 모법은 「산업교육진흥법」(1963)으로서 경제개발 5개년계획의 수행에 필요한 기술계 인적자원의 확보를 위해 만들어진 법률이다. 이 법은 시대적 변화의 추세를 고려하여 2003년 전면 개정되어 국가혁신체제 구축을 위한 산학연 협력활성화 종합대책에 따라 필요한 제도기반 마련하기 위해 「산촉법」으로 발전하였다. 「산촉법」 이후 「기술이전 및 사업화 촉진에 관한 법률」, 「협동연구개발촉진법」 등 관련 법률이 추가적으로 제・개정되었다. 그에 따라 산학협력의 발전을 위한 세부적인 규정이 마련되거나 개정되었으며 이를 통해 대학, 연구기관 등에서 산학공동연구, 산학교육, 기술이전사업화와 관련된 좀 더 세분화된 법률들이 구체화되었다.

6 정책평가

1) 정책평가의 개념과 유형

(1) 정책의 구성요소와 유형

정책에 대한 정의는 정책의 어떤 특성을 강조하는가에 따라 조금씩 견해가 다르다. 일반적으로 정책이란 '사회에 대한 정부의 개입'이라는 수단 혹은 도구적 차원에서 정의되기도 하고, 정책의 '미래 지향적 특성'과 '목표 지향적 특성'에 따라 정의되기도 하며, 정책의 '규범적 특성', 즉 '가치지향성'에 의해서 정의되기도 한다. 국내 · 외 학자들의 정책에 대한 개념 정의에서 정책은 '공공문제의 해결', '계획된 정부 활동', '권위적인 정부의 결정', '정책목표를 성취시키기 위한 전략' 등을 포함한 개념[19]이며, 정책을 '공적으로 인지된 문제 해결을 위한 정부의 지속적인 의사결정'으로 정의한다(류지성, 2007).

정책에 관한 다양한 정의 가운데 보편적으로 사용되는 정의로는 첫째, 정책이란 전체 사회에 대한 가치의 권위적인 배분으로 정의하는 것이다 이러한 정의는 가치배분을 둘러싼 사회구성원들 사이의 정치적 현상을 이해하고 설명하는 데에 유용한 개념이다. 둘째, 정책을 어떤 목적이나 가치를 지향하는 일반적인 유형의 의사결정이나 행위로 정의하는 것이다. 이것은 정부활동의 목적 지향적인 성격을 이해하는 데에 영향을 준다. 셋째, 정책을 공공문제 해결을 위한 정부의 활동으로 정의하는 것이다. 이 관점은 공공문제의 해결과 관련이 있는 정부당국자들의 명시적인 의도와 활동을 이해하는 데에 유용하다. 실제 정부가 수립하고 집행하고 있는 정책들은 위의 정책정의에 들어 있는 성격과 내용들이 부분적으로, 또는 전체적으로 내포되어 있다.

정책의 구성요소는 정책목적이라 할 수 있는 '정책의도(policy intention)', 정책산출을 뜻하는 '정책목표(policy goals)', 정책결정 집단에게 하는 '정책제안(policy proposals)', 프로그램이나 프로젝트를 뜻하는 '정책수단(policy instruments)', '의사결정(decision-making)', 본질적 부수적 효과를 포함한 '정책효과(policy effects)', 정책의 영향을 받는 '정책대상집단(policy target groups)' 등이 있다. 정책의 유형은 관점과 기준에 따라 여러 가지로 구분될 수 있다.

---

19) 라스웰(Lasswell, 1951): "문제 해결을 위해 사회변화를 전제한 정부의 활동", 라스웰과 카플란(Lasswell & Kaplan, 1970): "목적, 가치, 전략을 포함한 큰 규모의 계획", 이스턴(Easton, 1965): "희소한 사회적 가치의 권위적 배분", 유훈(1990): "대부분의 사회구성원과 관련 있는 시급한 문제들을 권위적으로 해결함으로써 생활의 질과 공익을 향상시키고자 하는 정부 및 공공기관의 미래 지향적인 활동지침 또는 활동 목표", 정정길(2000): "바람직한 사회 상태를 이루려는 정책목표와 이를 달성하기 위해 필요한 정책 수단에 대해 권위있는 정부기관이 공식적으로 결정한 기본 방침", 채경석 외(1997): "권위 있는 정부기관이 당위성에 입각해 의도적으로 사회 문제의 해결이나 공익을 달성하기 위해 정책목표를 세우고, 정책대안을 탐색해 공식적인 정치 · 행정적 과정을 거쳐 최선의 대안을 선택한 행동지침이나 행동방침".

(2) 정책분석과 정책평가

정책분석이란 정책문제의 분석에서부터 정책문제의 어떠한 측면을 해결할 것인지를 검토하고 정책목표를 설정하고 최선의 정책수단을 선택하기 위해 광범위하게 대안을 탐색·개발하고 예측되는 결과를 비교·검토하는 활동으로서 사전적, 미래 조망적인(prospective) 성격을 지닌다. 반면, 정책평가란 집행 중인 정책이나 집행이 완료된 정책의 가치성을 과학적으로 측정하는 활동으로서 사후적, 과거 회고적(retrospective) 성격을 지닌다(장덕제 외, 2004).

학문적인 의미에서 정책분석(policy analysis)은 바람직한 정책을 탐색·개발·선택하는 데 기여하기 위하여 이성과 증거를 활용하는 분석적 노력을 의미한다. 분석적인 활동이 정책과정 전반에 걸쳐서 이루어지기 때문에 이 모든 활동을 통틀어 정책분석이라고 부르는 것과 유사한 논리로 정책평가를 정의할 수 있다. 왜냐하면, 정책과정은 모든 단계에서 '평가'라고 볼 수 있는 활동이 이루어지기 때문이다. 예를 들면, 정책형성단계에서는 대안에 대한 평가, 집행단계에서는 집행과정에 대한 평가, 그리고 집행이 끝난 후에는 정책결과에 대한 평가가 이루어진다. 이렇게 보면, 정책분석과 정책평가를 구분해야 될 필요성이 없게 된다. 그러나 이는 학문상의 분업이라는 측면에서 바람직하지 않다. 통설적으로도 정책평가는 정책이 만들어진 후에 이루어지는 분석 또는 평가를 지칭한다. 정책분석은 직접적으로 질 높은 정책의 형성에 기여한다는 주된 목적을 갖고 있지만, 정책평가는 정책의 형성과 수정에 필요한 정보를 얻는다는 것 외에 정책과정상의 책임성 확보나 가설 검증을 통한 이론의 수정·보완과 형성 등의 목적을 가지고 있다. 그러므로 정책형성의 질을 향상시키기 위한 정보를 창출한다는 것을 가장 중요한 목적으로 삼고 있는 정책분석과 정책의 형성에 필요한 환류 정보를 얻는 것 이외에 몇 가지 다른 중요한 목적을 함께 가진 정책평가를 정책분석과 구분하는 것이 바람직하다(강근복, 2002). 그러나 정책분석과 정책평가에 대한 개념적 구분이 늘 용이하거나 필요한 것은 아니며, 최근에는 정책분석과 평가의 영역을 구분하지 않는 경향이 더 크다(류지성, 2007).

(3) 정책평가

① 정책평가의 개념

정책평가(policy evaluation)는 정책이 집행되어 초래한 '영향'을 대상으로 하며, 이것은 정책이 집행되어 가져온 실질적인 사회적 영향이 무엇인가를 밝히는 것임을 알 수 있다(류지성, 2007). 정책평가란 정책의 가치성(worthwhileness)을 과학적으로 측정하는 활동이자 과정이다. 하나의 정책이 집행되고 나면 당초 의도하던 목표를 얼마나 달성했는지, 당초 확보된 자원을 얼마나 활용(지출)했는지, 그리고 달성된 목표는 투입된 비용에 비해 얼마나 값어치가 있는 수치인지 등에 관한 정보가 필요해진다. 왜냐하면, 하나의 정책내용(목표, 수단, 대상자)은 정책분석자가 믿고 있는 일종의 가설적 인과관계이고, 그것은 항상 의도하던 대로 결과가 나타나지는 않기 때문이다. 따라서 정책평가는 정책내용이 내포하고 있는 인과관계가 현실적으로 얼마나 부합되었는지에 관한 일련의 평가설계를 토대로 한 검증활동인 것이다(장덕제 외, 2004).

② 정책평가의 필요성

우리는 해결해야 할 사회적 쟁점에 대한 완전한 지식을 가지고 있지 못하고 있고, 정부의 '사회적 간여(social intervention)'가 어떤 결과를 초래할 것인가에 대해 제한적인 지식만을 가지고 있으며, 정부는 사회문제 해결을 위한 정부정책과 그것의 집행결과는 늘 의도된 결과만을 초래하는 것이 아니라 정책결정이나 집행과정에서 인지하지 못했던 많은 변수가 큰 영향을 미쳐 의도하지 않은 결과가 나타나기도 한다. 이러한 정책현상의 총체적인 측면을 이해한다면, 정책이나 프로그램이 의도한 결과를 어느 정도 성취시켰는가를 면밀히 검토한다는 것이 매우 의미 있고, 이러한 관점에서 정책을 평가한다는 것은, "정부의 사회에 대한 간여가 어떻게 이루어졌는가?", "정부의 사회적 간여는 어떤 결과를 초래했는가?"와 같은 질문에 체계적으로 답을 찾아가는 것이다. 정책평가는 정책과 관련된 사회문제를 해결하는 데 필요한 정보를 제공해 새로운 정책의 형성과 집행에 실질적인 도움을 줄 수가 있기 때문에 매우 중요하다(류지성, 2007).

③ 정책평가의 목적

정책평가의 목적은 평가대상이 되는 정책의 성격과 내용, 그리고 집행단계와 평가의뢰자의 지위에 따라 달라질 수 있으나, 여기서는 정책결과와 정책집행과정을 사후적으로 평가하는 정책평가의 목적을 정보제공, 책임성확보 차원으로 나누어 살펴보고자 한다.

가. 정보의 제공

정책평가는 정책결정과 집행에 필요한 정보를 제공하는 데에 그 목적이 있다. 정책의 집행과정이나 집행 중에 나타난 정책결과에 의해서 획득된 정보를 환류시켜 효율적인 집행전략을 수립하거나 정책추진 여부 및 정책내용의 수정 또는 결정에 도움을 주고자 하는 것이다.

㉮ 정책의 추진 여부 결정

정책평가를 통해서 나온 정보를 이용하여 정책의 중단·축소·유지·확대 여부를 결정한다. 이 중에서 가장 중요한 것은 정책이 당초에 의도했던 효과가 발생하지 못한다던가, 효과보다 비용이 큰 경우에 정책의 추진을 중단하는 경우이다. 이때 의도한 만큼의 정책효과가 발생했는지를 판단하는 효과성평가와 정책비용을 효과와 대비시키는 효율성평가가 필요하다.

㉯ 정책의 내용 수정

정책의 내용은 정책목표, 정책수단, 정책대상자 등인데 정책목표나 정책수단이 정책구조의 핵심이다. 정책목표의 수정은 복수의 정책목표들 중에서 비용, 효과 면에서 우선순위를 조정할 수도 있고, 정책수단의 변경을 통하여 수정할 수도 있다. 어느 경우나 정책집행과정을 평가하여 여러 가지 정책수단·집행설계·전략의 효율성을 분석하고, 목표의 적절성을 검토하여 얻게된 정보를 통해 정책내용의 수정에 도움을 주는 것이다.

㉰ 효율적인 집행전략수립

이것은 주로 과정평가에서 제공되는 정보를 활용하는 것이다. 집행과정의 검토와 집행활동의 점검을 통하여 목표설정에 효과적인 정책수단을 발견하고, 보다 효율적인 집행절차와 집행활동의 설계를 수립할 수 있다. 이것은 여러 지역에서 여러 정책대상집단을 상대로 다양한 정책수단, 집행설계 및 집행절차를 채택하고 있을 때 이들을 효과성이나 효율성의 면에서 비교·평가함으로써 가능하다.

나. 책임성의 확보

정책평가의 또 다른 목적은 정책과정상의 책임성을 확보하는 것이다. 이러한 목적은 정책의 평가를 통해 정책결정자, 관리자 및 실무자들에게 정책결과에 대한 책임을 부과함으로써 정책의 효율성과 효과성을 높이고자 하는 것이다. 이 책임을 구체적으로 살펴보면, 첫째는 실무자들의 집행활동이 법규나 회계규칙 등에 따르도록 함으로써 법적 책임성을 확보하는 것이고, 둘째는 관리자가 효율적·효과적으로 집행임무를 관리하여야 하는 책임을 확보하며, 셋째는 정책결정자가 일반국민에게 정책의 효과와 효율을 보장해야 하는 정치적 책임을 확보하는 것이다.

법적·회계적 책임을 면하려면 집행과정에서 법령에 합치되도록 집행이 이루어져야 하고, 또한 재정·회계규칙에 따라 자금이 사용·지출되어야 한다. 정책집행과정에서의 집행활동을 평가하는 것은 감사활동인데, 이러한 평가는 주로 통제의 역할을 수행한다. 또한 관리상의 책임은 집행과정의 평가를 통해서 집행설계와 절차 및 활동 등을 평가함으로써 관리자에게 보다 효과적이고 효율적인 관리를 하게끔 자극·유도·강제할 때 그 책임이 확보된다. 이러한 집행과정의 평가는 그 자체로서 관리상의 효율성을 제고시키는 효과가 있다. 그리고 정치적 책임은 정책결정자가 국민에게 지는 책임으로서 구체적으로는 선거를 통해서나 국민의 비판을

그림 1-8 정책평가 환류모형

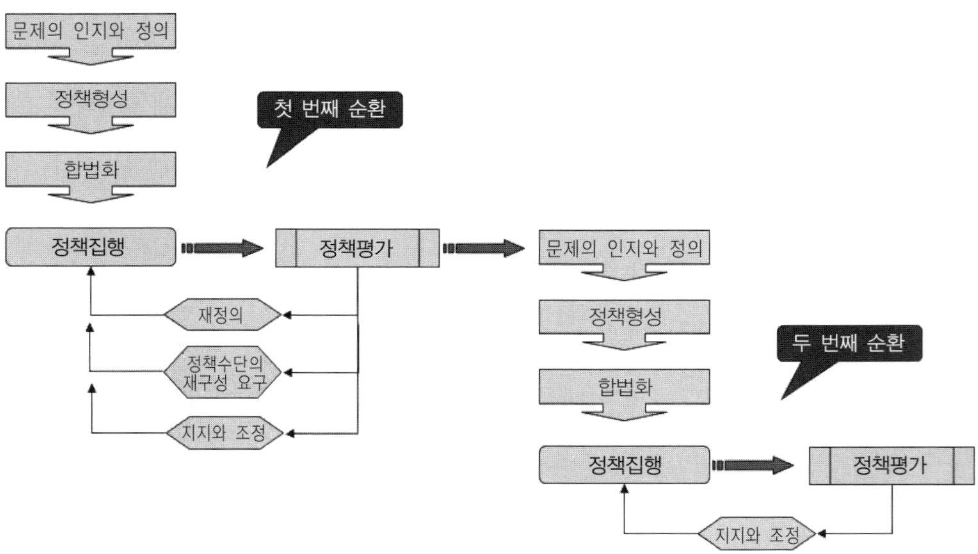

출처: Jones(1984: 217) 재편집.

통해서 지게 된다. 많은 자금을 투자한 사업이나 중대한 문제를 해결하려는 정책의 효과가 없거나 비효율적으로 집행되었다고 평가되면 국민의 비판을 면할 수 없게 되고 결국 선거에서 교체시킬 수 있는 것이다. 정책평가는 새로운 정책과정을 시작하는데 필요한 정보를 제공하고 정책문제를 재정의하여 새로운 정책과정이 시작되어 정책목표가 성취될 때까지 반복되는 정책순환의 절차적 모형을 설명하면 [그림 1-8]과 같다.

④ 정책평가의 기준

던(Dunn, 1981)은 정책평가 기준으로 효과성, 능률성, 적정성, 형평성, 반응성, 적절성 등으로 설명하고 있다.

표 1-10 정책평가 기준

기준의 유형	평가를 위한 질문	평가 기준의 예
효과성	의도한 가치는 성취되었는가?	서비스의 단위
능률성	의도한 가치창출을 위한 비용은?	비용의 단위 순편익 비용·편익 비율
적정성	정책결과가 문제를 해결한 정도는?	고정비용, 고정효과
형평성	정책 대상집단에게 비용과 편익은 공정하게 분배되었는가?	파레토 최적 기준 칼도-힉스 기준 라울의 기준
반응성	정책결과는 정책 대상집단의 요구, 가치를 만족시키고 있는가?	시민의 만족도 조사와 일치 정도
적절성	정책결과의 실질적인 가치는 어느 정도인가?	적합성과 효율성

출처: Dunn(1981: 343) 재편집.

표 1-11 정책평가연구 절차 및 접근방법

정책평가 절차	고려사항
	《목적: 평가의 목적, 유형, 시점의 구체화》 □ 책임(accountability)의 관점 ○ 사업의 가치를 추정[20]

20) 사업가치를 입증함으로써 입법적(legislative), 재정적(financial) 지원을 비롯한 공적(public) 지원을 유관기관에 지속적 요구할 수 있게 됨.

① 평가목적의 결정	– 사업이 초래한 유익 □ 관리(management)의 관점 ○ 사업의 질적 향상을 도모[21)] – 사업 개선 □ 지식(knowledge)의 관점 ○ 의사결정자들에게 지식을 제공[22)]

⇩

② 평가성 사정	《목적: 사업평가방법과 기준 제공》 □ 평가목적에 적합한 방법론(methodology) 찾기 ○ 사업효과평가에 적합한 구조화(정의) ○ 평가를 위한 자료수집방법 등

⇩

③ 사업평가	《목적: 사업평가 구성요소 구체화》 □ 측정(measurement) ○ 측정의 대상 – 프로그램(사업)의 효과측정 – 사업목표의 성취정도 – 이해당사자 중 수혜, 성과, 성취 등 – 사업운영에 중요한 영향을 미친 요인 ○ 자료수집 – 정부통계 – 조직의 내부기록 및 문서 – 경험적 관찰 – 설문지 조사 □ 연구설계 ○ 사업 속성(attribution) 자료수집·분석 ○ 일반화 정도(generalizability) □ 자료분석 ○ 적합한 통계기법을 채택하여 성과 유추 ○ 적절한 자료분석 방법 채택

⇩

④ 평가결과의 활용	《목적: 향후 평가사업과 관련된 의사결정에 이바지할 수 있는 지침제공》 ○ 정책대안의 검토 ○ 자원배분에 관한 의사결정 – 향후 사업의 질적향상 도모

21) 관리자(manager)에게 사업의 효과적·능률적 관리에 대한 정보제공.
22) 유사한 사업의 의사결정에 반영되어 효과적인 사업구성에 도움, 장기적인 안목에서 사업에 대한 혁신의 기본을 제공.

제 3 절 과학기술단지(STP)

1 개 요

세계경제 변화의 소용돌이 속에서 잘 적응하고 경쟁력을 키운 지역은 성장하고 발전하였으며 그렇지 못한 지역은 쇠퇴하기 시작하였다. 이 과정에서 변화에 적응하는 방법과 내용이 지역의 경제환경과 특성에 따라 다르게 나타나고 있어서 지역에 대한 관심은 더욱 고조되고 있고, 지역의 의미를 새롭게 이해하려는 노력이 행해지고 있다. 지역은 단순히 경제활동이 입지하는 공간일 뿐만 아니라 새로운 지식이 창조되고 축적되며 혁신이 일어나고 조직되는 공간으로 재발견되고 있다(박삼옥, 2005). 지역을 수동적인 실체가 아닌 지역에 기술혁신 토양을 조성하여 지역발전을 모색하는 능동적인 생명체로 자리매김시키게 된 것이다.

1980년대 이후 지역에 기술혁신 토양을 조성하여 지역발전을 도모한 미국의 Silicon Valley, Route 128, Research Triangle Park 등이 성공적 지역발전모델로 인식되면서 과학기술단지(science & technology park, STP) 조성이 전 세계적으로 확산되었다. 이러한 동향은 산업사회에서 지식정보화사회로 변화하는 과정에서 기존의 산업단지가 과학기술단지로 개념적 발전이 이루어진 것이다. 과학기술단지는 교육기능과 연구기능, 산업생산기능과 주거문화기능이 복합되면서 기술집적도시인 테크노폴리스(technopolis) 개념으로 발전하고 있다(김학민 외, 2000). 과학기술단지의 등장배경은 성장을 지속하던 세계경제가 선진지역의 고용부족 문제와 후진지역의 생산능력과 성장기반 향상 문제를 해결하려는 데서 비롯되었다. 후진지역에는 생산시설만을 입지시켜 첨단산업 기반구축에 실패하자 이를 타개하고자 성장지향적 지역개발정책에서 혁신지향적·내생적 지역개발정책으로 변화를 도모하면서 국가별, 지역별로 다양한 형태의 목적과 성격을 가진 과학기술단지가 개발되었다. 과학기술단지는 고용부족 문제나 생산능력과 성장기반 향상 문제 등을 해결하기 위해 국가별, 지역별로 다양한 형태의 목적과 성격을 가지고 개발되었다. 오늘날 전 세계에 존재하는 과학기술단지는 개발목적, 입주기관의 특성, 개발주체, 규모,

입주업종, 산업별 특화정도, 개발방식 등에 따라 다양한 형태를 취하고 있으며, 경제적 쇠퇴를 경험하는 지역은 고용창출과 창업촉진을 위해, 대학의 연구잠재력을 지닌 지역은 산학협력 활성화를, 전통산업구조로부터 전환을 모색하는 지역은 산업구조 고도화를, 대학이 개발주체일 경우 대학재정력 확충을, 그리고 지역과 도시 이미지 개선이 필요한 지역에서는 지역의 명성과 이미지 제고를 위해 과학기술단지를 개발하였다.

1950년대 이후 실리콘밸리를 모델로 세계 도처에서 형성되고 있는 과학기술단지들이 주어진 환경과 국내·외적 상황에 맞추어 나름대로 독자적인 성장 과정을 밟아가고 있지만, 지역적 환경, 역사적 배경, 문화, 과학기술 및 도시 기반시설의 구축정도의 차이가 있다. 시대적 상황과 물리적 환경, 사회·문화적인 배경이 다른 곳에서 실리콘밸리를 그대로 모방하는 것은 불가능하고 과학기술단지 조성에 필요한 기능과 지역적 파급효과에 차이가 있을 수밖에 없으므로, 해당지역은 과학기술단지 조성의 목표와 과정을 달리하여 지역별 독자적인 모델로 개발될 때 성공 가능성이 있음을 시사하고, 성공적인 단지를 조성했다고 평가받는 사례단지들을 심층분석한 결과 성공적으로 단지를 조성할 수 있었던 요인은 물리적 환경이나 공간구성, 그리고 체계적인 종합발전계획의 수립에 있다기보다는 지역혁신 환경의 개념과 중요성을 이해하고, 이들이 성공할 수 있는 지역과 시기를 잘 선택하였을 뿐만 아니라 미래에 대한 확고한 비전을 지닌 소수의 혁신 주체들이 시스템적 사고에 기초하여 체제 구성요소의 중요성을 이해하고 이를 잘 활용하였음을 알 수 있다(고석찬, 2004).

1997년 우리나라는 세계화의 진전으로 변화하고 있는 범지구적인 기술경쟁에 적응할 수 있는 산업구조조정을 이룩하지 못하고 산업의 경쟁력을 상실하는 등의 이유로 외환위기를 겪게 되면서 경쟁력 있는 기술 및 산업체제를 구축하기 위해 지식기반산업을 육성할 필요성이 대두되었다. 지식기반산업 육성정책의 초점은 기술혁신 및 혁신의 확산을 위한 환경조성, 생산 및 고용, 조직의 유연화가 이루어져야 하며, 지식기반산업의 공간적인 집적과 확산이 이루어지면서 지역발전을 유도할 수 있는 기술혁신 지향적 산업입지정책이 추진될 필요가 있으며, 과학기술단지인 테크노파크의 조성은 지식경제체제 구축을 이룰 수 있는 정책수단이라는 것이다. 기존의 우리나라 산업입지정책은 제조업을 위한 대규모 공장용지 공급을 목표로 공급자 위주, 지역균형발전이라는 맥락에서 추진되어 왔다. 그러나 지식기반경제체제 구축을 위해 테크노파크의 조성이 중요한 정책수단이 될 수 있다는 판단에 의해 우리나라는 기존의 공업단지 확충 중심의 산업정책과 개별기업 중심의 기술개발정책을 유기적으로 연계하는 전략이 필요하였다. 그로 인해, 지역기술혁신의 산업정책과 기술정책의 유기적 연계를 위한 새로운 방향설정의 구심체로서 1997년 12월 송도, 경기, 대구, 경북, 충남, 광주·전남 6개 시범 TP조성이 착수되면서 테크노파크는 탄생하게 된다. 결국, 우리나라의 테크노파크는 기존의 공업단지 확충 중심의 산업정책과 개별기업 중심의 기술개발정책을 유기적으로 연계하는 지역기술혁신의 산업정책과 기술정책의 유기적 연계를 통해 지역발전을 위한 새로운 방향설정의 구심체로서 테크노파크는 설립되었다(김대중, 2010).

지역정책은 지역 간 격차 해소와 지역발전이라는 포괄적 목표를 갖고 있으며, 부문별 정책들은 각 부문 고유의 정책목표를 준거로 기획·추진된다. 산업정책은 산업육성을, 과학기술정책은 과학기술발전을 목표로 한다. 따라서 그 목표달성을 위해서는 부문별 정책수단들을 지역적 특성에 맞게 조합하는 것이 필요하다. 최근의 테크노파크를 통해 추진되는 지역산업정책 사업들은 산업, 기술, 지역발전이라는 요소가 결합된 복합적이고 종합적인 성격을 지니고 있어 더욱 전략적·체계적이고 차별화된 접근이 필요하며 기술혁신을 통한 지역발전이 보다 효율적으로 이루어지기 위해서는 산업정책, 기술정책, 지역개발정책 수단들을 동시에 고려해야 한다.

2 이론적 배경

과학기술단지, 특히 테크노파크에 관한 이론은 학문적으로 아직 확고한 이론적 체계는 정립되지 않은 상태이지만, 산업내·외적 연계공간인 테크노파크와 같은 클러스터를 형성하는 주요요인으로는 혁신과 사회적 자본, 그리고 네크워크를 들 수 있다. 클러스터와 관련된 몇 가지 개념 간의 연계를 살펴보면, 먼저 지역혁신체제는 클러스터를 기반으로 형성되는 제도적 환경으로서 입체적이고 시스템적 접근으로 기업의 경쟁력을 향상시키는 것이라고 할 수 있다. 네트워크는 클러스터와 동전의 양면과 같은 상호보완적 성격을 가지고 있어 기업 간 협력 및 공동학습을 통한 기업경쟁력을 강화시키는 역할을 수행한다. 한편, 사회적 자본은 클러스터 구성요소들의 상호협력을 활발하게 하는 촉매제 역할을 한다(김대중, 2010).

이러한 이론적 연계를 고려하여, 김대중(2010)은 테크노파크에 대한 개념을 다음과 같이 정의하였다. "테크노파크는 기업과 유관기관들을 연계하여 혁신의 원천자원을 공유할 수 있도록 클러스터를 구축하고, 지역 내의 각 분야에서 활동하는 혁신주체들이 상호신뢰와 호혜를 바탕으로 공동학습 네트워크 활동의 상호작용을 촉진하며, 이를 통해 지역의 사회적 자본을 확충함으로써 지역발전의 선순환시스템을 구축하여 지속적인 지역발전을 추구하는 주체들의 결사체이다." 즉, 테크노파크라는 공간을 토대로 지역 혁신주체들의 공동학습 네트워킹으로 자생적인 상호작용과 혁신을 경험하는 과정에서 지역발전으로 자연스럽게 이어지는 지속적인 선순환구조의 형성이 핵심이라고 보았다. 이 책은 이러한 테크노파크의 개념과 관련된 이론들을 알아보고자 하는 것이 아니므로 테크노파크 중심의 과학기술단지의 개념과 유형 등의 이론적 배경을 살펴봄으로써 지역발전 관련 정책들과의 연결고리를 이어가고자 한다.

1) 개념정의

과학기술단지는 입주기관의 주 기능과 특성 등에 따라 연구단지(research park), 과학단지(science park), 기술단지(technology park), 첨단기술단지(high－technology park), 기술집적도시(technopolis) 등이 있으나, 이들 용어의 개념은 각국의 산업·경제적인 특성 및 지역적 여건에 따라 다양하게 사용되고 있으며, 이들 용어들이 기술혁신을 통하여 경제개발을 도모하기 위한 목적 하에 구축된 하나의 지역혁신체제의 구성요소라는 점에서 공통점을 가지고 있다.

국제사이언스파크협회(international association of science parks, IASP)에 따르면, 과학기술단지(STP)는 '글로벌 지식경제에 적합한 기업과 연구기관을 위한 완벽한 서식지'라고 밝히고 있다. 또한 STP의 역할은 ① 새로운 사업기회창출과 기존기업의 가치증대, ② 기업가 육성과 혁신기업 보육, ③ 지식기반 일자리 창출, ④ 지식근로자에게 매력적인 공간제공, ⑤ 산학연 간 시너지효과 증대를 통해 지역경제발전과 도시 경쟁력을 주도하는 것이라 소개하고 있다. IASP 국제위원회는 2002

년 2월 6일자로 과학기술단지의 공식적 정의를 '특수한 전문가 집단에 의해 운영되는 기관으로서, 관련된 기업과 지식기관의 혁신문화와 경쟁력을 증진시킴으로써 지역의 부를 증진시키는 것이 주 목적'이라고 하면서, 이러한 목적을 달성하기 위해 과학기술단지는 '대학, 연구소, 기업, 시장에서 지식과 기술의 흐름을 촉진하고 운영하며, 창업보육과 분사를 통해 혁신기반 기업을 창출하고 성장시키며, 수준 높은 공간과 시설을 갖추고 부가가치를 높이는 서비스를 제공한다(www.iasp.wg)'고 개념을 정의하였다.

표 1-12 과학기술단지 유형별 개념정의

구 분	개념정의
과학단지 (science park)	대학과 공식적으로 연계, 주된 기능이 첨단기술의 연구개발활동이며 부수적인 관련 서비스기능을 보유할 수 있으나, 생산·유통기능은 배제된 산·학 공동연구 집적지 * 영국의 경우 과학단지 내에 생산기능을 포함하고 있는 것이 특징
연구단지 (research park)	첨단기업의 성장을 지원하고 지역경제개발을 촉진할 목적으로 민간기업 연구소, 공공연구기관, 대학 간의 공동연구개발과 기술이전을 촉진하는 역할을 수행하기 위하여 신기술개발과 시험생산시설을 집단화한 단지 * 미국에서 주로 사용
기술혁신센터 (technology innovation center)	임대공간 및 업무서비스, 자문을 제공하고, 첨단기업이 필요로 하는 고급인력을 확보하기 위하여 기술과 경영에 관한 정보제공 및 교육훈련을 수행하는 등 기술혁신을 촉진하기 위해 설립 창업보육센터와 달리 기성기업들에게도 기술혁신을 촉진시킬 수 있는 각종 서비스를 제공 * 독일에서 처음 사용된 용어(1983년 베를린 이노베이션센터)
기술창업보육센터 (technology business incubator)	대학, 공공연구기관, 지방정부, 민간기관 등이 기술 집약적인 벤처기업의 창업을 촉진하고 육성하기 위하여 임대료가 저렴한 업무공간을 제공하고, 각종 지원서비스 제공, 경영·기술·창업자금의 융자, 타 기업과의 교류기회를 제공하는 기관 * 재정적으로 자립할 수 있는 기업을 배출 목표
첨단기술단지 (high-technology park)	연구개발활동뿐만 아니라 산업생산기능을 포함하고 있으며, 규모에 있어서도 과학연구단지보다 큼 * 첨단기술단지(technology park)에서 유래된 테크노파크(techno-park)의 개념은 research park, science park, innovation center, high-tech business incubator, industrial park의 개념을 포괄하는 복합적인 용어
기술집적도시 (technopolis)	과학기술에 기초를 둔 도시발전의 개념으로 제시된 것으로 학술연구, 창업촉진, 첨단산업생산, 주거문화 등의 기능이 잘 조화되고 복합기능을 갖춘 전원도시

테크노파크에 대한 국내의 개념정의로서 과학기술처(1995)에서 '테크노파크는 기술혁신을 통한 경제개발을 도모하는 집적시스템(aggregation system)으로 일반적으로 기술혁신을 기초로 한 경제발전을 목표로 대학 또는 공공연구기관의 연구기능과 입주기업 간의 유기적 협력을 바탕으로 기술창업을 도모하고, 첨단산업발전 촉진을 위하여 연구개발시설, 첨단기업보육시설, 지원서비스시설과 산업생산시설을 한 지역에 집적시키는 것'이라고 정의하였고, 테크노파크의 주무부서인 지식경제부(1997)는 테크노파크를 '기술창업과 중소기업의 신기술제품개발을 촉진하는 데 필요한 물리적·운영적 제반시설을 기술적·관리적 능력을 보유한 대학 등 기술개발주체의 인접지역에 설치한 것'으로 정의하였다.

테크노파크는 대학·연구기관·기업 간의 유기적인 협력을 통해 특정지역의 기술혁신과 첨단산업 발전을 효과적으로 달성하기 위해 연구기능, 창업·보육기능, 교육·훈련기능, 지원서비스기능, 그리고 생산기능을 일정 공간에 집적시킨 복합단지이다. 우리나라의 경우 기술창업과 중소기업의 신기술제품 개발을 촉진하기 위하여 필요한 제반 물리적 시설을 기술적·관리적 능력을 보유한 대학 등 기술개발주체의 인접지역에 설치한 것을 주로 의미한다. 테크노파크는 지역의 산·학·연 기술역량을 결집하여 관련 조직 간 상호작용을 촉진하고 기술혁신지원체제를 구축하여 기업의 기술혁신과 신기술창업 활성화를 통한 지역발전을 도모하는 기술혁신촉진 조직체이다. 입지적 측면에서 본 산업단지와 과학기술단지는 계획적 개발과 공간적 경계의 명확성에서 집적 또는 군집과 구분된다. 산업단지와 과학기술단지의 차이점을 경제적·산업적 측면에서 보면, 산업단지는 계획적 집적임에 비해, 과학기술단지는 계획된 군집으로 혁신적 군집을 지향한다. 기술적 측면에서 산업단지는 기업중심의 입지수단 혹은 연구기관 중심의 입지수단인 데 비해, 과학기술단지는 기업, 대학, 연구기관 등 기업의 전후방연계에 있는 기업 및 기관들의 입지수단으로 지역 또는 기술혁신체제를 지향한다. 과학기술단지는 지역혁신체제의 중심기능을 수행할 수 있는 역할자이다. 과학기술단지는 지역혁신자원기구로서 지역 내에 산재한 기술혁신을 지원하는 산업혁신자원의 기능적 중복 및 기구의 업무중복을 극복하는 효과적인 수단이며, 지역혁신체제는 과학기술단지를 비롯하여 클러스터나 학습지역 등 지역 내에서 혁신과 관련된 모든 개념을 포함하는 개념이다. 두 개념은 둘 다 혁신지원에 초점을 맞추고, 제도적 측면을 강조한다는 공통점을 지닌다.

미국 이외의 지역에서는 일본의 츠쿠바(筑波) 연구학원도시, 관서(關西)학원도시, 대만의 신죽(新竹)과학산업단지, 프랑스의 소피아 앙티폴리스(Sophia Antipolis), 우리나라의 대덕연구단지, 말레이시아의 MSC(Multimedia Super Corridor) 등이 대규모 과학연구단지와 테크노파크를 조성한 대표적인 사례이다. 국내의 테크노파크처럼 이들 대규모의 기술집적단지들은 지방정부가 주도하여 추진한 지역발전전략이라기보다는 중앙정부가 지역균형발전 또는 국가차원의 첨단산업 육성을 위해 추진한 시책이다(김학민 외, 2000).

2) 유형분류

현재 전 세계적으로 조성·운영 중인 과학기술단지는 다양한 기능을 복합적으로 수행하고 있는데, 개발의 배경과 지역적 여건에 따라 다양한 형태를 보이고 있어 정확한 유형을 분류하기가 용이하지 않지만 개발유형을 규모, 조성형태, 주요기능, 개발 및 운영주체에 따라 <표 1−13>과 같이 분류할 수 있다.

표 1-13 개발유형분류

구 분	분 류	특 징
규모	빌 딩	− 토지 및 건물비용이 비교적 비싼 도심지에 있는 유형
	단 지	− 연구기관 또는 산업체가 독자적인 시설물을 건축할 수 있는 공간을 확보할 수 있는 규모로 단지를 조성
	도 시	− 교육기능, 연구개발기능, 산업생산, 상업유통기능, 주거기능, 문화기능 등을 복합적으로 갖춘 독립적인 도시
조성형태	집 중	− 장점: 특정분야의 집적화에 따른 시너지효과를 극대화, 운영·관리비용을 절약 − 단점: 거리가 먼 지역에 위치한 대학이나 연구소, 기업들의 참여도가 낮을 수 있음
	분산형/네트워크	− 장점: 개별 주체가 수행하고 있는 사업을 효과적으로 활용, 사업별 성격이 분명 − 단점: 기능 간의 연계효과가 낮을 우려, one-stop service가 제공되기 어려움, 운영·관리비용 많이 소요, 사업주체의 추진의지가 약화
	절 충	− 집중형과 분산형의 장·단점을 모두 지니게 될 가능성이 있음
	기업보육	− 신기술보육 차원의 기술혁신센터(technology innovation center) − 기술창업보육(technology business incubation) 차원의 기술창업보육센터
	산학연 협력	− 대학주도형에서 주로 찾아볼 수 있는 경우 − 연구중심대학의 연구개발능력과 산업계의 기술수요를 연계시켜 산업계로의 기술이전을 촉진

구분	유형	내용
		– 산업계의 현장감각을 교육훈련기능으로 연계시키는 효과
주요기능	기술혁신	– 비교적 과학기술기반이 취약한 지역에서 필요, 연구기관의 유치 또는 신설을 도모
	산업구조 고도화	– 과학기술단지 조성의 주요목표가 지역산업구조의 고도화를 지향 – 첨단산업의 유치를 위해 대규모 단지조성을 위한 공간을 확보하여 주로 단지형으로 개발 – 연구개발기능보다는 생산기능 중심으로 개발
	복합기능	– 대부분의 과학기술단지가 단일 기능이나 목적을 지향하기보다는 복합적인 목적을 지향하고 있다고 볼 수 있음 – 시간이 경과함에 따라 그 기능과 목적이 변화되어 가면서 복합화하는 경향
개발 및 운영주체	대학주도	– 미국과 유럽의 전통 명문대학들이 과학기술단지 조성을 주도하는 경우 – 대부분 대학이 보유하고 있는 연구개발 성과를 산업계로 확산시키기 위한 목적 – 일부 대학을 제외하고는 재정력이 빈곤하여 TBI/TIC를 중심으로 소규모 테크노파크 형태로 조성되며, 대규모 단지조성에는 한계 * 성공포인트: 대학 내에 선도연구자와 창업가, 대학의 연구개발능력이 우수
	대학주도/지방정부 지원	– 부지를 소유하고 있는 대학이 과학기술단지 조성을 주도하고, 지방정부가 단지조성 및 입주기업에 대한 지원을 하는 형태로 조성·운영 * 성공포인트: 대학이 가용부지를 확보, 지방정부의 적극적인 협력
	국가주도	– 중앙정부가 국가전체의 과학기술력 향상을 위해 정책적으로 개발하는 유형 – 대규모 단지개발을 한 후에 국공립연구기관의 이주 및 신설을 통해 연구기관들의 집적을 이루어 기술혁신을 도모 – 정부의 정책적 지원으로 연구기관들을 집적시키는 데에만 대규모 투자가 필요하며, 단지조성 후 성공적인 산업혁신으로 연계되기가 쉽지 않은 단점
	지방정부 주도	– 기술혁신에 대한 높은 인지와 기업가 정신을 갖춘 지방정부 단체장의 주도 하에 지방정부 소유 부지에 중앙정부의 지원을 받아 과학기술단지 조성을 추진 – 공공기관의 예산상 제약으로 대규모 단지개발보다는 지역 내 중소기업 기술혁신 지원, 기술창업촉진 지원 등을 통한 지역경제 활성화를 위한 제한된 규모의 단지개발을 추진하는 경우가 많음
	제3섹터	– 지방정부, 민간, 대학 등 여러 주체들이 공동으로 자금을 출자하여 재단법인을 설립하여 조성·운영 * 성공포인트: 지방과학기술혁신을 통한 지역발전이라는 명확한 비전을 실현하고자 하는 지역사회의 결집된 노력이 필요 * 일본의 경우 제3섹터형 테크노파크 조성이 활발히 이루어지고 있으나, 공기업형 제3섹터보다는 주식회사형 제3섹터 방식의 과학기술단지가 활성화
	민간주도	– 대규모 재원을 동원할 수 있는 민간기업들이 유기적인 협력체제를 구축하기 위해 단지를 조성하거나 또는 창업보육시설을 공동으로 운영 – 유기적인 연계체계가 중요하고 비교적 대규모 단지조성에 필요한 비용을 감당할 수 있는 능력을 보유한 대기업에 의해 주도되며, 후자의 경우는 기술창업을 위한 공간을 민간이 제공하는 사업의 형태로 나타나고 있음

3 정책적 배경

1) 산업정책 배경

우리나라의 과학기술혁신과 첨단산업 육성정책은 단계적으로 이루어져 왔다. 1단계는 1960년대 말부터 1970년대 초까지 홍릉의 서울연구개발단지[23]가 조성된 시기이며, 2단계는 1970년대 중반 이후 1990년대 초반까지 대덕연구단지[24]가 조성된 시기, 3단계는 1990년대 중반 이후부터 현재까지 첨단산업기술단지의 지방화와 민간화가 이루어진 시기이다.

1960년대 경제개발계획 추진의 일환으로 조성된 경공업 위주의 수출공단 정책을 필두로 1970년대 중화학공업화를 위한 대덕연구단지 조성이 그 시초라고 할 수 있고, 첨단산업 육성에 대한 사회·경제적 요구가 팽배해진 1980년대 후반부터 산업단지의 수도권 집중 현상과 지역 간 불균형 발전문제 해결을 위해 정부는 대규모 국가공단 조성과 함께 지역개발정책 차원에서 중소형 지방공단 및 농공단지 조성에 적극 나서기 시작하였다. 그러나 지방공단 및 농공단지 조성이 낙후지역 개발에 제구실을 다하지 못하자, 우선 과학기술처[25]는 국토의 균형발전과 국제경쟁력 강화

---

23) 1970년대 들어서 창조적인 기술개발에 주력해야 할 필요성을 절감하게 되었고, 기초과학 연구활동을 국가적인 차원에서 지원하여 국내 과학자의 연구능력 배양할 수 있는 연구기반조성의 필요성이 제기되었다. 따라서 정부는 여러 목적 및 기능의 연구기관을 한곳으로 모아 공동연구 또는 상호교류를 통해 상호 간의 유기적 협력체제를 구성케 함으로써 인원과 시설을 공동으로 이용하는 한편 지적인 교류를 원활하게 함으로써 모든 연구기관의 연구효율을 높일 수 있도록 연구개발단지를 조성할 계획을 세우게 되었음. 정부는 1971년 4월 홍릉에 있는 임업시험장에 약 50만㎡의 대지를 확보하고 서울연구개발단지를 조성하였다. 이 지역에는 이미 한국과학기술연구소(Korea Institute of Science and Technology, KIST), 한국과학기술정보센터(Korea Science and Technology Information Center, KORSTIC)가 입지하고 있었고, 여기에 추가해서 한국과학원(Korea Advanced Institute of Science, KAIS)과 한국개발연구소(Korea Institute for Development, KID)가 건설되었다. 그리고 공덕동에 있는 한국원자력연구소를 합친 5개 연구기관으로 서울연구개발단지가 형성, 홍릉에 입지한 연구기관이 각 기관의 고유한 기능을 모아 하나의 종합연구개발시스템을 형성함.

24) 과학기술 입국을 실현하는 한편, 국토의 중심부인 대전지역에 연구기능을 집중배치하여 서울에 집중되어왔던 고급기능의 분산을 도모하고자 1970년대 초반부터 건설사업이 추진되었다. 1992년까지 약 1조 원이 투입되어 전체 면적 834만 평(27.6㎢)에 연구·교육 시설(전체 면적의 48%)을 중심으로 과학관, 과학공원, 과학문화 센터 및 메디컬 센터 등을 짓고 60여 개의 연구기관과 2만여 명의 연구인력이 결집한 연구·교육·문화·주거 기능을 갖춘 과학기술 전원도시로 건설되었음.

를 목적으로 전 국토의 기술지대망(Techno-Belt)화 추진구상[26]하고 각 지방별로 첨단산업의 거점단지 조성을 계획하여, 광주 국가공단 및 6개 지방공단이 첨단산업단지로 지정·조성되었으나 지방자치단체가 조성주체가 된 과학기술처의 첨단산업단지 조성방안은 재원조달의 어려움으로 단지조성이 원활히 이루어지지 못하였고, 첨단산업용지에 대한 수요 부족으로 첨단산업단지로서의 구실을 다하지 못하였다.

1990년대부터는 외국의 성공적 산업정책을 수용하여 첨단산업 육성과 낙후지역 개발을 동시에 달성하기 위해 지방자치단체를 중심으로 민간자본을 유치하면서 연구, 생산, 주거 기능을 복합적으로 수행하는 첨단산업단지를 본격적으로 조성하기 시작하였고, 이 시기에 등장한 것이 수도권을 포함한 전국 규모의 첨단산업단지 조성계획인 테크노필드(Techno-field) 구상[27]이다. 테크노필드는 첨단산업의 경제적 기반이 탄탄하고 첨단산업용지에 대한 수요도 풍부한 수도권을 별도의 권역으로 구성하는 한편, 이미 어느 정도 첨단산업단지로 개발된 대덕 연구단지와 광주 첨단산업단지를 충청권과 전남권의 거점으로 삼아 개발하고, 뒤이어 마산, 대구, 전주, 강릉을 경남권, 경북권, 전북권, 강원권의 첨단산업도시로 육성하고자 하는 광역적 개발 계획이었다. 테크노필드 구상에 따라 교육부가 지정한 국책공대나 과

---

25) 과학기술 관련 업무는 1962년 6월 경제기획원 내 기술관리국이 담당하다가 1967년 과학기술처로 독립했고, 1998년 2월 과학기술부로, 2008년 2월 정부조직법 개정에 따라 일부는 지식경제부로, 일부는 교육과학기술부로, 2013년 3월 정부조직 개편에 따라 폐지된 교육과학기술부의 일부 업무, 지식경제부의 일부 업무가 이관되어 미래창조과학부로 개편되었음.

26) 1989년 1월 과학기술처에서 '전 국토의 기술지대망(Techno-Belt)화 추진구상(안)'을 제시하여, 국토계획학회를 중심으로 관련 전문가 참여 하에 추진구상(안)을 마련함. 기술지대망 세부조성구상으로, 서해안 기술벨트(에너지·식량·정밀기계·자동차 기술벨트/인천-아산만-군산-전주-광주), 남해안 기술벨트(해양·항공·조선기술벨트/목포-여수-진해-창원-옥포), 동해안 기술벨트(정밀화학·중공업·신소재·자원기술벨트/울산-포항-삼척-묵포), 남북 간 기술벨트(생명공학·전자·반도체·통신 기술벨트/서울-수원-안성-구미-대구-부산), 동서 간 기술벨트(복합첨단기술 및 의료복지기술벨트/대덕-청주-강릉) 계획을 수립하였다. 이 중 핵심인 첨단과학산업연구단지 조성과 대학의 기초연구 활성화를 위해 광주첨단과학산업연구단지 기본계획이 추진되었고, 대구, 부산, 강릉, 전주 등 지역으로의 확대 추진을 계획함.
※ 기술지대망(테크노벨트): 전국의 연구단지, 공업단지, 산업체 및 대학 등에 분산되어 있는 기술개발기능을 서로 유기적으로 연결함으로써 형성된 체계로서 크게 연구기능, 연구시설 및 연결수단 등 세 가지 요소로 구성.

27) 서울을 중심으로 기존의 전자, 생명공학, 반도체, 통신기술이 있는 수도권이 집적효과를 갖추고 있는 잠재력을 받아들이고 대전의 대덕연구단지를 더욱 발전시켜 충청권의 핵심으로 삼고, 광주는 대덕과 같이 광주 중심의 극락천변에 테크노폴리스를 개발하여 전남권의 거점 역할을 하게 하는 등의 전략을 담은 공간구조.

학재단이 지정한 우수연구센터를 수용한 지방대학을 중심으로 산학연 컨소시엄을 구성하여 고급 기술인력이 지방에 정착할 수 있는 여건을 조성함으로써 지역 특성을 가진 첨단산업단지를 지역산업 발전과 접목시키는 방안들이 모색되었다.

최근 세계시장에서의 제품경쟁력이 치열해지고 기술이 고도화됨에 따라 과학기술단지의 조성은 정부, 산업계 및 대학과 보다 긴밀한 연계를 통하여 국가차원의 연구역량을 제고함으로써 과학·기술에 기반을 둔 새로운 제품의 창출과 개발을 촉진할 수 있는 정책수단으로 인식되고 있다. 테크노파크 조성이 필요한 이유는 전통적 산업정책수단이던 산업의 합리적 배치 및 지역균형개발의 촉진, 산업용지의 원활한 공급, 산업입지와 환경과의 조화 등을 추구하기 위한 산업단지의 지정 및 개발과 같은 전통적인 산업입지정책이 지역경제활성화를 위한 정책수단으로서 한계를 나타내고 있기 때문이다. 정부는 테크노파크의 기술인프라를 바탕으로 지역 내 기술집약적 벤처기업을 위한 발전토양을 제공하고 산학연 간의 밀접한 인적교류를 통해 테크노파크를 지역기술혁신의 구심점으로 발전시킬 의도를 가지고 있었다. 궁극적으로 테크노파크를 지역 기술혁신에 필요한 연구인력, 시설, 장비, 자금, 정보가 통합된 지식과 기술의 생태계로 발전시켜 나감으로써 "테크노파크를 통한 지역기술혁신의 창출로 지역산업 경쟁력 확보와 국가경쟁력 제고를 통해 글로벌 혁신체제 형성에의 능동적 참여"라는 선순환 구조를 확보해 나가겠다는 방침이었다.

2) 과학기술정책 배경

우리나라의 산업기술과 산업기술 정책의 주요사안은 1980년대부터 국가연구개발시스템의 본격적 확대와 1990년 산학협동을 통한 신산업기술 확산으로 이동하였다. 1960년대 이후 30여 년 간, 공업화 경제개발정책을 효과적으로 뒷받침할 수 있는 인력과 기술을 공급하는 시기였고, 1980년대 중반 이후 선진국의 견제와 후진국의 성장 속에 정책적 한계를 보이면서 산업계의 자체적인 기술력 확보가 매우 중요한 과제로 등장하였다.

1980년대 후반 정부는 기술부문에서 주도적인 역할을 수행하여 연구개발주체의 범위 확대와 질적·양적 성장, 연구개발투자 증대와 인력공급, 신기술 도입 및 개발을 선도하였으나, 산업정책과 기술정책의 유기적 연계, 그리고 생산성 측면에서 혁신주체들 간의 역할 정립 및 네트워킹 문제가 중요하게 대두되기 시작했다.

특히, 21세기에는 산업의 지식집약화, 중소벤처기업의 육성 등 지식기반경제가 요구하는 주요정책의 효율적 추진을 위하여 국가혁신시스템의 재정비를 비롯한 산업기술 정책의 새로운 방향설정이 요구되고 있다.

대부분의 선진기술국은 신산업기술 확산 촉진과 국제적인 경쟁력 강화를 위해 기반기술과 주변기술을 첨단기술과 연계하여 성장 한계요인들을 제거하고 있는데, 이를 위한 정책수단으로 세계 각국은 산업기술력을 바탕으로 독자적인 과학기술체제를 갖추고, 산학연관 공동연구개발을 비롯하여 테크노파크, 사이언스파크(Science Park), 리서치파크(Research Park), 테크노폴리스(Technopolis), 혁신센터(Innovation Center), 창업보육사업(Technology Business), 테크노마트(Technomart) 등 여러 형태의 제도를 마련하여 추진하고 있는 것이다.

기술적 측면에서 테크노파크는 집적화된 인프라 조성을 통해 해당지역 산·학·연 간의 네트워킹 및 시너지 창출을 촉진함으로써 기술혁신을 가속화할 수 있고, 경제적 측면에서 테크노파크는 고도산업화, 정보화, 세계화, 지방화시대에 있어서 첨단기술에 기반을 둔 산업의 발전을 통하여 지역경제의 활성화와 나아가서는 기업의 국제경쟁력 향상에 기여할 수 있다.

3) 지역개발정책 배경

21세기 지식기반사회에서는 산업의 입지요소가 전통적인 산업용지 및 자원의 원활한 공급보다는 과학기술자원 또는 혁신기반조성이 중요한 정책적 요소로 등장하였다. 1990년대 이후 지역개발정책의 패러다임이 자원재배분정책에서 가치창출정책으로, 중앙정부 주도에서 지방 중심의 지역개발로, 획일적인 지역개발에서 개성적인 지역개발로, 총량적·물적 시설위주에서 미시적·소프트웨어 중심의 지역개발로 변화하고 있고, 이는 지방 차원에서의 새로운 대응방안을 요구하고 있다. 산업구조가 고도화되는 21세기 지역개발정책에서는 지방기업이 급변하는 환경에 적응하고 무한경쟁에 대응할 수 있도록 기술력 강화와 함께 기업들 간의 협력과 연계가 이루어질 수 있도록 지역단위의 네트워크 구축이 필요하며, 지방의 인력자원 양성과 질적 개선에 보다 치중하여야 한다. 테크노파크는 지역의 혁신역량을 결집함으로써 지역개발정책을 실현할 수 있는 효과적인 수단이 될 수 있다.

테크노파크의 지역발전효과 측면에서는 첫째, 지역의 산업구조를 고생산성, 고

그림 1-9 한국의 지역정책 변천과정

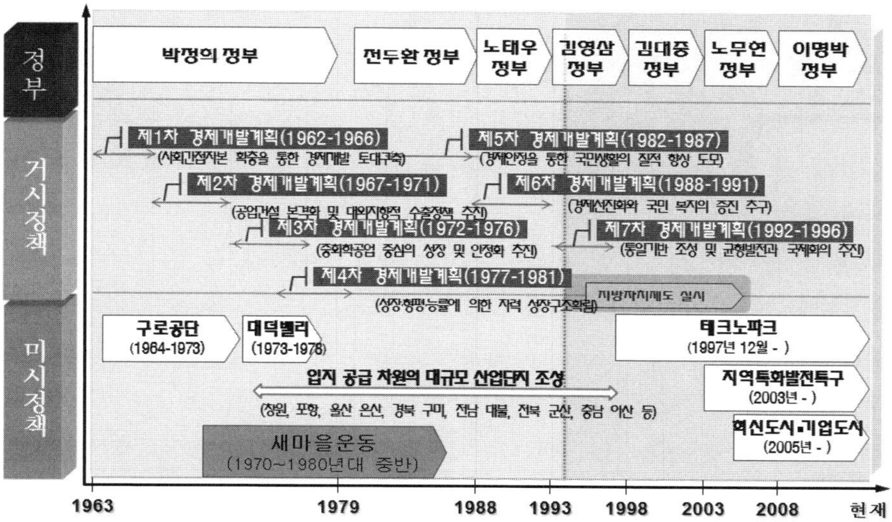

자료: 서원석 외(2009), 한국테크노파크 2020 발전 전략 및 개선 방안 연구, 한국테크노파크협의회.

부가가치형 산업구조로 개편시켜 지역경제의 장기적 발전과 자립에 기여하며, 새로운 기업의 설립 및 유치에 따른 고용창출 효과를 기대할 수 있고, 기업의 경영활동으로 인해 매출증대, 소득 및 세입의 증가 등을 유도할 수 있다. 둘째, 기술집약적이고 아이디어가 풍부한 중소기업의 발전토대를 제공하여 첨단산업부문을 기반으로 한 새로운 기업창설의 토양이 될 수 있다. 셋째, 산학연 활동에 충실함으로써 교수, 연구원, 산업현장이 상호밀접한 관련을 맺을 수 있고, 대학의 역할제고와 교육 프로그램 향상으로 지역발전에 있어서 대학이 보다 적극적이고 현실적으로 기여할 수 있다. 넷째, 신기술 및 정보시스템 활용을 극대화하여 정보화 도시의 여건을 조성하고, 첨단산업기반을 이루는 정보 및 기술교류를 통하여 연구, 교육, 산업 등의 각 부문이 관련 지원서비스 부문과 상호연계됨으로써 지역의 기술수준 향상에 기여할 수 있다. 다섯째, 고급 두뇌인력이 지역사회에 안착할 수 있도록 고급주거, 문화시설 및 자녀교육환경을 제공함으로써 지역개발효과를 거둘 수 있고, 인재육성과 정착기능을 통해 지방대학의 우수인력 역외 유출을 방지하여 지역의 장기적 발전 기틀을 다질 수 있다.

제 2 장 산업분류체계

제 1 절 주요 산업분류체계

일반적으로 관심의 대상이 되는 집단을 분석하기 위해 통계를 작성하는 경우에는, 작성된 통계정보들 간에 시간, 장소 또는 국가 간 비교가 가능하도록 일정한 기준이 마련되어 있어야 한다. 즉, 통계기준이란 통계자료의 수집, 분류, 처리, 분석, 이용 등 통계작성과 이용 시에 시간적 또는 공간적으로 일관되게 사용되도록 표준화된 정의체계라 할 수 있으며, 통계기준은 보통 통계용어의 정의, 통계분류의 설정, 통계기법의 표준화로 대별된다(김민경 · 이긍희 · 이기재, 2005). 여기에서 통계(표준)분류라는 것은 통계대상이 되는 전체집단을 구성하는 개체들의 여러 속성 중에서 통계목적상 중요한 속성들을 중심으로 유형화시킨 표준화된 체계라 할 수 있으며, 이를 사용하여 통계집단은 분류기준으로 사용된 속성의 관점에서 동질성을 가지는 부분집단으로 분할될 수 있다(황호을, 2000). 이러한 통계분류에는 사용목적에 따라 산업분류, 직업분류, 무역분류, 생산물분류 등 매우 다양한 분류체계들이 있으며, 이 중 산업분류는 산업활동에 관한 통계작성을 위해 마련된 통계분류체계이다. 산업분류체계는 산업과 경제통계를 이용하는 이들에게는 매우 중요한 분류체계이다. 산업과 관련된 주요 통계들의 상당수가 산업분류체계에 따라 작성되고 있고, 그렇지 않은 경우에도 산업분류체계를 일부 재구성하거나 수정하여 사용하는 등 산업통계의 기본적인 분류체계로 기능하고 있기 때문이다. 다음에서는 주요 산업분류체계들의 특징과 구조를 살펴보기로 한다.

1 국제표준산업분류(ISIC)

국제적인 사용을 위해 최초로 작성된 산업분류로 알려져 있는 것은 국제연맹(League of Nations)의 통계전문가위원회(Committee of Statistical Experts)가 「유업자 인구 통계(Statistics of the Gainfully-occupied Population)」라는 팸플릿을 통해 1938년에 공개한 산업분류이다(Beales, 1949). 당시 많은 국가들이 자국의 전수조사(Census) 통계를 가능한 범위에서 이 분류에 맞출 것에 동의하였으나, 제2차 세계대전의 발발로 인해 이 분류체계는 많이 활용되지 못하였다. 1947년 1월, 국제연맹의 후신인 국제연합(United Nations, UN)의 통계위원회(Statistical Commission)는 제1차 회기에서 여러 국가들의 통계 간에 비교가능성을 확보하기 위해 산업분류에 관한 문제가 시급히 검토되어야 함을 지적하고, 산업분류에 관한 위원회(Committee on Industrial Classification)를 설치했다. 같은 해 9월에 열린 통계위원회 제2차 회기에서 산업분류에 관한 위원회는 새로운 분류체계의 첫 번째 초안을 제출했으며, 이 초안에 대해 여러 국가와 기관들로부터 수렴한 의견을 반영하여 수정된 초안이 1948년 4월에 완성되어 통계위원회의 승인을 받았다. 같은 해 8월, UN의 경제사회이사회(Economic and Social Council)는 최종적으로 이 분류체계에 관한 결의안을 채택했으며, 이것이 현재 국내·외에서 사용되고 있는 여러 산업분류체계 중에서 가장 일반적인 것이라 할 수 있는 「경제활동에 관한 국제표준산업분류(International Standard Industrial Classification of All Economic Activities, ISIC)」의 첫 번째 판이다(Beales, 1949).

우리나라를 비롯한 많은 국가들은 자국의 산업구조와 경제활동의 특성을 반영한 자체적인 산업분류체계를 운영하고 있으나, 이들 대부분은 ISIC에 기반을 두거나, ISIC와의 연계 가능성 또는 비교가능성을 고려하여 작성되고 있다.[1)]

---

1) UN의 경제사회이사회는 1948년 8월 27일에 채택한 결의안에서 모든 회원국 정부가 ISIC를 자국의 표준분류로 사용하거나, 국제적인 비교가 가능하도록 ISIC와 일치된 통계 데이터를 제공할 것

ISIC는 1948년에 처음 채택된 이래, 전 세계 경제활동의 변화에 부응하기 위해 1958년, 1968년, 1989년에 세 차례의 개정이 이루어졌다.[2] 이후 2002년에는 3차 개정 분류를 일부 수정한 3.1차 개정분류가 작성되었고(United Nations, 2002), 최근에는 4차 개정분류가 발표되었다.[3] ISIC 3.1차 개정분류는 17개의 섹션(Section), 62개의 디비전(Division), 161개의 그룹(Group), 298개의 클래스(Class)가 계층적으로 구성되어 있다. 4차 개정분류는 21개의 섹션, 88개의 디비전, 238개의 그룹, 419개의 클래스로 구성되어 있으며, 이는 이전보다 분류항목이 크게 늘어난 것이다. ISIC 4차 개정에 발맞춰 유럽, 북미, 일본 등 주요지역과 국가에서 사용되고 있는 산업분류들의 개정이 잇따르고 있으며, 한국에서도 ISIC 4차 개정안을 바탕으로 하여 한

표 2-1 국제표준산업분류(ISIC)의 계층 구조

버 전	연 도	계층명 (표기형태, 분류의 수)			
		Level 1	Level 2	Level 3	Level 4
Rev.1	1958	Division (1-digit, 10)	Major Group (2-digit, 44)	Group (3-digit, 124)	N/A
Rev.2	1968	Major Division (1-digit, 10)	Division (2-digit, 34)	Major Group (3-digit, 72)	Group (4-digit, 160)
Rev.3	1989	Section (1-letter, 17)	Division (2-digit, 60)	Group (3-digit, 159)	Class (4-digit, 292)
Rev.3.1	2002	Section (1-letter, 17)	Division (2-digit, 62)	Group (3-digit, 161)	Class (4-digit, 298)
Rev.4 (Draft)	2008 (expected)	Section (1-letter, 21)	Division (2-digit, 88)	Group (3-digit, 238)	Class (4-digit, 419)

출처: 특허청(2008).

을 권고하고 있다(United Nations, 1948).

2) 3.1차 개정분류는 통계위원회 제10차 회기에서의 승인을 거쳐 1958년에 발행되었고, 2차 개정분류는 제15차 회기에서 승인을 얻어 1968년에 발행되었다. 1948년에 처음 작성된 ISIC는 이와 같이 10년 주기로 2차례의 개정을 거친 후, 그로부터 20년 이상이 지난 1989년 2월에야 통계위원회의 제25차 회기에서 3차 개정분류안이 승인되었다. 같은 해 5월 22일, 경제사회이사회는 통계위원회의 권고에 따라 3차 개정분류에 대한 결의안을 채택하였고, 이에 따라 ISIC 3차 개정분류는 1990년에 발행되었다(United Nations, 1990).

3) ISIC 4차 개정분류는 공식적으로 2008년 8월 11일에 발표되었다. (http://unstats.un.org/unsd/cr/registry/isic-4.asp)

국표준산업분류(Korea Standard Industrial Classification, KSIC)에 대한 9차 개정을 단행하고, 2008년 2월 1일부터 이 개정분류를 시행하고 있다.

2 북미산업분류(NAICS)

북미산업분류(North American Industry Classification System, NAICS)는 북미자유무역협정(North American Free Trade Agreement, NAFTA) 체결 당사국인 미국, 캐나다, 멕시코 3국이 공동으로 작성한 산업분류체계이다. NAICS 작성에 참여한 기관은 미국의 OMB를 대표하는 경제분류정책위원회(Economic Classification Policy Committee, ECPC), 캐나다 통계청(Statistics Canada), 멕시코 국립통계지리정보청(Instituto Nacional de Estadítica, Geografí e Informáica, INEGI)이었다. 다음에서는 미국의 표준산업분류체계의 변화 과정을 중심으로 북미지역의 산업분류체계의 변천과 NAICS의 특징을 살펴보고자 한다.

미국 정부의 산업분류 표준화에 관한 첫 권고안은 1934년에 있었던 산업분류에 관한 부처 간 컨퍼런스에서 작성되었다. 이 권고안에 따라 중앙통계위원회(Central Statistical Boards, CSB)는 1937년에 산업분류에 관한 부처 간 위원회를 설치했으며, 이 위원회는 1937년 6월 22일에 열린 첫 회의에서 표준산업분류안의 작성을 위한 기술위원회를 설치했다. 기술위원회에서는 우선 제조산업 분야에 대한 작업을 진행했다. 1938년 6월에 부처 간 위원회는 제조산업분야의 산업목록을 채택함과 동시에, 비제조산업분야에 관한 논의를 통해 비제조산업분야의 분류안 작성을 위한 전문가 소위원회 설치를 결정했다. 표준산업분류 매뉴얼(Standard Industrial Classification Manual) 초판은 여러 전문가 위원회들에 의해 작성되었으며, 이 과정에서 적용된 일반원칙으로는 첫째, 분류체계는 현재(당시)의 미국 산업구조와 일치해야 한다. 둘째, 분류대상이 되는 단위는 법인이나 회사개념이라기보다는 사업체로 본다.[4] 셋째, 각각의 사업체는 주요 활동에 따라 분류되어야 한다. 넷째, 산업으로 인

4) 원문은 다음과 같이 표현하고 있다. "The reporting units to be classified are establishments rather than legal entities or companies"(Pearce). 또한 여기에서 사업체(establishment)의 정의는 다음과 같다. "a single physical location at which economic activity occurs"(U.S. Census Bureau).

식되기 위해서는 사업체들의 집단이 사업체 수, 임금 노동자의 수, 사업규모, 고용과 급여변동 및 중요한 다른 경제적 특성의 관점에서 의미를 가져야 한다는 것 등이었다.

이러한 과정을 거쳐 1939년에 완성된 표준산업분류(Standard Industrial Classification, SIC)는 일정한 사용기간을 거친 후, CSB의 기능을 흡수한 예산국(Bureau of the Budget, BOB)에 의해 검토와 개정 작업이 이루어져 1941년과 1942년에 제조산업과 비제조산업에 대한 첫 번째 인쇄판이 각각 발행되었다. 이후 제조산업에 대한 개정은 1945년에, 비제조산업부문에 대한 개정은 1949년에 이루어졌으며, 1957년 7월에는 제조산업과 비제조산업을 하나의 책자로 구성한 새로운 개정판이 발행되었다. 개정작업은 이후에도 계속 진행되어 1963년과 1967년에도 개정판이 발행되었다(Pearce). 이후 여러 번의 개정을 거친 후 마지막 개정은 1987년에 이루어졌으며, 이 개정에서는 20개의 새로운 서비스 산업이 추가되었고, 제조업 분야에서의 기술발전을 반영하기 위해 몇 가지의 새로운 산업들이 추가되었다(U.S. Census Bureau).

미국은 1997년 4월 9일에 관리예산처(Office of Management and Budget, OMB)가 정부통계 작성을 위한 산업분류체계를 SIC에서 NAICS로 변경한다고 밝힘으로써, 이때까지 미국에서 사용된 1987년판 SIC를 NAICS로 대체하였다. NAICS는 미국, 캐나다, 멕시코 3개국이 공동으로 작성한 분류체계였다. 1992년 초, OMB는 상무부 경제분석국(Bureau of Economic Analysis, BEA)과 센서스국(Bureau of the Census), 노동부 노동통계국(Bureau of Labor Statistics, BLS) 대표로 구성되는 경제분류정책위원회(Economic Classification Policy Committee, ECPC)를 설치하고 새로운 분류체계 도입의 필요성을 검토하도록 했다. ECPC는 우선 경제분류에 관한 의견 수렴을 위해 6가지의 주제별 보고서를 작성했다.[5] 또한 ECPC는 20개의 연방정부부서를

5) 6가지 주제별 보고서의 주요 내용은 다음과 같다. 첫째, “Conceptual Issues”는 새로운 분류체계가 경제적 개념, 즉 생산지향적이어야 하는가, 아니면 수요지향적이어야 하는가의 문제를 다루고 있다. 둘째, “Aggregation Structures and Hierarchies”는 분류체계의 구조에 관한 여러 접근법에 관한 문제를 다루고 있다. 셋째, “Collectibility of Data”는 개별 사업체에 대한 산업분류 부여에 관한 실질적인 문제를 다루고 있다. 넷째, “Criteria for Determining Industries”는 과거 SIC를 구성하기 위해 사용된 통계적 분석결과와 앞으로 사용될 수 있는 통계적 분석결과들에 관해 언급하고 있다. 다섯째, “The Impact of Classification Revisions on Time Series”는 시계열적인 비교 가능성을 유지하는 것과 최근의 경제정보에 관한 정보를 제공할 수 있는 새로운 분류체계를 개발하는 것과의

대표하는 7개의 부서 간 소위원회를 구성하고, 이들이 미국의 데이터 사용자들의 의견을 수렴하는 것은 물론, 캐나다와 멕시코의 관계 부서와 공조하도록 했다. 이 소위원회들은 캐나다와 멕시코의 상대 부서들과 3년이 넘는 기간 동안 새로운 분류체계에 관한 논의를 진행한 끝에 합의를 이끌어냈으며, 그 결과, 미국, 캐나다, 멕시코의 관계 부처 간에 31개의 개별 협정이 체결되었다(U.S. Census Bureau). 과거 미국의 SIC 체계는 1930년대에 처음 작성된 이후 미국의 경제구조 변화를 반영하며 개정되어 왔지만 전체적인 분류체계의 골격은 계속 유지되고 있었다. 이러한 이유로 1990년대 초반까지 SIC 체계는 시대에 뒤떨어지고 미국의 경제상황을 반영하지 못한다는 비판을 받고 있었다. 또한 SIC는 일관된 경제적 개념에 기초를 두지 않고 있었다. 어떤 산업들은 수요 관점에 기반을 둔 반면, 다른 산업들은 생산의 관점에 기반을 두고 있었다(U.S. Census Bureau).

즉, 분류체계에 생산지향적 원리와 시장지향적 원리가 혼합되어 있어 SIC를 기반으로 수집된 정보가 어떠한 정보 이용자도 만족시켜줄 수 없다는 것이었다(신종태, 2006; Nightingale, 1978). SIC의 또 다른 문제점은 다른 분류체계들과의 국제적인 비교가능성이 우선적인 고려 대상이 아니었다는 점이다. 다른 국가들의 경제적 현황들과 비교를 위한 분석에 문제가 있었음에도 불구하고, SIC는 국제적 이용과 관련된 문제에 대한 배려가 거의 이루어지지 않고 있었다. 이러한 상황에서 NAFTA 체결은 새로운 분류체계 구축의 필요성은 물론, 캐나다, 멕시코와의 협력을 통해 분류체계를 작성해야 할 필요성을 부각시키게 되었다(U.S. Census Bureau).

NAICS 작성에는 SIC의 이러한 문제점들을 해결하려는 노력들이 반영되었다. 우선, NAICS는 미국을 포함한 북미지역 경제에서 그 중요성이 커지고 있는 서비스 산업의 분류를 강화했다. NAICS에 포함된 1,170개의 산업 중 565개가 서비스 분야의 산업이었으며, 새로 포함된 358개의 산업 중 250개가 서비스 생산 산업이었다. NAICS를 구성하고 있는 20개의 섹터 중에서 16개의 섹터가 서비스와 관련을 가지고 있다. 첨단 기술과 관련된 산업에 대한 내용도 반영되었다. NAICS는 ECPC, 캐나다 통계청, INEGI 간의 합의에 따라 국제적인 비교가능성을 가진 분류체계로 작성되었다. 이들 NAFTA 체결 당사국 간 비교가능성은 물론, UN이 작성하는 ISIC

균형점에 관한 논의를 담고 있다. 마지막으로, "Services Classifications"는 서비스 산업분류체계를 개발하는 것과 관련된 주요 이슈들을 다루고 있다.

(Revision 3)와의 비교가능성도 높아졌다. 또한 NAICS는 단일한 경제적 개념에 기초하여 작성되었다. 즉, 생산지향적인 경제적 개념에 바탕을 둠으로써, 이 분류체계를 사용하여 작성된 데이터가 생산성, 단위노동비용, 생산 자본집약도를 측정하거나, 투입-산출 또는 고용-산출 간의 관계를 밝히는 것과 같은 작업에 사용될 수 있도록 하였다(U.S. Census Bureau). NAICS는 6개의 숫자 단위(six-digit)로 구성되어 있으나, 이 중에서 3개국 간 비교가능성을 제공하는 분류 수준은 5자리의 숫자 단위 수준(five-digit level)까지이다. 최하위 분류 수준인 6자리 숫자 단위 수준은 분류체계의 유연성을 확보하기 위해 채택되었다. 각 국가들은 이를 통해 자국의 중요한 경제활동들에 대한 분류를 구성할 수 있도록 되어 있다(U.S. Census Bureau).

3 유럽산업분류(NACE)

일반적으로 유럽산업분류라고 불리는 유럽의 경제활동에 관한 분류(Nomenclature gééale des Activité éonomiques dans les Communauté Europénnes, NACE)는 유럽연합에서 1970년부터 사용한 분류이다. 이후 1990년에 1차 개정이 이루어졌으며, 2002년에는 1.1차 개정분류가 작성되어 2003년부터 최근까지 사용되었다. 1.1차 개정 분류는 17개의 섹션, 31개의 서브섹션, 62개의 디비전, 224개의 그룹, 514개의 클래스로 구성되어 있다. 2006년에 채택된 2차 개정분류는 2008년부터 사용되도록 되어 있다(Eurostat). 2차 개정분류는 21개의 섹션, 88개의 디비전, 272개의 그룹, 615개의 클래스로 구성되어 있다.

4 한국표준산업분류(KSIC)

한국표준산업분류(Korea Standard Industrial Classification, KSIC)는 1958년에 개정된 ISIC 1차 개정분류를 바탕으로 하여 1964년에 처음으로 제정되었다. 이후 분류체계의 미비점과 불합리한 점을 보완하기 위해 1965년과 1968년 두 차례의 개정 작업을 거쳤으며, 국제표준산업분류와의 연계성을 유지하고, 산업구조의 변화를 반영하기 위해 6차례의 개정작업이 더 이루어졌다. 8차 개정분류는 2000년에 개정 고시되어 2007년까지 사용되었으며, 20개의 대분류(Section), 63개의 중분류(Division), 194개의 소분류(Group), 442개의 세분류(Class), 1,121개의 세세분류(Sub-Class)로 구성되어 있다. 이 중 ISIC와 대응되는 분류단계는 세분류(Class, 4-digit level)까지이며, 세세분류(Sub-Class, 5digit)는 이를 더욱 세분화시킨 최하위 분류 단계이다. 2008년부터 시행되는 9차 개정분류는 ISIC 4차 개정분류 초안의 내용을 반영하고 있으며, 21개의 대분류, 76개의 중분류, 228개의 소분류, 487개의 세분류, 1,145개의 세세분류로 구성되어 있다.

제 2 절 한국표준산업분류(KSIC)[6)]

1 연 혁

통계자료의 정확성과 비교성을 확보하기 위해서는 무엇보다도 통계기준의 합리적인 설정과 통일적인 적용이 요구된다. 이에 따라 통계청에서는 통계기준 설정의 일환으로 산업, 직업, 무역, 질병·사인 등에 관한 표준분류를 제·개정하여 통계자료의 분류에 활용토록 해오고 있다.

한국표준산업분류(KOREAN STANDARD INDUSTRIAL CLASSIFICATION, KSIC)는 1963년 제정된 이래 그동안 아홉 차례의 개정을 통해 보완·발전되어 왔다. 한국표준산업분류는 산업 관련 통계자료의 정확성, 비교성을 확보하기 위하여 작성된 것으로서, 1963년 3월 경제활동 중에서 우선 광업과 제조업 부문에 대한 산업분류를 제정하였고, 이듬해 4월 비제조업 부문에 대한 산업분류를 추가로 제정함으로써 우리나라의 표준산업분류체계를 완성하였다. 이렇게 제정된 한국표준산업분류는 유엔의 국제표준산업분류의 1차 개정(1958년)에 기초하여 작성된 것이다.

1964년에 제정된 한국표준산업분류의 미비점과 불합리한 점을 보완하기 위하

6) 한국표준산업분류(2008), 통계청 자료 인용.

여 1965년과 1968년 두 차례에 걸쳐 개정작업을 추진하였으며, 이후 유엔의 국제표준산업분류의 2·3차 개정(1968년, 1989년)과 국내의 산업구조 및 기술변화를 반영하기 위하여 주기적으로 개정하여 왔다(1970년, 1975년, 1984년, 1991년, 1998년, 2000년).

8차 개정분류는 2000년에 개정·고시하였으며 지식·정보화사회를 대비하고, 서비스산업활동의 비중 증대 및 전문화 추세를 반영하여 개정한 분류이지만, 국제표준산업분류가 개정됨에 따라 정보 및 커뮤니케이션, 환경 관련 산업 등의 구조가 급격하게 변화함에 따라 우리나라 산업특성을 반영하고, 아울러 국제 비교성을 제고하기 위하여, 2006년 4월 개정작업에 착수 1년 8개월에 걸쳐 현재 사용하고 있는 제9차 개정작업을 완료, 통계청 고시 제2007-53호(2007년 12월 28일)로 확정·고시하고, 2008년 2월 1일부터 시행하게 되었다.

2 개 요

1) 산업의 정의

산업이란 "유사한 성질을 갖는 산업활동에 주로 종사하는 생산단위의 집합"이라 정의되며, 산업활동이란 "각 생산단위가 노동, 자본, 원료 등 자원을 투입하여, 재화 또는 서비스를 생산 또는 제공하는 일련의 활동과정"이라 정의된다. 산업활동의 범위에는 영리적, 비영리적 활동이 모두 포함되나, 가정 내의 가사활동은 제외된다.

2) 분류목적

한국표준산업분류는 생산단위(사업체단위, 기업체단위 등)가 주로 수행하는 산업 활동을 그 유사성에 따라 체계적으로 유형화한 것이다. 이러한 한국표준산업분류는 산업활동에 의한 통계자료의 수집, 제표, 분석 등을 위해서 활동카테고리를 제공하기 위한 것으로 통계법에서는 산업통계 자료의 정확성, 비교성을 위하여 모든 통계작성기관이 이를 의무적으로 사용하도록 규정하고 있다.

한국표준산업분류는 통계목적 이외에도 일반 행정 및 산업정책 관련 법령에서 적용대상 산업영역을 한정하는 기준으로 준용되고 있다.

3) 분류의 범위

한국표준산업분류는 산업활동의 유형에 따른 분류이므로 이 분류의 범위는 국민계정(SNA)에서 정의된 것처럼 경제활동에 종사하고 있는 단위에 대한 분류로 국한하고 있다. 한국표준산업분류 9차 개정안은 982 하나의 분류를 제외하고는 국민계정의 생산영역에 의해서 정해진 범위와 일치한다. 982를 KSIC에 포함시킨 것은 ISIC처럼 982는 SNA 생산영역 밖에 있지만 가구의 생계활동을 측정하기 위한 중요한 틀이 되기 때문이며, 981(자가 소비용 가구의 재화 생산활동)과 병행하여 분류하여 KSIC의 다른 산업영역에 분류하기 어렵거나 불가능한 가계활동을 노동력 조사 같은 특수목적을 위해서 분류하였으며, 일반적으로 사업체 조사에서는 이용되지 않는다.

4) 분류기준

산업분류는 생산단위가 주로 수행하고 있는 산업활동을 그 유사성에 따라 유형화 한 것으로 이는 다음과 같은 분류기준에 의하여 분류된다.

- 산출물(생산된 재화 또는 제공된 서비스)의 특성
  - 산출물의 물리적 구성 및 가공단체
  - 산출물의 수요처
  - 산출물의 기능 및 용도
- 투입물의 특성
  - 원재료, 생산 공정, 생산기술 및 시설 등
- 생산활동의 일반적인 결합형태

5) 통계단위

(1) 개 념

통계단위란 생산단위의 활동(생산, 재무활동 등)에 관한 통계작성을 위하여 필요한 정보를 수집 또는 분석할 대상이 되는 관찰 또는 분석단위를 말한다. 관찰단위는 산업활동과 지리적 장소의 동질성, 의사결정의 자율성, 자료수집 가능성이 있는 생산단위가 설정되어야 한다. 생산활동과 장소의 동질성의 차이에 따라 통계단위는 다음과 같이 구분된다.

	하나 이상의 장소	단일장소
하나 이상의 산업활동	기업집단, 기업체 단위	지역 단위
단일 산업활동	활동유형 단위	사업체 단위

* 하나의 기업체 또는 기업집단을 전제함.

(2) 사업체 단위의 정의

사업체 단위는 공장, 광산, 상점, 사무소 등으로 산업활동과 지리적 장소의 양면에서 가장 동질성이 있는 통계단위이다. 이 사업체 단위는 일정한 물리적 장소에서 단일 산업활동을 독립적으로 수행하며, 영업잉여에 관한 통계를 작성할 수 있고 생산에 관한 의사결정에 있어서 자율성을 갖고 있는 단위이므로 장소의 동질성과 산업활동의 동질성이 요구되는 생산통계 작성에 가장 적합한 통계단위라고 할 수 있다. 그러나 실제 운영 면에서 사업체 단위에 대한 정의가 엄격하게 적용될 수 있는 것은 아니다. 실제 운영상 사업체 단위는 "일정한 물리적 장소 또는 일정한 지역 내에서 하나의 단일 또는 주된 경제활동에 독립적으로 종사하는 기업체 또는 기업체를 구성하는 부분 단위"라고 정의할 수 있다. 한편, 기업체 단위란 재화 및 서비스를 생산하는 법적 또는 제도적 단위의 최소 결합체로서 자원배분에 관한 의사결정에서 자율성을 갖고 있다. 기업체는 하나 이상의 사업체로 구성될 수 있다는 점에서 사업체와 구분되며, 재무 관련 통계작성에 가장 유용한 단위이다.

6) 통계단위의 산업결정

(1) 생산단위의 활동 형태

생산단위의 산업활동은 일반적으로 주된 산업활동, 부차적 산업활동 및 보조적 활동이 결합되어 복합적으로 이루어진다. 주된 산업활동이란 산업활동이 복합 형태로 이루어질 경우 생산된 재화 또는 제공된 서비스 중에서 부가가치(액)가 가장 큰 활동을 말하며, 부차적 산업활동은 주된 산업활동 이외의 재화생산 및 서비스제공활동을 말한다. 이러한 주된 활동과 부차 활동은 보조활동의 지원 없이는 수행될 수 없으며 보조활동에는 회계, 창고, 운송, 구매, 판매촉진, 수리서비스업 등이 포함된다.

보조활동은 모 생산단위에서 사용되는 비내구재 또는 서비스를 제공하는 활동으로서 생산활동을 지원해주기 위하여 존재한다. 생산활동과 보조활동이 별개의 독립된 장소에서 이루어질 경우 지역 통계작성을 위하여 보조단위에 관한 정보를 별도로 수집할 수 있다. 다음과 같은 활동단위는 보조단위로 보아서는 안되며 별개의 활동으로 간주하여 그 자체활동에 따라 분류하여야 한다.

- 고정자산 형성의 일부인 재화의 생산 예를 들면, 자기계정을 위한 건설활동을 하는 경우 이에 관한 별도의 자료를 이용할 수 있으면 건설활동으로 분류한다.
- 모 생산단위에서 사용되는 재화나 서비스를 보조적으로 생산하더라도 그 생산되는 재화나 서비스의 대부분을 다른 시장(사업체 등)에 판매하는 경우
- 모 생산단위가 생산하는 생산품의 구성부품이 되는 재화를 생산하는 경우 예를 들면, 모 생산단위의 생산품을 포장하기 위한 캔, 상자 및 유사제품의 생산
- 연구 및 개발활동은 통상적인 생산과정에서 소비되는 서비스를 제공하는 것이 아니므로 그 자체의 본질적인 성질에 따라 전문과학 및 기술서비스업으로 분류되며 SNA 측면에서는 고정자본의 일부로 고려된다.

(2) 산업결정방법

- 생산단위의 산업활동은 그 생산단위가 수행하는 주된 산업활동(판매 또는 제공되는 재화 및 서비스)의 종류에 따라 결정된다. 이러한 주된 산업활동은 산출물(재화 또는 서비스)에 대한 부가가치(액)의 크기에 따라 결정되어야 하나, 부가가치(액)의 측정이 어려운 경우에는 산출액에 의하여 결정한다.
- 상기의 원칙에 따라 결정하는 것이 적합하지 않을 경우에는 그 해당활동의 종업원 수 및 노동시간, 임금 및 급여액 또는 설비의 정도에 의하여 결정한다.
- 계절에 따라 정기적으로 산업을 달리하는 사업체의 경우에는 조사시점에서 경영하는 사업과는 관계없이 조사대상 기간 중 산출액이 많았던 활동에 의하여 분류된다.

• 휴업 중 또는 자산을 청산 중인 사업체의 산업은 영업 중 또는 청산을 시작하기 전의 산업활동에 의하여 결정하며, 설립 중인 사업체는 개시하는 산업활동에 따라 결정한다.
• 단일사업체의 보조단위는 그 사업체의 일개 부서로 포함하며, 여러 사업체를 관리하는 중앙보조단위(본부)는 별도의 사업체로 처리한다.

7) 산업분류의 적용원칙

• 생산단위는 산출물뿐만 아니라 투입물과 생산공정 등을 함께 고려하여 그들의 활동을 가장 정확하게 설명된 항목에 분류해야 한다.
• 복합적인 활동단위는 우선적으로 최상급 분류단계(대분류)를 정확히 결정하고, 순차적으로 중, 소, 세, 세세분류 단계 항목을 결정하여야 한다.
• 산업활동이 결합되어 있는 경우에는 그 활동단위의 주된 활동에 따라서 분류하여야 한다.
• 수수료 또는 계약에 의하여 활동을 수행하는 단위는 자기계정과 자기책임 하에서 생산하는 단위와 동일항목에 분류되어야 한다.
• 자기가 직접 실질적인 생산활동은 하지 않고, 다른 계약업자에 의뢰하여 재화 또는 서비스를 자기계정으로 생산케 하고, 이를 자기명의로, 자기책임 하에서 판매하는 단위는 이들 재화나 서비스 자체를 직접 생산하는 단위와 동일한 산업으로 분류하며, 제조업의 경우에는 그 제품의 고안에 중요한 역할을 하고 자기계정으로 재료를 제공하여야 한다.
• 각종 기계장비 및 용품의 개량활동, 개조활동 및 재제조 등 재생활동은 그 기계장비 및 용품의 제조업과 동일 산업으로 분류하나 이들의 경상적인 유지수리를 전문으로 수행하는 독립된 사업체의 산업활동은 "95 : 수리업"으로 분류한다. 수수료 또는 계약에 의하여 운송사업장 내에서 철도차량, 선박 및 항공기의 경상적인 점검, 보수 및 유지관리활동은 "52 : 창고 및 운수 관련 서비스업"으로 분류되며, 고객의 특정 사업장 내에서 건물 및 산업시설의 경상적인 유지관리를 대행하는 경우는 "741 : 사업시설 유지 관련 서비스업"에 분류한다.
• 동일단위에서 제조한 재화의 소매활동은 별개 활동으로 파악되지 않고 제조

활동으로 분류되어야 한다. 그러나 자기가 생산한 재화와 구입한 재화를 함께 판매한다면 그 주된 활동에 따라 분류한다.

- "공공행정 및 국방, 사회보장사무" 이외의 다른 산업활동을 수행하는 정부기관은 그 활동의 성질에 따라 분류하여야 한다.

8) 분류구조 및 부호체계

- 분류구조는 대분류(알파벳 문자 사용/Sections), 중분류(2자리 숫자 사용/Divisions), 소분류(3자리 숫자 사용/Groups), 세분류(4자리 숫자 사용/Classes). 세세분류(5자리 숫자 사용/Sub-Classes)의 5단계로 구성된다.
- 부호처리를 할 경우에는 아라비아 숫자만을 사용토록 했다.
- 권고된 국제분류 ISIC Rev.4를 기본체계로 하였으나, 국내실정을 고려하여 국제분류의 각 단계 항목을 분할, 통합 또는 재그룹화하여 독자적으로 분류항목과 분류부호를 설정하였다.
- 분류항목 간에 산업내용의 이동을 가능한 억제하였으나 일부 이동내용에 대한 연계분석 및 시계열연계를 위하여 신구 연계표를 활용하도록 하였다.
- 중분류의 번호는 01부터 99까지 부여하였으며, 대분류별 중분류 추가 여지를 남겨놓기 위하여 대분류 사이에 번호 여백을 두었다.
- 소분류 이하 모든 분류의 끝자리 숫자는 "0"에서 시작하여 "9"에서 끝나도록 하였으며, "9"는 기타 항목을 의미하며, 앞에서 명확하게 분류되어 남아 있는 활동이 없는 경우에는 "9" 기타 항목이 필요 없는 경우도 있다. 또한 각 분류단계에서 더 이상 하위분류가 세분되지 않을 때 "0"을 사용한다(예를 들면, 중분류 02/임업, 소분류/020).

9) 단계별 항목수(9차 기준)

대분류	중분류	소분류	세분류	세세분류
A. 농업, 임업 및 어업	3	8	21	34
B. 광업	4	7	12	17
C. 제조업	24	83	18	461

D. 전기, 가스, 수도	2	4	6	9
E. 폐기물, 환경복원	3	5	11	15
F. 건설업	2	7	14	15
G. 도・소매업	3	20	58	42
H. 운수업	4	11	20	164
I. 숙박 및 음식점업	2	4	8	46
J. 출판, 영상, 정보 등	6	11	25	24
K. 금융, 보험	3	8	15	42
L. 부동산, 임대	2	6	13	33
M. 전문, 과학, 기술	4	13	19	21
N. 사업시설, 사업지원	2	7	13	50
O. 행정, 국방, 사회보장	1	5	8	21
P. 교육서비스	1	7	16	25
Q. 보건 및 사회복지	2	6	9	29
R. 예술, 스포츠, 여가	2	4	17	21
S. 협회, 수리, 개인	3	8	18	43
T. 자가소비생산활동	2	3	3	3
U. 국제 및 외국기관	1	1	1	2
총 계(21)	76	228	487	1,145

제 3 절 법률에 근거한 산업분류

현재 법률적으로나 이론적 근거에 의해 일반적으로 논의되고 있는 산업유형으로는 후방산업이라고 할 수 있는 부품소재산업[7]과 뿌리산업,[8] 성장유망산업[9]인 주력기간제조업, 지식기반제조업, 지식기반서비스업과 첨단융합산업,[10] 그리고 전방산업으로 지식서비스산업[11]과 창조산업[12]을 들 수 있다.[13] 이러한 산업들을 연

7) 근거: 부품・소재전문기업 등의 육성에 관한 특별조치법 시행령 [별표 1] 부품・소재의 범위(제2조 관련).
8) 근거: 뿌리산업 진흥과 첨단화에 관한 법률 시행령 [별표 1] 뿌리산업의 범위(제2조 관련).
9) 근거: 산업자원부(2004), '산업집적활성화기본계획'.
10) 근거: 지식경제부(2009. 12)의 신성장동력 업종 및 품목분류(안).
11) 근거: 산업발전법지식서비스산업의 범위(제3조 제1항 관련) [별표 2].

구하고자 하는 산업과 매칭을 시켜봄으로써 상호연계 가능한 산업분야를 탐색할 수 있게 함으로써 그 산업의 위상을 파악하고 다각적인 측면에서 전략을 모색할 수 있게 되어 산업적 파급효과를 높일 수 있을 것이다.

1 소재 · 부품산업

소재 · 부품산업에 대한 법률적인 근거는 소재 · 부품 및 그 생산설비 산업의 발전기반을 조성하고 소재 · 부품전문기업 등의 육성을 통하여 국민경제의 균형 있는 발전에 이바지함을 목적으로 제정된 「소재 · 부품전문기업 등의 육성에 관한 특별조치법 시행령」(시행 2015. 7. 1) 제2조(소재 · 부품의 범위)에서 "소재 · 부품"이라 함은 상품의 제조에 사용되는 원재료 또는 중간생산물 중 다음 각 호의 어느 하나에 해당하는 소재 · 부품([별표 1]에 따른 업종으로 한정한다)으로서 산업통상자원

[별표 1] 〈개정 2015. 4. 20〉

소재 · 부품산업 대상업종(제2조 관련)

한국표준산업분류	업종명
13	섬유제품 제조업; 의복 제외
17	펄프, 종이 및 종이제품 제조업
20	화학물질 및 화학제품 제조업; 의약품 제외
21	의료용 물질 및 의약품 제조업
22	고무제품 및 플라스틱제품 제조업
23	비금속 광물제품 제조업
24	1차 금속 제조업
25	금속가공제품 제조업; 기계 및 가구 제외
26	전자부품, 컴퓨터, 영상, 음향 및 통신장비 제조업
27	의료, 정밀, 광학기기 및 시계 제조업
28	전기장비 제조업
29	기타 기계 및 장비 제조업
30	자동차 및 트레일러 제조업
31	기타 운송장비 제조업
32	가구 제조업

12) 근거: 이희연 · 황은정(2008), 부록–창조산업의 범위 및 가치사슬에 따른 분류.
13) 이들의 근거가 대부분 KSIC 8차 기준에 의한 것이므로 KSIC 9차 기준으로 변경.

부령으로 정하는 것으로 하였다.

1. 최종생산물의 고부가가치화에 기여가 큰 것
2. 첨단기술 또는 핵심고도기술을 수반하는 소재·부품으로서 기술파급효과 또는 부가가치창출효과가 큰 것
3. 산업의 기반이 되거나 산업 간 연관효과가 큰 것

해당법이 개정되기 전 「부품·소재전문기업 등의 육성에 관한 특별조치법 시행령」 제2조의 [별표 1]은 8차 기준으로 작성되어 있기 때문에 9차 기준에 맞추어 변경한 후 활용 가능했다.

[별표 1]

부품·소재의 범위(제2조 관련)

분 야 (한국표준산업 분류번호)	적용범위(부품·소재)	한국표준산업 분류번호
섬유제품제조업 (17)	섬유방적사(천연원료를 제외하고, 기타 방적사는 무기질 섬유사 및 텍스처 사등 가공사에 한한다)	1710
	섬유직물(특수직물 및 기타직물은 무기질 섬유직물에 한한다)	1720
	염색·가공된 섬유사 및 섬유직물(호부, 기타 섬유염색 및 정리 가공품을 제외한다)	1740
	부직포 및 펠트	17993
	산업용 특수사 및 코드직물	17994
	기계용 및 기타 공업용 섬유제품	17999
펄프, 종이 및 종이제품 제조업(21)	공업용 기타 종이 및 판지	21129
화합물 및 화학제품 제조업(24)	석유화학계 기초 화합물(유도체에 한한다)	24111
	기타 기초 유기화합물(유도체 및 화합물에 한한다)	24119
	기타 기초 무기화합물(유도체 및 화합물에 한한다)	24129
	무기안료, 염료, 유연제 및 기타 착색제	2413
	합성고무	24151
	합성수지 및 기타 플라스틱물질	24152
	기초의약물질 및 생물학적 제재	2421
	농약 원제 및 중간체	24312
	공업용 도료 및 관련제품	24321
	공업용 인쇄잉크	24323
	계면활성제	24331

	공업용 사진 화학제품 및 감광재료	24342
	공업용 방향유 및 관련 제품	24392
	접착제 및 젤라틴	24393
	공업용 기타 분류 안된 화학제품	24399
	화학섬유	2440
고무 및 플라스틱제품 제조업(25)	타이어 및 튜브	25111
	공업용 비경화 고무제품	25191
	공업용 기타 고무제품	25199
	엔지니어링 플라스틱 선, 봉, 관 및 호스	25211
	엔지니어링 플라스틱 필름, 시트 및 관	25212
	극세사 합성피혁	25213
	기계장비 조립용 엔지니어링 플라스틱 제품	25240
비금속광물제품 제조업(26)	공업용 박판유리(두께 1.5㎜ 이하에 한한다)	26111
	공업용 유리섬유 및 광학용 유리	26121
	판유리 가공품	26122
	기타 공업용 유리제품	26129
	공업용 도자기(파인 세라믹을 포함한다)	26213
	구조용 정형 내화제품(전주내화물에 한한다)	26221
	기능성석회(형상 및 물성제어된 제품에 한한다)	26312
	연마휠	26991
	초미립 비금속광물(평균 입경 1.0㎛ 이하에 한한다)	26992
	공업용 내화 단열재	26993
	탄소섬유	26994
	복합소재 비금속광물	26999
제1차 금속산업(27)	합금철	27112
	열간압연 및 압출제품(일반철근, 보통강 형강을 제외한다)	27121
	냉간압연 및 압출제품(보통강 냉연강판을 제외한다)	27122
	철강선(보통강철선, 아연도철선, 철조망, 철망을 제외한다)	27123
	주조한 관연결류	27131
	강관(전기용접 보통강관을 제외한다)	27132
	절단가공 및 표면처리 강재(아연도금강판을 제외한다)	27191
	그 외 기타 철강제품	27199
	비철금속 제련, 정련 및 합금제품	2721
	비철금속 압연, 압출 및 연신제품	2722
	철강 주조제품(희주철을 제외한다)	2731
	비철금속 주조제품	2732
조립금속제품 제조업(28)	중앙난방 보일러 부품 및 방열기	28121
	설치용 금속탱크 및 저장용기	28122
	핵반응기 부품	28131
	증기발생기 부품	28132

	금속단조, 압형 및 분말야금제품(가정용 압형제품 및 병마개를 제외한다)	2891
	금속 열처리, 도금 및 기타 처리제품(금속인쇄업을 제외한다)	2892
	톱 및 호환성공구	
	금속파스너 및 나사제품	28934
	금속스프링	28941
	금속제 아크 용접 전극, 선박의 추진기와 블레이드 및 닻, 금속 제외	28943
	플레시블 튜브, 철강 및 금속의 기타 제품	28999
기타 기계 및 장비 제조업 (29)	내연기관 및 터빈	2911
	펌프 및 압축기	2912
	탭, 밸브 및 유사장치	29130
	베어링, 기어 및 동력전달장치	2914
	산업용 오븐 및 노 부품	29150
	산업용 트럭 및 물품취급장비 부품	2916
	산업용 냉장 및 냉동장비 부품	29171
	공기조화장치 부품(자동차용은 완제품을 포함한다)	29172
	산업용 송풍기 및 배기장치 부품	29173
	기체여과기	29174
	액체여과기	29175
	증류기, 열교환기 및 가스발생기	29176
	기타 일반목적용 기계 부품	2919
	가공공작기계 부품	292
	기타 특수목적용 기계 부품(주형 및 금형은 완제품을 포함한다)	293
	무기 부품	29400
	기타 가정용 전열기기 부품	29511
	기타 가정용 전기기기 부품	29519
	가정용 비전기식 조리 및 난방기구 부품	29520
컴퓨터 및 사무용 기기 제조업(30)	컴퓨터 기억장치	30012
	컴퓨터 입・출력장치 및 기타 주변기기(컴퓨터 본체와 분리되는 CRT 모니터, 프린터의 완제품을 제외한다)	30013
	복사기 부품	30021
기타 전기기계 및 전기변환장치 제조업(31)	전동기, 발전기 및 전기변환장치(발전기세트를 제외한다)	311
	전기공급 및 전기제어장치	312
	절연 금속선 및 케이블	31301
	절연 광섬유케이블	31302
	일차전지(리튬전지에 한한다)	31401
	축전지	31402
	전구 및 램프 부품	31510
	일반 조명장치 부품	31521
	내연기관용 및 차량용 전기장치	3191
	전기경보 및 신호장치 부품	31991
	자석 및 자석제품	31992

	전기용 탄소제품 및 절연체 교통통제용 전기장치 부품 그 외 기타 분류 안된 전기장비 부품	31993 31994 31999
전자부품, 영상, 음향 및 통신장비 제조업(32)	반도체 및 기타 전자제품 통신기기 및 방송기기 부품 방송수신기 및 기타 영상, 음향기기 부품(안테나와 마이크로폰을 포함한다)	321 322 323
의료, 정밀, 광학기기 및 시계 제조업(33)	의료용기기 부품(의료용 가구를 제외한다) 측정, 시험, 항해 및 기타 정밀기기(도안 및 제도기구를 제외한다) 광섬유 및 광학요소 사진기, 영사기 및 관련장비 부품 기타 광학기기 부품 시계 부품	331 332 33321 33322 33329 33402
자동차 및 트레일러 제조업(34)	자동차용 엔진 자동차 부품	34110 343
기타 운송장비제조업(35)	선박 구성부분품 철도차량 부품 및 관련 장치물 부품 항공기 및 우주선의 보조장치 부품 항공기용 엔진 및 부품 모터사이클 부품 자전거 및 장애자용 차량 부품	35114 35202 35310 353 35910 35920
가구 및 기타 제품 제조업(36)	운송장비용 의자	36111

비 고

1. 부품은 부분품을 포함한다.
2. 동일한 한국표준산업분류에 속하는 것 중에서 독립적으로 사용되는 완제품이 있는 경우에는 이를 부품・소재의 적용범위에서 제외한다.
3. 상품 제조에 사용되는 원재료 또는 중간생산물로 사용됨과 동시에 완제품으로 사용되는 경우에도 이를 부품으로 본다.

2 뿌리산업

뿌리산업에 대한 법률적인 근거는 뿌리산업 진흥과 첨단화에 필요한 사항을 정하여 뿌리산업 발전의 기반을 조성하고 뿌리산업의 경쟁력을 강화함으로써 국민경제의 지속적인 발전과 국민의 삶의 질 향상에 이바지함을 목적으로 제정된 「뿌리산업 진흥과 첨단화에 관한 법률 시행령」(시행 2015. 1. 1) 제3조(뿌리산업의 범위)에서 "뿌리산업"이란 뿌리기술을 활용하여 사업을 영위하는 업종이거나 뿌리기술에 활용되는 장비 제조업종으로서 "대통령령으로 정하는 업종"이란 [별표 2]에 따른 업종을 말한다고 하였다.

[별표 2] 〈개정 2014. 6. 30〉

뿌리산업의 범위(제3조 관련)

1. 주조산업

구 분	분류번호	업종명 또는 품목명
뿌리기술활용업종	24131	주철관 제조업
	24311	선철주물 주조업
	24312	강주물 주조업
	24321	알루미늄주물 주조업
	24322	동주물 주조업
	24329	기타 비철금속 주조업
뿌리기술에 활용되는 장비 제조업종	29230101	주물주조기계

2. 금형산업

구 분	분류번호	업종명 또는 품목명
뿌리기술활용업종	29294	주형 및 금형 제조업

3. 소성가공산업

구 분	분류번호	업종명 또는 품목명
뿌리기술활용업종	25911	분말야금제품 제조업
	25912	금속단조제품 제조업
	25913	금속압형제품 제조업
	24121	열간 압연 및 압출 제품 제조업
	24122	냉간 압연 및 압출 제품 제조업
	24221	동 압연, 압출 및 연신제품 제조업
	24222	알루미늄 압연, 압출 및 연신제품 제조업
	24229	기타 비철금속 압연, 압출 및 연신제품 제조업
뿌리기술에 활용되는 장비 제조업종	29223101	액압 프레스

	29223102	기계 프레스
	29223801	금속 단조기
	29223802	금속 인발기
	29223803	나사 전조기
	29223804	금속선 가공기
	29223809	기타 금속성형기계

4. 열처리산업

구 분	분류번호	업종명 또는 품목명
뿌리기술활용업종	25921	금속 열처리업
뿌리기술에 활용되는 장비 제조업종	29150101	공업용로
	29150103	전기로

5. 표면처리산업

구 분	분류번호	업종명 또는 품목명
뿌리기술활용업종	25922	도금업
	25923	도장 및 기타 피막처리업
	25929	그 외 기타 금속가공업
	26221	인쇄회로기판 제조업
뿌리기술에 활용되는 장비 제조업종	20499210	금속표면처리용 화합물
	28909804	전기도금 및 전기분해용 기기
	29299104	금속 표면처리기

6. 용접산업

구 분	분류번호	업종명 또는 품목명
뿌리기술활용업종	2413	철강관 제조업
	24290	기타 1차 비철금속 제조업
	25122	설치용 금속탱크 및 저장용기 제조업
	25130	핵반응기 및 증기발생기 제조업
	26222	전자부품 실장기판 제조업
	2629	기타 전자부품 제조업
	3012	자동차 제조업
	3020	자동차 차체 및 트레일러 제조업
	3032	자동차 차체용 부품 제조업

	3111	선박 건조업
	3120	철도장비 제조업
	3131	항공기, 우주선 및 보조장치 제조업
	3132	항공기용 엔진 및 부품 제조업
	3191	전투용 차량 제조업
뿌리기술에 활용되는 장비 제조업종	25999201	용접봉
	28909301	아크 용접기
	28909302	저항 용접기
	28909309	기타 전기용접기
	29199101	가스 용접 및 절단기
	29199109	기타 용접기
	29271102	반도체 조립 장비
	29271103	칩마운터

비 고
1. 분류번호, 업종명 및 품목명은 「통계법」에 따라 통계청장이 고시하는 한국표준산업분류에 따른다.
2. 위 표에 포함된 뿌리기술활용업종이나 뿌리기술에 활용되는 장비 제조업종이라도 원재료를 1차 성형·가공하여 잉곳(ingot), 판, 봉, 관 등 1차 소재를 생산하는 업종은 제외한다.

또한 제2조(뿌리기술의 범위)에서는 "뿌리기술"이란 주조(鑄造), 금형(金型), 소성가공(塑性加工), 용접(鎔接), 표면처리(表面處理), 열처리(熱處理) 등 제조업의 전반에 걸쳐 활용되는 공정기술로서 [별표 1]에 따른 분야의 설계 또는 제조와 관련되는 기술을 말한다고 하였다.

[별표 1] 〈개정 2014. 6. 30〉

뿌리기술의 범위(제2조 관련)

기술 부문	전문분야
1. 주조 부문	가. 사형주조 나. 금형주조 다. 다이캐스팅 라. 정밀주조 마. 연속주조 바. 저압주조 사. 소실모형 주조 아. 특수주조

<table>
<tr><td>2. 금형 부문</td><td>가. 사출성형금형
나. 다색다중성형금형
다. 블로우성형금형
라. 복합성형금형
마. 프레스성형금형
바. 프로그레시브성형금형
사. 파인블랭킹금형
아. 특수성형금형</td></tr>
<tr><td>3. 소성가공 부문</td><td>가. 단조
나. 압연
다. 압출
라. 판재성형
마. 특수성형</td></tr>
<tr><td>4. 열처리 부문</td><td>가. 전경화열처리
나. 국부열처리
다. 침탄열처리
라. 질화열처리
마. 복합열처리
바. 비철, 특수금속열처리</td></tr>
<tr><td>5. 표면처리 부문</td><td>가. 전기도금
나. 무전해도금
다. 양극산화
라. 화성처리
마. 도장
바. 표면경화
사. 스퍼터링
아. 화학기상증착</td></tr>
<tr><td>6. 용접 부문</td><td>가. 아크용접
나. 저항용접
다. 특수용접
라. 브레이징
마. 칩레벨 접합
바. 보드레벨 접합
사. 구조용 접합</td></tr>
</table>

3 지식기반산업

1) 산업집적활성화 및 공장설립에 관한 법률

「산업집적활성화 및 공장설립에 관한 법률」(시행 2015. 8. 19)은 산업의 집적(集積)을 활성화하고 공장의 원활한 설립을 지원하며 산업입지 및 산업단지를 체계적으로 관리함으로써 지속적인 산업발전 및 균형 있는 지역발전을 통하여 국민경제의 건전한 발전에 이바지함을 목적으로 하고 있다.

「산업집적활성화 및 공장설립에 관한 법률 시행령」(시행 2015. 10. 6) 제4조의4(지식기반산업)에서는 지식기반산업을 첫째, 제6조 제2항에 따른 지식산업, 즉 "지식산업"이란 창의적 정신활동에 의하여 고부가가치의 지식서비스를 창출하는 산업으로서 다음 각 호의 산업을 말한다.

1. 「통계법」 제22조에 따라 통계청장이 고시하는 표준산업분류에 따른 연구개발업
2. 「고등교육법」 제25조에 따른 연구소의 연구개발업
3. 「기초연구진흥 및 기술개발지원에 관한 법률」 제14조 제1항 각 호에 따른 기관 또는 단체(같은 법 제6조 제1항 제3호에 따른 대학은 다음 각 목의 요건을 모두 갖춘 대학이나 「대학설립·운영 규정」 제2조의7에 따라 산업단지 안에서 운영하는 대학만 해당한다)의 연구개발업
   가. 법 제2조 제8호의2에 따른 산학융합지구에 입주할 것
   나. 건축연면적 2만 제곱미터 이하일 것
   다. 기업과의 공동연구를 위한 연구실, 연구개발을 위한 장비 지원시설 및 기업부설연구소를 위한 시설의 면적이 건축연면적의 100분의 50 이상을 차지할 것
4. 건축기술, 엔지니어링 및 그 밖의 과학기술서비스업
5. 광고물 작성업
6. 영화, 비디오물 및 방송프로그램 제작업
7. 출판업

8. 전문 디자인업
9. 포장 및 충전업
10. 다음 각 목의 어느 하나에 해당하는 교육서비스업
  가. 「근로자직업능력 개발법」 제2조 제3호에 따른 직업능력개발훈련시설에서 운영하는 경우
  나. 제3호 각 목의 요건을 모두 갖춘 대학의 경우
  다. 「대학설립 · 운영 규정」 제2조의7에 따라 산업단지 안에서 운영하는 대학의 경우
11. 경영컨설팅업(재정 · 인력 · 생산 · 시장 관리나 전략기획에 관한 자문업무 및 지원을 하는 기업체만 해당한다)
12. 번역 및 통역 서비스업
13. 전시 및 행사 대행업
14. 환경 정화 및 복원업
15. 영화, 비디오물 및 방송프로그램 제작 관련 서비스업
16. 음악 및 기타 오디오물 출판업
17. 시장조사 및 여론조사업
18. 사업 및 무형 재산권 중개업
19. 물품감정, 계량 및 견본 추출업
20. 무형재산권 임대업
21. 광고 대행업
22. 옥외 및 전시 광고업
23. 사업시설 유지관리 서비스업
24. 보안시스템 서비스업
25. 콜센터 및 텔레마케팅 서비스업
26. 「이러닝(전자학습)산업 발전 및 이러닝 활용 촉진에 관한 법률」 제2조 제3호 가목에 따른 업(이 항 제7호, 제10호 또는 제3항 각 호에 따른 산업을 경영하는 입주기업체가 운영하는 경우로 한정한다)
27. 「통계법」 제22조 제1항에 따라 통계청장이 고시하는 표준산업분류에 따른 그 외 기타 분류 안된 전문, 과학 및 기술 서비스업으로서 관리기관이 인정

하는 산업이라고 정하고 있다.

둘째, 「산업발전법」 제5조에 따른 첨단기술을 활용한 산업, 즉 제5조(첨단기술 및 첨단제품의 선정) 제2항에서 첨단기술 및 첨단제품의 범위는 기술집약도가 높고 기술혁신속도가 빠른 기술 및 제품을 대상으로 1. 산업구조의 고도화에 대한 기여 효과, 2. 신규 수요 및 부가가치 창출 효과, 3. 산업 간 연관 효과의 사항을 고려하여 정하여야 한다.

이와 같이 지식산업에 대해서 법률적으로 나열만 되어있을 뿐 아직까지 구체적인 해당 산업의 업종을 분류해 놓고 있지는 않다. 따라서 산업자원부(2004) '산업집적활성화기본계획'에 따라 산업연구원(2004)에서 재작성된 주력기간제조업, 지식기반제조업, 지식기반서비스업에 대한 분류를 참고해 보고자 한다.

2) 주력기간제조업

표 2-2 주력기간제조업 범위

구 분	한국표준산업분류(KSIC) 8차		한국표준산업분류(KSIC) 9차
섬 유	171	제사 및 방적업	13101, 13102, 13103, 13104, 13109
	172	직물제조업	13211, 13212, 13213, 13214, 13219
	173	편조업	13310, 13320, 14300, 14411, 14419
	174	섬유 염색 및 가공업	13401, 13402, 13403, 13404, 13409
	179	기타 섬유제품 제조업	13221, 13222, 13223, 13224, 13225, 13229, 13910, 13921, 13922, 13923, 13924, 13999
	244	화학섬유 제조업	20501, 20502
의 류	181	봉제의복 제조업	14111, 14112, 14120, 14130, 14191, 14193, 14194, 14199, 14491, 14499
	182	모피가공 및 모피제조업	14201, 14202, 14203
신 발	193	신발제조업	15211, 15219, 15220
석유 화학	24111	석유화학계 기초 화합물 제조업	20111
	24119	기타 기초 유기화합물 제조업	20119*
	24129	기타 기초 무기화합물 제조업	20119*
	24151	합성고무 제조업	20301
	24152	합성수지 및 기타 플라스틱 물질 제조업	20302
철 강	271	제1차 철강산업	24111, 24112, 24113, 24119, 24121, 24122, 24123, 24131, 24132, 24291, 24199

기 계	291	일반 목적용 기계제조업	29111, 29119, 29120, 29131, 29132, 29133, 29141, 29142, 29150, 29161, 29162, 29163, 29169, 29171, 29172, 29173, 29174, 29175, 29176, 29191, 29192, 29193, 29194
	292	가공공작기계 제조업	29221, 29222, 29223, 28909, 29199, 29195, 29229
	293	기타 특수목적용 기계 제조업	29210, 29230, 29241, 29242, 29250*, 29261, 29269, 29271, 29272, 29291, 29292, 29293, 29294, 29280, 28909, 29299, 31310
	294	무기 및 총포탄 제조업	25200, 31910
가 전	295	기타 가정용 기구제조업	28511, 28512, 28519, 28520, 29150*
	323	방송수신기 및 기타 영상 음향기기 제조업	26511, 26519, 26521, 26529
자동차	341	자동차용 엔진 및 자동차 제조업	30110, 30121, 30122
	342	자동차 차체 및 트레일러 제조업	30201, 30202, 30203
	343	자동차 부품 제조업	30310, 30320, 30391, 30399
조 선	351	선박, 보트건조업 및 수리업	31111, 31112, 31113, 31114, 31119, 31120

자료: 산업자원부, 「산업집적활성화기본계획」, 2004, 산업연구원에서 재작성.
주: * 일부.

3) 지식기반제조업

표 2-3 지식기반제조업 범위

구 분	한국표준산업분류(KSIC) 8차		한국표준산업분류(KSIC) 9차
전자·정보기기	30011	컴퓨터 제조업	26310
	30012	컴퓨터 기억장치 제조업	26321
	30013	컴퓨터 입출력장치 및 기타 주변기기 제조업	26296, 26322, 26323, 26329
	32191	전자관 제조업	26219, 26291
	32192	인쇄회로판 제조업	26221, 26222
	32193	전자축전기 제조업	26292
	32194	전자저항기 제조업	26293
	32195	전자카드 제조업	26294
	32196	액정표시장치 제조업	26211
	32199	그 외 기타 전자부품 제조업	26299
	32201	유선 통신기기 제조업	26410*
	32202	방송 및 무선통신기기 제조업	26421, 26422, 26429
	31402	축전지 제조업	28202

반도체	32111 32112	다이오드, 트랜지스터 및 유사반도체 제조업 전자집적회로 제조업	26120 26110
메카 트로닉스	29162 29169 29211 29212 29291 29360 29395 29399 31109	엘리베이터 및 컨베이어 장치 제조업 기타 물품취급장비 제조업 전자응용 가공공작기계 제조업 금속절삭 가공기계 제조업 용접기 제조업 반도체 제조용 기계 제조업 산업용 로봇 제조업 그 외 기타 분류 안된 특수목적용 기계제조업 기타 발전기 및 전기변환 장치 제조업	29162, 29163 29169 29221 29222 29199* 29271, 29272 29280 28909, 29299 28119
정밀화학	24132 24312 24321 24322 24323 24331 24333 24334 24341 24342 24392 24393 24394 24399	합성염료, 유연제 및 기타 착색제 제조업 농약제조업 일반용 도료 및 관련 제품 제조업 요업용 유약 및 관련 제품 제조업 인쇄잉크 제조업 계면 활성제 제조업 화장품 제조업 표면광택제 및 실내가향제 제조업 비감광성 기록용 매체 제조업 사진용 화학제품 및 감광재료 제조업 방향유 및 관련 제품 제조업 접착제 및 젤라틴 제조업 화약 및 불꽃제품 제조업 그 외 기타 분류 안된 화학제품 제조업	20132 20412 20421 20422 20423 20431 20433 20434 26600 20491 20499 20493 20494 20499
생물산업	15454 24211 24212 24221 24222 24223 24230	식품첨가물 제조업 의약용 화합물 및 항생물질 제조업 생물학적 제제 제조업 의약용 약제품 제조업 한의약 조제품 제조업 동물용 약제품 제조업 의료용품 및 기타 의약 관련 제품 제조업	10749 21101 21102 21210 21220 21230 21300
정밀기기	30021 33111 33112 33213 33211 33215 33216 33219 33220	복사기 제조업 방사선장치 제조업 전기식 진단 및 요법기기 제조업 전자기측정 시험 및 분석기구 제조업 3211 항행용 무선기기 및 측량기구 제조업 속도계 및 적산계기 제조업 기기용 자동측정 및 제어장치 제조업 기타 측정 시험 항해 및 정밀기기 제조업 산업처리공정 제어장비 제조업	29180* 27111 27112 27212 27211 27214 27215 27219* 27216

	33321	광섬유 및 광학요소 제조업	27321, 28301*
	33322	사진기 영사기 및 관련장비 제조업	27322
	33329	기타 광학기기 제조업	27329
신소재	26121	유리섬유 및 광학용 유리제조업	23121
	26213	산업용 도자기 제조업	23213*
	26229	기타 내화요업제품 제조업	23229
	26994	탄소섬유 및 기타 탄소제품 제조업	23999*
	27112	합금철 제조업	24113
	27191	절단가공 및 표면처리강 재생산업	24191, 24199*
	27219	기타 비철금속 제련 정련 및 합금 제조업	24219*
환 경	20212	강화 및 재생 목재 제조업	16212
	25112	타이어 재생업	22112
	29150	산업용 오븐, 노, 및 노용버너 제조업	29150*, 29250*
	29174	기체여과기 제조업	29174
	29175	액체여과기 제조업	29175
	37100	재생용 금속가공원료 생산업	38301*
	37200	재생용 비금속가공원료 생산업	38302*
항공·우주	35310	항공기, 우주선 및 보조장치 제조업	31310*
	35321	항공기용 엔진 제조업	31321
	35322	항공기용 부품 제조업	31322

자료: 산업자원부, 「산업집적활성화기본계획」, 2004, 산업연구원에서 재작성.
주: *일부.

4) 지식기반서비스업

표 2-4 지식기반서비스업 범위

구 분	한국표준산업분류(KSIC) 8차		한국표준산업분류(KSIC) 9차
정보 서비스	64210	유선통신업	61210
	64220	무선통신업	61220, 61230
	64290	기타 전기 통신업	61291, 61299
	52810	통신판매업	47911, 47919
	75942	텔레마케팅 서비스업	75991
	721	컴퓨터시스템 설계 및 자문업	62021
	722	소프트웨어 자문, 개발 및 공급업	58211, 58219, 58221, 58222, 62010
	723	자료처리 및 컴퓨터시설 관리업	63111, 63112, 62022
	724	데이터베이스 및 온라인 정보제공업	63129, 63991
	729	기타 컴퓨터운영 관련업	62090, 63999

기업 지원 서비스	741	법무 및 회계 관련 서비스업	71101, 71102, 71103, 71109, 71201, 71202, 71209, 85709
	742	시장조사 및 경영상담업	71400, 71520, 71531, 71532, 85701
	743	건축기술 및 엔지니어링서비스업	72111, 72112, 72121, 72122, 72129
	744	과학 및 기술서비스업	72911, 72919, 72921, 72922, 72923, 72924, 73909*, 39001*, 39009*
	745	광고업	71310, 71391, 71392, 71393, 71399
	746	전문 디자인업	73201, 73202, 73203, 73209
	74990	기타 전문, 과학 및 기술서비스업	73902, 73909*
	731	자연과학 연구개발업	70111, 70112, 70113, 70119, 70121, 70129
	732	인문 및 사회과학 연구개발업	70201, 70209
문 화	871	영화산업	59111, 59112, 59113, 59114, 59120, 59130, 59141, 59142
	872	방송업	60100, 60210, 60221, 60222, 60229
	873	공연산업	59202, 90110, 90121, 90122, 90123, 90131, 90132, 90191, 90192, 90199
	881	뉴스제공업	63910
	88220	박물관 및 사적지 관리운영업	90221, 90222
	88999	기타 분류 안된 오락 관련 사업	91299, 90290*, 91241*, 85699*
	22110	서적출판업	58111, 58112, 58119
	22120	신문, 잡지 및 정기간행물발행업	58121, 58122, 58123
	22130	오디오 기록매체 출판업	59201
	22190	기타 출판업	58190
관 광	88230	식물원, 동물원 및 자연공원	90231, 90232, 90290*
	88310	경기장 운영업	91111, 91112, 91113
	88320	경기 전문 종사업	91191, 91199, 85611
	88391	체력단련시설 운영업	91132
	88392	수영장 운영업	91133
	88393	볼링장 운영업	91134
	88395	종합 오락운동시설 운영업	91131
	88399	그 외 기타 운동시설 운영업	91136, 91139
	88911	전자게임장 운영업	91221
관 광	88912	컴퓨터 게임방 운영업	91222
	88919	기타 오락장 운영업	91229
	88920	수상오락 서비스업	91239
	88991	무도장 운영업	91291, 85612*
	88992	유원지 및 테마파크 운영업	91210
	88993	체육공원 및 유사 공원 운영업	91292
	88995	도박장 운영업	91249, 91241*

물 류	60310	화물자동차 운송업	49311, 49312, 49401
	61112	외항화물 운송업	50112
	61122	내항화물 운송업	50112
	61202	내륙 수상화물 운송업	50202
	61203	항만 내 운송업	50203
	631	화물 취급업	52941, 52942
	632	창고업	52101, 52102, 52103, 52104, 52109
	63913	화물자동차 터미널 운영업	52913
	63990	그 외 기타 운송 관련 서비스업	52991, 52992, 52999

자료: 산업자원부, 「산업집적활성화기본계획」, 2004, 산업연구원에서 재작성.
주: *일부.

4 첨단업종

첨단업종은 「산업집적활성화 및 공장설립에 관한 법률 시행규칙」 제15조(첨단업종) 영 [별표 1] 제2호 마목, 즉 기술집약도가 높고 기술혁신속도가 빠른 업종으로서 산업통상자원부령 [별표 5]에 규정되어 있다.

[별표 5] 〈개정 2011. 8. 12〉

첨단업종(제15조 관련)

분류번호	업종명	적용 범위
20119	기타 기초유기화학물질 제조업	• 나노기술, 나노소재 및 이를 활용한 화합물
20121	산업용 가스 제조업	• 초고순도 수소가스(순도 99.999% 이상인 것만 해당한다) • 초고순도 질소가스(순도 99.99999% 이상인 것만 해당한다)
20129	기타 기초무기화학물질 제조업	• 반도체 및 디스플레이 재료(Process Chemical)
20132	합성염료, 유연제 및 기타 착색제 제조업	• 신염료로서 다음의 것만 해당한다. – 키녹살린계 반응성 염료 – 복합관능형 반응성 염료 – 안트라퀴논계 염료 및 고견뢰도금속착염 염료 • 고급 유기안료로서 다음의 것만 해당한다. – 키나크리돈계 – 폴리아조계

		– 디옥사진계 – 페닐톤계 – 페닐렌계 – 이소인도리논계 및 디오인디고계 • 특수도료로서 다음의 것만 해당한다. – 실리콘탄성방수도료 – 불소수지도료 – 전기절연수지도료 – 세라믹도료 및 탄성우레탄도료
20302	합성수지 및 기타 플라스틱물질 제조업	• 고분자신소재
20431	계면활성제 제조업	• Narrow–RangeEthoxylate계 계면활성제 • 바이오계 계면활성제 • 실리콘계 · 불소계 계면활성제 • end–capped 계면활성제 • 제미니형 계면활성제 • 고분자형 계면활성제
20491	사진용 화학제품 및 감광재료 제조업	• 포토레지스트용 소재
20493	접착제 및 젤라틴 제조업	• 전기 · 전자용 기능성 접착제로서 다음의 것만 해당한다. – 전도성 접착제 – 광섬유용 접착제 – 반도체용 접착제 • 폴리에스터 토너바인더 • 의료용 접착제로서 다음의 것만 해당한다. – 연조직(피부 등)용 접착제 – 경조직(치아 · 뼈 등)용 접착제
21102	생물학적 제제 제조업	• 바이오의약품으로서 다음의 것만 해당한다. – 항생제, 항암제, 백신, 호르몬제 – 면역제제, 혈액제제, 성장인자 – 신개념치료제(유전자치료제, 항체치료제, 세포치료제) • 바이오시밀러
21210	완제 의약품 제조업	• 저분자 화합물 의약품으로서 다음의 것만 해당한다. – 종양계 치료제(항암제) – 순환기계 질환 치료제(고혈압, 고지혈증, 혈전) – 감염계 질환 치료제(항생제, 항바이러스제, 항진균제) – 신경계 질환 치료제(치매, 뇌졸중, 간질, 우울증, 정신분열증, 파킨슨씨병) – 내분비계 질환 치료제(골다공증, 당뇨, 비만) – 면역계 질환 치료제(면역기능 조절, 천식, 알레르기, 염증/관절염) – 호르몬제

21300	의료용품 및 기타 의약 관련 제품 제조업	• 바이오칩(바이오센서 포함) • 약물전달시스템 응용제품 • 자가조절형 의료용 약물투입기
22291	플라스틱적층, 도포 및 기타 표면처리 제품 제조업	• 투명 전도성 필름
23121	유리섬유 및 광학용 유리 제조업	• 정밀 광학용 소재(광학유리 생지만 해당한다)
23129	기타 산업용 유리제품 제조업	• 평판디스플레이용 유리
23213	산업용 도자기 제조업	• 파인 세라믹스(전자전기용, 반도체용, 기계구조용, 생화학용, 광학용만 해당한다)
23999	그 외 기타 분류 안된 비금속 광물제품 제조업	• 고강도 고탄성 탄소섬유, 고기능 탄소섬유 제품 • 나노섬유, 나노섬유 제품
24122	냉간 압연 및 압출 제품 제조업	• 철계 극박판(두께 0.2mm 이하인 것만 해당한다) • 고Al, 고Mn 첨가 등 고합금강 • 100kg급 이상 고장력강 냉간 압연제품
24123	철강선 제조업	• 지름 0.05mm 이하의 철계극세선으로서 다음의 것만 해당한다. – 고탄소강선재, 비정질와이어
24221	동 압연, 압출 및 연신제품 제조업	• 무산소동판, 전해동박, 리드프레임 소재
24222	알루미늄 압연, 압출 및 연신제품 제조업	• 알루미늄박판(전자재료용만 해당한다)
24290	기타 1차 비철금속 제조업	• 비철금속분말업(분말가공/성형업은 제외한다) • NBET 융합형 금속소재 • 유가 금속 scrap을 이용한 고품질 잉곳(ingot)
25911	분말야금제품 제조업	• 철계, 비철계 분말야금제품(충진율 95% 이상인 것만 해당한다)
25934	톱 및 호환성공구 제조업	• 초경합금공구, 다이아몬드공구, 물리증착 또는 화학증착공구, 서메트 공구, 입방질화붕소공구, 고속도강공구
26110	전자집적회로 제조업	• 시스템 반도체, 지능형 센서 IC, 시스템 IC, 고전압/RF IC, 3차원 패키지 IC, 메모리(EEPROM, PRAM, FRAM, 차세대 비휘발성 메모리 등)
26120	다이오드, 트랜지스터 및 유사 반도체 소자 제조업	• 태양전지, 반도체 소자 제조업, LED, PD, LD

26211	액정 평판 디스플레이 제조업	• LCD
26219	플라즈마 및 기타 평판 디스플레이 제조업	• PDP, OLED • 차세대 디스플레이(EL, VFD, FED만 해당한다) • E-Paper(Flexible Panel)
26221	인쇄회로기판 제조업	• 인쇄회로기판
26293	전자저항기 제조업	• 전자저항기, 써머스터, 가변저항기
26294	전자카드 제조업	• 칩 내장 카드[차세대 IC카드(통합보안관련), 홀로마그네틱카드, 광카드, RFID/USN 내장카드만 해당한다]
26299	그 외 기타 전자부품 제조업	• 리드프레임, 포토마스크, 센서, 섀도우마스크, RFID/USN(u-센서 네트워크), Color Filter, Back Light, 편광판, 위상보상 필름, 투명 전극, 드라이브 IC, 액정
26310	컴퓨터 제조업	• 휴대용컴퓨터(태블릿 PC만 해당한다)
26321	기억장치 제조업	• 광정보기기(광디스크, 광디스크 드라이버 및 바코드리더만 해당한다)
26329	기타 주변기기 제조업	• 자기헤드(컴퓨터자기헤드만 해당한다)
26410	유선 통신장비 제조업	• 광섬유 전송시스템 • 광통신 부품
26421	방송장비 제조업	• 위성방송통신기기 제조업으로서 다음의 것만 해당한다. – 정보통신기기 부분품[고체촬상소자(CCD), 변·복조기(MODEM), 감열기록소자(TPH), 발광소자(LPH)프린터 헤드만 해당한다] 제조업, 유선방송텔레비전시스템(양방향 컨버터, 양방향헤드-엔드 및 간선증폭기만 해당한다) 제조업
26429	기타 무선 통신장비 제조업	• 무선통신용 부품 및 장비로서 다음의 것만 해당한다. – 무선통신용 부품 및 안테나(WiBro, LTE 등 4G를 지원하는 것만 해당한다) – 네트워크장비(패킷당 전송에너지가 10mW, 프로세싱/메모리속도가 1Wh당 20MIPS/1Gbyte 이상인 것만 해당한다)
26511	텔레비전 제조업	• 액정텔레비전 • DTV 수상기 • DMB 송수신기
27111	방사선 장치 제조업	• 영상진단기기 및 단층촬영 장치(방사성동위원소, 자력선, 엑스선 또는 초음파를 이용한 것만 해당한다) • 수술 및 치료용기기(방사성동위원소, 자력선, 엑스선, 레이저, 초음파 또는 마이크로 웨이브를 이용한 것만 해당한다)

27112	전기식 진단 및 요법 기기 제조업	• 생체계측기기(심전계 · 뇌파계 · 근전계 · 안진계 또는 심음계만 해당한다) • 의료용 실험기기(자동생화학분석기기 및 전자현미경만 해당한다) • 원격조정 환자 종합감시 장치
27192	정형외과용 및 신체보정용 기기 제조업	• 정형외과용 및 신체보정용기기
27199	그 외 기타 의료용 기기 제조업	• 의료용 레이저기기 • 의약품 주입기(주사기는 제외한다)
27211	항행용 무선기기 및 측량기구 제조업	• 레이더 및 항행용 무선기기
27212	전자기 측정, 시험 및 분석기구 제조업	• 전자파 · 광신호파를 응용하거나 마이크로프로세서를 내장한 것으로서 다음의 것만 해당한다. – 파형현시기 – 전자분석기기 – 디스플레이 및 반도체특성측정기기 – 회로소자측정기기 – 유전체 및 자성체 측정기기 – 전송특성 측정기기 – 데이터회선 측정기기 – 전파 및 공중선 측정기기 – 음향특성 측정기기 – 광측정기기 – 측정보조기기(증폭기 · 검파기 및 신호발생기만 해당한다) – 전자식 물리 및 화학량측정 · 분석기기 – 대기오염 환경측정 · 분석기기
27215	기기용 자동측정 및 제어장치 제조업	• 배광측정기(goniometer)시스템 • 적분구(intergratingsphere)시스템 • 전자파, 광신호, 초음파, 레이저를 응용한 분석 · 관측, 발생계측기 및 이에 준하는 계측시스템 • 화학, 물성시험 및 분석기기와 방사성 측정기 • 첨단계측기 · 계량기기로서 다음의 것만 해당한다. – 첨단마이크로프로세서 및 센서를 이용한 유비쿼터스용 계측 · 계량기기 – 디지털신호처리방식의 계측기, 가상계측기 – 유체압 및 Flow에 따른 진동현상을 응용한 유량계측, 검증제어계측 – 고차단전류용 가스개폐장치 · 컴팩트형 GIS – 복합소호차단형 가스절연 개폐장치(145KV+245KV, 170KV+362KV급 이상) • 회로, 전기적 특성시험, 검사측정기 및 자동측정시스템 • 무선원격자동계측 및 제어 시스템

		• 산업용제어기기, 자동제어시스템(PLS · DCS · 철도차량 자동제어장치를 포함한다)
27216	산업처리공정 제어장비 제조업	• 제조설비의 자동공정 제어기기 또는 공정제어시스템 및 부분품으로서 다음의 것만 해당한다. – PLC 및 CNC를 이용한 공정제어 시스템 – 로봇콘트롤러 및 컴퓨터통합시스템 관련 단위기기 – 화학물질 합성자동제어시스템, 화학반응 합성장치
27219	기타 측정, 시험, 항해, 제어 및 정밀기기 제조업	• 산업 및 군사, 의료, 농업 등의 화상, 영상, 기상, 위성 등 각종계측데이터를 획득하여 이를 가공, 분석, 해석 등을 하기 위한 계측기 및 계측시스템으로서 다음의 것만 해당한다. – 대역폭 30GHz 이상 스펙트럼분석기 – 대역폭 3GHz 이상 디지털오실로스코프 – 대역폭 60GHz 이상 주파수카운터 – 대역폭 60GHz 이상 신호발생기 – Digit6 이상 디지털멀티미디어 – 대역폭 2.5GHzx
27321	광학렌즈 및 광학요소 제조업	• 광섬유 및 편광판
27322	사진기, 영사기 및 관련 장비 제조업	• 광학소자(DSP내장) 고정밀촬영기 · 상재생기
27329	기타 광학기기 제조업	• 상관측기기로서 다음의 것만 해당한다. – 고분해용 현미경 • 광학기기용 렌즈 또는 프리즘 • 레이저 발진장치
28111	전동기 및 발전기 제조업	• AC/DC 서보모터, 스테핑모터(200W 이하, 전력효율 75% 이상인 것만 해당한다) • BLDC모터, 리니어모터(200W 이하, 전력효율 75% 이상인 것만 해당한다)
28113	방전램프용 안정기 제조업	• 전자식 안정기
28119	기타 발전기 및 전기변환장치 제조업	• 리액터, Nuero-Fuzzy 인버터, 스위칭 신호방식의 전력변환장치 차단기
28121	전기회로 개폐, 보호 및 접속 장치 제조업	• 전기회로 개폐, 보호 및 접속장치
28122	배전반 및 전기자동제어반 제조업	• PLC(프로그램 내장 컨트롤러) 제조

28202	축전지 제조업	• 전기기기용 리튬이온 이차전지, 리튬이온폴리머 전지, 리튬폴리머 전지, 니켈수소 전지, 슈퍼커패시터 전지, 연료 전지, 모듈화 전지(BMS 포함) 및 이러한 제품의 부품, 소재, 장비
28410	전구 및 램프 제조업	• LED, OLED, CNT 이용 램프, 초고주파 무전극 방전 등, 세라믹 메탈 헬라이드 램프
28423	전시 및 광고용 조명장치 제조업	• LED를 이용한 조명장치
28903	교통 신호장치 제조업	• 교통 통제용 전기장치
28909	그 외 기타 전기장비 제조업	• 자동화용 전기용접 설비 및 절단기로서 다음의 것만 해당한다. – 레이저, 프라즈마, 초음파,고주파, 인버터 방식의 용접기 및 절단기, 고속전철용 궤도용접설비, 이종금속용 브레이징 용접기 • 센서류 및 액튜에이터 • 멀티플렉스 와이어 하네스
29111	내연기관 제조업	• 내연기관(전자제어식만 해당한다)
29120	유압기기 제조업	• 진공펌프로서 다음의 것만 해당한다. – 터보펌프, 이온펌프, 티타늄승화펌프, 터보분자펌프, 유확산펌프, 저온펌프 • 유공압 펌프 • 유공압 액튜에이터(모터, 실린더만 해당한다) • 기체압축기로서 다음의 것만 해당한다. – 공기압축기(스크루식 또는 터보식인 것) – 가스압축기(사용압력이 10kg/㎠ 이상인 것, 터보압축기는 10kg/㎠ 이하인 것도 포함한다)
29133	탭, 밸브 및 유사장치 제조업	• 유공압 자동제어 밸브 • 자동제어식 파열판 안전장치
29141	볼베어링 및 롤러베어링 제조업	• 볼 · 롤러 베어링(KS P6급 이상) 및 그 핵심부품[리테이너, 캐이지(cage), 강구(steel ball)]
29142	기어 및 동력전달장치 제조업	• 감속기 • 동력전달장치로서 다음의 것만 해당한다. – 유압 및 전자식클러치 – 전후진 셔틀시스템, 등속조인트 – 동력전달축(차동기어가 포함된 것만 해당한다) • 제동장치로서 다음의 것만 해당한다. – 유공압 · 제동력배분브레이크 – 구동력조절장치
29172	공기조화장치 제조업	• 초청정 CleanRoom(한국산업표준에 따른 청정도 1등급만 해당한다) • 시스템에어컨[고효율 EHP) 및 핵심부품(압축기, 모터, 열교환기)[한국산업표준에 따른 COP 냉난방 평균 3.5 이상, APF 4.0 이상인 것만 해당한다]

		• 고효율 지열 히트펌프시스템 및 핵심부품(압축기, 모터, 열교환기)[「신에너지 및 재생에너지개발·이용·보급 촉진법」 제13조에 따른 신재생에너지설비 인증심사 기준에 따른 냉방 EER 4.1 이상, 난방 COP 3.3 이상인 것만 해당한다]
29175	액체 여과기 제조업	• 상수도용 막여과시스템, 나노여과막, 가압식 막여과 정수처리 설비
29221	전자응용 공작기계 제조업	• 수치제어장치가 장착된 공작기계 및 부품
29222	금속 절삭기계 제조업	• 수치제어장치가 장착된 공작기계 및 부품(CNC, 서보모터 및 드라이버, 볼스크류, 리니어베어링, 리니어모터, ATC, APC, 터렛 공구대, 커빅커플링, 오일쿨러, 틸팅테이블, 틸팅헤드, 리니어스케일, 공구 또는 공작물 홀더류, 유공압 밸브류만 해당한다)
29223	금속 성형기계 제조업	• 1분당 450 스트로크 이상의 고속프레스, 트랜스퍼프레스 및 부품(자동 소재 이송 장치, 언코일러, 레벨러, 피더, 클러치 브레이크, 다이쿠션만 해당한다)
29269	기타 섬유, 의복 및 가죽 가공 기계 제조업	• 고성능직기로서 다음의 것만 해당한다. – 전자제어위사공급장치, 전자송출, 전자권취장치 및 정지단방지장치를 갖춘 직기 • 레피어직기: 분당 600회전 이상 • 워터젯트직기: 분당 800회전 이상 • 에어젯트직기: 분당 800회전 이상
29271	반도체 제조용 기계 제조업	• 반도체장비 및 장비부품(반도체 설계·조립 및 검사용, 포토마스크 제조용, 웨이퍼 제조 및 가공용만 해당한다) 제조업
29272	평판디스플레이 제조용 기계 제조업	• 디스플레이장비 및 장비부품 제조업
29280	산업용 로봇 제조업	• 제조업용 로봇으로서 다음의 것만 해당한다. – 이적재용, 공작물 착탈용, 용접용, 표면처리용, 조립·분해용, 가공용, 공정용, 시험·검사용, 기타 제조용 로봇
29293	인쇄 및 제책용 기계	• 재료가공기로서 다음의 것만 해당한다. – 레이저마킹기(반도체용)
29294	주형 및 금형 제조업	• 프레스용 금형 • 다이캐스팅 금형 • 플라스틱성형용 금형 • 금형용 부품
29299	그 외 기타 특수목적용 기계 제조업	• 개인지원용 로봇으로서 다음의 것만 해당한다. – 가사용, 생활지원용, 여가지원용, 교육 및 연구지원용 • 전문서비스용 로봇으로서 다음의 것만 해당한다. – 빌딩 관련 서비스용, 극한작업용, 의료복지용, 사회인프라공사용, 군사용, 생물생산용, 기타 전문서비스용 로봇 • 지능형 로봇부품으로서 다음의 것만 해당한다.

		– 로봇용 구조부품, 로봇용 구동부품, 로봇용 센싱부품, 로봇용 제어부품, 로봇용 통신부품, 기타 로봇용 부품
30110	자동차용 엔진 제조업	• 하이브리드 엔진, 전자제어식 엔진, 신소재 엔진 및 대체연료 엔진
30121	승용차 및 기타 여객용 자동차 제조업	• 하이브리드차, 지능형차, 연료전지차
30310	자동차 엔진용 부품 제조업	• 자동제어 및 조절장치로서 다음의 것만 해당한다. – 전자제어장치(ECU) – 전기자동차용 급속충전장치 – 배기가스저감 및 자기진단 장치 – 전기자동차용 전력변환 및 제어 장치 • 동력발생장치로서 다음의 것만 해당한다. – 연료분사장치 – 분말단조 생산방식에 따른 부품 – 연료전지 및 연료변환 시스템
30320	자동차 차체용 부품 제조업	• 현가장치로서 다음의 것만 해당한다. – 감응력 가변식 및 전자제어식 현가장치 – 연속 감쇠력가변식 현가장치 – 능동형 차체제어 현가장치 – 감응형 댐퍼 • 새시모듈(sash module)
30391	자동차용 동력전달장치 제조업	• 동력전달장치로서 다음의 것만 해당한다. – 유압 및 전자식 클러치 – 자동・반자동・무단변속기 및 부품(정밀냉간단조 및 분말야금단조) – 전후진 셔틀시스템, 등속 조인트(C.V.JOINT) – 동력전달축(차동기어가 포함된 것) – 상시 물림식 변속기
30399	그 외 기타 자동차 부품 제조업	• 제동장치로서 다음의 것만 해당한다. – 유공압・제동력배분 브레이크 – 전자제어식 제동장치(ABS) – 구동력 조절장치(TCS) – 차량안정성 제어장치(ESP) – 전자유압 제동장치(EHP) • 조향장치로서 다음의 것만 해당한다. – 유압식・4륜・전자제어식 조향장치 – 전동식 조향장치(EPS) • 냉・난방장치(신냉매・전기자동차용만 해당한다) • 주행안전・정보장치로서 다음의 것만 해당한다. – 주행안전장치 • 스마트에어백

		• 전자제어식안전벨트 – 주행정보장치 • 차간거리유지정보시스템 • 음성정보 · 자동운행 · 입체식계기(HUD)장치 – 운전자 위치 자동제어장치
31310	항공기,우주선 및 보조장치 제조업	• 항공기, 우주선 및 보조장치(부품은 제외한다)
31322	항공기용 부품 제조업	• 항공기용 부품

5 성장유망산업

「산업집적활성화 및 공장설립에 관한 법률」(시행 2015. 8. 19) 제3조(산업집적활성화 기본계획)에 의하면, ① 산업통상자원부장관은 5년 단위로 전 국토를 대상으로 산업집적의 활성화에 관한 기본계획(이하 "산업집적활성화 기본계획"이라 한다)을 수립하고 고시하여야 한다. 또한 이 법 제3조의2(지역산업진흥계획의 수립 등)에 의하면, ① 시 · 도지사 및 대도시 시장(「지방자치법」 제175조에 따른 서울특별시와 광역시를 제외한 인구 50만 이상 대도시의 시장을 말한다)은 5년 단위로 관할 구역의 산업집적활성화 등 지역산업의 발전을 위한 지역산업진흥계획을 수립할 수 있다. 이 경우 산업집적활성화 기본계획과 조화를 이루도록 하여야 하며, ② 산업통상자원부장관은 산업의 집적 등 지역산업의 진흥을 위하여 필요한 지원을 할 수 있다고 정하고 있다.

산업집적활성화 기본계획은 산업집적 관련 정부의 최상위 계획으로 중앙정부 및 지자체의 산업정책 수립시 주요 지침으로 활용되고 있으며, 국토종합계획, 지역발전 5개년 계획 등 관련 계획과 조화되도록 기본계획을 수립하고 있다.

현재 3차 기본계획(2014~2018)은 1차 기본계획(2004~2008), 2차 기본계획(2009~2013)에 이어 성장유망산업 현황, 지역별 성장유망산업 발전전략, 산업의 집적 및 연계 촉진 방안, 산업집적지 경쟁력 제고 방안 제시를 주요 내용으로 하고 있다.

「산업집적활성화 및 공장설립에 관한 법률 시행령」 제7조 제2항에서 "대통령령으로 정하는 성장유망산업"이란 1. 지식기반산업 2. 지역별 입지여건에 적합하고,

표 2-5	산업집적활성화 기본계획과 관련 계획의 비교

구 분	제4차 국토종합계획 (수정계획)	지역발전 5개년계획	산업집적활성화 기본계획
법적근거	국토기본법	국가균형발전 특별법	산업집적활성화 및 공장설립에 관한 법률
계획기간	2011～2020(4차 수정)	2014～2018(3차)	2014～2018(3차)
계획목표	• 경쟁력있는 통합 국토 • 지속가능한 친환경 국토 • 품격있는 매력 국토 • 세계로 향한 열린 국토	• 주민이 실생활에서 행복과 희망을 체감 • 행복한 삶의 기회를 고르게 보장 • 자율적 참여와 협업의 동반자 관계 • 정책 사각지대 해소	• 성장유망산업의 지역별 특화 • 산업의 집적 및 산업 간·지역 간 연계 촉진 • 산업집적지의 경쟁력 제고
정책수단	• 지역특화, 광역적 협력 강화 • 자연친화적, 안전한 국토 공간 • 쾌적하고 문화적인 도시·주거환경 조성 등	• 지역행복생활권 활성화 • 일자리창출을 통한 지역경제 활력제고 • 교육여건 개선, 창의적 인재 양성 등	• 시도별 성장유망산업 육성 • 경제협력권 사업 추진 • 투자촉진을 위한 산업 인프라 개선
특 징	• 국토의 이용·개발·보전, 인구, 산업의 정책방향 제시 • 장기계획	• 중앙정부와 지자체(시도)의 기존 계획을 모두 포괄 • 중기계획	• 지역산업발전과 관련된 정책 가이드라인 • 중기계획
수립주체	• 중앙정부	• 중앙정부+시·도	• 중앙정부

* 「산업집적활성화 기본계획」(산업통상자원부 고시 제2014-262호, 2014. 12. 23).

지역별 발전을 주도할 수 있는 산업으로서 자동차산업, 조선산업 등 산업통상자원부장관이 정하여 고시하는 산업을 말한다.

표 2-6	성장유망산업의 분류

구 분	성장유망산업
기간산업	01. 기계, 02. 디스플레이, 03. 반도체, 04. 전자 부품 및 제품, 05. 자동차, 06. 조선, 해양플랜트, 07. 화학, 08. 금속제품 및 가공, 09. 비금속제품, 10. 섬유의류, 11. 음식료
신산업	12. 메카트로닉스(로봇), 13. 바이오소재, 14. 의약, 15. 정밀화학, 16. 차세대 IT, 17. 첨단의료기기, 18. 에너지부품·시스템, 19. 항공
창의서비스 산업	20. IT서비스(S/W), 21. 디자인, 22. 전문기술서비스, 23. 디지털콘텐츠(문화), 24. 관광, 25. 환경서비스

자료: 산업통상자원부, 「지역산업발전계획」, 2014. 9.

산업정책적 정의는 시도별 주력산업 등 향후 5~10년 간 국가 및 지자체가 전략적으로 육성하고자 하는 산업으로, 산업 위상, 기술 수준, 산업 간 연계성 등을 감안, '기간산업', '신산업', '창의서비스산업' 등 3개 유형으로 성장유망산업을 분류하고 있다.

「산업집적활성화 기본계획」(산업통상자원부 고시 제2014-262호, 2014. 12. 23)에 제시된 성장유망산업의 해당업종을 정리하면 다음과 같다.

1) 기간산업

기간산업(11개)은 생산과 수출을 통해 우리나라 경제성장을 주도하고 있고, 산업발전단계상 성숙기에 해당하는 산업으로 11개 업종을 선정했다.

(1) 기 계

KOSIS 사업체기초통계조사(2012)에 의하면, 기계 산업은 주로 인천 · 경기 · 경남지역에 집중 · 특화되어 있으며, 이 중 수도권 · 동남권에 약 75%의 종사자가 분포되어 있다.

산업코드	산업소분류명	산업코드	산업세분류명
291	일반 목적용 기계 제조업	2912	유압기기 제조업
		2914	베어링, 기어 및 동력전달장치 제조업
		2915	산업용 오븐, 노 및 노용 버너 제조업
		2916	산업용 트럭, 승강기 및 물품취급장비 제조업
		2918	사무용 기계 및 장비 제조업
		2919	기타 일반 목적용 기계 제조업
292	특수 목적용 기계 제조업	2921	농업 및 임업용 기계 제조업
		2922	가공공작기계 제조업
		2923	금속주조 및 기타 야금용 기계 제조업
		2924	건설 및 광산용 기계장비 제조업
		2925	음 · 식료품 및 담배 가공기계 제조업
		2926	섬유, 의복 및 가죽 가공기계 제조업
319	기타 운송장비 제조업	3199	그 외 기타 분류 안된 운송장비 제조업

(2) 디스플레이

KOSIS 사업체기초통계조사(2012)에 의하면, 디스플레이 산업은 주로 경기 · 경북 · 충북 · 충남지역에 집중 · 특화되어 있으며, 이 중 수도권 · 충청권 · 대경권에 90% 이상의 종사자가 분포되어 있다.

산업코드	산업소분류명	산업코드	산업세분류명
231	유리 및 유리제품 제조업	2312	산업용 유리 및 판유리 가공품 제조업
262	전자부품 제조업	2621	평판 디스플레이 제조업
273	안경, 사진장비 및 기타 광학기기 제조업	2732	광학기기 및 사진장비 제조업

(3) 반도체

KOSIS 사업체기초통계조사(2012)에 의하면, 반도체 산업은 주로 경기 · 충남지역에 집중 · 특화되어 있으며, 이 중 수도권 · 충청권에 약 90%의 종사자가 분포되어 있다.

산업코드	산업소분류명	산업코드	산업세분류명
261	반도체 제조업	2611	전자집적회로 제조업
		2612	다이오드, 트랜지스터 및 유사 반도체소자 제조업
292	특수 목적용 기계 제조업	2927	반도체 및 평판디스플레이 제조용 기계 제조업

(4) 전자부품 및 IT제품

KOSIS 사업체기초통계조사(2012)에 의하면, 전자부품 및 IT제품 산업은 경기지역에 집중 · 특화되어 있으며, 이 중 수도권에 약 70%의 종사자가 분포되어 있다.

산업코드	산업소분류명	산업코드	산업세분류명
262	전자부품 제조업	2629	기타 전자부품 제조업
263	컴퓨터 및 주변장치 제조업	2631	컴퓨터 제조업
264	통신 및 방송 장비 제조업	2641	유선 통신장비 제조업
265	영상 및 음향기기 제조업	2651	텔레비전, 비디오 및 기타 영상기기 제조업
		2652	오디오, 스피커 및 기타 음향기기 제조업
266	마그네틱 및 광학매체 제조업	2660	마그네틱 및 광학 매체 제조업

(5) 자동차

KOSIS 사업체기초통계조사(2012)에 의하면, 자동차 산업은 주로 울산 · 충남 · 경남지역에 집중되어 있으며, 이 중 수도권 · 동남권에 약 60%의 종사자가 분포되어 있다.

산업코드	산업소분류명	산업코드	산업세분류명
301	자동차용 엔진 및 자동차 제조업	3011	자동차용 엔진 제조업
		3012	자동차 제조업
302	자동차 차체 및 트레일러 제조업	3020	자동차 차체 및 트레일러 제조업
303	자동차 부품 제조업	3031	자동차 엔진용 부품 제조업
		3032	자동차 차체용 부품 제조업
		3039	기타 자동차 부품 제조업
312	철도장비 제조업	3120	철도장비 제조업
319	그 외 기타 운송장비 제조업	3191	전투용 차량 제조업
		3192	모터사이클 제조업

(6) 조선 · 해양플랜트

KOSIS 사업체기초통계조사(2012)에 의하면, 조선 · 해양플랜트 산업은 주로 울산 · 경남지역에 집중 · 특화되어 있으며, 이 중 동남권에 50% 이상의 종사자가 분포되어 있다.

산업코드	산업소분류명	산업코드	산업세분류명
251	구조용 금속제품, 탱크 및 증기발생기 제조업	2511	구조용 금속제품 제조업
259	기타 금속가공제품 제조업	2594	금속파스너, 스프링 및 금속선 가공제품 제조업
		2599	그 외 기타 금속가공제품 제조업
311	선박 및 보트 건조업	3111	선박 건조업
		3112	오락 및 스포츠용 보트 건조업

(7) 화 학

KOSIS 사업체기초통계조사(2012)에 의하면, 화학 산업은 주로 울산 · 충남 · 전남지역에 집중 · 특화되어 있으며, 이 중 울산 · 전남지역에 약 50%의 종사자가 분포되어 있다.

산업코드	산업소분류명	산업코드	산업세분류명
201	기초화학물질 제조업	2011	기초유기화학물질 제조업
		2012	기초 무기화학물질 제조업

(8) 금속제품 및 가공

KOSIS 사업체기초통계조사(2012)에 의하면, 금속제품 및 가공 산업은 주로 경북・경남지역에 집중・특화되어 있으며, 이 중 수도권・동남권에 약 65%의 종사자가 분포되어 있다.

산업코드	산업소분류명	산업코드	산업세분류명
241	1차 철강 제조업	2411	제철, 제강 및 합금철 제조업
		2412	철강 압연, 압출 및 연신제품 제조업
		2413	철강관 제조업
		2419	기타 1차 철강 제조업
242	1차 비철금속 제조업	2421	비철금속 제련, 정련 및 합금 제조업
		2422	비철금속 압연, 압출 및 연신제품 제조업
		2429	기타 1차 비철금속 제조업
243	금속 주조업	2431	철강 주조업
		2432	비철금속 주조업
251	구조용 금속제품, 탱크 및 증기발생기 제조업	2512	금속탱크, 저장조 및 유사 용기 제조업
252	무기 및 총포탄 제조업	2520	무기 및 총포탄 제조업
259	기타 금속가공제품 제조업	2591	금속 단조, 압형 및 분말야금 제품 제조업
		2592	금속 열처리, 도금 및 기타 금속가공업
		2593	날붙이, 수공구 및 일반철물 제조업

(9) 비금속제품

KOSIS 사업체기초통계조사(2012)에 의하면, 비금속제품 산업은 주로 경북・경남지역에 집중・특화되어 있으며, 이 중 수도권・대경권・동남권에 약 65%의 종사자가 분포되어 있다.

산업코드	산업소분류명	산업코드	산업세분류명
231	유리 및 유리제품 제조업	2311	판유리 제조업
		2319	기타 유리제품 제조업
232	도자기 및 기타 요업제품 제조업	2321	일반도자기 제조업
		2322	내화 요업제품 제조업
		2323	구조용 비내화 요업제품 제조업
233	시멘트, 석회, 플라스터 및 그 제품 제조업	2331	시멘트, 석회 및 플라스터 제조업
		2332	콘크리트, 시멘트 및 플라스터 제품 제조업
239	기타 비금속 광물제품 제조업	2391	석제품 제조업
		2399	그 외 기타 비금속 광물제품 제조업

(10) 섬유 · 의류

KOSIS 사업체기초통계조사(2012)에 의하면, 섬유 · 의류 산업은 주로 서울 · 대구지역에 집중 · 특화되어 있으며, 이 중 수도권에 약 60%의 종사자가 분포되어 있다.

산업코드	산업소분류명	산업코드	산업세분류명
131	방적 및 가공사 제조업	1310	방적 및 가공사 제조업
132	직물직조 및 직물제품 제조업	1321	직물 직조업
		1322	직물제품 제조업
133	편조원단 및 편조제품 제조업	1331	편조원단 제조업
		1332	편조제품 제조업
134	섬유제품 염색, 정리 및 마무리 가공업	1340	섬유제품 염색, 정리 및 마무리 가공업
139	기타 섬유제품 제조업	1391	카펫, 마루덮개 및 유사제품 제조업
		1392	끈, 로프, 망 및 끈가공품 제조업
		1399	그 외 기타 섬유제품 제조업
141	봉제의복 제조업	1411	정장 제조업
		1412	내의 및 잠옷 제조업
		1413	한복 제조업
		1419	기타 봉제의복 제조업
142	모피가공 및 모피제품 제조업	1420	모피가공 및 모피제품 제조업
143	편조의복 제조업	1430	편조의복 제조업
144	의복 액세서리 제조업	1441	편조의복 액세서리 제조업
		1449	기타 의복액세서리 제조업
205	화학섬유 제조업	2050	화학섬유 제조업

(11) 음식료

KOSIS 사업체기초통계조사(2012)에 의하면, 음식료 산업은 주로 경기지역에 집중・특화되어 있으며, 이 중 수도권에 약 33%의 종사자가 분포되어 있다.

산업코드	산업소분류명	산업코드	산업세분류명
101	도축, 육류 가공 및 저장 처리업	1011	도축업
102	수산물 가공 및 저장 처리업	1022	수산식물 가공 및 저장 처리업
103	과실, 채소 가공 및 저장 처리업	1030	과실, 채소 가공 및 저장 처리업
104	동물성 및 식물성 유지 제조업	1040	동물성 및 식물성 유지 제조업
105	낙농제품 및 식용빙과류 제조업	1050	낙농제품 및 식용빙과류 제조업
106	곡물가공품, 전분 및 전분제품 제조업	1061	곡물 가공품 제조업
		1062	전분제품 및 당류 제조업
107	기타 식품 제조업	1071	떡, 빵 및 과자류 제조업
		1072	설탕 제조업
		1073	면류, 마카로니 및 유사식품 제조업
120	담배 제조업	1200	담배 제조업

2) 신산업

신산업(8개)은 신기술을 기반으로 산업의 고부가가치화를 통해 향후 우리나라의 주된 성장동력이 될 산업 8개 업종을 선정했다.

(1) 메카트로닉스(로봇)

KOSIS 사업체기초통계조사(2012)에 의하면, 메카트로닉스(로봇) 산업은 경기지역에 집중・특화되어 있으며, 이 중 수도권에 약 60%의 종사자가 분포되어 있다.

산업코드	산업소분류명	산업코드	산업세분류명
222	플라스틱제품 제조업	2229	기타 플라스틱제품 제조업
292	특수 목적용 기계 제조업	2928	산업용 로봇 제조업
		2929	기타 특수목적용 기계 제조업

(2) 바이오소재

KOSIS 사업체기초통계조사(2012)에 의하면, 바이오소재 산업은 주로 경기지역에 집중·특화되어 있으며, 이 중 수도권에 약 40%의 종사자가 분포되어 있다.

산업코드	산업소분류명	산업코드	산업세분류명
101	도축, 육류 가공 및 저장 처리업	1012	육류 가공 및 저장 처리업
102	수산물 가공 및 저장 처리업	1021	수산동물 가공 및 저장 처리업
107	기타 식품 제조업	1074	조미료 및 식품 첨가물 제조업
		1079	기타 식료품 제조업
108	동물용 사료 및 조제식품 제조업	1080	동물용 사료 및 조제식품 제조업
111	알콜음료 제조업	1111	발효주 제조업
		1112	증류주 및 합성주 제조업
112	비알콜음료 및 얼음 제조업	1120	비알콜음료 및 얼음 제조업
204	기타 화학제품 제조업	2043	세제, 화장품 및 광택제 제조업
		2049	그 외 기타 화학제품 제조업
222	플라스틱제품 제조업	2223	포장용 플라스틱제품 제조업

(3) 의 약

KOSIS 사업체기초통계조사(2012)에 의하면, 의약 산업은 주로 경기·충북·충남지역에 집중·특화되어 있으며, 이 중 수도권·충청권에 약 80%의 종사자가 분포되어 있다.

산업코드	산업소분류명	산업코드	산업세분류명
211	기초 의약물질 및 생물학적 제제 제조업	2110	기초 의약물질 및 생물학적 제제 제조업
212	의약품 제조업	2121	완제 의약품 제조업
		2122	한의약품 제조업
		2123	동물용 의약품 제조업
213	의료용품 및 기타 의약관련제품 제조업	2130	의료용품 및 기타 의약 관련 제품 제조업

(4) 정밀화학

KOSIS 사업체기초통계조사(2012)에 의하면, 밀화학 산업은 주로 경기·전남지역에 집중·특화되어 있으며, 이 중 수도권에 약 40%의 종사자가 분포되어 있다.

산업코드	산업소분류명	산업코드	산업세분류명
201	기초화학물질 제조업	2013	무기안료, 염료, 유연제 및 기타 착색제 제조업
202	비료 및 질소화합물 제조업	2020	비료 및 질소화합물 제조업
203	합성고무 및 플라스틱 물질 제조업	2030	합성고무 및 플라스틱 물질 제조업
204	기타 화학제품 제조업	2041	살충제 및 기타농약 제조업
		2042	잉크, 페인트, 코팅제 및 유사제품 제조업

(5) 차세대 IT

KOSIS 사업체기초통계조사(2012)에 의하면, 차세대 IT 산업은 주로 경기・경북지역에 집중・특화되어 있으며, 이 중 수도권에 약 65%의 종사자가 분포되어 있다.

산업코드	산업소분류명	산업코드	산업세분류명
262	전자부품 제조업	2622	인쇄회로기판 및 전자부품 실장기판 제조업
263	컴퓨터 및 주변장치 제조업	2632	기억장치 및 주변기기 제조업
264	통신 및 방송 장비 제조업	2642	방송 및 무선 통신장비 제조업
272	측정, 시험, 항해, 제어 및 기타 정밀기기 제조업; 광학기기 제외	2721	측정, 시험, 항해, 제어 및 기타 정밀기기 제조업

(6) 첨단의료기기

KOSIS 사업체기초통계조사(2012)에 의하면, 첨단의료기기 산업은 주로 경기・경남지역에 집중・특화되어 있으며, 이 중 수도권에 약 50%의 종사자가 분포되어 있다.

산업코드	산업소분류명	산업코드	산업세분류명
271	의료용 기기 제조업	2711	방사선장치 및 전기식 진단기기 제조업
		2719	기타 의료용 기기 제조업
285	가정용 기기 제조업	2851	가정용 전기기기 제조업
289	기타 전기장비 제조업	2890	기타 전기장비 제조업

(7) 에너지부품・시스템

KOSIS 사업체기초통계조사(2012)에 의하면, 에너지부품・시스템 산업은 주로 경기 · 경남지역에 집중 · 특화되어 있으며, 이 중 수도권 · 동남권에 약 70%의 종사자가 분포되어 있다.

산업코드	산업소분류명	산업코드	산업세분류명
251	구조용 금속제품, 탱크 및 증기발생기 제조업	2513	핵반응기 및 증기발생기 제조업
281	전동기, 발전기 및 전기 변환 · 공급 · 제어 장치 제조업	2811	전동기, 발전기 및 전기변환장치 제조업
		2812	전기공급 및 전기제어 장치 제조업
282	일차전지 및 축전지 제조업	2820	일차전지 및 축전지 제조업
283	절연선 및 케이블 제조업	2830	절연선 및 케이블 제조업
284	전구 및 조명장치 제조업	2841	전구 및 램프 제조업
		2842	조명장치 제조업
291	일반 목적용 기계 제조업	2911	내연기관 및 터빈 제조업; 항공기용 및 차량용 제외
		2913	펌프 및 압축기 제조업; 탭, 밸브 및 유사장치 제조 포함
		2917	냉각, 공기조화, 여과, 증류 및 가스발생기 제조업
351	전기업	3511	발전업
		3512	송전 및 배전업

(8) 항 공

KOSIS 사업체기초통계조사(2012)에 의하면, 항공 산업은 주로 경남 · 부산지역에 집중 · 특화되어 있으며, 이 중 동남권에 약 90%의 종사자가 분포되어 있다.

산업코드	산업소분류명	산업코드	산업세분류명
313	항공기, 우주선 및 부품 제조업	3131	항공기, 우주선 및 보조장치 제조업
		3132	항공기용 엔진 및 부품 제조업

3) 창의서비스산업

창의서비스산업(6개)은 창의성과 새로운 지식을 기반으로 하는 서비스산업 6개 업종을 선정했다.

(1) IT 서비스(정보통신)

KOSIS 사업체기초통계조사(2012)에 의하면, IT 서비스(정보통신) 산업은 주로 서울지역에 집중 · 특화되어 있으며, 이 중 수도권에 약 90%의 종사자가 분포되어 있다.

산업코드	산업소분류명	산업코드	산업세분류명
582	소프트웨어 개발 및 공급업	5821	게임 소프트웨어 개발 및 공급업
		5822	시스템 · 응용 소프트웨어 개발 및 공급업
620	컴퓨터 프로그래밍, 시스템 통합 및 관리업	6201	컴퓨터 프로그래밍 서비스업
		6202	컴퓨터시스템 통합 자문, 구축 및 관리업
		6209	기타 정보기술 및 컴퓨터운영 관련 서비스업
631	자료처리, 호스팅, 포털 및 기타 인터넷 정보매개서비스업	6311	자료처리, 호스팅 및 관련 서비스업
		6312	포털 및 기타 인터넷 정보매개 서비스업
639	기타 정보 서비스업	6391	뉴스 제공업
		6399	그 외 기타 정보 서비스업

(2) 디자인

KOSIS 사업체기초통계조사(2012)에 의하면, 디자인 산업은 주로 서울지역에 집중 · 특화되어 있으며, 이 중 수도권에 약 75%의 종사자가 분포되어 있다.

산업코드	산업소분류명	산업코드	산업세분류명
713	광고업	7139	기타 광고업
732	전문디자인업	7320	전문디자인업

(3) 전문기술서비스

KOSIS 사업체기초통계조사(2012)에 의하면, 전문기술서비스 산업은 주로 서울지역에 집중 · 특화되어 있으며, 이 중 수도권에 약 60%의 종사자가 분포되어 있다.

산업코드	산업소분류명	산업코드	산업세분류명
701	자연과학 및 공학 연구개발업	7011	자연과학 연구개발업
		7012	공학 연구개발업

702	인문 및 사회과학 연구개발업	7020	인문 및 사회과학 연구개발업
711	법무 관련 서비스업	7110	법무 관련 서비스업
712	회계 및 세무 관련 서비스업	7120	회계 및 세무 관련 서비스업
713	광고업	7131	광고 대행업
714	시장조사 및 여론조사업	7140	시장조사 및 여론조사업
715	회사본부, 지주회사 및 경영컨설팅 서비스업	7153	경영컨설팅 및 공공관계 서비스업
721	건축기술, 엔지니어링 및 관련 기술 서비스업	7211	건축 및 조경 설계 서비스업
		7212	엔지니어링 서비스업
729	기타 과학기술 서비스업	7291	기술 시험, 검사 및 분석업
		7292	측량, 지질조사 및 지도제작업
739	그 외 기타 전문, 과학 및 기술 서비스업	7390	그 외 기타 전문, 과학 및 기술 서비스업
741	사업시설 유지관리 서비스업	7410	사업시설 유지관리 서비스업
753	경비, 경호 및 탐정업	7531	경비 및 경호 서비스업
		7532	보안시스템 서비스업
		7533	탐정 및 조사 서비스업
759	기타 사업지원 서비스업	7591	사무지원 서비스업
		7599	그 외 기타 사업지원 서비스업
951	기계 및 장비 수리업	9511	일반 기계 수리업
		9512	전기, 전자, 통신 및 정밀기기 수리업
952	자동차 및 모터사이클 수리업	9521	자동차 수리 및 세차업
		9522	모터사이클 수리업

(4) 디지털콘텐츠

KOSIS 사업체기초통계조사(2012)에 의하면, 디지털콘텐츠 산업은 주로 서울지역에 집중·특화되어 있으며, 이 중 수도권에 약 70%의 종사자가 분포되어 있다.

산업코드	산업소분류명	산업코드	산업세분류명
581	서적, 잡지 및 기타 인쇄물 출판업	5811	서적 출판업
		5812	신문, 잡지 및 정기간행물 출판업
		5819	기타 인쇄물 출판업
591	영화, 비디오물, 방송프로그램 제작 및 배급업	5911	영화, 비디오물 및 방송프로그램 제작업
		5912	영화, 비디오물 및 방송프로그램 제작 관련 서비스업

		5913	영화, 비디오물 및 방송프로그램 배급업
		5914	영화 및 비디오물 상영업
592	오디오물 출판 및 원판 녹음업	5920	오디오물 출판 및 원판 녹음업
601	라디오 방송업	6010	라디오 방송업
602	텔레비전 방송업	6021	지상파 방송업
		6022	유선, 위성 및 기타 방송업
901	창작 및 예술 관련 서비스업	9011	공연시설 운영업
		9012	공연단체
		9013	자영 예술가
		9019	기타 창작 및 예술 관련 서비스업
902	도서관, 사적지 및 유사 여가 관련 서비스업	9021	도서관, 기록보존소 및 독서실 운영업
		9022	박물관 및 사적지 관리 운영업
		9023	식물원, 동물원 및 자연공원 운영업
		9029	기타 도서관, 사적지 및 유사 여가 관련 서비스업

(5) 관 광

KOSIS 사업체기초통계조사(2012)에 의하면, 관광 산업은 주로 강원지역에 집중·특화되어 있으며, 이 중 수도권·강원권에 55%의 종사자가 분포되어 있다.

산업코드	산업소분류명	산업코드	산업세분류명
551	숙박시설 운영업	5511	관광숙박시설 운영업
559	기타 숙박업	5590	기타 숙박업
561	음식점업	5613	출장 및 이동 음식업
752	여행사 및 기타 여행보조 서비스업	7521	여행사업
		7529	기타 여행보조 및 예약 서비스업

(6) 환경서비스

KOSIS 사업체기초통계조사(2012)에 의하면, 환경서비스 산업은 주로 경기지역에 집중·특화되어 있으며, 이 중 수도권에 약 40%의 종사자가 분포되어 있다.

산업코드	산업소분류명	산업코드	산업세분류명
370	하수, 폐수 및 분뇨 처리업	3701	하수 및 폐수 처리업
		3702	분뇨 및 축산분뇨 처리업
382	폐기물 처리업	3821	지정외 폐기물 처리업
		3822	지정 폐기물 처리업
		3823	건설 폐기물 처리업
		3824	방사성 폐기물 수집운반 및 처리업
383	금속 및 비금속 원료 재생업	3830	금속 및 비금속 원료 재생업
390	환경 정화 및 복원업	3900	환경 정화 및 복원업

6 지식서비스산업

지식서비스산업에 대한 법률적인 근거는 지식기반경제의 도래에 대응하여 산업의 경쟁력을 강화하고 지속가능한 산업발전을 도모함으로써 국민경제의 발전에 이바지함을 목적으로 제정된 「산업발전법」(시행 2015. 7. 1) 제8조(지식서비스산업의 육성) 제2항에서 지식서비스산업이란 지식의 생산, 가공, 활용 및 유통을 통하여 부가가치를 창출하는 산업으로서 대통령령으로 정하는 업종을 말하며, 「산업발전법 시행령」(시행 2015. 7. 29) 제3조(지식서비스산업의 범위 및 지원 기관) ① 법 제8조 제2항에서 "대통령령으로 정하는 업종"이란 [별표 2]에서 지식서비스산업의 범위를 제시하고 있다.

이것은 현재 8차 기준으로 작성되어 있기 때문에 9차 기준에 맞추어 변경하여 활용하여야 한다.

표 2-7 지식서비스산업의 범위

해당업종	KSIC
환경 정화 및 복원업	39
도매 및 상품중개업	46
전자상거래업	47911
소프트웨어 개발 및 공급업	582
영화, 비디오물 및 방송프로그램 제작업	5911

영화, 비디오물 및 방송프로그램 제작 관련 서비스업	5912
음악 및 기타 오디오물 출판업	59201
전기통신업	612
컴퓨터 프로그래밍, 시스템 통합 및 관리업	62
정보서비스업	63
연구개발업	70
법무 관련 서비스업	711
회계 및 세무 관련 서비스업	712
광고업	713
시장조사 및 여론조사업	714
경영컨설팅업	71531
건축기술, 엔지니어링 및 기타 과학기술 서비스업	72
전문디자인업	732
번역 및 통역서비스업	73902
사업 및 무형 재산권 중개업	73903
물품감정, 계량 및 견본 추출업	73904
그 외 기타 분류 안된 전문, 과학 및 기술 서비스업	73909
사업시설 유지관리 서비스업	74100
보안시스템 서비스업	75320
콜센터 및 텔레마케팅 서비스업	75991
전시 및 행사 대행업	75992
신용조사 및 추심 대행업(신용정보를 수집·제공하는 사업만 해당한다)	75993
포장 및 충전업	75994
온라인 교육 학원(기술 및 직업훈련 교육을 제공하는 경우에만 해당한다)	85504
기술 및 직업훈련학원	8565
병 원	861
의 원	862
기타 보건업(정보통신기술을 활용한 원격의료 및 요양서비스만 해당한다)	869

제 4 절 지역산업정책 차원의 산업분류

1 정책적 배경

최근 급격하게 변화되는 세계경제 속에서 경쟁력을 키운 지역은 더욱 발전하였으나 그렇지 못한 지역은 쇠퇴하는 양상이 발생하고 있다. 특히, 변화에 적응하는 방법과 내용은 해당지역의 특성에 따라 다르게 나타나고 있어 지역의 의미를 새롭게 이해하려는 노력이 행해지고 있다(박삼옥, 2005). 지역에 대한 이해의 필요성이 높아지면서 지역의 가치를 다양하게 부여하고 있지만, 지역에 대한 변함없는 주제는 지역경제성장이다. 중앙정부와 지방정부는 공히 지역에 경쟁력있는 산업을 유치하여 지역산업구조를 재편・지원・육성함으로써 지역의 성장과 발전을 유도하고자 한다. 우리나라의 지역산업정책은 한정된 자원을 효율적으로 배분하고 지역에 내재된 잠재력을 최대한 활용하기 위해 지역별로 특화된 산업을 육성하는 전략을 사용하고 있다. 비교우위에 있는 산업을 중점적으로 육성하는 것은 규모의 경제, 집적효과 등을 극대화시켜 지역경제성장을 이끄는 주요 결정요인으로 판단하였기 때문에(김갑성・송영필, 1997), 주력・특화산업 육성전략과 같은 산업집적화 중심의 지역산업정책을 추진하고 있다.

산업경쟁력 제고를 위한 산업발전의 패러다임은 산업의 집적과 지역 간 연계를 중시, 경제의 세계화와 지역화가 동시에 진행되며 지역이 새로운 경쟁단위로 부상, 지역단위의 연관기업 간 경쟁, 협력, 유기적 연계체계는 지역경쟁력뿐만 아니라 산업 전체의 경쟁력에 영향을 미치고 있다는 것이다. 이 같은 패러다임의 변화는 다음과 같은 연구문제를 제기한다. 즉, 산업활동이 특정한 지리적 공간에 집적됨으로써 집적경제가 존재하는지의 여부, 존재한다면 그것이 구체적으로 어떠한 요인에 기인하는지, 또한 집적경제의 크기가 어느 정도이고 지역별 또는 산업별로 크기의 차별성이 있는지 등이다. 이러한 연구문제들에 대한 주요 핵심의제는 지역산업의 방향을 제시하는 데 필수적인 선결과제이다(민경휘・김영수, 2003).

산업집적은 특정산업 또는 다양한 산업이 특정지역에 밀집하는 현상을 의미하며, 산업집적에 대한 이론적 논의는 주로 집적경제라는 개념과 관련되어 있다. 집적경제란 일정한 지역 내에 다수 기업의 경제활동이 집적됨으로써 발생하는 외부경제를 말한다(전상곤 · 공철 · 김영민 · 박한울, 2012).

집적경제란 다수의 경제 주체들이 동일한 지역에 집중함으로서 발생하는 외부경제를 의미하고, 일반적으로 외부성(externalities)은 정태적 · 동태적 관점에서 분석된다. 정태적 관점은 지역화경제와 도시화경제로 분류되며, 현재 시장조건에 대한 즉각적인 정보일출효과(information-spillover effect)가 지역생산성에 미치는 효과를 분석한다. 지역화경제는 한 산업에 속한 개별기업이 집중되었을 때 동종기업들 사이에 지식일출 또는 노동시장이나 중간재시장의 효율성이 증대되어 그 지역에 있는 개별기업의 생산성이 높아지는 것을 의미하며, 도시화경제는 지식일출이 다른 산업 간에 이루어지기 때문에 혁신과 생산성 향상을 도모할 수 있게 되어 개별기업의 생산성이 높아지는 것을 의미한다. 동태적 관점은 Marshall-Arrow-Romer(MAR) 효과, Porter 효과, Jacobs 효과로 분류되며, 그 지역에서 발생한 정보의 축적이 현재 지역 생산성에 미치는 효과를 분석한다(이종하 · 박성훈, 2010).

산업집적에 대한 새로운 관심은 정책적인 측면에서도 지역에 대한 근본적인 변화를 가져오고 있다. 산업집적에 대한 전통적 접근이 지역 간 불균형을 완화하기 위한 중앙정부 차원의 하향식 접근이었다면, 새로운 접근은 지역의 자율성과 기업 간 연계를 통해 경제발전을 도모하는 상향식 접근에 기반하고 있다. 그러나 산업집적의 공간적 재구조화 과정을 비판적인 시각으로 바라보는 입장들도 존재한다. 한국에서도 지난 10여 년 이상 지역클러스터 육성(지역전략산업, 혁신도시, 기업도시, 경제자유구역, 혁신클러스터 등)이 지역균형발전 및 지역고용창출을 위한 핵심적인 정책수단으로 활용되어 왔다. 그럼에도 불구하고 지역산업육성 정책이 수도권과 비수도권의 공간적 분화를 강화시켰다는 비판과 함께, 지역의 내생적 발전을 위한 잠재력을 육성하는 측면에서도 기여하지 못했다는 비판이 제기되어 왔다(이상호, 2014).

지역정책은 지역 간 격차 해소와 지역발전이라는 포괄적 목표를 갖고 있으며, 부문별 정책들은 각 부문 고유의 정책목표를 준거로 기획 · 추진된다. 산업정책은 산업육성을, 과학기술정책은 과학기술발전을 목표로 한다. 따라서 그 목표달성을 위해서는 부문별 정책수단들을 지역적 특성에 맞게 조합하는 것이 필요하다. 최근의 지역산업정책을 통해 추진되는 사업들은 산업, 기술, 지역발전이라는 요소가 결합된 복합적이고 종합적인 성격을 지니고 있어 더욱 전략적·체계적이고 차별화된 접근이 필요하며, 기술혁신을 통한 지역발전이 보다 효율적으로 이루어지기 위해서는 산업정책, 기술정책, 지역개발정책 수단들을 동시에 고려해야 한다.

지역정책 중에서 중앙정부의 고유 영역은 지역 간 격차 해소, 즉 형평성 제고에 있다. 지역별 발전 촉진이라는 또 다른 목표는 중앙정부의 부문별 정책을 이용해서도 달성될 수 있으므로 지역정책 본질적인 목표는 지역 간 격차 해소를 통한 형평성 증진에 있다고 할 수 있다. 부문별 정책들은 각 부문 고유의 정책목표를 준거로 기획·추진된다. 산업정책은 산업육성을, 과학기술정책은 과학기술발전을 목표로 한다. 그 반면, 지역정책은 정책기획의 최우선 준거가 '지역(공간단위)'이다. 공간적 정책 차별화의 범주는 지역 간 형평성 제고 측면과 지역별 효율성 제고 측면으로 나누어 볼 수 있다. 지역 간 격차 해소와 지역발전이라는 포괄적 목표를 갖고 있으며, 그 달성을 위해서는 부문별 정책수단을 지역적 특성에 맞게 조합하는 것이 필요하다. 즉, 공간 중심의 정책 패키지 또는 클러스터관점이 핵심이다(장재홍 외, 2012: 77－79). 지역산업정책은 용어 그대로 '지역'의 '산업'을 발전시키기 위해 '중앙정부'가 추진하는 '정책'이고, 통상적으로 '지역정책'과 '산업정책'의 성격을 모두 갖는다고 할 수 있다. 그러나 지역산업정책이 지역정책과 산업정책을 동일한 비중으로 고려하지는 않는다. 실제로 지역산업정책의 사례를 보면, 지역정책과 산업정책의 비중은 국가별, 시기별, 정책기조별로 다양하게 나타난다. 지역정책의 목표는 지역 간 불균형 발전의 완화이며, 특히 소득격차와 성장률의 격차가 중점적 관심대상이며, 그 근저에는 지역 간의 생산성 격차가 자리잡고 있다. 반면, 산업정책은 산업을 대상으로 한 정책으로서 산업의 경쟁력 제고를 통해 국가의 지속적 성장을 이루기 위해 추진된다(김영수 외, 2007: 38). 지역개발정책은 산업화와 도시화에 필요한 물적 기반의 마련, 지역 간 개발격차의 시정, 그리고 지역 내 사회경제적 조건을 개선하기 위한 공공부문의 다양한 제도적·실천적 노력 등을 포괄적으로 지칭한다. 일반적으로 지역개발정책은 '국가정책 목표의 달성을 위하여 특별히 마련된 공간정책'만을 의미한다. 반면, 국가의 경제성장을 위한 지역개발정책은 자원개발, 산업입지, 그리고 사회간접자본시설 등 물적기반의 조성을 위한 정책과 지역 간 격차 해소를 위한 제반 명시적인 공간정책을 의미한다(김용웅·차미숙, 1998: 31).

2 지역산업정책 추진

1) 지역산업진흥사업

지역산업진흥사업의 내용을 정리하고 있는데 추진현황을 살펴보면, 지역산업 육성정책은 1998년부터 구상되기 시작하였으며, 우리나라의 지역산업정책은 1999년 대구, 2000년 부산·광주·경남의 4개 지역의 특화산업지원[14]이 이루어진 도입기(1999~2001)를 거쳐 9개 지역[15] 사업신설을 통해 지역전략산업 중심의 육성정책을 체계적으로 추진하게 된 체계화기(2002~2003), 4개 지역 2단계사업[16] 지원을 통해 비수도권 지역의 전략산업에 대해 전면적으로 확대된 확산기(2004~2008)로 진행되어 왔다(김영수 외, 2007).

지역혁신계정사업은 지역의 특성화 발전을 위한 사업에 지원하여 지역혁신체계의 구축, 지역전략산업발전, 지방과학기술육성 등을 목적으로 지역의 혁신역량을 강화하는 사업으로 국가균형발전특별회계[17]의 지역혁신사업계정으로 지원하였으며, 지역별 특성에 맞는 전략산업을 선정하고 산학연관 파트너십을 기초로 지역밀착형, 현장밀착형 기업지원시스템을 마련하여 지역별 특성화발전을 구현하고자 하였다.

표 2-8 지역산업진흥사업 경과

년 도	추진사업 등
1994	지역혁신센터(RIC)사업: 지식경제부의 "기술하부구조확충 5개년 계획"('95. 12) 및 교육과학기술부의 "지역협력연구센터육성계획"('94. 2)에 의거 지역기술혁신센터(TIC) 및 지역협력연구센터(RRC) 추진
1995	테크노파크(TP)조성사업: "기술하부구조확충 5개년 계획"('96~'00년)에 의거 테크노파크조성사업 추진

14) 대구 섬유, 부산 신발, 광주 光, 경남 기계.
15) 대전, 충남, 충북, 울산, 경북, 강원, 전남, 전북, 제주.
16) 대구: 섬유, 메카트로닉스, 신기술산업, 부산: 신발, 부품소재, 해양생물, 광주: 光, 전자부품, 경남: 기계(로봇), 지능형홈네트워크, 생물화학.
17) 지역혁신사업계정은 지역의 특성화발전을 위한 사업(지역혁신체계구축, 지역전략산업발전, 지방대학육성, 지방과학기술육성 등)에 지원, 지역개발사업계정은 지역 간 불균형시정을 위한 사업(낙후지역 및 농산어촌 생활환경인프라 구축, 주민소득창출기반 확충 등)에 지원.

	확정('95. 12), 종합과학기술심의회 의결에 따라 테크노파크조성사업추진('97), 시범 TP 사업자 선정('97. 12)
1999	지역산업진흥사업(4개 지역 1단계): 지경부 산업기반기술 개발사업 세부사업으로 4개 지역 1단계 "지역특화기술개발사업" 지원 및 산업기술기반 조성사업 세부사업으로 "지역진흥 기반구축사업" 등 지원
2002	지역산업진흥사업(9개 지역 1단계): 지경부 "지역산업진흥 기본계획-3대권역"('02. 1) 확정, 9개지역 지역산업 진흥사업 지원실시
2003	지역혁신특성화(RIS)사업: "산업형 지역혁신체제 시범사업(안)" 마련('03. 7) 및 시행('04) 이노카페 · 네트워크허브 운영사업: 국가균형발전위원회 제2차 국정과제 회의 시 '교류와 미팅의장'을 통한 혁신확산 필요성대두('03. 6 대구 구상), 지역혁신특성화(RIS)사업 중 이노카페 · 네트워크허브 운영사업(Inno-Cafe&Hub)으로 추진('03)
2004	지역산업진흥사업(4개 지역 2단계): 지경부 "4개 지역 산업진흥 2단계 추진계획"('04. 2) 확정, 4개 지역 1단계 사업('99~'04) 완료 후 2단계 사업시행, 지방기술혁신사업: 교과부(지방과학기술심의회) 시행계획수립('04. 2) 및 시행
2005	지역혁신센터(RIC)사업: TIC-RRC 연계 · 통합모델로 지역혁신센터(RIC)사업으로 통합(운영요령개정 '05. 7), '06년부터 RRC와 TIC를 CRIC로 통합 지역혁신산업기반구축사업: 지경부 "지역혁신 산업기반구축사업 추진계획"('05. 7) 발표, 지역경제파급효과 및 성공가능성이 높은 지역 전략산업 관련 지역사업을 신규지원
2006	지역전략산업진흥사업: 지역산업진흥사업(4개 지역 + 9개 지역) 및 지역혁신산업기반구축사업을 지역전략산업진흥사업으로 통합('06. 1, 지역전략산업 진흥사업 운영요령 개정)
2007	지역연고산업 진흥사업: 지역혁신특성화(RIS)사업 중 프로젝트사업을 지역연고산업진흥사업으로 사업명칭변경('07. 1) 지역발전포럼 지원사업: 지역혁신특성화(RIS)사업 중 포럼활동 지원사업을 균형발전 정책포럼사업으로 분리 · 운영('07. 2) 이노카페 · 네트워크허브 운영사업: 지역혁신특성화(RIS)사업에서 이노카페 · 네트워크허브 운영사업(Inno-Cafe&Hub)을 분리운영('07. 2)
2008	지역전략산업진흥사업(9개 지역 2단계): 지경부 "차기지역전략산업진흥사업(Post 4 + 9) 추진계획" 확정('08. 9) 및 9개 지역 1단계 사업('02~'07) 완료후 2단계 사업시행 지역혁신거점육성사업(2단계 TP조성사업): 테크노파크재단법인의 지역산업육성거점기능 수행 및 기업지원통합서비스 제공을 통한 지역산업의 경쟁력 강화를 위하여 '08년부터 2단계 지원시작 지방기술혁신사업: 지방기술혁신사업을 기술개발사업(지역연구개발클러스터육성사업, 지자체주도 연구개발사업)과 인프라사업(지자체연구소육성사업)으로 분리('08. 2)하고, 각각 지역전략산업진흥사업과 지역연고산업진흥사업에 편입
2009	지역산업 진흥사업 공통운영요령 제정: 지역산업진흥사업의 인프라, R&D, 기업지원, 인력양성 등 모든 유형의 사업을 반영하고, 출연금 및 보조금사업을 포괄할 뿐 아니라, 평가관리체계 등 사업추진절차 개선방안을 반영한 하나의 공통운영요령제정('09. 1. 23 고시) ※ 9개 운영요령 및 17개 관리지침 → 1개 공통요령 및 1개 공통 평가관리지침

2) 지역전략산업의 개념적 논의[18)]

지역전략산업이라는 용어는 학문적이라기보다는 정책적인 용어이다. 전략이라는 개념이 의미하듯이 지역전략산업은 지역산업 중에서 전략적으로 중요하거나 전략적으로 육성하려는 산업을 의미한다. 특정지역에 있어서 어떤 산업이 전략적으로 중요하거나 전략적으로 육성되어야 할지는 정책적인 판단의 문제이며 그야말로 전략적 과제이다. 이런 점에서 지역전략산업은 지역이 가진 과거와 현재의 산업적 상황을 반영하는 것임과 동시에 미래의 산업적 비전과 관련된다. 특정지역에 있어서 과거의 배경이나 현재의 여건을 무시하고서 미래의 비전을 설정할 수는 없다. 더구나 글로벌 경제 하에서는 각국의 지역들이 각기 지역산업을 육성하려고 하고 있고 지역을 단위로 한 산업전문화와 산업경쟁이 갈수록 치열해지고 있어서, 충분한 지역적 토대가 없는 산업을 지역적으로 육성한다는 것은 현실적으로 불가능한 일이 되고 있다.

지역전략산업이 지역에 있어서 전략적으로 중요하거나 전략적으로 육성하려는 산업이라고 한다면 이와 유사한 개념들과 지역전략산업을 개념적으로 구분할 필요가 있다. 특히, 지역산업(지방산업), 지역특화산업, 지연산업, 지장산업, 지역전통산업 등은 지역전략산업과 흔히 혼동되기 쉬운 개념들이다. 먼저, 지역산업(혹은 지방산업)은 특정지역(혹은 지방)에 입지하고 있는 모든 산업을 의미한다. 여기서 지역이란 국가의 하위 단위로서 공간적으로 일체화되어 있는 영역을 의미한다. 즉, 그것은 행정구역 단위일 수도 있고 경제권이거나 도시권과 같은 기능지역 개념일 수도 있으며, 나아가 동남권, 중부권, 호남권과 같이 보다 광역적 지역개념이 될 수도 있다. 이때 지역산업은 그러한 지역 내에 입지하고 있는 제 산업들을 가리키는 것으로, 여기에는 특정지역 내에 함께 입지하고 있는 산업들이 여타 지역에 입지하고 있는 산업과는 차별적인, 어떤 연관성이나 동질성을 가진다는 가정이 내포되어 있다.

지역전략산업은 지역산업의 종개념이자 하위 범주이다. 지역전략산업은 지역산업의 일부이며, 지역산업 중에서도 전략적으로 중시되고 육성시키려는 산업이다.

---

18) 권호혁 · 조기현 · 김홍석(2002), 지역전략산업 육성을 위한 지방자치단체의 역할. 한국지방행정연구원, pp. 7–13을 주로 인용.

즉, 지역산업에는 지역전략산업과 같은 전략적 정책적 중점 산업분야가 있는가 하면 그렇지 못한 분야도 있을 수 있다. 과거에 지역경제정책에서는 지역기반산업(regional basic industry)의 육성을 전략적으로 중시한 경향이 있었고, 오늘날에는 첨단기술산업, 문화산업에 전략적 투자를 하는 지역이 늘어나고 있다. 그런 점에서 지역전략산업은 지역산업 중에서 특정 산업분야를 선별적·집중적으로 육성하려는 산업정책이다.

지역특화산업은 지역전략산업과 매우 유사한 개념이다. 그러나 엄격히 말하자면, 지역특화산업은 지역적으로 이미 특화되어 있는 산업, 즉 현재의 상태를 설명하는 정태적인 개념이다. 이에 대해 지역전략산업은 미래지향적 동태적인 속성을 보인다. 지역특화산업은 입지상계수(LQ) 등을 통해 구할 수 있는데, 어떤 지역이 여타 지역보다 특별히 많이 가지고 있는 산업을 의미한다. 어떤 산업이 특정지역에 많이 모여 있다는 것은 매우 중요한 현상이다. 그것은 이 산업이 특정지역에 대해 입지적 선호성을 가지고 있음을 의미하는 것일 뿐 아니라, 장차 이러한 산업적 집적을 토대로 하여 지역적 산업경쟁력을 구축할 가능성이 높기 때문이다. 오늘날 지역산업과 집적경제의 중요성이 재부상하면서 특정지역에 있어서 산업의 전문화와 집중도는 장래의 산업발전에 중요한 토대가 되는 것으로 평가되고 있다.

그러나 지역전략산업이 반드시 지역특화산업에 한정되는 것은 아니다. 지역전략산업은 지역적으로 특화되어 있는 산업이 될 수도 있지만 그렇지 않을 수도 있다. 어떤 지역이 자기 지역의 전략산업으로 선정하는 산업은 현재 상당한 정도로 특화되어 있어서 장차 경쟁력 있는 산업으로 육성하는 것이 용이하겠다고 판단되는 산업이 될 가능성이 높다. 그렇지만 아직까지 전혀 존재하지 않는 산업이라도 장래에 지역에 정착하여 발전할 여지가 크다고 판단되는 산업이라면 충분히 지역전략산업으로 선정될 수 있다.

그런 점에서 지역전략산업은 장래의 지역특화산업이 될 가능성이 크다. 어떤 지역이 특정 산업부문을 전략적으로 육성한다면 그 산업부문이 이 지역에 더 많이 입지하고 집적하게 되리라는 것은 자명하다고도 할 수 있다. 그렇다면 지역전략산업은 현재, 혹은 적어도 장래에 특정지역의 지역특화산업이라고 할 것이다. 그러나 어떤 지역에서 지역전략산업으로 지정하고 육성했다고 해서 그것이 반드시 성공하여 그 산업이 지역적으로 특화될 것인지는 불확실한 측면도 있다. 즉, 지역전략산업은 지역특화산업과 상당한 공통성을 가지고 있으면서도 또 다른 개념임을 알 수 있다.

지역특화산업과 유사한 개념으로서 지연산업(지장산업)[19]이 있다. 지연산업이란 어떤 지역에 지역적인 연고가 있는 산업이다. 여기서 지역적 연고란 그 지역에서 전통적으로 그 산업분야의 생산이 이어져 관련 업체들이 다수 존재하거나, 관련 기술이 전수되어 내려오거나 어떤 문화적 뿌리가 있음을 의미한다. 지연산업은 그런 점에서 특정지역의 지역특화산업이 될 가능성이 높다. 그러나 지연산업이라고 해서 지역적 특화산업이 된다고 반드시 보장하기 어려운데, 지역적 연고가 있더라도 어떤 계기를 통해 몰락해 버리고 나서 지역적 특화의 수준이 현저하게 낮아질 수도 있기 때문이다.

지연산업과 지역전략산업의 차이는 더욱 분명하다. 특정지역이 전략적으로 중시하는 산업은 지연산업이 될 수도 있으나 그럴 가능성이 반드시 높다고 할 수는 없다. 지역전략산업은 지연산업에만 한정되지 않으며 훨씬 폭넓게 선택될 수 있다. 특히, 산업기술의 변화가 빠르고 상품수요도 함께 변화하는 상황에서는 지역전략산업을 과거의 지역 연고산업에만 맞출 수는 없다. 오히려 미래의 성장가능성과 지역적 여건변화를 염두에 두고 지역전략산업을 선정하고 육성하는 것이 바람직할 수도 있다. 그렇다고 이러한 설명이 지역전략산업과 지연산업이 무관하다거나 지연산업이 중요하지 않다는 것은 아니다.

이상의 지역산업과 관련된 여러 개념들의 비교를 통해 지역전략산업의 개념과 범주, 그리고 그 의미를 상당히 구체적으로 살필 수 있었다. 지역전략산업은 특정지역이 전략적으로 육성하고자 하는 산업으로서, 궁극적으로 지역적으로 특화 혹은 전문화하고자 하는 산업이라고 할 것이다. 그런데 이러한 지역전략산업의 선정에는 지역적 토대에 대한 충실한 검토가 필요하다. 오늘날 지역전략산업의 중요성이 강조되고 있는 것은 이 산업이 지역적인 토대를 통해 산업경쟁력을 발휘하고 있기 때문이다. 산업적 성공에 있어서 지역의 중요성이 배가되고 지역적으로 산업이 전문화되어 가는 상황에서 지역전략산업 육성은 지역산업정책의 핵심으로 등장하고 있다(권호혁 외, 2002).

19) 지연산업은 일본의 지장산업을 한국적 배경에서 변형한 개념임.

3) 신지역특화산업

정부는 국가균형발전정책 추진을 위한 제도적 기반(국가균형발전특별법, 국가균형발전특별회계 등)을 바탕으로 각종 지역혁신사업을 추진하였다. 국가균형발전특별회계의 지역혁신계정사업은 지역의 특성화 발전을 위한 사업에 지원하여 지역혁신체계의 구축, 지역전략산업발전, 지방과학기술육성 등을 목적으로 지역별 특성화발전을 구현하고자 하였다.

정부는 2013년부터 지역산업 지원사업을 기존 3단계인 광역선도(광역경제권), 지역전략(시 · 도), 지역특화(시 · 군 · 구)에서 2단계인 광역선도(광역경제권), 지역특화(시 · 도)로 통합 · 단순화하기로 결정(2012. 11. 7, 경제정책조정회의)하고, 신지역특화산업에 대한 선정기준을 제시하였다. 선정기준은 집적도, 특화도, 성장성이었고, 이 중 1개 이상의 지표를 충족해야 신특화산업에 선정될 수 있었다.

표 2-9 신지역특화산업 선정기준

선정기준	세부 지표
집적도	• 사업체 수 50개 이상 • (종사자 기준) 전국대비 비중 > 2% • (종사자 기준) 지역(제조업) 내 비중 > 3%
특화도	• (종사자 기준) LQ(시 · 도) > 1이면서, LQ(시 · 도) > LQ(권역)
성장성	• 최근 3년 간 성장률 > 전국평균 성장률(종사자 또는 매출 기준)

* 3개 중 2개 충족 조건.
출처: 지식경제부(2012), 신지역특화산업 육성사업 개편 가이드라인.

이후 지역산업 지원체계 개편(2013. 10. 31, 산업통상자원부)에 따라 중장기 지역산업 활성화 전략 수립을 위해 지역별로 지역산업발전종합계획을 수립하고, 2014년에 일부 시범사업을 거쳐 2015년부터 주력, 협력, 연고사업 등 지원산업이 재편되어 본격적으로 추진된다.

(1) 지역특화(주력)산업

2013년 10월 31일 주력산업과 협력산업 선정을 위해 제시된 가이드라인에 따르면, 주력산업은 시 · 도별로 5개 이내의 산업을 선정하고, 산업별로 15개 이내의 업종(KSIC 세세분류)으로 구성하도록 하였다. 주력산업의 선정기준은 집적도, 특화도, 성장성이었으며, 이 중 2개 이상의 지표를 충족해야 주력산업에 선정될 수 있었다.

표 2-10 주력산업 선정기준

선정기준	세부 지표
집적도	• 사업체 수 100개 이상 • (종사자 기준) 해당 산업의 전국대비 비중 > 3%(제조업), 1%(서비스업) • (종사자 기준) 지역산업 내 비중 > 4%(제조업), 1.5%(서비스업)
특화도	• (종사자 기준) LQ(시 · 도 단위) > 1
성장성	• (종사자 또는 생산액 기준) 최근 3년 간 시 · 도 성장률 > 전국 성장률

출처: 산업통상자원부(2013), 산업통상자원부 지침.

지역특화(주력)산업 육성사업의 사업목적은 지역 내 기업 매출 신장과 지역 일자리 창출 확대 등을 통하여 지역산업 경쟁력 강화 및 지역경제 활성화를 목적으

표 2-11 시 · 도 주력산업 선정결과[20)]

지 역	주력산업
대 전	무선통신융합, 메디바이오, 로봇자동화, 지식재산서비스, 금속가공
충 남	자동차부품, 인쇄전자부품, 동물식의약, 디지털콘텐츠, 디스플레이
세 종	자동차부품, 바이오소재
충 북	반도체, 바이오의약, 전기전자부품, 태양광, 동력기반기계부품
광 주	스마트가전, 생체의료소재부품, 복합금형, 디자인, 초정밀생산가공시스템
전 남	금속소재 · 가공, 석유화학기반고분자소재, 바이오식품, 에너지설비
전 북	기계부품, 건강기능식품, 해양설비기자재, 경량소재성형, 복합섬유소재
대 구	정밀성형, 스마트분산형에너지, 소재기반바이오헬스, 의료기기, 스마트지식서비스
경 북	모바일융합, 디지털기기부품, 에너지소재부품, 성형가공, 기능성바이오소재
부 산	지능형기계부품, 초정밀융합부품, 금형열처리, 바이오헬스, 디지털콘텐츠
울 산	친환경가솔린자동차부품, 정밀화학, 조선기자재, 에너지부품, 환경
경 남	지능형생산기계, 기계소재부품, 항공, 풍력부품, 항노화바이오
강 원	웰니스식품, 세라믹신소재, 스포츠지식서비스
제 주	물응용, 관광디지털콘텐츠, 청정헬스푸드, 풍력 · 전기차서비스

20) 자세한 업종은 부록 3 참조.

로 지역별로 선정된 주력산업 분야의 R&D(기술개발) 및 비R&D(기술지원, 사업화지원, 역량강화) 과제를 지원하고 있다.

지역별 산업여건 및 혁신자원 등을 고려하여 선정된 63개 주력산업분야는 <표 2-11>과 같다.

지역주력산업육성(기업지원서비스)사업은 지역별로 선정된 특화산업분야의 기술지원, 사업화지원, 인력양성 등을 집중 지원하여 지역 일자리 창출 확대 및 지역 내 기업의 매출 신장 등 지역경제 활성화에 기여할 목적으로 지역 내 신규인력채용을 조건으로 지역기업의 매출증대를 위한 기술지원, 사업화지원, 인력양성 등의 기업지원서비스 과제를 지원하고 있다.

표 2-12 기업지원서비스 프로그램(안)

지원유형	기본내용	메뉴판								
		A	B	C	D	E	F	G	H	I
① 기술지원	시제품제작, 기술지도, 시험·분석, 특허지원, 디자인 등의 기술지원을 통해 개발상품(부품)의 성숙도 향상 및 기업경쟁력 강화 제고	시제품 제작	기술 지도	인증 지원	특허 지원	제품 고급화	기술 이전 확산	디자인 개발·개선 지원	-	-
② 사업화 지원	개발된 상품(부품)의 브랜드, 마케팅, 상품기획 등 사업화 지원을 통한 부가가치 창출 및 성과 확대	브랜드 개발·개선 지원	마케팅	전시회	컨설팅	네트워킹	상품 기획	창업	창의 활동	자가 공장 지원
③ 역량 강화	재직자들을 대상으로 산업별 전문분야 중심의 수준별 인력 경쟁력 강화	장비 관련 역량 강화	CEO 역량 강화	기술 경영 역량 강화	자격증 취득 지원	리콜형 역량 강화	생산 기능 인력 역량 강화	전문가 역량 강화	디자인 역량 강화	-

지역주력산업육성[기술개발(R&D)]사업은 시·도별 산업여건 및 혁신자원 등을 고려하여 선정된 주력산업 분야의 기술개발을 집중 지원하여 지역 일자리 창출 확대 및 지역 내 기업의 매출 신장 등 지역경제 활성화에 기여목적으로, 지원대상(신

청자격)은 시·도별 주력산업분야(수도권 제외) KSIC(세세분류업종)에 해당하고, 고용창출 조건을 충족하는 기술개발과제(수행기간 내 사업화가 가능한 과제 우대 지원)이다.

(2) 경제협력권산업

경제협력권산업은 2개 이상의 시·도로 구성된 경제협력권의 참여 시·도 간 협력을 통해 지역경제 활성화 및 경쟁력 강화를 위해 지정된 산업으로서, 경제협력권산업은 지역별로 3개 산업을 선정하며, 산업별로 총 30개 업종(KSIC 세세분류: 중핵업종 15개, 연관업종 15개) 이내로 구성하도록 하였다. 협력산업은 2단계에 걸친 선정기준을 제시하고 있는데, 1단계 선정기준은 주관·참여 시·도 모두 주력산업의 선정기준에 부합해야 하고, 동시에 2단계 정성적 선정기준과 동시에 정량적 선정기준을 제시하고 있는데, 2단계 정량적 선정기준은 집적도, 특화도이며 이 중 1개 이상을 충족해야 한다.

표 2-13 협력산업 2차 선정기준

선정기준	세부 지표
집적도	• (종사자 기준) 전국대비 비중 > [3+(1.5)×참여 시·도 수]%(제조업), [1+(0.5)×참여 시·도 수]%(서비스업)
특화도	• (종사자 기준) LQ(산업협력권단위) > 1

주: 참여 시·도 수는 주관 시·도를 제외한 참여 시·도 수 기준임.
출처: 산업통상자원부(2013), 산업통상자원부 지침.

경제협력권산업 육성사업의 사업목적은 시·도 간 자율적 협력을 바탕으로 구성된 경제협력권 협력산업별로 글로벌 경쟁력을 갖춘 유망제품을 개발함으로써 기업의 고용과 매출을 확대시키고 지역경제 활성화에 기여할 목적으로 협력산업별 유망품목에 대한 기술개발 및 기업지원서비스를 지원하고 있다.

유망품목은 경제협력권산업을 선도할 상품으로 시장에서 거래가 가능한 완제품과 부품을 포함하는 유형의 제품과 무형의 서비스 상품을 통칭하며, 지역별 선정된 협력산업 및 유망품목은 <표 2-14>와 같다.

표 2-14 15개 협력산업 및 유망품목

협력산업	경제협력권		유망품목
① 조선해양플랜트	1	경남, 전남	① 해양플랜트 LNG 이송저장 시스템 ② Subsea 부품 · 기자재 ③ 화재폭발 감시방지 및 부식방지 기자재 ④ 해양플랜트 지원선 DECK 예인 시스템 ⑤ 조선해양플랜트 생산자동화 설비 ⑥ 조선해양 융 · 복합 기자재
	2	부산, 울산	① 지능형 해양플랜트 시스템 제품 ② LNG 연료 공급 모듈 ③ 오프쇼어 리프팅 시스템 ④ 오프쇼어 밸브 및 피팅류 모듈 ⑤ 해양플랜트 안전진단 모듈 ⑥ 화공플랜트 코크 드럼 모듈 ⑦ 극저온용 진공단열 파이프 ⑧ 잭업 리그용 잭킹 모듈
② 화장품	충북, 제주		① 기능성화장품(미백, 주름, 자외선) ② 천연화장품 ③ 메디컬화장품 ④ 모발화장품 ⑤ 색조화장품 ⑥ 기타 일반화장품
③ 의료기기	강원, 충북		① 의료용 영상진단장치 ② 생체정보계측 진단기기 ③ 치료용 의료기기 ④ 나노기반 Point-of-Care 진단기기 ⑤ 미래지능형 응급의료기기 ⑥ 의료용경 및 생체분자영상 시스템 ⑦ BT생체인터페이스기반 신경조절시스템 ⑧ 치과 및 정형제품 ⑨ 바이오기술기반 체외 진단기기
④ 기계부품	충남, 세종		① 유공압 기계부품 ② 전동/유압모터 ③ 기능성 금속구조물 ④ 이송유닛 ⑤ 스테이지
⑤ 광 · 전자 융합	광주, 대전		① 광정보네트워크 ② 광정밀시스템 ③ 신광원조명시스템 ④ 지능형센서 ⑤ 초정밀전자부품
⑥ 기능성하이테크섬유	대구, 경북, 부산		① 신기능성신감성의류용소재 및 제품 ② 생활자재용소재 및 제품 ③ 글로벌문화융합형패션잡화 ④ 방호 · 보호용 엔지니어링 소재 및 제품 ⑤ 고성능 건축용 소재 및 제품 ⑥ 해양방재환경용 섬유소재 및 제품 ⑦ 자동차용 내장재제품 ⑧ 자동차용 기능성소재 및 내장재 ⑨ 전기전자용 기능성 섬유소재 및 제품 ⑩ 위생의료용 기능성 섬유소재 및 제품 ⑪ 환경기능성 섬유소재 및 제품 ⑫ 토목용 섬유소재 및 제품

⑦ 친환경 자동차	전북, 광주	① 환경규제대응 흡배기계 및 보기류 핵심부품 ② 경량고기능 차체 및 샤시부품 ③ 에너지효율향상 구동 및 전동화부품 ④ 그린전장부품 ⑤ 특수목적용 특장시스템 및 핵심부품
⑧ 나노융합 소재	울산, 경남, 전남	① 나노소재 ② 수송기계 친환경 내외장재 ③ 에너지 저장・변환・전달 소재 ④ 정보전자용 나노융합소재 분야
⑨ 이차전지	충남, 충북	① 분리막 ② 집전체 ③ 전해액 ④ 양극재료 ⑤ 음극재료 ⑥ 셀 ⑦ 팩 ⑧ 캐퍼시티 ⑨ 파우치
⑩ 기능성 화학소재	대전, 충남	① 디스플레이용 화학소재 ② 반도체용 화학소재 ③ 에너지・환경소재 ④ 엔지니어링 플라스틱 ⑤ 생활용품 소재
⑪ 지능형 기계	경북, 대구, 대전	① 하이테크 산업용 섬유기계 ② 경량소재 정밀가공기계 ③ 지능형 수송기계 ④ 고기능성 농업용기계 ⑤ 금속가공정밀기계시스템 ⑥ 사출성형기계시스템 ⑦ 공장기계시스템 ⑧ 스마트 절삭가공시스템 및 유니트 ⑨ 특수목적용 지능기계 및 모듈부품 ⑩ 생산공정자동화장비 및 검사장비
⑫ 에너지 부품	광주, 전북	① 태양전지 ② 심부지열 ③ 이차전지 ④ 단주기ESS
⑬ 바이오활성소재	전남, 전북, 강원	① 천연물식의약소재 ② 뷰티소재 ③ 합성첨가물대체제 ④ 식자원생산지원소재
⑭ 자동차융합부품	경북, 대구, 울산	① 지능형운전지원장치 ② 차량통신시스템 ③ 차량감성부품 ④ 차량경량화융복합부품 ⑤ 샤시제어기기 ⑥ 전력효율향상모듈 ⑦ 인간친화형안전융합부품
⑮ 차량 부품	부산, 경남	① 내연기관 고효율 부품 ② 고감성내장부품 ③ 차체 경량화 부품 ④ 충돌안전용 전장부품 ⑤ xEV 구동형 모터 ⑥ Engine free sys ⑦ 능동형 샤시부품 ⑧ 철도차량부품

제 5 절 이론에 근거한 산업분류

1 창조산업

1) 개 론

최근 성장동력이 혁신(innovation)에서 창의성(Creativity)으로 대체되면서 가치의 원천이 '지식과 정보'에서 '상상력과 창의성'으로 전환되고 있다. 이제 창의성은 국가 경제발전의 원동력으로서 창조경제(Creative Economy)의 토대가 되고 있으며, 지속가능한 미래 성장모델로서 대안으로 부상하고 있다. 이에 따라, 영국의 Creative Britain(1998), 미국의 Creative America(2000) 등 선진국뿐만 아니라 중국의 문화창의산업(2005) 등 후발국가에서도 창조경제의 핵심인 창조산업(Creative Industry)을 국가전략산업으로 적극 육성하고 있다(노준석, 2009).

이렇게 창조경제가 부각되고 있는 이유는 탈산업화와 탈물질적 가치체계의 확산에 따른 결과이지만, 노동집약적 산업은 물론 첨단 제조업까지 신흥공업국가 및 개발도상국에 자리를 내어주고 있는 상황에서 신경제를 주도하게 될 것으로 평가되고 있는 창조경제로의 전환은 필연적이라고 볼 수 있다(이희연 · 황은정, 2008).

지식기반사회로의 진입이 가속화되면서 창조성이 새로운 화두로 등장하고, 창조성을 강조한 창조사회, 창조경제, 창조산업, 창조지식, 창조경영 등 다양한 분야에서 창조성을 연구하고 있다. 창조성은 특정분야로 국한되는 것이 아니라 사회, 경제, 문화적 측면에서부터 기업, 도시, 국가, 세계적인 차원으로 논의를 확장해 가고 있다. 그러면서 창조성은 기업과 도시의 성장 핵심요소로 다루어지고, 도시, 지역정책에서 새로운 성장동력으로 간주되고 있다. 이렇듯 최근 창조성과 창의성이 경제성장을 이끄는 요소로 평가되고, 이에 따라 창조산업에 대한 관심이 증대되고 있다(김홍주, 2010).

창조성의 논의가 산업과 경제에까지 확장된 창조산업은 그 경제적인 효과와 함께 향후 세계경제를 주도하는 하나의 산업으로 주목받게 되면서 각국의 정책 수행자들은 창조산업에 대한 정책개발을 서두르고 있으며, 학술적인 논의도 국제적으로 빈번해지고 있다. 이러한 광범위한 창조산업의 논의는 선진국을 중심으로 이루어지고 있다(이규명 외 2명, 2013). 또한 국가 경쟁력과 도시 경쟁력 향상을 위한 새로운 전략으로 창조산업에 관한 논의가 활발하게 이루어지면서 비단 경제학자들뿐만 아니라 사회학자, 경제지리학자, 도시계획가들을 포함한 다양한 분야에서 많은 연구들이 수행되고 있다(Cook & Lazzeretti, 2008).

이러한 배경 속에 창조경제는 박근혜 정부의 국정과제로 지금까지의 성장을 주도한 경제구조와 패러다임을 선도형 성장으로 전환하고자 강력하게 추진하고 있다. 창의적 아이디어가 과학기술과 ICT를 결합하여 창업과 신사업 및 신시장의 창출로 연결되고, 좋은 일자리를 창출하기 위한 창조경제 생태계를 조성을 주된 목적으로 제시하고 있다(미래창조과학부, 2013).

그러나 아직 우리나라는 정책공약으로 '창조성', '창조산업', '창조경제' 등의 키워드를 내세우지만 아직 구체적이고 명확한 정책 또는 논의가 부족한 실정이다. 창조산업이 경제성장의 동력으로 자리매김하고 세계경제를 주도할 영역으로 주목받는 시점에서, 이러한 창조산업에 대한 논의는 그 필요성이 점점 커지고 있다. 창조산업에 대한 관심 증대와 더불어, 지역별로 창조산업에 대한 좀 더 세분화되고 구체적인 분석과정을 통해 지역의 산업구조적 여건에 맞는 산업의 특성별 지역 또는 국가의 산업육성정책으로 자리매김하여야 할 것으로 판단된다.

2) 창조산업 관련 이론적 배경

(1) 창조산업의 정의

창조산업(creative industry)이란 '개인의 창의성과 기술, 재능 등을 이용하여 지적재산권을 창출하고, 이를 소득과 고용창출의 원천으로 삼는 산업'(DCMS, 1998)이라고 최초로 정의된 이후 창조산업에 대한 학문적 논의들이 여러 학자들에 의해 논의되어 왔지만 현재 창조산업에 대한 합의된 형태의 정의 및 개념은 존재하지 않고, 창조산업의 개념은 학자마다 차이를 보이고 있다.

Coy(2000)는 '개인의 창의력과 아이디어가 생산요소로 투입되어 무형의 가치를 생산하는 산업'이라 정의하였다. Caves(2000)는 '비영리적인 창조활동과 상업적인 비즈니스 계약에 이루어지는 네트워크'라 정의하였고, Howkins(2002)는 '창의성으로부터 창출되는 경제적 가치를 지닌 모든 상품과 서비스에 관한 산업'이라고 정의한 반면, Drake(2003)는 '산출물에 대한 소비의 주된 동기가 상품 자체의 고유특성이나 기능에 있기보다는 소비자 개인의 상징가치를 충족시키는 산업'이라고 협의적 정의를 내렸다. 또한 UNCTAD(2004)에서는 '예술과 비즈니스, 기술이 교차하는 지식기반 활동'이라고 정의하는 등 창조산업에 대한 기관별, 학자별 정의는 다양하다. 그러나 이러한 다양한 개념들이 공통적으로 제시하는 창조산업의 주요 요소는 '창의성'이며, 창의성을 통해 창출되는 가치와 관련된 산업이라는 것이다.

우리나라에서는 창조산업과 유사한 용어로 「문화산업진흥법」에서 문화산업이라는 용어를 사용하고 있다. 문화산업이라는 용어는 '문화적 요소가 체화되어 경제적 부가가치를 창출하는 유형과 무형의 재화를 개발, 제작, 생산, 유통하는 일과 이에 관련된 서비스를 행하는 산업'으로 정의하고 있다(문화관광부, 2003; 구문모, 2005; 이규명 외, 2013). 문화산업과 창조산업 모두 무형의 지적자산을 중요하게 여기고 있지만, 창조산업은 '창조성'을 새로운 부가가치를 위한 자본, 노동, 지대와 같은 투입요소로 보고 있으며, '예술적 창의력'에만 국한하지 않는다는 차별성을 갖는다(이희연 · 황은정, 2008). 창조산업과 다른 유사 산업들과의 구분이 모호하다는 지적을 받을 여지는 있지만, 개인의 창조성이 투입되어 산출물을 생성하는 사업으로 다른 산업들과의 구분을 지을 수 있다(이규명 외, 2013).

김대중 · 김태연(2015)의 연구에서는 창조산업을 '개인이나 집단의 창의성이 생산요소로 투입되어 경제적가치를 지닌 재화나 서비스를 개발, 생산, 유통, 소비하는 일과 관련된 산업'이라고 정의하고 있다.

(2) 창조산업의 분류

창조산업이 경제성장을 위한 전략으로 그 중요성이 더해감에 따라 각국 정부는 창조산업의 분류체계를 마련하고 창조산업에 대한 연구를 진행하고 있다. 그러나 앞서 논의된 바와 같이 창조산업에 대한 정의는 학자마다 다른 견해를 보이고 있어서 창조산업의 분류는 국가마다 유사하지만 약간의 차이를 보이고 있고, 아직 세계적으로 창조산업에 대한 분류기준이 마련되어 있지 못하여 각 국가마다 산업구조의 특성을 반영하여 창조산업을 분류하고 있다(이희연 · 황은정, 2008).

창조산업에 대한 정의와 산업분류에 대한 논의를 시작한 영국의 경우, 광고, 건축, 미술품, 공예, 디자인, 패션, 영화 및 비디오, 쌍방향 오락 소프트웨어, 음악, 공

표 2-15 국가별 창조산업분류

국 가	영 국	호 주	네덜란드	싱가포르
창조산업 분류	• 광고 • 건축 • 미술품/골동품 • 공예 • 디자인 • 패션 • 영화 및 비디오 • 양방향 오락 소프트웨어 • 음악 • 공연미술 • 출판 • 소프트웨어/컴퓨터 서비스	• 영화 • 음악 • 방송 • 출판 • 광고 • 게임 • 양방향 오락 • 건축 및 연관활동 • 소프트웨어 디자인 및 개발	• 미술 • 공예 • 패션 • 산업디자인 • 건축 • ICT • 웹디자인 • R&D	• IT • 소프트웨어서비스 • 광고 • 방송미디어 • 출판 • 인테리어그래픽스 • 패션디자인 • 건축서비스 • 미술품/공예 • 공연예술 • 산업디자인 • 사진

출처: 이희연 · 황은정(2008) 일부 재인용.

연미술, 출판, 소프트웨어 및 컴퓨터 서비스 등 12개 부문으로 구분하였다(DCMS, 1998).

싱가포르의 경우에는 IT 및 소프트웨어 서비스, 광고, 방송미디어, 출판, 인테리어 그래픽스, 패션디자인, 건축서비스, 미술품 및 공예, 공연예술 영상서비스, 산업디자인, 사진 등으로 분류하였다(CISG, 2003). 그리고 호주와 네덜란드의 경우에는 다른 국가의 창조산업분류에 비해 단순한 형태를 보여주고 있다. 호주의 경우에는 영화, 음악, 방송, 출판, 광고, 게임, 쌍방향 오락, 건축 및 연관활동, 소프트웨어 디자인 및 개발로 분류하고(NOIE, 2005), 네덜란드는 미술, 공예, 패션, 산업디자인, 건축, ICT, 웹디자인, R&D로 분류하였다.

국내에서 창조산업에 대한 분류에 대한 논의는 구문모(2005), 이희연 · 황은정(2008), 서울시정개발연구원(2011), 이규명 외(2013) 등이 있으며, <표 2-16>과 같이 주로 IT와 소프트웨어, 건축 등에 더하여 전통적으로 예술분야에 속하는 업종들을 주로 창조산업으로 분류되고 있으나, 구문모(2005)와 이희연 · 황은정(2008), 서울시정개발연구원(2011), 이규명 외(2013) 등 연구자에 따라 창조산업의 분류체계에 다소 차이가 존재한다.

김대중 · 김태연(2015)의 연구에서는 영국의 창조산업분류를 바탕으로 국내 이

표 2-16 국내 연구진 창조산업분류

연구진	구문모 (2005)	이희연 · 황은정 (2008)	서울시정개발연구원 (2011)	이규명 외 (2013)
창조 산업 분류	• 영화산업 • 방송업 • 공연산업 • 뉴스제공업 • 출판업 • 광고업 • 전문디자인업 • 소프트웨어 자문, 개발 및 공급업 • 건축 및 조경설계 서비스업	• 건축, 전문디자인업 • 광고 • 뉴스제공 및 방송 • 음악 및 음반 • 소프트웨어 및 게임 • 연구 및 개발 • 문화재 관련 산업 • 공연예술 • 출판 • 영화, 비디오, 사진, 미술품	• 출판/만화 • 공연예술 • 게임 • 음악 • 영화 • 애니메이션 • 방송 • 광고 • 디자인 • 건축 • 연구 개발업 • SW 개발업 • 정보서비스업	• 건축 및 엔지니어링 • 전문 디자인업 • 광고 • 뉴스 제공 및 방송 • 음악 및 음반 • 소프트웨어 및 컴퓨터 서비스업 • 연구 및 개발 • 공연 예술 • 출판 • 영화 및 비디오 • 사진

희연 · 황은정(2008) 분류에서와 같이 R&D를 부문을 추가하여 분류하였다. 물론 도매업과 소매업과 같은 유통과 도서관, 기록보존소, 박물관과 같은 문화재 관련 사업 및 출판부문 중 인쇄업은 창조산업과 거리가 멀다는 지적(이규명 외, 2013)은 동감하지만, 창조산업을 '개인이나 집단의 창의성이 생산요소로 투입되어 경제적 가치를 지닌 재화나 서비스를 개발, 생산, 유통, 소비하는 일과 관련된 산업'이라는 필자의 창조산업에 대한 정의에 따라 창조산업 부문별 가치사슬별로 창조산업을 분류한 이희연 · 황은정(2008) 기준이 적절하다고 판단된다. 따라서 건축, 전문디자인, 광고, 사진과 미술을 포함한 영화 및 비디오, 방송 및 뉴스제공업, 음악 및 음반, 출판, 공연예술, 문화재 관련 산업, R&D, 소프트웨어 제작 및 게임의 11개 부문으로 분류하였다. 이와 같은 11개 부문에 속한 개개 업종을 추출하기 위해 한국표준산업분류(KSIC) 세세분류(5-digit) 업종 중 105개 업종을 선별하였다.

표 2-17 창조산업유형분류

N	창조산업 부문	가치사슬	KSIC	N	창조산업 부문	가치사슬	KSIC
1	건축	C	39001	3	건축	C	72111
2	건축	C	39009	4	건축	C	72112

5	건축	C	72121	40	영화, 비디오, 사진, 미술품	M	27322
6	건축	C	72122	41	영화, 비디오, 사진, 미술품	M	33920
7	건축	C	72129	42	영화, 비디오, 사진, 미술품	M	73303
8	공연예술	C	90121	43	출판	M	18111
9	공연예술	C	90122	44	출판	M	18112
10	공연예술	C	90123	45	출판	M	18119
11	공연예술	C	90131	46	출판	M	18121
12	공연예술	C	90132	47	출판	M	18122
13	뉴스제공 및 방송	C	63910	48	출판	M	18129
14	소프트웨어 및 게임	C	58221	49	공연예술	P	73901
15	소프트웨어 및 게임	C	58222	50	공연예술	P	90110
16	소프트웨어 및 게임	C	62010	51	공연예술	P	90191
17	소프트웨어 및 게임	C	62021	52	공연예술	P	90192
18	연구 및 개발	C	70111	53	공연예술	P	90199
19	연구 및 개발	C	70112	54	광고	P	71310
20	연구 및 개발	C	70113	55	광고	P	71391
21	연구 및 개발	C	70121	56	광고	P	71392
22	연구 및 개발	C	70129	57	광고	P	71393
23	연구 및 개발	C	70201	58	광고	P	71399
24	연구 및 개발	C	70209	59	뉴스제공 및 방송	P	59114
25	전문디자인업	C	73201	60	뉴스제공 및 방송	P	60100
26	전문디자인업	C	73202	61	뉴스제공 및 방송	P	60210
27	전문디자인업	C	73203	62	뉴스제공 및 방송	P	60221
28	전문디자인업	C	73209	63	뉴스제공 및 방송	P	60222
29	공연예술	M	33201	64	뉴스제공 및 방송	P	60229
30	공연예술	M	33202	65	문화재 관련 산업	P	90221
31	공연예술	M	33203	66	문화재 관련 산업	P	90222
32	공연예술	M	33204	67	문화재 관련 산업	P	90231
33	공연예술	M	33209	68	문화재 관련 산업	P	90232
34	공연예술	M	69292	69	문화재 관련 산업	P	90290
35	뉴스제공 및 방송	M	26421	70	소프트웨어 및 게임	P	58211
36	뉴스제공 및 방송	M	26422	71	소프트웨어 및 게임	P	58219
37	뉴스제공 및 방송	M	26429	72	영화, 비디오, 사진, 미술품	P	59111
38	소프트웨어 및 게임	M	33402	73	영화, 비디오, 사진, 미술품	P	59112
39	영화, 비디오, 사진, 미술품	M	20491	74	영화, 비디오, 사진, 미술품	P	59113

75	영화, 비디오, 사진, 미술품	P	59120	91	소프트웨어 및 게임	E	46510
76	영화, 비디오, 사진, 미술품	P	73301	92	소프트웨어 및 게임	E	47311
77	영화, 비디오, 사진, 미술품	P	73302	93	소프트웨어 및 게임	E	47640
78	영화, 비디오, 사진, 미술품	P	96999	94	영화, 비디오, 사진, 미술품	E	46493
79	음악 및 음반	P	59201	95	영화, 비디오, 사진, 미술품	E	47823
80	음악 및 음반	P	59202	96	영화, 비디오, 사진, 미술품	E	47841
81	출판	P	58111	97	영화, 비디오, 사진, 미술품	E	59130
82	출판	P	58112	98	영화, 비디오, 사진, 미술품	E	59141
83	출판	P	58119	99	영화, 비디오, 사진, 미술품	E	59142
84	출판	P	58121	100	영화, 비디오, 사진, 미술품	E	69220
85	출판	P	58122	101	음악 및 음반	E	46461
86	출판	P	58123	102	음악 및 음반	E	47620
87	출판	P	58190	103	출판	E	46453
88	공연예술	E	46462	104	출판	E	47611
89	공연예술	E	47593	105	출판	E	69291
90	공연예술	E	75992				

*창작(C), 제작(M), 재제작 및 유통(P), 소비 및 교환(E).

2 가젤산업

가젤산업(Gazelle Industry)에 대한 연구는 창조경제의 정책목표인 일자리 창출 극대화에 가장 부합될 수 있는 '고성장 산업군'에 대한 지역적 연구의 필요성에 따라 김대중(2014)의 연구에서 가젤산업이란 명칭과 정의 등이 논의되기 시작했다.

빠르게 성장하며 일자리 창출에 크게 기여하는 고성장 산업군의 발굴하기 위해서는 선행적으로 고성장 산업군에 대한 정의가 필요했고, 김대중(2014)의 연구에서는 가젤기업 및 가젤지역에 대한 기존의 연구를 응용하여, 빠르게 성장하며 일자리 창출에 크게 기여하는 고성장 산업군을 '가젤산업(Gazelle Industry)'이라 명명하고 가젤산업에 대한 조작적 정의를 내렸다. 따라서 가젤산업에 대한 이해를 돕기 위해 가젤산업의 정의에 응용된 가젤기업 및 가젤지역에 대한 기존의 연구를 정리해 보고자 한다.

가젤기업을 빠르게 성장하며 일자리 창출에 기여하는 고성장기업을 의미하는 뜻으로 처음 사용하기 시작한 것은 Birch & Medoff(1994)의 연구에서이다. 가젤기업을 '4년 동안 연평균 20% 이상의 매출 증가와 기준연도의 수입이 10만 달러 이상인 기업'으로 정의하였다, 이들의 연구 결과, 고용창출에 가장 중요한 기업은 대기업이나 소기업이 아닌 중규모의 가젤기업으로 일자리의 양과 질을 동시에 충족시키는 것으로 분석되었다.

Story(1994)는 4년 간 매출액이 30% 이상 증가하고 5백만~1억 파운드인 기업이 어느 정도 차지하는지를 조사한 결과, 상위 10% 정도만이 이런 조건을 충족하며 이런 기업을 상위 10% 기업이라는 의미에서 'Ten Percenters'라고 명명하였다.

Acs 외(2008)는 기업을 mice(20명 이하의 소기업), gazelles(높은 잠재력 기업으로 20~499명 정도), elephants(500명 이상의 대기업) 등으로 구분한 다음, 어디에서 고용을 가장 많이 창출하는가를 분석하였다. 연구 결과, 가젤기업들은 해당지역에서 신규 설립뿐 아니라, 공장 이전이나 분공장 설립 등 다양한 형태로 입지하고 있었으며, 시장진입과 성장이 초기에 소기업이나 대기업보다 빠르게 진행되는 것으로 분석되었다.

Tracy(2011)는 1994년부터 2008년까지 14년 간을 4년씩 4개 기간으로 구분하여, 어떤 기업이 미국 경제에 가장 큰 영향을 미치는지를 분석하면서 이런 기업을 고영향기업(High Impact Companies, HIC)이라고 부르고, 4년 간 매출이 두 배가 되면서 고용창출승수가 두 배 이상이 되는 기업으로 정의하였다.

가젤지역(gazelle regions)의 연구와 관련하여 Acs 외(2008)가 '급속히 성장하는 가젤기업이 주류를 이루는 지역'이라고 가젤지역을 정의하고, 지역별 20~499명 규모의 신규 창업기업의 점유비중을 측정하였다. 연구 결과, 이런 정의에 따른 지역은 창의적인 직종이나 서비스직의 고용비중이 높고, 주요 대학이나 연구소가 입지한 대도시로 나타났다. 소기업이나 대기업은 그들이 어디 입지하든 중요하지 않으나, 가젤기업은 입지한 지역에서 장기간 강력한 고용효과를 나타내기 때문에 지역발전에 중요하고 기업규모의 차이가 고용효과에 중요한 영향을 미치며, 특히 고용효과는 대도시 등 창업지역의 특성에 의존한다는 것이다.

김정홍(2012)의 연구에서는 가젤기업을 '최근 5년 간 총 30% 이상 고용이 증가한 기업'으로, 가젤지역을 '최근 5년 간 창업 및 고용창출을 많이 하는 상위 10%에 해당하는 지역'으로 정의하였다. 이런 정의에 입각하여 통계적으로 입수가능한 창업과 고용 데이터를 활용해 우리나라 232개 기초지자체를 대상으로 가젤지역이 어디인지를 조사하였다. 연구 결과, 232개 기초지자체 중 10%인 22개 지역이 선정되었는데, 시 · 도별로는 경기도가 9개로 압도적으로 많았고, 전국의 제조업 비중은 사업체수 기준으로 9.7%, 종사자수 기준으로 19.4%에 불과하지만, 가젤지역은 사업체수 기준으로 12.4%, 종사자수 기준으로 28.5%로 나타나, 대체로 제조업에 강점이 있는 지역인 것으로 분석되었다.

김대중(2014)의 연구에서 가젤산업은 통계청 사업체조사의 한국표준산업분류(KSIC) 세세분류단위를 기준으로 '사업체당 종사자수가 10인 이상이면서 최근 5년간 Birch 고용성장지수로 측정한 고용창출 기여도가 모집단 전체의 상위 10% 이내인 산업'이라고 정의하고 있다. 사업체당 종사자수(Employees per Company, EC)는 j지역 i산업의 종사자수(E_{ji})를 j지역 i산업의 사업체수(C_{ji})로 나누어 측정하도록 하였으며, Birch 고용성장지수(Birch employment growth index)는 아래의 식과 같다.

$$EC_{ji} = \frac{E_{ji}}{C_{ji}}$$
<식 2-1>

$$M_{ij} = (X_{jit} - X_{ji0}) \times (\frac{X_{jit}}{X_{ji0}})$$
<식 2-2>

M_{ji}: j지역 i산업의 고용성장지수

X_{jit}: t연도 j지역 i산업 종업원수

X_{ji0}: 기준연도 j지역 i산업 종업원수

표 2-18 충남의 가젤산업 업종

no	KSIC		no	KSIC	
1	10220	수산식물 가공 및 저장 처리업	7	20129	기타 기초무기화학물질 제조업
2	10613	제과용 혼합분말 및 반죽 제조업	8	20202	복합비료 제조업
3	10730	면류, 마카로니 및 유사식품 제조업	9	20302	합성수지 및 기타 플라스틱물질 제조업
4	13992	부직포 및 펠트 제조업	10	20411	가정용 살균 및 살충제 제조업
5	18122	제책업	11	20431	계면활성제 제조업
6	19210	원유 정제처리업	12	20433	화장품 제조업

13	20491	사진용 화학제품 및 감광재료 제조업	47	26511	텔레비전 제조업
14	20499	그 외 기타 분류 안된 화학제품 제조업	48	27213	물질 검사, 측정 및 분석기구 제조업
15	21210	완제 의약품 제조업	49	27321	광학렌즈 및 광학요소 제조업
16	22111	타이어 및 튜브 제조업	50	28111	전동기 및 발전기 제조업
17	22212	플라스틱 필름, 시트 및 판 제조업	51	28121	전기회로 개폐, 보호 및 접속 장치 제조업
18	22232	포장용 플라스틱 성형용기 제조업	52	28122	배전반 및 전기자동제어반 제조업
19	22240	기계장비 조립용 플라스틱제품 제조업	53	28201	일차전지 제조업
20	22250	플라스틱 발포 성형제품 제조업	54	28202	축전지 제조업
21	23129	기타 산업용 유리제품 제조업	55	28301	광섬유 케이블 제조업
22	23326	콘크리트관 및 기타 구조용 콘크리트제품 제조업	56	28302	기타 절연선 및 케이블 제조업
23	24121	열간 압연 및 압출 제품 제조업	57	29119	기타 기관 및 터빈 제조업
24	24132	강관 제조업	58	29132	기체 펌프 및 압축기 제조업
25	24191	도금, 착색 및 기타 표면처리강재 제조업	59	29133	탭, 밸브 및 유사장치 제조업
26	24199	그 외 기타 1차 철강 제조업	60	29162	승강기 제조업
27	24212	알루미늄 제련, 정련 및 합금 제조업	61	29171	산업용 냉장 및 냉동 장비 제조업
28	24311	선철주물 주조업	62	29261	산업용 섬유세척, 염색, 정리 및 가공 기계 제조업
29	24312	강주물 주조업	63	29272	평판디스플레이 제조용 기계 제조업
30	24322	동주물 주조업	64	29280	산업용 로봇 제조업
31	25112	구조용 금속판제품 및 금속공작물 제조업	65	30201	차체 및 특장차 제조업
32	25113	금속 조립구조재 제조업	66	30310	자동차 엔진용 부품 제조업
33	25122	설치용 금속탱크 및 저장용기 제조업	67	30320	자동차 차체용 부품 제조업
34	25913	금속압형제품 제조업	68	30391	자동차용 동력전달장치 제조업
35	25923	도장 및 기타 피막처리업	69	30392	자동차용 전기장치 제조업
36	25929	그 외 기타 금속가공업	70	31114	선박 구성부분품 제조업
37	25941	금속파스너 및 나사제품 제조업	71	38210	지정외 폐기물 처리업
38	26120	다이오드, 트랜지스터 및 유사 반도체소자 제조업	72	38301	금속원료 재생업
39	26211	액정 평판 디스플레이 제조업	73	41121	사무 및 상업용 건물 건설업
40	26219	플라즈마 및 기타 평판 디스플레이 제조업	74	41210	지반조성 건설업
41	26222	전자부품 실장기판 제조업	75	41225	산업플랜트 건설업
42	26292	전자축전기 제조업	76	42202	건물용 기계장비 설치 공사업
43	26295	전자코일, 변성기 및 기타 전자유도자 제조업	77	42311	일반전기 공사업
44	26299	그 외 기타 전자부품 제조업	78	47119	기타 대형 종합 소매업
45	26323	컴퓨터 프린터 제조업	79	47993	방문 판매업
46	26422	이동전화기 제조업	80	49220	시외버스 운송업

81	49232	전세버스 운송업	94	72919	기타 기술 시험, 검사 및 분석업
82	52101	일반 창고업	95	74100	사업시설 유지관리 서비스업
83	52109	기타 보관 및 창고업	96	74211	건축물 일반 청소업
84	52914	도로 및 관련 시설 운영업	97	75120	인력공급업
85	52942	수상 화물 취급업	98	75991	콜센터 및 텔레마케팅 서비스업
86	52999	그 외 기타 분류 안된 운송 관련 서비스업	99	75994	포장 및 충전업
87	59120	영화, 비디오물 및 방송프로그램 제작 관련 서비스업	100	86102	일반 병원
88	62010	컴퓨터 프로그래밍 서비스업	101	87111	노인 요양 복지시설 운영업
89	64913	신용카드 및 할부금융업	102	87291	직업재활원 운영업
90	65121	손해 보험업	103	87299	그 외 기타 비거주 복지 서비스업
91	69299	그 외 기타 개인 및 가정용품 임대업	104	91121	골프장 운영업
92	70121	전기·전자공학 연구개발업	105	96993	개인 간병인 및 유사 서비스업
93	70129	기타 공학 연구개발업			

제 3 장 자료의 기술방법

제 1 절 대푯값

주어진 자료를 대표하는 특정값을 그 자료의 대푯값이라고 한다. 대푯값은 자료의 중심적인 경향이나 자료분포의 중심의 위치를 나타내주는데, 일반적으로 사용되는 것에는 평균(mean), 중위수(median), 최빈수(mode) 등이 있다.

산술평균은 자료의 모든 측정값을 합산하여 이 값을 전체 자료의 수로 나누어 준 값을 말한다. 일반적으로 평균이라고 줄여 말하기도 하는데, 가장 보편적인 대푯값으로 볼 수 있다. 흔히 우리가 사용하는 평균이 바로 산술평균이다.

$$\text{산술평균} = \frac{x_1 + x_2 + \dots + x_n}{n} \qquad \text{<식 3-1>}$$

물가상승률이나 인구증가율과 같이 변화하는 비율을 나타낼 때는 산술평균을 이용하지 않고 기하평균을 사용한다. 예를 들어, 자본금 100만 원으로 사업을 시작하여 첫 해에는 자본금이 2배, 두 번째 해는 자본금이 8배 증가했다고 하자. 그러면 자본금은 2년 동안 총 16배가 늘어났고, 매년 평균적으로 4배 늘어났다고 볼 수 있다. 만일, 2배와 8배의 산술평균으로 구한다면 5배가 되어 실제 평균증가율을 상회하게 된다. 따라서 기하평균은 여러 개의 수를 연속으로 곱하여 그 개수의 거듭제곱근으로 구한다.

$$기하평균= \sqrt[n]{a_1 a_2 ... a_n} \qquad \text{<식 3-2>}$$

조화평균은 평균속도를 계산하거나 일정금액을 가지고 구입할 수 있는 상품의 수량의 평균을 구할 때 이용되는데, 자룟값을 각각 역수로 하여 산술평균을 구한 다음 다시 이 값의 역수를 취하여 산출한다. 예를 들어, 어떤 사람이 일정한 거리를 갈 때는 시속 4km로 걷고 올 때는 시속 6km로 걸었다고 하면 평균 걷는 속도는 어떻게 되겠는가. 산술평균을 구하여 시속 5km라고 하면 정답이 아니다. 정답은 시속 4.8km이다. 왜냐하면, 두 지점 간의 거리를 Akm라고 하면, 갈 때 걸리는 시간은 A/4시간, 올 때 걸리는 시간은 A/6시간, 왕복 걸리는 시간은 (A/4+A/6)시간이고, 2Akm를 (A/4+A/6)시간 동안 걸었으므로 평균속도는 다음과 같다.

$$평균속도= \frac{2A}{\frac{A}{4}+\frac{A}{6}} = \frac{2}{\frac{1}{4}+\frac{1}{6}} = 4.8(\text{km/h})$$

이를 수식으로 나타내면 아래와 같다.

$$조화평균= \frac{n}{\frac{1}{x_1}+\frac{1}{x_2}+\ldots+\frac{1}{x_n}} (각각의\ 자룟값이\ x_{1,}\ x_{2,} \cdots x_n) \qquad \text{<식 3-3>}$$

만약 자룟값이 가지는 중요성이 서로 다르다면 단순한 산술평균보다는 자룟값의 중요성이 반영된 가중평균을 이용하는 것이 더 적절하다. 가중평균은 각각의 자룟값에 자료의 상대적 중요도인 가중치를 곱하여 합산한 값을 각각의 가중치의 합계로 나누어 구한다. 가중평균은 물가지수의 산정 등 광범위하게 사용되고 있다.

$$가중평균 = \frac{X_1 w_1 + X_2 w_2 + \ldots + X_n w_n}{w_1 + w_2 + \ldots + w_n} \qquad \text{<식 3-4>}$$

중위수는 중앙값이라고도 하며, 자료를 크기 순으로 나열했을 때 한가운데에 위치하는 자룟값을 말한다. 자료가 홀수 개이면 정중앙값이 중앙값이 되지만, 짝수 개이면 중앙에 위치한 값이 두 개가 되므로 이 경우에는 두 값의 평균을 중앙값으로 한다. 그리고 자료 중 빈도수가 가장 높은 자룟값은 최빈수라고 한다. 자룟값이 7, 10, 10, 8, 9, 10, 6, 10로 주어졌다고 하자. 크기순대로 자룟값을 다시 나열하면 6, 7, 8, 9, 10, 10, 10, 10이므로 중위수는 네 번째 값 9와 다섯 번째 값 10의 평균인 9.5가 되며, 4번으로 가장 빈도수가 높은 10이 최빈수가 된다.

자료 중에 극단적인 값이 한 개 이상 있을 때 그 값들이 산술평균에 큰 영향을 미쳐서 산술평균이 대푯값으로 부적절한 경우가 있다. 이런 경우에는 극단적인 값의 영향을 받지 않는 중위수나 최빈수가 오히려 대푯값으로 적절할 수 있다.

제 2 절 비 · 비율 · 율

비(ratio), 비율(proportion), 율(rate)은 일반적으로 구별하여 사용하지 않고 있다. 하지만, 엄밀하게 개념적으로 구별되므로 이에 관한 정확한 의미를 알아 둘 필요가 있다. 특히, 인구통계에서 이 세 개념이 사용된 때는 주의가 요구된다.

비(ratio)는 두 개 숫자의 상대적 크기를 비교한 것으로 분자와 분모가 서로 독립적인 관계로 서로 다른 범주일 때 사용된다. A에 대한 B의 비는 B÷A로 계산된다. 성비, 인구밀도(인구/면적) 등이 비에 해당된다.

비율(proportion)은 비의 특수한 형태로 분모에 분자가 포함된다. 전체 미혼자 중 남자 미혼자의 비율 [남자 미혼자/(남자 미혼자+여자 미혼자)]이 그 예이다.

율(rate)이란 특정기간 동안에 발생된 사건을 그 사건의 위험에 노출된 총 횟수(건수, 사람수)로 나눈 것으로 보통 천분율(‰)로 표현한다. 이혼의 빈도를 나타내는 지표로서 1년 동안의 이혼건수를 그 해 중간시점의 인구(연앙인구: 7월 1일 기준)로 나누어 천분비로 산출한 조이혼율이 대표적인 예에 해당한다.

제 3 절 퍼센트(%), 퍼센트포인트(%p), 포인트(p)

퍼센트와 퍼센트포인트는 방송이나 신문에서 통계를 인용하여 각종 수치의 변화를 이야기할 때 자주 등장한다. 그러나 퍼센트와 퍼센트포인트는 간단한 개념인데도 불구하고 많은 사람들이 혼동하고 있으며, 신문기사 등에서도 %포인트를 그냥 %로 잘못 사용하는 경우를 흔히 볼 수 있다.

퍼센트는 백분비라고도 하는데 전체의 수량을 100으로 하여, 해당 수량이 그중 몇이 되는가를 가리키는 수로 나타낸다. 퍼센트포인트는 이러한 퍼센트 간의 차이를 표현한 것으로 실업률이나 이자율 등의 변화가 여기에 해당된다.

예를 들어, 실업률이 작년 3%에서 올해 6%로 상승하였다면 이러한 변화는 퍼센트와 퍼센트포인트 사용하여 다음의 두 가지 방법으로 표현할 수 있다. "실업률이 작년에 비해 100% 상승했다", 혹은 "실업률이 작년에 비해 3%포인트 상승했다."

여기서 퍼센트는 [(현재실업률−기존실업률)/기존실업률×100]하여 "100"으로 산출됐고, 퍼센트포인트는 퍼센트의 차이이므로 6−3해서 "3"이란 수치가 나온 것이다. 두 표현을 비교해보면, 퍼센트로 표현한 첫 번째 방법은 실업률이 상당히 많이 상승했다는 인상을 주는 반면에, 퍼센트포인트로 표현한 두 번째 방법은 그렇지 않다. 실업이 크게 증가했다며 정부의 경제정책을 비판하고 싶은 사람은 아마 퍼센트를 이용한 표현을 선호할 것으로 보인다.

참고로, 경기종합지수에서 동행지수 순환변동치나 종합주가지수의 변동을 나타낼 때는 다음과 같이 '포인트'란 용어를 사용한다. "2010년 2월 현재의 경기상황을 보여주는 동행지수 순환변동치는 전월보다 0.7p 상승", "2010년 6월 9일 오전 10시 현재 코스피 지수는 전일 대비 4.70포인트 오른 1,656.18이다." 이는 동행지수 순환변동치나 종합주가지수의 단위가 %가 아니기 때문에 변동폭에 단순히 포인트만 붙여 표현한 것이다.

제 4 절 변동률

변동률이란 어떤 수치의 기준시점에 대한 비교시점에서의 증감률을 의미한다. 변동률은 통계지표를 해석하는 데 이용되는 중요한 도구로서 기준시점에 따라 전년동월(기)비, 전월(기)비, 전년대비 증감률 등으로 구분된다.

전년동월(기)비는 전년도의 같은 시점과 수준을 비교하여 증가율을 측정하는 방법으로 월 또는 분기자료의 움직임을 분석할 때 사용된다.

$$\text{전년동월(기)비(\%)} = \frac{\text{금년동월(기)} - \text{전년동월(기)}}{\text{전년동월(기)}} = 100$$

<식 3-5>

전년동월비는 1년 동안의 변화를 나타내는 비율로서 전년에 대비한 현재의 평균적인 변화속도를 의미한다고 볼 수 있다. 전년의 같은 달과 비교한 것이므로 계절요인이 같다고 판단하기 때문이다.

전월비는 바로 전월을 기준으로 금월의 증가 정도를 비교하기 위한 비율이다. 통계의 단기적인 동향을 보려면 직전 달과의 추세를 비교하는 전월비를 보는 것이 적절하다고 볼 수 있다.

$$\text{전월비(\%)} = \frac{\text{금월} - \text{전월}}{\text{전월}} \times 100$$

<식 3-6>

전월비는 계절요인을 제거한 계절조정계열을 이용하여 작성하여야 한다. 왜냐하면, 월별로 비교할 경우 계절적인 요인의 영향이 매월 다르기 때문이다. 전년동월비나 전월비는 보통 기사화될 때는 '지난해 같은 달 보다', '지난달 보다'라고 표현된다.

제 5 절 연평균 증가율

연평균 증가율(Compound Annual Growth Rate, CAGR)은 몇 년 동안 얼마만큼의 양이 증가했을 때 그것이 1년 동안 고르게 증가한 것으로 보고 매년 얼마만큼의 비율로 증가했는가를 알아보는 수치이다. 연평균 증가율(성장률)은 수년 간의 성장률을 평균으로 환산한 것이고 매년의 성장률을 단순평균한 것이 아니라, '첫회부터 매년 일정한(평균적인) 성장률을 지속한다고 환산할 때의 성장률'을 의미한다.

연평균 증가율(CAGR) $= ((E_t/E_x)/(1/t-x)-1)\times 100 = 00\%$

E_x: 기준연도(x) 총고용, E_{tn}: 마지막연도(t) 총고용 <식 3-7>

CAGR $=$ ((마지막연도 숫자/시작연도 숫자)/(1/총년수(N$-$1))$-$1)$\times$100

예를 들어, 종사자수 기준의 연평균 증가율을 분석하기 위해 엑셀에서의 활용 시 공식은 위와 같이 정리할 수 있다. 즉, 최초 괄호 안의 분자에는 마지막 해의 값이 분모에는 시작하는 해의 값이 들어가고, 두 번째 괄호의 분모에는 총년수(N$-$1)의 기간이 들어간다.

제 6 절 기여율 · 기여도

기여율(기여도)이란 통계치를 구성하는 각각의 요소가 전체 증감액(증감률)에 어느 정도 기여하였는가를 반영한다. 물가상승, 하락이나 GNP 성장률에 대해 특정 항목이 얼마나 기여하고 있는가를 나타낼 수 있다. 즉, 기여율과 기여도는 국내총생산(GDP)과 같이 구성항목이 여러 개의 경우에 특정항목이 전체의 변동에 어느 정도나 영향을 미쳤는지를 파악할 때 사용하는 개념이다. 기여율(기여도) 분석의 목적은 전체 해당값의 증감에 개별 항목의 증감이 어느 정도 기여하였는가를 추정하는 데 있다. 어떤 항목들이 성장에 기여하고 있는지를 보여주는 기여도, 기여율 분석은 현황 파악 및 예측력을 강화시켜 준다.

기여율이란 합계값 또는 평균값의 증감에 대하여 그 구성항목이 전체를 증감시키는 데 얼마나 공헌했는지를 나타내는 지표로서, 각 항목의 변화의 크기를 전체의 증감에 대한 백분율로 나타낸다. 가령, A・B・C 세 가지 상품을 파는 상점에서 당일 매출액이 전날에 비해 50만 원 증가했는데, A가 40만 원 증가, B가 20만 원 증가, C가 10만 원 감소하였다고 가정한다. 이 경우 각 상품의 기여율은 A가 80%(=40÷50×100), B가 40%(=20÷50×100), C가 −20%(=−10÷50×100)가 된다.

$$\text{기여율(A)} = \frac{\text{개별구성항목의 증감액}}{\text{전체(B)증감액}} \times 100 \qquad \text{<식 3-8>}$$

기여도는 물가상승・하락이나 GDP 성장률 등에 대해 특정 항목이 어느 정도 기여하고 있는가를 나타낸 것이다. 예컨대, 소비자물가지수가 전월대비 1% 상승하고 이 가운데 쌀 가격의 상승만으로 소비자물가지수가 0.25% 상승하였다면 쌀가격의 기여도는 0.25%포인트이며 기여율은 25%가 된다.

$$\text{기여도} = \text{그 항목의 기여율(A)} \times \text{통계치의 전체(B) 증감률} \qquad \text{<식 3-9>}$$

정리하면, 기여율은 기준시점의 통계치를 구성하는 각 요소의 증가분을 전체의 증가분에 대한 백분비로 표시한 것이고, 기여도는 통계치를 구성하는 각 요소가 전체 증감률에 얼마나 기여하는지를 나타낸 것이다.

기여율과 기여도의 개념을 잘 알고 있다면 여러 구성항목으로 이루어진 통계의 증감을 분석하는 데 유용하게 이용할 수 있다. 예를 들어, 국내총생산(GDP)에서 제조업, 건설업, 서비스업 등 산업별로 어떤 산업이 성장에 가장 큰 기여를 했는지 알 수 있고, 물가 상승 시 어떤 품목이 가장 영향을 많이 끼쳤는지 파악할 수 있게 된다.

예를 들어, 생산액 기준으로 분석할 경우 공식은 아래와 같이 정리할 수 있다.

$$기여율=[(E_{ti}-E_{0i})/(E_t-E_0)]\times 100 \qquad \text{<식 3-10>}$$

$$기여율(단위:\ \%)=\frac{t연도\ i산업\ 생산액-기준연도\ i산업\ 생산액}{t연도\ 전산업\ 생산액-기준연도\ 전산업\ 생산액}\times 100$$

$$기여도=[(E_t-E_0)/E_0]\times 100 \qquad \text{<식 3-11>}$$

$$기여도(단위:\ \%p)=기여율\times\frac{t연도\ 전산업\ 생산액-기준연도\ 전산업\ 생산액}{기준연도\ 전산업\ 생산액}$$

E_t: t연도 총생산액　　E_0: 기준연도(0) 총생산액

E_{ti}: t연도 i산업 생산액　　E_{i0}: 기준연도 i산업 생산액

제 7 절 상대적 변이계수[1)]

표준편차는 절대적 분산도를 측정하는 척도이다. 즉, 자료의 흩어진 정도를 측정하는 데에는 유리하지만 표준편차는 평균이 상이한 집단 간에 분포를 비교하는 데에는 적절하지 못하다. 즉, 평균이 상이하더라도 집단 간의 차이를 정확하게 비교하려면 비교의 기준이 평균의 변화에 영향을 받지 않아야 한다. 따라서 표준편차와 평균이 상당히 다른 두 분포를 비교할 경우에는 상대적 차이를 유도해야 하는데 상대적 변이계수(coefficient of relative variation, CRV) 혹은 변이계수(coefficient of variation, C.V)는 평균과 표준편차를 결합하여 평균이 커지면 동시에 표준편차가 동시에 커지는 한계를 극복하게 해준다. 즉, 상대적 차이를 측정하기 위해 표준편차를 평균으로 나누어 줌으로써 표준편차를 표준화한 값이다.

$$상대적\ 변이계수(CRV) \quad CRV=\frac{S}{\bar{X}} \qquad \text{<식 3-12>}$$

*엑셀 : 모집단 S=STDEVP(A1 : A5), 표본의 S=STDEV(A1 : A5)

1995년 남・녀 간(성별) 월임금의 표준편차는 274,618원이었으며, 2005년의 표

1) 김태진(2006), 행정계량분석의 이론과 활용, 대영문화사. 주로 인용함.

준편차는 474,976원으로 증가되었다(통계청, 2005). 지난 10년 간 우리나라에서 성별 월임금의 격차가 증가되었다고 할 수 있는지를 설명하시오.

표준편차를 이용하여 성별 간 월임금수준의 격차를 비교할 경우 <표 3-1>과 같이 남녀 간 임금격차는 지난 10년 간 더욱 커진 것으로 오해할 수 있다. 이러한 경우처럼 평균값이 상이한 경우에는 상대적 변이계수를 기준으로 비교해야 한다. 공식에 따라 상대적 변이계수를 도출하면 <표 3-1>과 같다.

표 3-1 남녀 간 임금수준의 변이계수

(단위: 원)

연 도	$\bar{X}$	S	CRV
1995	744,798	274,618	0.3687
2005	1,622,177	474,976	0.2928

자료: 통계청(2005).

<표 3-1>에 의하면, 지난 10년 간 남녀 간 임금수준의 표준편차는 커진 것으로 나타나지만, 상대적 변이계수는 감소한 것으로 분석된다. 여기에서 표준편차의 증가는 실제로 남녀 간 임금격차가 더욱 커졌다는 의미가 아니라 평균임금의 상승에 따라 표준편차가 증가하였다는 것을 의미하며, 상대적 변이계수의 감소는 평균임금은 증가된 반면, 남녀 간 실질적인 임금격차는 줄어들었다는 것을 의미한다.

제 8 절 표준화계수(Z)[2)]

표준화계수(Z score)는 측정단위가 서로 다른 자료를 비교하고자 할 경우에 사용한다. 즉, '도시의 경우 도로포장률과 재정자립도는 측정단위가 서로 다르지만 전국을 기준으로 할 경우 어떤 지표가 더욱 양호한 것인가'라든가, '개인의 경우 동일 학생의 학생들에 비해 체중과 신장 중 어떤 것이 친구들에 비해 좋은지, 혹은

2) 김태진(2006), 행정계량분석의 이론과 활용, 대영문화사. 주로 인용함.

부족한지' 등을 비교할 때 사용한다.

표준편차와 상대적 변이계수는 전체 자료의 특성을 토대로 분포도가 상이한 두 집단의 분포상태는 비교할 수 있어도 집단 내에 특정지표들에 대한 비교는 불가능한데, 이러한 때에 표준화계수를 활용하면 된다. 표준화계수의 공식은 다음과 같다.

$$\text{표준화계수(Z score)}: Z = \frac{X - \overline{X}}{S} \qquad \text{<식 3-13>}$$

표준화계수는 비교하고자 하는 자료의 측정단위가 달라도 표준화되기 때문에 서로 다른 자료들의 비교가 용이하다. 표준화계수의 특징은 관찰치와 평균값의 차이, 즉 편차를 표준편차로 나누어준 값이므로 측정단위와 관계없이 원자료의 값을 Z score로 변환시키면 항상 평균은 '0', 표준편차는 '1'이 된다.

학생들의 평균 체중은 65㎏, 표준편차는 7㎏, 신장의 평균은 173㎝, 표준편차는 3㎝라고 하자. 이때 김군의 체중이 67㎏이고 신장은 172㎝라고 한다면 김군의 체중과 몸무게 중에서 어느 지표가 동료 학생들과 비교할 때 더욱 양호한 상태라고 할 수 있는가를 설명하시오.

김군의 체중은 평균체중보다 무거운 반면 신장은 평균에 못미치는 것을 알 수 있다. 이를 좀 더 정확하게 비교하기 위해서 표준화계수를 도출하면 다음과 같다.

$$\text{김군의 체중 표준점수} = Z = \frac{67 - 65}{7} = 0.286$$

$$\text{김군의 신장 표준점수} = Z = \frac{172 - 173}{3} = -0.333\text{이다.}$$

표준화계수로 판단할 경우, 김군의 체중은 동료 학생들의 평균체중보다 표준편차가 0.286만큼 많이 나가고, 신장은 동료 학생들의 평균신장보다 표준편차가 0.33만큼 작게 나간다고 할 수 있다. 따라서 김군의 경우 동료 학생들에 비해 신장은 작은 반면 체중은 더 많이 나간다고 할 수 있다.

제 4 장 지역산업구조분석

제 1 절 개 요[1)]

지역경제의 성장요인에 관하여 다양한 연구가 이루어지고 있으나 산업구조(industrial structure)가 지역경제의 성장에 어떠한 영향을 미치는가에 대하여는 아직까지 연구가 활발하게 이루어지지 못하고 있는 것이 현실이다. 우리나라의 경우, 지역별 산업구조를 보면 지역 간에 많은 차이가 나타나고 있다. 특히, 산업구조의 변동에 따라 경제성장을 주도하는 지역의 변천이 두드러진다고 할 수 있다.

1960년대에는 서울, 부산과 같은 대도시에서 경공업이 중심이 되어 경제가 성장하였으나, 1970년대에는 정부의 중화학공업 진흥정책과 대도시 성장억제정책으로 인하여 대도시가 쇠퇴하고 구미, 울산, 포항, 창원 등이 성장의 거점도시로 기능하게 되었다. 1980년대 이후에는 수도권의 규제강화로 충북과 충남의 성장이 두드러지게 성장하였으며, IMF 관리체제 이후에는 IT 산업의 급격한 성장으로 말미암아 경기와 충남 등이 경제성장의 중추역할을 하고 있다. 이와 같이 각 지역은 상이한 산업구조를 가지고 있으며, 주력업종의 경기여하에 따라 지역경제의 성장이 크게 영향을 받고 있는 것이 현실이다.

이러한 점에 주목하여 Mclaughlin(1930)은 산업구조의 다양성과 지역경제의 관

1) 박성익 · 유병철(2007)을 주로 인용하였음.

계를 처음으로 연구하기 시작하였다. 미국에서는 특히 1960년대 이후로 산업구조의 다양성(diversity)과 경제의 안정성(stability)의 관계에 대하여 활발하게 연구되기 시작하였다. 이들의 연구에 의하면, 산업구조의 다양성과 지역경제의 안정성 사이에 정(正)의 관계가 나타난다는 주장[Conroy(1975), Norcliff(1983), Malizia와 Ke(1993)]과 특별한 관계가 존재하지 않는다는 주장[Tress(1938), Florence(1942), Attaran(1986)]이 서로 대립되고 있음을 알 수 있다. 그리고 Hammond와 Thompson(2004)은 양자 간에 정의 관계가 나타나기는 하지만, 인구의 특성(characteristics)을 고려하면, 그 관계는 매우 약해진다는 결과를 보고하고 있다.

특히, 김갑성과 송영필(1999)은 산업구조의 다양성과 경제의 안정성만을 연구하는 데서 한 걸음 더 나아가 산업구조가 지역경제성장에 어떠한 영향을 미치는가를 분석하였다. 이들의 연구에 의하면, 산업구조가 시차를 두고 성장률에 영향을 미친다고 한다. 구체적으로 1년 전의 산업구조가 다양할수록, 2년 전과 3년 전의 산업구조가 특정산업에 편중되어 있을수록, 지역경제의 성장률이 높게 나타난다고 한다. 그러나 이들의 지수는 산업구조의 다양성만을 측정한 것으로서 산업구조의 선·후진성을 측정한 것은 아니기 때문에 지역경제성장과의 관련성을 찾는 데 따른 이론적인 기초는 취약한 것으로 보여진다. 즉, 어느 한 지역의 산업구조가 편중되어 있다고 할 때, 그 지역이 성장산업 또는 부가가치가 높은 산업에 특화되어서 다양성지수의 값이 크게 나타난 것인지, 아니면 사양산업 또는 부가가치가 낮은 산업에 특화되어 다양성지수의 값이 크게 나타난 것인지를 구분할 수가 없기 때문이다. 그러나 어떤 산업에 편중되어 있는가가 그 지역의 경제성장에 중요한 영향을 미칠 것임은 자명하다.

이와 관련하여 볼 때, 현대 경제성장에 있어서 과학기술의 중요성을 주목할 필요가 있다. 포디즘(Fordism)에 입각한 대량생산위주의 사회에서 지식이 한 국가나 지역의 핵심경쟁력을 결정하는 지식기반경제(knowledge-based economy)로 이행하고 있는 21세기의 지식기반경제에서는 지식, 구체적으로 과학기술을 효율적으로 개발·활용하는 국가들이 세계경제를 주도하게 될 것이라는 인식이 지배적이다. 따라서 많은 국가들은 과학기술의 창출, 확산, 활용을 위하여 연구개발(research and development, R&D)에 많은 노력을 기울이고 있다. 이러한 맥락에서 판단할 때, 경제성장의 단계가 높은 나라에서 산업구조가 기술집약적인, 혹은 연구개발집약적인 산업에 편중될수록 경제성장률이 높게 나타날 것임을 추론할 수가 있다.

이러한 인식 아래, 최근에는 Hatzichronoglou(1997)와 OECD(2005)의 기술집약도에 따른 산업분류를 바탕으로 산업구조를 분석하는 연구들이 등장하게 되었다. 심영섭 · 오영석(2001)과 주경원(2002)은 OECD의 산업분류를 활용하여 한국의 기술수준별, 산업별 수출시장점유율 등을 분석하였다. 그러나 이들의 연구는 전국만을 대상으로 한 것일 뿐만 아니라, 산업구조의 다양성을 측정하지 않았다는 문제점을 지닌다. 더욱이 전반적인 산업구조의 선 · 후진성을 측정하는 지수를 개발하지 않았기 때문에, 산업구조가 경제의 성장에 어떠한 영향을 미치는가를 분석하는 데 한계가 있다고 하겠다.

제 2 절 산업집적분석

1 집적경제의 개념 및 선행연구[2)]

최근 급격하게 변화되는 세계경제 속에서 경쟁력을 키운 지역은 더욱 발전하였으나 그렇지 못한 지역은 쇠퇴하는 양상이 발생하고 있다. 특히, 변화에 적응하는 방법과 내용은 해당지역의 특성에 따라 다르게 나타나고 있어 지역의 의미를 새롭게 이해하려는 노력이 행해지고 있다(박삼옥, 2005). 지역에 대한 이해의 필요성이 높아지면서 지역의 가치를 다양하게 부여하고 있지만, 지역에 대한 변함없는 주제는 지역경제성장이다. 중앙정부와 지방정부는 공히 지역에 경쟁력 있는 산업을 유치하여 지역산업구조를 재편 · 지원 · 육성함으로써 지역의 성장과 발전을 유도하고자 한다. 우리나라의 지역산업정책은 한정된 자원을 효율적으로 배분하고 지역에 내재된 잠재력을 최대한 활용하기 위해 지역별로 특화된 산업을 육성하는 전략을 사용하고 있다. 비교우위에 있는 산업을 중점적으로 육성하는 것은 규모의 경제, 집적효과 등을 극대화시켜 지역경제성장을 이끄는 주요 결정요인으로 판단하

2) 김대중 · 김태진(2014)의 연구를 주로 인용함.

였기 때문에(김갑성 · 송영필, 1997), 주력 · 특화산업 육성전략과 같은 산업집적화 중심의 지역산업정책을 추진하고 있다.

산업경쟁력 제고를 위한 산업발전의 패러다임은 산업의 집적과 지역 간 연계를 중시, 경제의 세계화와 지역화가 동시에 진행되며 지역이 새로운 경쟁단위로 부상, 지역단위의 연관기업 간 경쟁, 협력, 유기적 연계체계는 지역경쟁력뿐만 아니라 산업 전체의 경쟁력에 영향을 미치고 있다는 것이다. 이 같은 패러다임의 변화는 다음과 같은 연구문제를 제기한다. 즉, 산업활동이 특정한 지리적 공간에 집적됨으로써 집적경제가 존재하는지의 여부, 존재한다면 그것이 구체적으로 어떠한 요인에 기인하는지, 또한 집적경제의 크기가 어느 정도이고 지역별 또는 산업별로 크기의 차별성이 있는지 등이다. 이러한 연구문제들에 대한 주요 핵심의제는 지역산업의 방향을 제시하는 데 필수적인 선결과제이다(민경휘 · 김영수, 2003).

산업집적에 대한 새로운 관심은 정책적인 측면에서도 지역에 대한 근본적인 변화를 가져오고 있다. 산업집적에 대한 전통적 접근이 지역 간 불균형을 완화하기 위한 중앙정부 차원의 하향식 접근이었다면, 새로운 접근은 지역의 자율성과 기업 간 연계를 통해 경제발전을 도모하는 상향식 접근에 기반하고 있다. 그러나 산업집적의 공간적 재구조화 과정을 비판적인 시각으로 바라보는 입장들도 존재한다. 한국에서도 지난 10여 년 이상 지역클러스터 육성(지역전략산업, 혁신도시, 기업도시, 경제자유구역, 혁신클러스터 등)이 지역균형발전 및 지역고용창출을 위한 핵심적인 정책수단으로 활용되어 왔다. 그럼에도 불구하고 지역산업육성정책이 수도권과 비수도권의 공간적 분화를 강화시켰다는 비판과 함께, 지역의 내생적 발전을 위한 잠재력을 육성하는 측면에서도 기여하지 못했다는 비판이 제기되어 왔다(이상호, 2014).

산업집적은 특정산업 또는 다양한 산업이 특정지역에 밀집하는 현상을 의미하며, 산업집적에 대한 이론적 논의는 주로 집적경제라는 개념과 관련되어 있다. 집적경제란 일정한 지역 내에 다수 기업의 경제활동이 집적됨으로써 발생하는 외부경제를 가리킨다(전상곤 · 공철 · 김영민 · 박한울, 2012).

집적경제란 다수의 경제주체들이 동일한 지역에 집중함으로써 발생하는 외부경제를 의미하고, 일반적으로 외부성(externalities)은 정태적 · 동태적 관점에서 분석된다. 정태적 관점은 지역화경제와 도시화경제로 분류되며, 현재 시장조건에 대한 즉각적인 정보일출효과(information-spillover effect)가 지역생산성에 미치는 효과를 분석한다. 지역화경제는 한 산업에 속한 개별기업이 집중되었을 때 동종기업들 사이에 지식일출 또는 노동시장이나 중간재시장의 효율성이 증대되어 그 지역에 있는 개별기업의 생산성이 높아지는 것을 의미하며, 도시화경제는 지식일출이 다른 산업 간에 이루어지기 때문에 혁신과 생산성 향상을 도모할 수 있게 되어 개별기업의 생산성이 높아지는 것을 의미한다. 동태적 관점은 Marshall-Arrow-Romer(MAR) 효과, Porter 효과, Jacobs 효과로 분류되며, 그 지역에서 발생한 정보의 축적이 현재 지역 생산성에 미치는 효과를 분석한다(이종하 · 박성훈, 2010).

산업집적효과와 관련된 국내 · 외 선행연구들은 산업생산성을 산업의 특화도와 다양성 등의 지표를 이용하여 집적경제에 대한 영향을 분석하였다. 변이 · 할당분석기법은 지역별 고용증가 분석이나 지역경제 성장효과 분석을 위해 적용한 경우들이 많았지만, 변이 · 할당 분석기법을 적용한 기존 연구들은 회귀모델을 추가하거나 지역성장률 시차분석을 추가하여 지역별 고용증가에 대한 설명력을 높이고자 한 연구가 많았다(변필성 외, 2005).

2 절대적 집적도

해당산업의 절대적 집중정도를 반영하며, 종사자수 및 사업체수를 기준으로 전국 대비 지역별 종사자 및 사업체수 비중을 통해 산출할 수 있다.

$$\text{절대적 집적도} = \frac{j\text{지역의 } i\text{산업 사업체수 or 종사자수}}{\text{전국의 } i\text{산업 사업체수 or 종사자수}} \times 100 \qquad \text{<식 4-1>}$$

3 입지계수

지역의 산업집중도(특화도)를 판단할 때 가장 쉽게 사용하는 계수로 입지(상)계수를 들 수 있다. 이때 판단하는 특화(specialization)의 대상은 산업의 특화도, 인구집단의 특화도 또는 주거형태의 특화도 등 매우 다양하다. 입지계수의 기본개념은 어떤 비율의 높고 낮음을 비교의 대상과 대비해 상대적으로 보아 판단해야 한다는 것이다.

산업구조 분석기법 중 입지상법은 1940년대에 Hildebrand와 Mace(1950)에 의해 개발되었는데 도시 및 지역경제의 분석과 예측에 광범위하게 사용되는 방법이다. 이 방법은 지역경제를 구성하는 산업의 지역집중도(특화도)를 측정하는 방법이다. 각 지역의 특화산업을 분석하기 위해서는 지역산업의 상대적인 비중을 나타내는 산업특화계수가 널리 사용되고 있다. 여기서 말하는 산업의 지역집중도(특화도)는 산업 i가 지역에서 차지하는 비율과 그 산업이 전국에서 차지하는 비율을 비교함으로써 측정되며, 산업의 특화도는 다음의 <식 4-2>와 같이 입지상계수(location quotient coefficient, LQ)로 나타낸다.

입지계수를 추정할 때 고용인구가 가장 자주 사용되는 측정변수이지만, 고용변수 이외에도 부가가치액이나 판매액, 그리고 다른 경제변수들이 사용되기도 한다.

$$LQ_{ij} = \frac{X_{ij}/X_j}{X_i/X} = \frac{j\text{지역의 } i\text{산업 구성비}}{\text{전국의 } i\text{산업 구성비}} = \frac{\dfrac{j\text{지역 } i\text{산업 종사자수}}{\text{지역 전산업 종사자수}}}{\dfrac{\text{전국 } i\text{산업 종사자수}}{\text{전국 전산업 종사자수}}} \quad \text{<식 4-2>}$$

여기서,

LQ_{ij}: i산업, j지역의 입지계수
X: 전국 전산업 종업원수(또는 사업체수, 생산액)
X_i: 전국 i산업 종업원수
X_j: j지역 전산업 종업원수
X_{ij}: j지역의 i산업 종업원수

- $LQ_{ij} > 1$일 때 j지역의 i산업은 전국에 비해 상대적으로 특화되어 있음.
- $LQ_{ij} = 1$일 때 j지역의 i산업은 전국수준과 동일한 특화도를 갖고 있음.
- $LQ_{ij} < 1$일 때 j지역의 i산업은 전국에 비해 상대적으로 특화되어 있지 않음.

실무에서는 입지계수를 응용한 특화계수도 많이 사용되고 있다. 아래와 같이 부가가치나 종자수 등에 대하여 특화계수라고 응용되고 있으나 값은 입지계수와 같다.

$$\text{부가가치 특화도} = \frac{\dfrac{(\text{지역의 해당산업부가가치 생산액})}{(\text{전국 해당산업부가가치 생산액})}}{\dfrac{(\text{지역의 전산업부가가치 생산액})}{(\text{전국 전산업부가가치 생산액})}} \qquad \text{<식 4-3>}$$

$$\text{종사지수 특화도} = \frac{\dfrac{(\text{지역의 해당산업 종사자수})}{(\text{전국 해당산업 종사자수})}}{\dfrac{(\text{지역의 전산업 종사자수})}{(\text{전국 전산업 종사자수})}} \qquad \text{<식 4-4>}$$

※ 매우 높음은 특화계수가 2.0 이상을, 비교적 높음은 1.0 이상 2.0 미만을, 낮음은 1.0 미만 등으로 범례를 나누어 분석하기도 한다.

4 지역 전문화 계수

지역은 그 지역이 처해 있는 자연환경이나 경제적 여건에 따라서 그 지역만의 특성을 가지고 발전한다. 따라서 각 지역은 동일한 산업구조를 가지기보다는 각기 다른 산업적 특성을 가지는 것이 일반적이다.

지역 전문화 계수(Coefficient of Specialization)는 지역마다 다른 산업구조를 어떤 기준지역의 산업구조와 비교해 그 차이 크기를 측정하는 것이다.

지역 전문화 계수는 어떤 지역의 전반적인 산업특화도 또는 인구특화도 등을 나타내며, 지역 간에 어떻게 다른 지역 또는 시기적으로 어떻게 달라졌는지 비교할 수 있게 된다. 어떤 지역의 전문화 계수가 시기적으로 증가했다는 것은 그 지역의 산업구조가 일부 산업으로 특화되어가고 있다는 것을 보여주는 것이다.

특화산업 전략은 특정산업을 특정지역에 집중시켜 규모의 경제와 집적이익을 극대화하기 위한 수단이다. 이를 실증적으로 검증하기 위해서는 산업의 전문화 계수가 높은 지역과 상대적으로 낮은 지역에서의 지역경제의 양태를 분석할 필요가 있다.

지역 전문화 계수는 각 산업(또는 인구집단)의 전국에 대한 구성비와 특정지역의 구성비의 차이를 합해 2로 나눈값이 된다. 지역 전문화 계수는 다음의 <식 4-5>와 같다.

$$CS_j = \frac{1}{2}\sum_{i=1}^{n}\left|\frac{e_j^i}{e_j} - \frac{e^i}{e}\right| \qquad \text{<식 4-5>}$$

여기서,

CS_j: j지역의 특화도 지수
e_j^i: j지역 i산업 종업원수
e_j: j지역 전산업 종업원수
e^i: 전국 i산업 종업원수
e: 전국 전산업 종업원수

전문화 계수는 전국 i산업의 고용인구비율과 j지역 i산업의 고용인구비율의 차이를 지수화한 수치로 각 산업비율의 차이를 절댓값으로 환산해 더한 후 2로 나누어 준다. 만일, 전문화 계수가 0이면 이것은 그 지역의 산업 고용구조가 국가의 산업 고용구조와 똑같다는 의미이며, 전문화 계수가 최댓값인 100이면 이때는 국가의 산업고용구조와 완전히 다르다는 뜻이다. 그리고 이 전문화 계수를 다른 지역의 전문화 계수와 비교해서 계숫값이 더 크면 그 지역이 다른 지역보다 더 전문화되어 있다고 할 수 있다.

이 전문화 계수는 고용변수뿐만 아니라 부가가치, 판매액, 생산액 같은 변수를 대신 사용해 조사할 수 있다. 또한 지역의 인구특성(나이나 성별, 인종)이 국가 평균과 얼마나 차이가 나는지를 알아보는 데 이용될 수 있다.[3)]

5 클러스터 지수[4)]

클러스터 개념은 지역경제성장과 경쟁력 향상에 중요한 정책적 수단이기 때문

3) 정홍열(2011), 지역경제학, 시스마프레스.
4) 권영섭 외 2인(2007), 국가균형발전을 위한 지역전략산업 클러스터 촉진방안, 국토연구원.

에 이를 계량적으로 측정[5]하는 것 또한 중요하다. Sternberg와 Litzenberger(2004)는 상대적인 산업스톡(relative industrial stock), 상대적인 산업밀도(relative industrial density), 상대적인 기업체 규모(relative size of establishment)를 이용한 클러스터 지수를 제시하였다.

여기서 상대적인 산업스톡(IS)은 인구 대비 종사자의 상대적인 비율, 상대적인 산업밀도(ID)는 지역면적 대비 종사자의 상대적인 비율, 상대적인 기업체규모(SB)는 전국대비 기업체의 상대적인 규모를 각각 나타낸다. j지역 i산업의 클러스터 지수(cluster index)는 IS, ID와 SB의 역의 곱으로 정의되며, 아래 식을 통해 도출 가능하다. 기업체 규모에 역수를 취한 것은 동일한 조건이라면 기업체수가 많은 곳이 클러스터링이 많이 이루어졌다고 볼 수 있기 때문이다.

$$CI_{ji} = ID_{ji} \times IS_{ji} \times \frac{1}{SB} = \frac{\dfrac{e_{ji}}{\sum_{i=1}^{n} e_{ji}}}{\dfrac{i_i}{\sum_{i=1}^{n} i_i}} \times \frac{\dfrac{b_{ji}}{\sum_{i=1}^{n} b_{ji}}}{\dfrac{a_i}{\sum_{i=1}^{n} a_i}}$$ <식 4-6>

여기서,

e_{ji}: j지역 i산업의 종사자수　　j_j: j지역 주민수(인구)
b_{ji}: j지역 i산업의 기업체수　　a_j: j지역 행정구역 면적

클러스터 지수는 0~+∞의 값을 가지며 어떤 지역전략산업의 클러스터 지수가 적어도 1 이상일 경우에 한하여 잠재적 클러스터로 간주할 수 있다. 그러나 클러스터 지수가 IS, ID와 SB의 역수의 곱으로 정의되기 때문에, 어느 한 부분에서 1 미만의 값을 가지더라도 다른 두 부분의 곱이 충분히 클 경우 전체 클러스터 지수의 값

5) 일반적으로 어떤 지역에 산업이 상대적으로 얼마나 집중되어 있는가, 즉 산업의 전문화정도를 측정하는 데에는 입지상수(LQ)를 사용하며 일정 지역 내에 산업의 공간적 분포가 얼마나 차이가 나는가, 즉 산업의 공간적 집중정도의 차이를 규명하는 데에는 입지지니계수(location Gini coefficient)를 사용한다. 그러나 이 두 가지 계수는 간편한 방법으로 산업의 전문화와 공간적 집중정도를 측정하는 데 도움을 주지만 산업의 전문화와 공간적 집중, 네트워킹 등의 요소를 고루 포함하는 클러스터의 수준이나 발전단계를 평가하는 데 한계가 있다.

이 4 이상일 경우에 클러스터로 간주하고 있는데, 그 이유로 한 가지 요인이 변하지 않는다고 가정했을 때 다른 두 가지 요인이 그 요인의 두 배 이상이 됨을 강조하고 있다.

Sternberg와 Litzenberger(2004)의 이러한 접근은 단순하면서도 매우 흥미로운 분석결과를 제공하지만 클러스터의 확인에 있어서는 클러스터 지수에 사용된 산업스톡과 산업밀도의 개념 때문에 태생적 한계를 가지고 있다. 예컨대, 클러스터 지수 4 이상인 곳을 모두 클러스터라고 한다면, 경우에 따라서는 전문화된 농촌지역도 클러스터가 발달한 곳으로 나타날 수 있으며, 클러스터라고 유형분류가 된 곳의 절대적인 규모가 일반적으로 인정하고 있는 클러스터 규모에 미치지 못할 경우도 있을 수 있기 때문이다. 따라서 Sternberg와 Litzenberger(2004)의 기준에 따라 클러스터를 확인하고 유형화할 때에는 절대적인 규모에 대한 정성적 검토가 필요함을 알 수 있다. 또한 그들이 사용한 지표는 집적은 측정 가능하나 네트워크나 관계는 밝히기 어렵다는 비판으로 인해 클러스터 지수라기보다는 개선된 집적지수(advanced agglomeration index) 또는 PCI(potential cluster index)라고 보는 것이 바람직하다고 할 것이다.

6 사업체당 종사자수

특정산업을 선정・지원하고자 할 경우 해당산업의 특성을 파악하여 유형화가 가능하다면 해당산업에 대한 이해도를 높여 더 나은 정책결정과 성과를 얻을 수 있을 것이다. 이러한 필요에 따라 특정산업에 대한 산업적 특성을 파악하고 유형화가 가능하도록, 그래서 해당산업에 대한 맞춤식 지원전략을 도출할 수 있도록 다음에서는 김대중(2014)의 연구에서 개발된 산업특성 지표와 산업유형화 방법을 소개하고자 한다.

지역산업분석을 통한 정책개발이나 지원대상 산업 및 기업 선정 시 해당산업의 규모를 판단할 근거가 필요하게 된다. 이때 해당지역의 사업체당 종사자수를 계산하여 정책판단에 활용할 수 있을 것이다. 지역 사업체당 종사자수는 지역의 종사자수를 지역의 사업체수로 나누어 간단하게 계산할 수 있다. 여기서 말하는 '지역 사업체당 종사자수'는 j지역의 i산업의 종사자수를 j지역의 i산업의 사업체수로 나누어 측정되며, 다음의 <식 4-7>과 같이 '사업체당 종사자수(Employees per Company, EC)'로 나타낸다.

$$EC_{ij} = \frac{E_{ij}}{C_{ij}} = \frac{j\text{지역 } i\text{산업 종업원수}}{j\text{지역 } i\text{산업 사업체수}}$$ <식 4-7>

사업체당 종사자수(EC) 분석으로 해당산업의 평균 규모를 파악할 수 있으며. 타 산업과의 비교나 시계열자료를 이용해 규모의 증감을 분석할 수 있다.

7 사업체 규모계수

앞서 논의된 사업체당 종사자수 계산으로 특정지역, 특정산업에 대한 좀 더 상세한 정보를 얻을 수 있을 뿐 아니라 전국대비 해당지역, 해당산업의 사업체 규모 비율을 계산하여 전국대비 해당산업의 규모를 파악할 수 있다.

지역 사업체당 종사자수를 전국 사업체당 종사자수로 나누면 '사업체 규모계수(BQ)'를 도출할 수 있게 된다. 즉, '사업체 규모계수'는 산업 i가 지역에서 차지하는 비율과 그 산업이 전국에서 차지하는 비율을 비교함으로써 측정되며 다음의 <식 4-8>과 같이 '사업체 규모계수(Business size Quotient, BQ)'로 나타낸다.

$$BQ_{ij} = \frac{E_{ij}/C_{ij}}{E_i/C_i} = \frac{j\text{지역 } i\text{산업 사업체당 종사자 구성비}}{\text{전국 } i\text{산업 사업체당 종사자 구성비}}$$ <식 4-8>

여기서,

BQ_{ij}: i산업, j지역의 사업체 규모계수　　C_{ij}: j지역 i산업 사업체수

C_i: 전국 i산업 사업체수　　E_{ij}: j지역의 i산업 종업원수

E_i: 전국 i산업 종업원수

- $BQ_{ij}>1$일 때 j지역의 i산업은 전국 i산업에 비해 상대적으로 사업체 규모가 대

규모임,

- $BQ_{ij}=1$일 때 j지역의 i산업은 전국수준과 동일한 규모를 갖고 있음,
- $BQ_{ij}<1$일 때 j지역의 i산업은 전국에 비해 상대적으로 사업체 규모가 소규모임을 나타냄.

'사업체 규모계수(BQ)'가 1이면, 해당지역의 사업체 규모는 전국수준과 동일한 규모라는 것이고, '사업체 규모계수(BQ)'가 1보다 크면, 전국에 비해 상대적으로 사업체 규모가 대규모이고, '사업체 규모계수(BQ)'가 1보다 작으면, 사업체 규모가 소규모임을 의미한다.

8 산업성장률

지역의 산업성장성을 판단할 때 그동안은 주로 고용변수 등에 대한 직전연도 대비 증가율이나 연평균증가율을 사용하여 전국과 해당지역을 비교하여 해당지역의 산업성장의 높고 낮음을 비교하였다. 그러나 이러한 비교 대상 간의 비율 비교로서는 전국대비 해당지역산업의 성장이 얼마나 차이가 있음을 제시할 수 없었다. 그래서 전국대비 해당지역 및 산업비중을 비교하여 이러한 문제점을 보완함으로써 전국대비 지역산업이 얼마나 성장 또는 쇠퇴하였는지를 나타내 줄 수 있는 방법이 필요하다.

지역의 산업성장성은 산업 i가 전국대비, 해당지역에서 차지하는 비율을 비교함으로써 측정되며, 다음의 <식 4-9>와 같이 '산업성장률(Industrial Growth rate, IG)'로 나타낸다.

즉, '산업성장률(IG)'은 지역산업의 성장성을 측정하는 방법으로서 비교연도의 전국대비 지역의 산업비중에서 초기연도의 전국대비 지역의 산업비중을 빼서 계산한다.

$$IG_{ij} = [\,\frac{X_{ijt}}{X_{ti}} - \frac{X_{ij0}}{X_{i0}}\,] \times 100 \qquad \text{<식 4-9>}$$

$$산업성장률 = \left(\frac{j\text{지역 } t\text{연도 } i\text{산업고용}}{\text{전국 } t\text{연도 } i\text{산업고용}} - \frac{j\text{지역 초기연도 } i\text{산업고용}}{\text{전국 초기연도 } i\text{산업고용}} \right) \times 100$$

↳ j지역 t연도 i산업비중　　↳ j지역 초기연도 i산업비중

여기서,

IG_{ij}: i산업, j지역의 산업성장률
X_{ijt}: j지역 t연도 i산업 종업원수
X_{ti}: 전국 t연도 i산업 종업원수
X_{ij0}: j지역 초기연도 i산업 종업원수
X_{ti}: 전국 t연도 i산업 종업원수

여기서, '산업성장률(IG)'이 0%이면, 전국수준과 같은 산업성장을 하고 있다는 것이고, '산업성장률(IG)'이 양(+)이면, 전국에 비해 상대적으로 빠른 산업성장세를, '산업성장률(IG)'이 음(−)이면, 전국보다 산업성장세가 늦다는 것을 나타낸다. 산업성장률을 추정할 때 고용변수 이외에도 생산액, 부가가치액이나 판매액 또는 다른 경제변수들이 사용될 수 있다.

이 방법은 지역산업의 성장성을 측정하는 방법으로서 비교연도를 중장기로 지정하여 특정산업의 전국대비 지역의 산업비중이 몇 퍼센트 증감하였는지를 살펴볼 수 있고, 비교연도를 직전연도와 비교하는 등 단기로 지정하여 해당산업으로의 사업체와 종사자 등의 유입·유출과 같은 산업구조의 변화속도를 추정할 수 있다. 또한 한 산업 내에서도 전국과 비교가 가능하지만 타 산업과 비교 시 더 많은 시사점을 추출할 수 있을 것이다.

9 산업발전단계 유형화 및 육성전략

1) 산업발전단계 유형화

사업체 규모계수(Business Scale Quotient, BQ)는 산업 i가 지역에서 차지하는 비율과 그 산업이 전국에서 차지하는 비율을 비교함으로써 사업체 규모계수(BQ) 분석으로 해당지역, 해당산업의 전국대비 상대적 사업체 규모를 파악할 수 있고,

타 산업과의 비교나 시계열자료를 이용해 규모의 증감을 분석할 수 있다. BQ가 1이면 j지역의 i산업은 전국수준과 동일한 규모를 갖고 있음을 나타내고, BQ가 1보다 크다는 것은 j지역의 i산업은 전국 i산업에 비해 상대적으로 사업체 규모가 대규모라는 것이며, BQ가 1보다 작으면 j지역의 i산업은 전국에 비해 상대적으로 사업체 규모가 소규모임을 나타낸다고 할 수 있다(김대중, 2014).

$$BQ_{ij} = \frac{E_{ij}/C_{ij}}{E_i/C_i}$$ <식 4-10>

여기서,

C_i: 전국 i산업 사업체수,
E_i: 전국 i산업 종업원수,
C_{ij}: j지역 i산업 사업체수,
E_{ij}: j지역의 i산업 종업원수

'산업성장률(Industrial Growth Rate, IG)'은 산업 i가 전국대비, 해당지역에서 차지하는 비율을 비교함으로써 지역산업의 성장성을 측정하는 방법으로, IG는 비교연도를 중장기로 지정하여 특정지역, 특정산업의 전국대비 산업비중이 얼마나 증감했는지 알 수 있고, 비교연도를 직전연도와 비교하는 등 단기로 지정하여 해당산업으로의 사업체와 종사자 등의 유입이나 유출과 같은 산업구조의 변화속도를 추정할 수 있다. 또한 한 산업 내에서도 전국과 비교가 가능하지만 타 산업과 비교시 더 많은 시사점을 얻을 수 있다. IG를 추정할 때 고용변수 이외에도 사업체수, 생산액, 부가가치액이나 판매액 또는 다른 경제변수들이 사용될 수 있다.

$$IG_{ij} = [\frac{X_{ijt}}{X_{ti}} - \frac{X_{ij0}}{X_{i0}}] \times 100$$ <식 4-11>

여기서,

X_{ijt}: j지역 t연도 i산업 종업원수
X_{ti}: 전국 t연도 i산업 종업원수
X_{ij0}: j지역 초기연도 i산업 종업원수
X_{ti}: 전국 t연도 i산업 종업원수

그림 4-1 BQ·IG 조합 산업발전단계 모형도

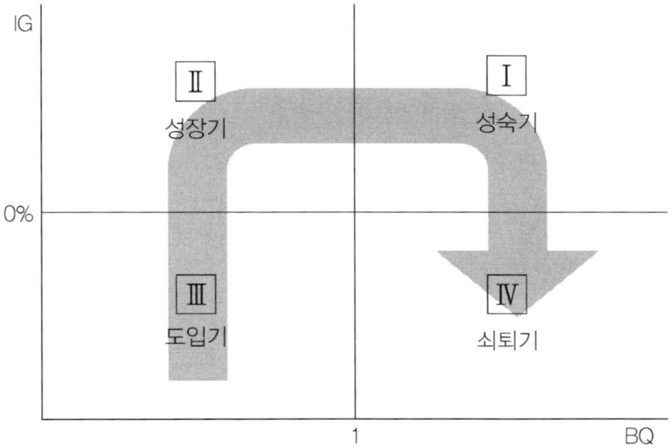

출처: 김대중(2014).

김대중(2014)의 연구에서 BQ는 X축에 IG를 Y축에 결합시킴으로써 산업(또는 기업)의 발전경로에 대한 유형화 방안을 제시하였다.

[그림 4-1]과 같이 산업의 도입기, 성장기, 성숙기, 쇠퇴기로 이어지는 산업의 발전경로를 바탕으로 사업체 규모계수(BQ)와 산업성장률(IG) 간의 위치에 따라 산업발전경로를 파악할 수 있다.

표 4-1 산업발전단계

발전단계	지표현황	내 용
성숙기(Ⅰ)	BQ≥1 & IG(+)	산업규모도 크고 성장률도 높은 산업
성장기(Ⅱ)	BQ<1 & IG(+)	산업규모는 아직 작지만 성장률이 높은 산업
도입기(Ⅲ)	BQ<1 & IG(−)	산업규모도 작고 아직 성장률도 평균에 못미치는 산업
쇠퇴기(Ⅳ)	BQ≥1 & IG(−)	산업규모는 크지만 성장률이 떨어지고 있는 산업

출처: 김대중(2014).

2) 산업발전단계별 육성전략

산업규모도 작고 아직 성장률도 평균에 못 미치는 도입기의 산업은 향후 성장기로 성장해 나갈 수 있도록 하는 육성전략이 필요하다. 이 시기에는 R&D 집중 투자 시기로 일반적으로 규모도 작고 경영능력이 부족하며 성장이 저조해 수익창출이 어려운 시기이므로 R&D 지원(연구개발비, 연구인력, 관련 연구기관 간 연계 등)과 기술지원뿐만 아니라 경영지원(사업화지원, 인력양성 등)과 자금지원이 필요하다. 산업규모는 아직 작지만 성장률이 높은 성장기의 산업은 R&D 성과로 특허 등을 활용한 제품개발 및 출시로 산업의 성장이 가시화되는 단계로, 특히 산업성장을 뒷받침할 수 있는 경영능력 확보가 필요한 시기이다. 이 시기에는 경영지원(사업화지원, 인력양성 등) 등이 필요하다. 산업규모도 크고 성장률도 높은 성숙기의 산업은 경영능력과 사업규모를 갖추고 산업의 성장이 최고조에 달하는 단계로 이 시기에는 산업성장을 지속할 수 있는 꾸준한 신기술개발과 경영 다각화에 집중할 필요가 있다. 산업규모는 크지만 성장률이 떨어지고 있는 쇠퇴기의 산업은 성숙기의 발전을 지속하지 못하고 산업성장이 주춤해지는 시기이므로 성장성 둔화의 원인을 신속하게 진단하고 다시 성장성을 높일 수 있는 전략추진이 필요하다(김대중, 2014 참조).

제 3 절 산업구조 다양성 분석

1 개 요[6)]

우리나라는 지역산업정책의 육성을 위해 특화산업 육성정책을 지역별로 육성하여 왔다. 이는 한정된 자원을 효율적으로 배분하고, 지역에 내재되어 있는 잠재력을 최대한으로 활용하기 위한 정책이라고 할 수 있다(김갑성 · 송영필, 1997). 즉, 특화산업의 육성이 규모의 경제와 집적효과를 극대화할 수 있다는 점에 근거한 정책이라고 할 수 있다.

그러나 지역산업정책에 있어 특정산업의 집중육성이 지역경제 활성화를 위한

6) 김대중 · 경종수 · 정성훈(2014)의 연구를 주로 인용함.

단 하나의 정책목표인가 하는 데는 의문이 제기될 수 있다. 일찍이 우리나라의 대표적 산업으로 근대화 과정에서 집중육성되었던 섬유와 신발산업이 외부환경의 변화에 따라 점차 쇠퇴하여 해당 특화산업의 중심지였던 대구와 부산의 지역경제가 과거에 비해 침체된 바 있다. 충남은 한보철강의 부도로 인한 지역경제의 어려움을 경험한 이상 지역에서는 장기적인 관점에서 산업구조의 안정성에 대한 대비가 필요하며, 이러한 예와 같이 경제적 효율성을 강조하는 특화산업 육성은 산업주기 또는 외부환경이 변화함에 따라 지역경제를 불안정하게 만드는 요인으로 작용할 가능성이 있다. 그러므로 지역정책에 있어 선진 국가에서는 지역의 성장뿐만 아니라 지역경제의 안정성(stability)도 주요한 정책목표로 여기고 있다.

이와 같은 관점에서 특화산업 육성정책은 지역차원에서 자원배분의 효율성을 높일 수 있는 장점이 있으나, 지역산업구조의 다양성을 상실시킬 수 있는 단점이 동시에 존재한다. 즉, 지역의 산업구조가 지나치게 단순화되어 특화산업이 경기변동에 따라 쇠퇴할 경우 지역경제에 치명적인 위협이 될 수 있다는 점이다. 산업구조가 너무 단순할 경우, 즉 단선형 산업구조를 가지고 있을 경우에는 자칫 주력산업의 경기변동에 따라 지역경제 전체의 명암이 갈릴 우려도 없지 않다. 한 지역 내에서 주력산업의 비중이 높을수록 산업의 경기에 따라 영향을 받을 가능성이 크다. 따라서 소수의 주도산업을 육성하는 것은 지역경제의 성장성 측면이나 국가적인 재원의 효율적 배분 측면에서도 바람직하나, 안정성 측면에서는 그만큼 위험이 수반된다(김갑성 · 송영필, 1997).

따라서 지역경제의 안정성을 위하여 지역이 갖추어야 할 조건으로 제기되어온 산업구조의 다양성(diversity)에 대해 현재까지 지역경제학에서 논의되어 온 사실들을 살펴보고, 최근의 우리나라 지역산업구조의 다양성 수준과 지역경제의 안정성에 대해 살펴볼 필요가 있다. 즉, 지역의 산업구조가 어느 정도 안정적인가를 분석하기 위하여 산업의 다양성을 분석할 필요가 있다는 것이다.

지역경제의 안정성과 산업구조의 다양성에 대한 논의가 시작된 것은 1930년 미국의 대공황 이후부터이다. 당시 미국 전체가 극심한 경기침체를 겪는 과정에서 지역간에 차이가 나타났으며, 그 결과 지역 간 소득 격차가 커지는 상황이 발생하였다(변창욱, 2005).

산업구조의 다양성이 지역경제 성장에 미치는 영향에 대해서는 이론적인 측면에서도 상반된 주장이 제기되어 있고, 실증연구들의 결과들도 상반되게 나타난다. 전통적 국제무역이론에서는 비교우위에 기초한 산업특화전략이 경제성장에 도움이 된다고 주장해 왔고, 지역경제 차원의 실증분석을 통하여 이를 지지하는 연구들도 발표되었다(류수열 · 최기홍 · 윤성민, 2013). 지역경제에서 산업특화전략을 지지하는 연구 결과로 볼 수 있는 Tress(1938)의 연구는 영국 및 웨일스 지역을 대상으로 한 실증연구를 통해 산업구조 다양성이 고용 안정성에 기여하는 측면은 약한 반면, 전문화의 효율을 낮추어 손실이 더 크다는 결과를 얻었다.

그러나 일부 지역경제학자들은 지역경제의 산업구조가 다양화될수록 지역 외부로부터의 충격에 덜 민감할 것이기 때문에 오히려 산업구조의 다양성을 높이는 것이 지역성장에 도움을 준다고 주장하고 있다(Nourse, 1968; Richardson, 1969). 지역경제가 소수의 특화산업에 의존하면 경기변동 과정에서 주력산업의 수요 감소에 매우 취약할 것이다(Kort, 1981). 뿐만 아니라 국내 · 외 산업정책의 변화, 국제무역패턴의 변화, 무역장벽의 강화, 생산기술의 변화, 환경규제 등 예측하기 어려운 일들이 빈번하게 나타날 수 있으며, 이런 사건들은 소수의 특화산업에 주로 의존하는 지역경제의 지속적 성장을 어렵게 할 것이다. 그렇지만 산업구조의 다양성이 높은 지역경제에서는 다양한 산업에서 나타날 수 있는 성장의 기회를 활용하기가 훨씬 용이할 것이다. 산업구조가 다양한 만큼 직업의 종류와 고용의 기회도 다양할 것이고, 임금이 높고 적성에 맞는 일자리를 발견할 가능성도 훨씬 많을 것이다. 즉, 다양성이 높은 지역경제일수록 개인의 창의성을 발휘할 수 있는 가능성이 높고 열의를 가지고 일할 수 있는 기회도 많으므로 경제성장이 촉진될 수 있다(류수열 · 최기홍 · 윤성민, 2013).

다음으로, 지역경제의 산업구조가 다양할수록 지역경제의 불안정성이 감소한다는 주장과 관련된 실증연구들로 McLaughlin(1930)은 다양한 산업의 생산과 교환의 형태가 존재할수록 더 안정적이 될 수 있다고 주장했다. Conroy(1975)는 산업구조의 다양성과 지역경제의 안정성 사이에는 정(+)의 상관관계가 있음을 발견하였고, Kort(1981)는 한 지역 내 산업의 다양성이 크면 클수록 급격한 경제적 쇠퇴를 줄일 수 있다고 주장했다. 그리고 Simon(1988)은 고용이 산업 전체적으로 고르게 분포되어 있는 지역의 마찰적 실업이 더 낮다는 것을 밝혀냈고, Diamond와 Simon(1990)은 미국 43개 도시지역에 대한 실증분석 결과 지역경제 산업구조가 소수 산업에 편중될수록 고용 불안정성이 증가하고 이를 보상하기 위해 임금수준이 더 높을 것이라는 가설을 증명하였다.

반면에, 산업구조 다양성 정도와 지역경제 안정성 사이에는 유의미한 상관관계가 없다는 연구들로서 Florence(1948)는 산업구조 다양성 정도와 지역경제 안정성 사이에는 유의미한 상관관계가 없다는 실증분석 결과를 내면서 전문화를 하더라도 지역경제의 불안정성이 증가하는 것은 아니라고 주장했다. 그리고 Mizuno, Mizutani & Nakayama(2006)는 산업구조 다양성의 증가가 고용 안정성에 유의미한 영향을 미치지는 못한다고 주장했다.

김대중(2010)의 연구에서는 충남의 전략산업별 산업구조의 다양성을 분석한 결과, 전자정보산업이 특화도의 증가율도 크고 동시에 급격한 다양성의 감소세를 보이고 있는 이유는 아산・탕정 지역에 삼성전자가 이전하면서 삼성전자 협력업체들이 집적된 결과로 볼 수 있기 때문이라고 했다. 그리고 향후 아산・탕정 지역에 산업구조의 불안정성이 더욱 심해질 경우 지역경제성장에 큰 부담으로 작용할 것으로 예상되므로, 지역의 입장에서는 심각한 위험을 안고 있다고 볼 수 있어서 지역에서는 장기적인 관점에서 산업구조의 안정성에 대한 대비가 필요하다고 주장했다.

산업구조의 다양성을 나타내는 지수로는 단순비율접근법(simple percentage approach), 오자이브 지수(Ogive index), 국가경제평균법(national average approach), 최소요건접근법(minimum requirement approach), 포트폴리오접근법(industrial portfolio approach), 엔트로피극대화법(entropy maximization), 허핀달 지수, DS 지수(Dixit-Stiglitz index) 등이 있다.

위 기법들은 개념상 두 가지로 분류가 가능하다. 즉, 최적화된 다양성의 기준(norm)을 가지고 있는 규범적 방법과 최적화된 기준이 없는 비규범적 방법으로 나누어 볼 수 있다. 최적화된 다양성의 기준이 존재한다는 것은 가장 다양한 상태가 있다는 것으로 다양성의 측정이란 결국 설정된 기준에 얼마나 접근해 있는가로 평가된다. 이와 같은 기법으로 오자이브 지수, 국가경제평균법, 최소요건접근법, 엔트로피극대화법 등이 있다. 반면에, 다양성의 기준을 가지고 있지 않은 비규범적 방법에는 단순비율접근법, 포트폴리오접근법이 있다(김갑성 외, 1997). 각각의 다양성 측정기법들은 이상적인 상태를 다르게 가정하고 있기 때문에 어느 기법을 사용하느냐에 따라 상이한 결과를 얻게 된다. 따라서 적절한 기법을 선택하는 것이 중요하다.

2 오자이브 지수

오자이브(Ogive) 지수법은 다음의 <식 4−12>에 의해 구해진다.

$$ODiv_j = \sum_{i=1}^{I} \frac{\left[\left(\frac{e_{ij}}{e_j}\right) - \frac{1}{I}\right]^{\rho}}{\frac{1}{I}} \qquad \text{<식 4−12>}$$

여기서,

$ODiv_j$: Ogive 지수법에 의한 j지역의 산업구조 다양성 지수
e_{ij}: j지역 i산업의 고용자수
e_j: j지역 총고용자수
I: 산업의 수

※ ρ의 값은 2로 취함.

즉, Ogive 지수는 한 지역 내에 모든 산업이 균등한 비율로 배치되었을 경우를 이상적인 다양화상태라고 가정하고, 실제 각 산업별 고용자수와의 편차의 합을 의미한다. 따라서 한 지역의 Ogive 지숫값이 작을수록 그 지역의 산업구조가 다양화되었다는 것을 나타낸다. 지수의 값이 크다는 것은 편차가 큰 것을 나타내며 소수의 특정산업에 집중되었다는 것을 의미한다.

3 국가경제평균법

국가경제평균법에 의한 산업구조 다양화 지수는 다음의 <식 4−13>에 의해 구해진다.

$$NDIV_j = \sum_{i=1}^{I} \frac{\left[\left(\frac{e_{ij}}{e_j}\right) - \left(\frac{e_i}{e}\right)\right]^{\rho}}{\frac{e_i}{e}}$$ <식 4-13>

여기서,

$NDIV_j$: 국가경제평균접근법에 의한 j지역의 산업구조 다양성 지수

e_{ij}: j지역 i산업의 총고용자수 e: 전국의 총고용자수

e_j: j지역 총고용자수 I: 산업의 수

e_i: 전국의 i산업 총고용자수

※ ρ의 값은 2로 취함.

국가경제평균법으로 구해진 지수는 국가의 산업구조를 가장 이상적인 형태로 가정하며, Ogive 지수와 같이 절댓값이 클수록 국가평균과 편차가 큰 것을 뜻하므로 산업의 편중현상이 큰 것을 나타낸다.

4 다양성 지수

다양성 지수는 1개 지역 내 또는 지역 내 업종군 내에서 관련 업종이 얼마나 다양하게 분포해 있는가를 나타내는 지수로서, 일반적으로 알려진 허쉬만-허핀달(Hirschman-Herfindahl) 지수의 역수 형태이다. 입지계수가 지역의 성장을 촉진하는 데 있어 지역 내 산업의 특화가 중요하다는 이른바 '국지화 경제(localization economies)'의 정도를 측정하는 지표인 데 반해, 다양성 지수는 지역의 성장이 경제활동의 다양성을 통해 이루어진다는 소위 '도시화 경제(urbanization economies)'를 측정하는 지표로 이용된다.

다양성 지수의 값이 높을수록 지역경제의 특정업종에 대한 의존도(또는 집중도)가 낮고, 다양한 경제활동이 지역 내에 분포해 있다는 것이고, 한편 지역 내 산업구조의 다양성이 높다는 것은 특정업종의 경기변동으로 인한 지역경제의 불안정성이 작다는 것을 의미한다. 다만, 주의할 것은 불안정성이 작다는 것이 성장성을 의미하지는 않는다.

$$DI_j = \frac{1}{\sum_{i=1}^{n}\left(\frac{Q_{ij}}{Q_j}\right)^2} \qquad \text{<식 4-14>}$$

여기서,

i: 업종, j: 지역(또는 j지역 업종군), Q_j: j지역 업종군별 종사자수

Q_{ij}: j지역(또는 j지역 업종군) 내 i업종 종사자수

$\sum_{i=1}^{n}$: 지역 내 업종군별 합계

5 크루그만(Krugman) 지수

지역산업 구조의 다양성을 측정하기 위한 Krugman(1991) 지수는 다음과 같다.

$$DV_j = 1 - \Sigma_i \left| \frac{E_{ik}}{E_k} - \frac{E_{ij}}{E_j} \right| \qquad \text{<식 4-15>}$$

<식 4-15>의 지수에서 j와 k는 각각 지역과 국가를 i는 산업을 의미한다. 따라서 Ek는 우리나라 전체 고용인구를 Eik는 국가 수준에서의 i산업의 고용인구를 의미한다. 같은 원리로 Ej는 j지역의 전체 고용인구를 Eij는 j지역에서의 i산업의 고용인구를 의미한다. 따라서 지역산업구조가 우리나라의 산업구조와 유사하다면 두 값의 차는 0에 가까워져 다양성 지수가 1에 가까워지게 되고, 이는 지역산업이 다양성이 높은 것으로 해석할 수 있다.

제 4 절 산업구조 고도화 분석

1 산업구조 고도화 격차 지수

1) 산업구조 고도화의 개념

산업구조의 고도화를 파악하는 방법이 시대별로 다양한 지표에 의해 분석되고 있으나, 개념적으로는 지식·기술집약적 산업의 확대를 의미한다. 이는 선진국일수록 지식과 기술을 상대적으로 많이 활용하는 산업을 중심으로 발전해 가고 있는 현상에 대한 결과론적인 인식 및 판단에 의거한 것이다.

산업구조 구도화는 국가의 경제발전과정에서 크게 두 가지 형태, 즉 '산업 간 구조 고도화', '산업 내 구조 고도화'로 구분되어 나타날 수 있다. 일국의 산업구조가 지식과 기술을 집약적으로 사용하는 산업이나 산업군의 확대로 변화하는 것을 '산업 간 구조 고도화'라고 정의한다. 한편, '산업 내 구조 고도화'는 개별 세부산업이나 업종 내에서 지식이나 기술을 많이 사용하는 부문으로 생산활동이 이동하는 것을 의미한다.

지역차원에서는 국가전체산업에서 지역별 지역 내 산업구성에 있어 지식기반산업군의 확대로 정의하고 지식기반제조업과 지식기반서비스업이 차지하는 비중을 측정지표로 선택한다. 지식기반산업의 범위는 산업통상자원부의 산업집적활성화 계획에 따른 지식기반제조업과 지식기반서비스의 분류를 따르고, 이를 위한 기초자료로는 사업체기초통계의 종사자수를 기준으로 사용한다. 지식기반산업군은 전자정보기기, 반도체 등의 9개 지식기반제조업과 정보서비스, 기업지원서비스업 등 5개 지식기반서비스업으로 구성된다.

$$\mathrm{RAIG}_t = \mathrm{WAMS}_{mt} \sum_{i=1}^{n} \mathrm{WAKM}_{ti} \frac{\mathrm{SKM}_{ti}}{\mathrm{SAM}_{ti}} + \mathrm{WAMS}_{st} \sum_{i=1}^{n} \mathrm{WAKS}_{jt} \frac{\mathrm{SKS}_{jt}}{\mathrm{SAS}_{jt}} \qquad \text{<식 4-16>}$$

- $WAMS_{mt}$ = t연도 전국 제조업고용/(전국 제조업고용+전국 서비스업고용)
- $WAMS_{st}$ = t연도 전국 서비스업고용/(전국 제조업고용+전국 서비스업고용)
- $WAKM_{ti}$ = t연도 전국 지식기반 i제조업고용/전국 지식기반제조업고용
- $WAKS_{jt}$ = t연도 전국 지식기반 j서비스업고용/전국 지식기반서비스업고용
- SKM_{ti} = t연도 지역 지식기반 i제조업고용/지역 제조업고용
- SAM_{ti} = t연도 전국 지식기반 i제조업고용/전국 제조업고용
- SKS_{jt} = t연도 지역 지식기반 j서비스업고용/지역 서비스업고용
- SAS_{jt} = t연도 전국 지식기반 j서비스업고용/전국 서비스업고용

$$\mathrm{RAIG} = \frac{t\text{연도 전국 제조업고용}}{t\text{연도(전국 제조업고용+전국 서비스업고용)}} \times \sum_{i=1}^{n} \frac{t\text{연도 전국 지식기반 }i\text{제조업고용}}{t\text{연도 전국 지식기반제조업고용}} \times \frac{\dfrac{t\text{연도 지역 지식기반 }i\text{제조업고용}}{t\text{연도 지역 제조업고용}}}{\dfrac{t\text{연도 전국 지식기반 }i\text{제조업고용}}{t\text{연도 전국 제조업고용}}} + \frac{t\text{연도 전국 서비스업고용}}{t\text{연도(전국 제조업고용+전국 서비스업고용)}} \times \sum_{i=1}^{n} \frac{t\text{연도 전국 지식기반 }j\text{서비스업고용}}{t\text{연도 전국 지식기반서비스업고용}} \times \frac{\dfrac{t\text{연도 지역 지식기반 }j\text{서비스업고용}}{t\text{연도 지역 서비스업고용}}}{\dfrac{t\text{연도 전국 지식기반 }j\text{서비스업고용}}{t\text{연도 전국 서비스업고용}}}$$

2 산업구조변화율

산업구조의 변화를 초래하는 요인은 먼저 수요요인으로서 소득수준의 향상에 따라 소득탄력성이 높은 산업의 비중이 높아진다. 산업구조 고도화에 대한 대표적인 논의는 "일국의 경제가 성숙함에 따라 산업구조는 1차산업 → 2차산업 → 3차산업으로 이행하는 현상을 보인다."는 소위 3부문 가설로 집약된다. 이 가설에 따르면, 1인당 GDP가 상승함에 따라 농업의 비중은 하락하고 제조업의 생산 및 수요비중은 초기 발전단계에서는 상승하지만, 경제가 발전하면서 하락하게 되고 서비스의 비중은 계속적으로 상승한다. 산업구조의 변화는 수요에 의해 견인될 뿐만 아니라 공급측면에서도 자본축적 및 기술혁신의 결과로 인해 생산구조의 변화가 야기될 수 있다. 예컨대, 자본축적 및 기술혁신의 결과로 인해 생산구조가 노동집약적 산업에서 자본 및 기술집약적 산업으로 이행할 수 있다. 또한 국제분업 측면에서도 국제분업을 야기하는 국가 간 요소 부존도와 기술수준의 격차가 산업구조의 변화 방향을 결정하는 주요인으로 작용할 수 있다. 비교우위 구조는 산업 간 특화구조를 반영하는 것이므로 자본축적 및 기술수준의 변화로 인해서 비교우위구조가 변화하면 산업구조 또한 변화한다(오영석 외, 2009).

산업구조 고도화에 관한 기존의 정의들은 경제발전단계가 높아지면서 나타날 수 있는 산업구조의 변화모습을 그린 것일 수도 있고, 또는 생산성 및 성장을 촉진할 수 있는 산업구조의 변화모습을 그린 것일 수도 있다. 또 일부의 정의는 실증적인 정의일 수 있고 다른 일부의 정의는 규범적인 정의일 수도 있다. 예컨대, Ernst (2001)는 특화(specialization)와 통합(integration)이 산업업그레이드의 본질을 규정하는 것으로 보고, Chenery(1960), Ozawa(2000), Ernst(2001)의 논의를 종합하여 산업구조 고도화의 개념과 유사한 것으로서 산업의 업그레드(industrial upgrading)를 다섯 가지의 형태[7]로 구분하고 있다.

---

7) 산업의 업그레이드의 다섯가지 형태는 다음과 같다. 첫째, 산업 간 업그레이드(inter-industry upgrading): 경공업과 같은 저부가가치 산업부문으로부터 중화학 고기술 산업부문과 같은 고부가가치부문으로의 이행, 둘째, 생산요소 간 업그레이드(inter-factoral upgrading): 생산요소의 관점에서 천연자원 비숙련노동 등 "부존된 자산(endowed assets)"으로부터 물적자본(physical capital), 인적자본(human capital), 사회자본(social capital) 등과 같은 "창출된 자산(created assets)"으로의 이행, 셋째, 수요의 업그레이드(upgrading of demand): 소비자필수재(necessities) → 편의재

산업구조의 변화와 경제성장 간의 관계에서는 산업구조의 변화가 경제성장에 긍정적인 영향을 미친다는 구조적이득가설(structural bonus hypothesis)이 논의의 중심에 있다. 경제성장 및 캐치업(catch-up)의 과정은 생산성 수준의 상승뿐만이 아니라 산업부문 간 생산요소 및 산출물의 재배분을 수반한다. 경제구조와 그 변화 패턴이 성장에서 중요한 역할을 한다는 사고는 경제학 자체만큼이나 오래된 역사를 가지고 있다. Salter(1960)는 생산성과 기술진보에 관한 고전적인 논문에서 기술진보 혹은 생산성 향상을 가져올 수 있는 영역은 산업 간에 크게 다르다는 점을 강조한다. 그의 주장은 "생산구조의 유연한 변화는 계속적으로 변화하는 기술진보 패턴에 대응하여 산업별 자원 재배분을 가능하게 한다는 점에서 전체 경제의 생산성 향상에서 중요한 요소로 작용한다"는 것이다. Kuznets(1979)는 "1인당 GDP 혹은 노동생산성의 빠른 상승은 그에 상응하는 산업부문 간 구조변화 없이는 불가능하다."고 주장하고 있다. 산업구조의 변화가 성장 및 생산성 상승을 가져오는 중요한 원천이라는 가설은 성장회계(growth accounting) 분야의 중심주제이다. 이러한 논의들은 구조적 이득가설을 상정하고 있다. 즉, 경제의 일부산업에서 잉여노동이 존재할 경우, 근대산업(modern industries)부문으로의 노동이동은 생산성이 낮은 부문으로부터 높은 부문으로의 노동이동을 야기하여 경제성장에 긍정적인 영향을 미칠 수 있다(오영석 외, 2009)는 것이다.

산업구조의 변화는 수요에 의해 견인될 뿐만 아니라 공급측면에서도 자본축적 및 기술혁신의 결과로 인해 생산구조의 변화가 야기될 수 있다. 예컨대, 자본축적 및 기술혁신의 결과로 인해 생산구조가 노동집약적 산업에서 자본 및 기술집약적 산업으로 이행할 수 있다. 또한 국제분업 측면에서도 국제분업을 야기하는 국가 간 요소 부존도와 기술수준의 격차가 산업구조의 변화방향을 결정하는 주요인으로 작용할 수 있다. 비교우위구조는 산업 간 특화구조를 반영하는 것이므로 자본축적 및 기술수준의 변화로 인해서 비교우위구조가 변화하면 산업구조 또한 변화한다(오영석 외, 2009).

(conveniencies) → 사치재(luxury goods)로 이행, 넷째, 기능적 활동의 업그레이드(upgrading along functionalactivities): 부가가치사슬(value-chain)상 판매와 유통 → 최종조립 및 시험(testing) → 부품생산 엔지니어링 제품개발 시스템통합으로의 이행, 다섯째, 전후방 연관상의 업그레이드(upgrading within a hierarchy of forward and backward linkages): 중간투입물의 관점에서 유형의 투입물 및 제품타입의 투입물로부터 무형의 투입물 지식집약적 지원서비스 투입물로의 이행.

이러한 산업구조의 변화속도를 측정하기 위한 지표가 김대중(2014)의 연구에서 개발된 '산업구조변화율(Change of Industrial Structure, CIS)'이다. '산업구조변화율(CIS)'은 지역산업의 성장률에서 전국산업 성장률을 빼서 계산하고, 산업구조의 변화속도를 측정할 수 있다. 즉, '산업구조변화율(CIS)'은 j지역 i산업의 평균에서 전국 i산업 평균 성장률을 빼서 측정하며, '산업구조변화율(CIS)'을 통해 기술수준별 산업의 구조변화속도를 측정할 수 있다.

$$CIS_{ji} = [\frac{X_{jit}}{X_{ji0}} - \frac{X_{it}}{X_{i0}}] \times 100 \qquad \text{<식 4-17>}$$

여기서,

CIS_{ji}: j지역, i산업의 산업구조 변화율
X_{jit}: j지역 i산업 t연도 종업원수
X_{ji0}: j지역 i산업 초기연도 종업원수
X_{it}: 전국 i산업 t연도 종업원수
X_{i0}: 전국 i산업 초기연도 종업원수

여기서, '산업구조변화율(CIS)'이 0%이면, 전국수준과 같은 산업구조 변화속도 보이고 있다는 것이고, '산업구조변화율(CIS)'이 양(+)이면, 전국에 비해 상대적으로 빠른 산업구조 변화속도를, '산업구조변화율(CIS)'이 음(−)이면, 전국보다 산업구조변화속도가 늦다는 것을 의미한다.

산업구조변화율 추정할 때 고용변수 이외에도 생산액, 부가가치액이나 판매액 또는 다른 경제변수들이 사용될 수 있다.

제 5 절 고용구조분석

1 버치(Birch) 고용성장 지수

고용의 구조를 분석하다 보면 고용증가분의 절대 크기와 상대적인 증가율을 모두 고려할 필요가 있다. 가젤기업을 최초로 연구한 버치(D. Birch)가 제시한 Birch

고용성장 지수(Birch employment growth index)는 고용창출량과 고용증가율을 동시에 고려하고 있다. 기업 간 비교에서 기업들의 절대적인 종사자수의 증가분만 보면 특정기업이 높고, 증가율만 보면 다른 기업이 높아 어느 기업의 고용창출력이 높은지 순위를 정하기가 어렵다. 이런 점을 고려한다면, 절대치와 상대치를 모두 반영하는 Birch 고용성장 지수를 구하고, 이에 의거해 순위를 정할 때 유용할 수 있다. Birch 고용성장 지수를 이용해 상위 10% 사업장을 가젤기업으로 정의하는 등의 경우에 활용되었다. 따라서 상대적인 증가율뿐 아니라 절대적인 증가분을 동시에 고려한다는 점에서 고용구조분석에 유용할 것이다.

Birch 고용성장 지수(Birch employment growth index)는 아래의 식에 의해 계산할 수 있다.

$$M_{ij} = (X_{jit} - X_{ji0}) \times (\frac{X_{jit}}{X_{ji0}}) \qquad \text{<식 4-18>}$$

여기서,

M_{ji}: j지역 i산업의 고용성장 지수
X_{jit}: t연도 j지역 i산업 종업원수
X_{ji0}: 기준연도 j지역 i산업 종업원수

2 노동계수

최근 일자리 창출에 대한 논의가 활발하다. 우리나라의 산업별 취업자 비중을 외국과 비교해 보면서, 고용구조가 선진화되기 위해서는 어떤 산업분야에서 더 많은 일자리가 생성될 필요가 있는지 시사점을 도출하거나 우리 노동시장 구조를 고려할 경우, 어떤 산업분야에서의 일자리 창출 노력이 향후 우리 경제의 발목을 잡고 있는 일자리 부족문제나 청년층 실업문제의 실마리를 풀 수 있는 핵심요소가 될 수도 있다는 것을 분석할 수 있겠다. 즉, 우리 경제 및 각 산업의 고용창출(흡수)능력을 평가할 수 있다면, 향후 일자리 창출에서의 정책적 함의를 도출하고자 한다. 이럴 때 '취업계수'와 '고용탄성치'를 통해 우리 경제 및 각 산업의 고용창출

(흡수) 능력을 평가할 수 있겠다.

1) 취업계수

취업계수(Employment to GDP Ratio)는 일정기간 동안 생산활동에 투입된 취업자수를 총산출액으로 나눈 수치로서, 산출액 10억 원의 생산에 직접 필요한 취업자수를 의미하며, 산업의 고용흡수력을 나타내는 지표이다.

취업계수=취업자수/실질 GDP(10억 원) <식 4-19>

취업계수가 높다는 것은 같은 GDP 1단위를 만들어냄에 있어서 상대적으로 많은 근로자들이 동원되었음을 의미하며, 취업계수가 낮다는 것은 같은 GDP 1단위를 노동절약적인 생산방식으로 창출했음을 의미하거나, 자본이 일정하다고 가정하면, 1인당 노동생산성이 증가하였음을 보여준다(매일경제신문사, 『경제신어사전』, 2005 참조). 취업계수는 노동계수의 하나로서 취업계수가 높다는 것은 단위 산출액을 생산하기 위해 상대적으로 많은 노동량이 투입되었음을 의미하며, 취업계수가 낮다는 것은 노동절약적인 생산방식으로 창출했음을, 자본이 일정하다고 가정하면 1인당 노동생산성이 증가하였음을 의미한다.

취업계수(명/10억 원)는 일정기간 동안 생산활동에 투입된 취업자수(피용자+자영업주 및 무급가족종사자)를 총산출액으로 나눈 계수로서, 산출액 10억 원의 생산에 직접 필요한 취업자수를 의미하며 노동생산성과 역수관계에 있고, 불변가격 산출액 10억 원당 소요되는 취업자수[취업자수(명)÷산출액(10억 원)]를 의미하므로 광제조업 통계자료를 활용하여 산출할 수 있겠다.

2) 고용탄성치

고용탄성치(GDP Elasticity of Employment)란 경제성장에 따른 고용흡수력을 의미하는 것으로 취업자 증가율을 실질 국내총생산(Gross Domestic Product, GDP) 증가율로 나누어 산출한다.

산업별 고용탄성치=산업의 취업자 증가율/산업의 GDP 증가율 <식 4-20>

고용탄성치는 국내총생산이 1% 증가할 때 고용이 몇 퍼센트 증가하는가를 수치로 나타내는 것으로, 그 수치가 1을 넘을 때는 탄력적이라 하고 1보다 작을 때는 비탄력적이라고 한다. 고용탄성치가 낮다는 것은 경제성장에 비해 취업자수의 증가 정도가 둔화됨을 의미한다(매일경제신문사, 『경제신어사전』, 2005 참조).

3) 고용계수

고용계수(명/10억 원)는 일정기간 동안 생산활동에 투입된 피용자수(취업자에서 자영업주 및 무급가족종사자 제외)를 총산출액으로 나눈 계수로서 산출액 10억 원의 생산에 직접 필요한 피용자수를 의미하며 노동생산성과는 역수관계에 있고, 불변가격 산출액 10억 원당 소요되는 피용자수[피용자수(명)÷산출액(10억 원)]이다.

제 6 절 산업효율성분석

효율성에 대한 실증분석에서 정립된 개념은 기업 A사와 B사가 두 가지 생산요소, 즉 자본과 노동을 투입하여 동일한 재화를 생산하고 있다고 가정할 경우, 만약 기업 A사와 B사가 동일한 노동과 자본을 투입하면서도 상대적으로 적은 재화를 생산하거나 재화 1단위를 생산하는 데, A사가 B사보다 많은 노동과 자본을 사용하고 있다면 A사는 B사보다보다 효율성이 낮다고 할 수 있다. 그동안 우리 경제의 구조적 문제점으로 기업의 효율성이 낮다는 점이 자주 지적되어 왔으나 효율성의 정도를 실증적으로 분석한 연구들이 필요하다.

1 노동생산성

노동생산성이란 노동자 1인이 일정기간 동안에 산출해 내는 생산량으로 정의되며 생산활동이 활발하면 노동생산성의 신장률도 높아지는 비례적 관계가 있으므로 동 지수의 동향은 생산활동의 동향을 보는 중요지표로서 이용되고 있다.

생산성은 생산과정에서 투입된 자본, 노동 등 요소투입(Input)과 산출물(Output) 간의 관계를 나타내는 비율로서, 투입요소 한 단위가 산출한 생산량(또는 부가가치)으로 정의된다. 일반적으로 노동생산성은 노동투입량에 대한 산출량의 비율을 나타내는 물적 노동생산성과 노동투입량에 대한 부가가치의 비율을 나타내는 부가가치 노동생산성으로 대별된다.

물적 노동생산성 지수 = [산출량(산업생산) 지수/노동투입량 지수 (근로자수×근로시간수)]×100

부가가치 노동생산성 지수 = [산출량(불변GDP) 지수/노동투입량 지수 (근로자수×근로시간수)]×100

<식 4-21>

물적 노동생산성은 생산과정에 있어서 생산효율의 향상정도, 기술수준의 변화 등 주로 기술적 효율성을 측정하는 지표로 이용되며, 부가가치 노동생산성은 경제적 효율성, 성과배분, 국제경쟁력 비교 등의 중요한 지표로 이용된다. 노동생산성이 증가(향상)되었다는 것은 동일한 투입으로 더 많은 산출물(생산량 또는 부가가치)을 얻거나, 또는 동일한 산출물을 보다 적은 투입으로 얻는 것을 의미한다.

2 노동의 상대적 효율성 지수

노동의 상대적 효율성 지수(RLP)는 특정산업에 대한 특정지역의 노동생산성과 전국 노동생산성과의 비교치로서 RLP 지수가 갖는 의미는 보통 1을 기준으로 판단하며, 1보다 크면 j지역 i산업의 노동생산성은 전국의 노동생산성보다 크다는 것을 의미하며, j지역 i산업의 생산이 전국에 비해 상대적으로 효율적으로 이루어진 것이므로 상대적인 비교우위를 갖는다고 할 수 있다.

RLP 지수는 육성산업의 도출 등에 활용될 수 있으며, 수식은 아래와 같다.

$$RLP_{ij} = \frac{Q_{ij}/Q_j}{L_{ij}/L_i} = \frac{j\text{지역 } i\text{산업의 산출량 비중}}{j\text{지역 } i\text{산업의 노동투입량 비중}}$$
$$= \frac{Q_{ij}/L_{ij}}{Q_i/L_i} = \frac{j\text{지역 } i\text{산업의 노동생산성}}{\text{전국의 } i\text{산업의 노동투입량 비중}} \quad \text{<식 4-22>}$$

$$RLP_{ij} = \frac{Q_{ij}/Q_j}{L_{ij}/L_i} = \frac{\text{전국대비 } j\text{지역 } i\text{산업의 생산량 비중}}{\text{전국대비 } j\text{지역 } i\text{산업의 노동투입량 비중}}$$

$$= \frac{\dfrac{j\text{지역 } i\text{산업 생산량}}{\text{전국 } i\text{산업 생산량}}}{\dfrac{j\text{지역 } i\text{산업 노동투입량}}{\text{전국 } i\text{산업 노동투입량}}}$$

$$= \frac{Q_{ij}/L_{ij}}{Q_i/L_i} = \frac{j\text{지역 } i\text{산업의 노동생산성}}{\text{전국의 } i\text{산업의 노동생산성}}$$

$$= \frac{\dfrac{j\text{지역 } i\text{산업 생산량}}{j\text{지역 } i\text{산업 노동투입량}}}{\dfrac{\text{전국 } i\text{산업 생산량}}{\text{전국 } i\text{산업 노동투입량}}}$$

- $RLP_{ij}>1$일 때 j지역의 i산업생산은 전국에 비해 상대적인 비교우위를 갖고 있음,
- $RLP_{ij}=1$일 때 j지역의 i산업생산은 전국수준과 동일한 비교우위를 갖고 있음,
- $RLP_{ij}<1$일 때 j지역의 i산업생산은 전국에 비해 상대적인 비교우위를 갖고 있지 않음.

다음에 정의된 효율성 지수를 이용하여 산업별, 업종별 노동의 상대적인 효율성을 측정해 볼 수 있다. 위의 <식 4-22>에서 보듯이 j지역 i산업에서 노동의 상대적 효율성지수가 1보다 크면 j지역 i산업에서의 노동생산성이 전국의 노동생산성보다 크다는 것을 의미하며, j지역에서는 i산업생산이 상대적인 비교우위를 갖고 있다고 말할 수 있다.

반면, j지역 i산업에서 동지수가 1보다 작다면 j지역 i산업에서의 노동생산성이 전국의 노동생산성보다 작다는 것을 의미하고, j지역에서는 i산업생산이 상대적으로 비효율적으로 이루어져 상대적인 비교우위를 갖고 있지 못하다고 말할 수 있다.

따라서 입지상계수의 경우 투입량이나 산출량 중 하나만을 사용하여 분석하는 데 반해, 노동의 상대적 효율성 지수는 투입과 산출부문을 동시에 고려하여 보다 종합적인 면에서 투입된 생산요소의 효율성을 판단해보고 어떤 지역의 생산성이 상대적으로 높은지 비교해 볼 수 있다.

입지상 계수와 효율성 지수를 통하여 구한 산업부문의 지역별 특화산업과 노동의 상대적 효율성을 근거로 각 지역의 산업을 다음과 같은 4가지 형태로 구분할 수 있다.

표 4-2 산업유형분류

유 형	내 용
Ⅰ TYPE	LQ가 1보다 큰 특화산업인 동시에 노동의 상대적 효율성 지수(RLP)도 1보다 큰 산업
Ⅱ TYPE	LQ는 1보다 작으나 노동의 상대적 효율성 지수(RLP)는 1보다 큰 산업
Ⅲ TYPE	LQ는 1보다 크지만 노동의 상대적 효율성 지수(RLP)는 1보다 작은 산업
Ⅳ TYPE	LQ와 노동의 상대적 효율성 지수(RLP)가 모두 1보다 작은 산업

<표 4-2>의 분류에 따라 지역별 산업군을 분류하여 정리한 <표 4-2>에 의할 경우 Ⅰ TYPE에 해당되는 산업의 경우 입지상으로 보았을 때 그 지역에서 특화산업으로 전문화되어 있다고 볼 수 있고, 또한 노동생산성도 타 지역에 비해 상대적으로 높은 관계로 그 산업이 효율적으로 운영되어 경쟁력 있는 산업으로 볼 수 있다.

Ⅱ TYPE의 경우 현재 특화산업으로 자리잡고 있지는 못하나 노동의 상대적 효율성 지수가 큰 산업으로 투입요소인 노동이 효율적으로 사용되고 있고, 생산성 또한 상대적으로 높은 것으로 나타나 장래 성장잠재력이 있는 산업으로 볼 수 있다.

이에 반해, 특화산업이긴 하지만 비효율적인 산업으로 구성된 Ⅲ TYPE이나 비특화산업인 동시에 비효율적인 산업으로 구성된 Ⅳ TYPE의 경우는 향후 지역적 성장성이 그다지 높지 않을 것으로 판단된다.

따라서 지역 내 산업인력 재배치나 산업구조조정 문제는 입지계수와 노동의 상대적 효율성 측면에서 살펴보았을 때, Ⅳ TYPE에서 Ⅰ TYPE이나 Ⅱ TYPE으로 이동되어야 하고, Ⅲ TYPE에 해당하는 산업의 생산성을 제고시키는 방향으로 산업정책이 수립·운용되어야 할 것으로 판단된다.

3 노동장비율 및 기계장비율

1) 노동장비율

노동장비율은 자본집약도 또는 반대로 노동집약도를 나타내는 것으로 자본장비율이라고도 한다. 구체적으로는 노동장비율은 유형고정자산을 노동자수로 나누어 계산한다. 일반적으로 중화학공업은 노동장비율이 높아 노동절약적 성격을 갖는 데 대해, 섬유공업과 같은 경공업에 있어서는 노동장비율이 낮아 자본절약적인 성격을 갖고 있다. 노동장비율은 생산과정에서 종업원 1인당 어느 정도의 노동설비를 사용하고 있는지를 나타내는 지표이다.

$$\text{노동장비율} = \frac{\text{유형자산 연말잔액(건설 중인 자산 제외)}}{\text{월평균종사자수}} \qquad \text{<식 4-23>}$$

2) 기계장비율

기계장비율은 설비자산 중 기계장치의 종업원 1인당 보유수준을 나타내는 지표로서 노동장비율의 보조지표로 이용된다.

$$\text{기계장비율} = \frac{\text{기계장치 유형자산 연말잔액}}{\text{월평균종사자수}} \qquad \text{<식 4-24>}$$

4 설비투자효율 및 기계투자효율

1) 설비투자효율

설비투자효율은 실제로 사용되고 있는 설비자산(유형자산－건설 중인 자산)이 부가가치를 생산하는 데 어느 정도 기여하였는가를 나타내는 지표이다.

$$\text{설비투자효율} = \frac{\text{부가가치}}{\text{유형자산 연말잔액(건설 중인 자산 제외)}} \times 100 \qquad \text{<식 4-25>}$$

2) 기계투자효율

기계투자효율은 설비투자효율의 보조지표로 사업체가 보유하고 있는 기계장치가 부가가치의 생산에 어느 정도 기여하였는가를 나타내는 지표이다.

$$\text{기계투자효율} = \frac{\text{부가가치}}{\text{기계장치 유형자산 연말잔액}} \times 100 \qquad \text{<식 4-26>}$$

5 부가가치율 및 경쟁도

1) 부가가치율

부가가치율은 일정 기간 동안 사업체가 창출해 낸 부가가치액과 그 기간 동안의 생산액과의 비율을 나타낸다.

$$\text{부가가치율} = \frac{\text{부가가치}}{\text{생산액}} \times 100 \qquad \text{<식 4-27>}$$

2) 지역 내 기업 간 경쟁도

Glaeser et al.(1992)의 논의에 따라 지역 내의 기업 간의 경쟁을 고려할 경우, 이는 지역 내의 기업 간의 경쟁심화가 고용과 생산성의 향상에 기여한다는 Porter (1990)의 가설을 검정하는 것이다(민경휘・정준호, 2003; 정준호 외, 2004).

경쟁도는 해당지역 산업의 종사자 1인당 사업체수를 전국 해당산업의 종사자 1인당 사업체수로 나눈 값으로서 측정된다(Glaeser et al., 1992). 이 값이 클수록 해당지역의 특정산업의 기업 간 경쟁이 심하다는 것을 의미한다.

$$\text{경쟁도} = \frac{j\text{지역 } i\text{산업 종사자 1인당 사업체수}}{\text{전국 } i\text{산업 종사자 1인당 사업체수}} = \frac{\dfrac{j\text{지역 } i\text{산업 사업체수}}{j\text{지역 } i\text{산업 종사자수}}}{\dfrac{\text{전국 } i\text{산업 사업체수}}{\text{전국 } i\text{산업 종사자수}}} \qquad \text{<식 4-28>}$$

산업의 경쟁력은 다양한 측면에서 파악될 수가 있어 논란의 여지가 많은 개념이다(Reinaud, 2005). 일반적으로 어떤 한 부문의 경쟁력은 투입요소 비용, 노동력의 숙련 정도, 제품 품질과 생산비용 개선 능력, 혁신 능력 등 다양한 요소에 의해 결정이 된다. 국제무역을 하고 있는 부문의 경우 생산비용이 수출을 가능케 하고 내수를 확보할 수 있는 수준이면 비용 경쟁력이 있다고 말할 수 있다. 즉, 이러한 경쟁력 개념은 비용, 물가, 임금수준, 환율 등의 변동에 잘 대응할 수 있는 능력을 의미한다. 경쟁력은 이 밖에도 제품의 품질, 판매 능력, 인적자본 등 비용과 가격 이외의 요소에 의해서도 결정이 된다. 따라서 한 산업의 경쟁력 변동을 분석하기 위해서는 이러한 요소들을 모두 분석하여야 한다. 그러나 기업의 경쟁력은 주로 시장점유율(market share)과 매출액, 이익률(이익/매출액) 등으로 판단하기도 한다.

제 7 절 변이 · 할당분석

1 개 요

지역경제의 산업구조변동을 분석하는 변이·할당분석모형은 지역경제성장에 관한 산업구조론적인 접근방법의 대표적인 기법이다. 이는 지역경제의 성장을 산업구성의 효과와 지역입지 특성의 효과로 구분하여 살펴보는 것이다. 즉, 한 지역이 타 지역에 비하여 국가적으로 빨리 성장하는 산업을 많이 가지고 있거나, 어떤 산업이 국가적으로 볼 때 성장과 관계없이 그 지역에 많이 입지하게 되면 타 지역에 비하여 상대적으로 높은 성장을 하게 된다는 것이다. 전자의 요인을 산업구조효과라 하고 후자의 요인을 지역할당효과라고 한다. 따라서 급성장하는 산업의 특화도가 전국의 평균보다 높을 경우, 즉 산업구조가 양호할 경우에 산업구조효과가 크게 나타난다.

그러나 지역경제성장은 산업구조 자체의 영향이기보다는 관련 산업의 생산성 향상에 기인한다고 할 수 있다. 즉, 한 지역의 산업구조가 양호하다는 것은 그 지역에 입지한 산업들의 생산성이 높다는 것을 뜻하기도 한다. 따라서 총요소생산성 분석모형을 이용하여 지역의 산업성장요인을 분석한 연구결과가 다수 있다. Slow의 산업생산성 측정방식을 도입하여 Hulten & Schwab(1984)은 미국의 지역제조업의 총요소생산성을 분석하였다. 이후 총요소생산성 측정방법이 개발되었고 실증분석되었다. 이들은 주로 요소생산성의 변화차이를 지역별로 비교하여 지역별로 생산성의 차이가 존재한다는 것을 실증분석한 것이다(김갑성 외, 1997).

기존의 문헌을 살펴보면, 미국 등 선진국에서는 일찍부터 지역경제에 관심을 많이 가졌기 때문에 지역별로 상이한 산업구조를 지역경제의 안정성과 성장성의 한 척도로 삼고 연구를 진행하였으나, 우리나라는 지역의 산업구조에 대한 직접적인 고찰은 많지 않아 보인다. 그렇기 때문에 지역산업구조의 집중도가 지역경제의 성장성에 의미있는 상관관계가 발견된 경우 시사점이 클 것으로 사료된다.

크리머(D. B. Creamer)에 의해 1942년에 처음으로 시도된 이래 발전되고 활용되기 시작한 변이·할당분석(shift-share analysis)모형은 지역경제성장의 구조적 분석, 특히 지역산업성장의 이면에 내재하고 있는 원인들을 보다 효과적으로 파악할 수 있도록 방대한 통계자료를 체계적으로 편제하기 위하여 시도된 순수 지역경제 분석모형이다.

변이·할당분석은 한 지역의 일정기간 동안의 산업성장 및 변화를 전국 또는 다른 지역과의 관계 속에서 상대적인 위치를 파악함으로써 지역 간, 시점 간, 산업 간 비교를 용이하게 하여 장래 지역산업정책의 방향설정에 유용한 준거틀(framework)을 제공하는 데 그 의의가 있다고 볼 수 있다(박종화 외, 2006). 변이·할당분석은 지역의 성장요인을 지역을 구성하는 산업의 성장에 의한 결과로 보고, 그 산업성장의 요인을 3가지로 분류하여 지역경제를 분석하는 방법이다. 여기서 말하는 3가지 성장요인이란 전국의 경제성장요인(national growth component), 산업구조요인(industry-mixed component), 그리고 경쟁요인(competition component)이다.

여기서 경제성장요인은 전국의 경제성장이 지역경제의 성장에 미치는 효과를 말하며, 산업구조요인은 산업의 전국적인 성장특징이 지역경제의 성장에 미치는 영향을 가리킨다. 그리고 지역의 생산환경의 요인을 변이·할당분석에서는 지역의 경쟁요인이라 하며, 이는 지역의 생산환경의 특징으로 인한 지역의 성장을 말한다(김홍배, 2005). 이 3가지 효과의 합이 정(+)인지, 또는 부(-)인지에 따라 특정지역 특정산업의 성장 또는 쇠퇴를 판단할 수 있다. 다시 말하면, 지역산업의 변화를 일으키는 세 요인 중 첫째는 국가경제성장효과로서 국가 전체의 전 산업 평균성장률에 영향을 입어 동일하게 지역산업이 성장한 효과이다. 둘째는 지역산업구조효과인 데, 전국의 각 산업이 갖는 서로 다른 성장속도에 의해 나타나는 효과로서 지역산업구조가 성장속도가 빠른 산업중심으로 구성되어 있을 경우 지역산업성장은 빠른 속도를 보일 것이다. 셋째는 지역할당효과 혹은 지역경쟁력효과로서 지역이 가지고 있는 특정산업의 경쟁력이 작용해 특정산업의 성장속도에서 다른 지역과 차이가 발생하도록 하는 요인이다.

지역의 산업은 시간의 흐름에 따라서 성장 혹은 쇠퇴과정을 거치며 지역의 산업구조를 변화시켜 간다고 볼 수 있다. 변이·할당분석은 지역의 산업발전 혹은 변화의 속도를 국가의 전 산업 및 특정사업의 발전속도와 비교해봄으로써 지역산업 변화의 요인을 분석하는 방법이다. 전국적 차원에서 각 산업의 성장을 보면 각 산

그림 4-2 솔리스버리－하인츠의 정책 유형

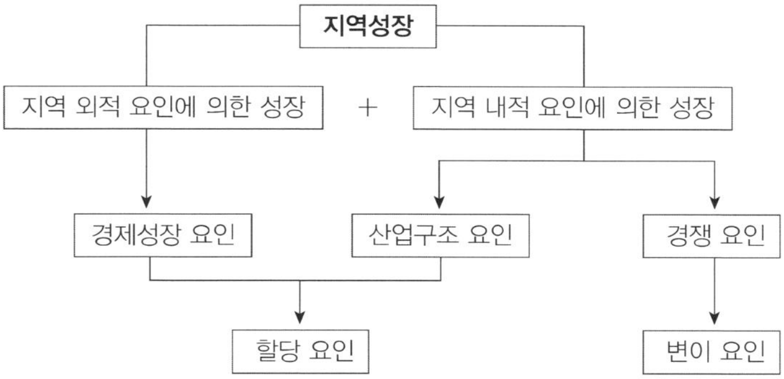

자료: 김홍배(2005), 도시 및 지역경제 분석론, 기문당.

업이 서로 다른 속도를 가지고 성장해 나갈 것이다. 이것을 전 산업의 평균성장속도를 가지고 나타낸다면 각 산업의 성장속도는 전국의 전 산업 평균성장률, 그리고 이에 대한 각 산업의 성장률의 편차의 합의로 나타낼 수 있다.

이러한 분석방법을 각 지역의 산업에 적용할 경우 각 지역의 모든 산업의 성장속도를 전국의 전 산업 평균성장률, 그리고 이에 대한 각 산업의 성장률의 편차를 가지고 나타낼 수 있다. 이때 각 지역의 산업이 국가 전체와 같은 산업구조를 가지고 있으며, 변화의 속도도 국가 전체의 각 산업의 변화와 동일하다면 각 지역산업의 변화에는 지역적인 차이가 없을 것이다. 그러나 각 지역은 지역의 입지적 특성과 산업구조적 특성 등에 의해 전국 혹은 다른 지역과 상이한 사업성장 구조를 갖는다. 또 지역의 여러 가지 입지적 요인들이 다르기 때문에 동일한 산업이라 하더라도 변화의 속도가 다른 지역과 다르게 나타난다. 이러한 것들이 지역산업성장의 특성을 전국 및 다른 지역과 다르게 나타나게 하는 요인들이다(국토연구원, 2004).

D. B. Creamer(1942)에 의해 처음으로 시도된 이래 발전되고 활용되기 시작한 변이·할당분석(shift－share analysis)모형은 지역경제성장의 구조적 분석, 특히 지역산업성장의 이면에 내재하고 있는 원인들을 보다 효과적으로 파악할 수 있도록 방대한 통계자료를 체계적으로 편제하기 위하여 시도된 순수 지역경제 분석모형이다(박종화·윤대식·이종열, 2006). 각 지역은 지역의 입지적 특성과 산업구조적 특성 등에 의해 전국 혹은 다른 지역과 상이한 사업성장 구조를 갖는다. 또 지역의

여러 가지 입지적 요인들이 다르기 때문에 동일한 산업이라 하더라도 변화의 속도가 다른 지역과 다르게 나타난다. 이러한 것들이 지역산업성장의 특성을 전국 및 다른 지역과 다르게 나타나게 하는 요인들이다(국토연구원, 2004). 이를 수식으로 나타내면 다음과 같다.

$$TCE_{ij} = NGC_{ij} + IMC_{ij} + RCC_{ij} \qquad \text{<식 4-29>}$$

$$NGC_{ij} = E_{ij0} \times (\frac{E_t}{E_0} - 1) \qquad \text{<식 4-30>}$$

$$IMC_{ij} = E_{ij0} \times (\frac{E_{ti}}{E_{i0}} - \frac{E_t}{E_0}) \qquad \text{<식 4-31>}$$

$$RCC_{ij} = E_{ij0} \times (\frac{E_{ijt}}{E_{ij0}} - \frac{E_{ti}}{E_{i0}}) \qquad \text{<식 4-32>}$$

$$\text{국가성장효과} = j\text{지역 초기연도 } i\text{산업고용} \times (\frac{\text{전국 } t\text{연도 총고용}}{\text{전국 초기연도 총고용}} - 1)$$

↳ 전국 평균성장률

$$\text{산업구조효과} = j\text{지역 초기연도 } i\text{산업고용} \times (\frac{\text{전국 } t\text{연도 } i\text{산업고용}}{\text{전국 초기연도 } i\text{산업고용}} - \frac{\text{전국 } t\text{연도 총고용}}{\text{전국 초기연도 총고용}})$$

↳ 전국 i산업 평균성장률 ↳ 전국 평균성장률

$$\text{지역경쟁효과} = j\text{지역 초기연도 } i\text{산업고용} \times (\frac{j\text{지역 } t\text{연도 } i\text{산업고용}}{j\text{지역 초기연도 } i\text{산업고용}} - \frac{\text{전국 } t\text{연도 } i\text{산업고용}}{\text{전국 초기연도 } i\text{산업고용}})$$

↳ j지역 i산업 평균성장률 ↳ 전국 i산업 평균성장률

여기서, E_0: 전국 초기연도(0) 총고용 E_t: 전국 t연도 총고용
E_{i0}: 전국 초기연도 i산업고용 E_{ti}: 전국 t연도 i산업고용
E_{ij0}: j지역 초기연도 i산업고용 E_{ijt}: j지역 t연도 i산업고용

변이 · 할당분석은 지역의 총성장(Total Change Effect, TCE) 효과란 지역을 구성하는 산업의 성장에 의한 결과라고 보고, 그 산업성장의 효과 및 요인을 3가지로 분류하여 지역경제를 분석하는 방법이다. 경제성장요인(National Growth Component, NGC)은 전국의 경제성장이 지역경제의 성장에 미치는 효과를 말하며, 둘째 산업구조요인(Industry Mix Component, IMC)은 산업의 전국적인 성장특징이 지역경제의 성장에 미치는 영향을 가리킨다. 그리고 지역의 생산환경요인을 변이 · 할당분

석에서는 지역의 경쟁요인(Regional Competition Component, RCC)이라 하며, 이는 지역의 생산환경의 특징으로 인한 지역의 성장을 말한다.

변이·할당분석은 지역의 경제성장을 세 가지 요인으로 나누어 관찰해 볼 수 있으며, 개선이 필요한 부분에 대한 약점을 찾을 때도 사용된다. 일반적으로 고용자수를 기준으로 하지만 매출액, 총생산액, 부가가치액, 소득이나 정부지출, 생산성의 변화 등 다양한 변수들을 사용해 적용할 수도 있다.

2 분석결과 및 유형화

국가성장효과를 통해 전국적으로 그 산업이 성장하는 산업인가 아니면 사양산업인가를 알 수 있다. 양(+)의 값을 가지면 성장하고 있다는 것을 의미하며, 음(−)의 값을 갖고 있으면 사양화되고 있음을 의미한다. 산업구조효과를 통해서 지역별 산업구조를 파악할 수 있다. 특정지역의 특정산업이 전국 평균 성장률을 넘게 되면 해당지역은 양(+)의 값을 가지는 성장산업이 되고, 반대로 전국 평균 성장률에 미치지 못하면 음(−)의 값을 가지는 쇠퇴산업이라 할 수 있다. 지역경쟁효과는 전국의 다른 지역과 대비한 해당지역의 경쟁적 위치를 나타낸다. 즉, 해당지역의 타 지역에 대한 상대적 경쟁력을 의미하는 것으로, 예를 들어 전국에 비해 해당지역에 더 높은 고용성장을 가진 산업이 있으면 이는 해당지역의 총성장에 기여하게 된다. 궁극적으로 지역경쟁효과는 지역 간 경쟁력을 통한 지역성장에의 기여도를 보여준다. 고전적 변이·할당분석에서는 지역의 성장요인을 산업구조효과와 지역경쟁효과로 보고 있다. 이 2가지 효과의 합계를 순변화(성장)라고 한다. 지역성장의 순변화(지역의 내적 성장요인)의 유형은 다음 <표 4-3>과 같이 크게 4가지 유형으로 나눌 수 있다.

Type Ⅰ은 산업구조효과가 양(+)이고, 지역경쟁효과가 양(+)인 유형으로 산업구조와 입지여건이 양호하여 집적 이익이 실현될 수 있는 성장산업이라 할 수 있다. Type Ⅱ는 산업구조효과가 양(+)이고, 지역경쟁효과가 음(−)인 유형으로 산업구조는 양호하나 입지적으로 경쟁력이 떨어지는 산업유형으로서 성장추진산업이라 할 수 있다. Type Ⅲ는 산업구조효과가 음(−)이고, 지역경쟁효과가 양(+)

표 4-3 순변화의 유형

구 분		설 명
Type Ⅰ	산업구조효과(+) 지역경쟁효과(+)	산업구조와 입지여건이 양호하여 집적 이익이 실현될 수 있는 (성장산업)
Type Ⅱ	산업구조효과(+) 지역경쟁효과(−)	산업구조는 양호하나 입지적으로 경쟁력이 떨어지는 [성장추진(부양)산업]
Type Ⅲ	산업구조효과(−) 지역경쟁효과(+)	산업구조는 상대적으로 뒤떨어지지만 지역의 입지여건이 양호하여 발전 가능성이 있는 (성장잠재산업)
Type Ⅳ	산업구조효과(−) 지역경쟁효과(−)	산업구조뿐만 아니라 지역의 입지여건도 낙후되어 있는 (쇠퇴산업)

인 유형으로 산업구조는 상대적으로 뒤떨어지지만 지역의 입지여건이 양호하여 발전 가능성이 있는 성장잠재산업이라고 한다. Type Ⅳ는 산업구조효과와 지역경쟁효과 모두 음(−)인 경우로 산업구조뿐만 아니라 지역의 입지여건도 낙후되어 있는 것으로 쇠퇴산업이라 한다.

제 8 절 지역성장률 시차분석

지역성장률 시차분석법(Regional Growth Rate Differential Analysis)은 크레머(Creamer, 1942)가 개발한 변이·할당분석법(Shift−Share Analysis)을 핸더슨(J. M. Henderson)이 발전시킨 기법으로, 특정지역의 특정산업이 지역의 경제성장률에 기여한 정도를 나타내주는 지수로 사용할 수 있다.

전통적인 변이·할당분석은 부가가치나 고용자수 등 절대치로 표현하기 때문에 실제로 지역성장에 얼마만큼 기여했는가에 대해서는 알 수 없는 한계가 있다. 이러한 한계를 극복하기 위해 헨더슨은 지역성장률 시차분석(regional growth rate differential analysis)을 개발하였다. 이 분석은 성장기여도를 성장률로 표시하는 보완모형이다.

이를 구체적으로 살펴보면, 경쟁력 요인(RP)은 어떤 한 지역이 지니고 있는 특수성(시장의 입지, 운송의 편의, 인구유입, 기타 산업입지요소)이 타 지역에 비해 상대적으로 경쟁력을 갖고 있어서, 지역의 어떤 업종 성장률이 전국의 해당업종 성장률보다 높다는 의미, 즉 지역 간 경쟁력을 통한 지역성장의 기여도를 의미한다. 그리고 가중요인(WP)은 어떤 한 지역의 어떤 산업이 평균치보다 높아 특화되어 있는 경우를 말하며, 그 지역의 해당 특정산업이 전국적으로도 성장하는 산업에 해당되는 경우를 말한다. 즉, 어떤 지역의 산업구조에 따른 지역성장의 기여도를 의미한다. 이 같은 지역성장률 시차분석은 일정한 산업의 지역 간 성장도를 대비할 수 있을 뿐만 아니라 전국의 그것과도 대비할 수 있으며, 개별산업의 차등적 성장과 퇴보를 분석함으로써 지역의 각 산업이 일정기간 동안 어떠한 수행과정을 가져 왔는가를 구조적으로 파악할 수 있도록 해주기 때문에 널리 이용되는 분석방법이다(김진덕, 1988).

성장률 시차분석은 두 시점 간 성장규모를 단순히 양적 크기로만 제시하는 변이·할당분석의 한계를 극복하기 위해 개발된 분석방법이다. 성장률 시차분석은 산업별 성장기여도를 성장률의 가중치와 비례치로 표현된 백분율(%)로 나타내어 각 산업의 상대적 중요성을 보여주는 장점[8]이 있다(박원석·이철우, 2005; 신원부·원구환, 2008). 성장률 시차분석에서 총시차는 지역의 산업별 실질성장률과 전국의 산업별 실질성장률의 차이를 의미하는데, 총시차는 가중요인(weight part)과 경쟁력요인(rate part)으로 구분된다.

Henderson(1962)에 의하면, 지역총성장률시차(NCR)는 각 산업부문별 성장률에 그 산업부문의 구성비를 가중시킴으로써 구해지는 지역실질변화성장률(TCR)과 전국실질변화성장률(GNR)과의 차이로서 계산되며 모두 비율로 표시된다. 지역총성장률시차(NTR)는 가중요인(weight part, WP)과 경쟁력요인(rate part, RP)으로 대별된다. WP는 변이·할당분석에서의 산업구조효과를, RP는 지역경쟁효과를 나타낸다.

지역총성장률시차는 산업구조성장률과 지역경쟁성장률을 합한 값으로 그 식은 다음과 같다.

$$NCR = TCR - GNR = WP + RP \qquad \text{<식 4-33>}$$

8) 예를 들어, 두 시점 사이 A산업 종사자수가 100명에서 150명으로, B산업 종사자수는 200명에서 250명으로 증가했을 경우 두 산업이 종사자수 증가규모는 각각 50명으로 동일하다.

$$WP = [\frac{E_{ij(0)}}{E_{j(0)}} - \frac{E_{i(0)}}{E_{(0)}}] \times [\frac{E_{i(t)} - E_{i(0)}}{E_{i(0)}}] \quad \text{<식 4-34>}$$

$$RP = [\frac{E_{ij(t)} - E_{ij(0)}}{E_{ij(0)}} - \frac{E_{i(t)} - E_{i(0)}}{E_{i(0)}}] \times \frac{E_{ij(0)}}{E_{j(0)}} \quad \text{<식 4-35>}$$

$$\text{가중요인} = \left(\frac{j\text{지역 초기연도 } i\text{산업고용}}{j\text{지역 초기연도 총고용}} - \frac{\text{전국 초기연도 } i\text{산업고용}}{\text{전국 초기연도 총고용}}\right)$$

↳ j지역 초기연도 i산업비중 ↳ 전국 초기연도 i산업비중

$$\times \left(\frac{\text{전국 } t\text{연도 } i\text{산업고용} - \text{전국 초기연도 } i\text{산업고용}}{\text{전국 초기연도 } i\text{산업고용}}\right)$$

↳ 전국 i산업고용 증감률

$$\text{경쟁력요인} = \left(\frac{j\text{지역 } t\text{연도 } i\text{산업고용} - j\text{지역 초기연도 } i\text{산업고용}}{j\text{지역 초기연도 } i\text{산업고용}} - \frac{\text{전국 } t\text{연도 } i\text{산업고용} - \text{전국 초기연도 } i\text{산업고용}}{\text{전국 초기연도 } i\text{산업고용}}\right)$$

↳ j지역 i산업고용 증감률 ↳ 전국 i산업고용 증감률

$$\times \left(\frac{j\text{지역 초기연도 } i\text{산업고용}}{j\text{지역 초기연도 총고용}}\right)$$

↳ j지역 초기연도 i산업비중

여기서, $E_{ij(0)}$: 기준연도 j지역의 i산업고용 $E_{ij(t)}$: t연도 j지역의 i산업고용
$E_{i(0)}$: 기준연도 전국 i산업고용 $E_{i(t)}$: t연도 전국 i산업고용
$E_{j(0)}$: 기준연도 j지역의 고용

여기에서 가중요인(WP)은 기준연도에 j지역의 i산업구성비와 전국의 i산업구성비 간의 차이를 전국의 i산업성장률로 곱한 것으로, 전국적으로 빠른 성장을 나타내는 산업이 지역에서도 높은 구성비를 나타내면 전국적인 성장의 영향으로 지역 산업도 함께 성장하고 있다는 것을 나타낸다. 경쟁력요인(RP)은 i산업의 지역성장률과 전국성장률의 차이를 기준연도의 j지역 i산업의 구성비로 가중한 것으로, 산업의 구조적 이점을 감안한 후 j지역의 산업이 타 지역의 산업에 비하여 높은 경쟁력을 가짐으로써 나타나는 성장효과를 비율로 보여주는 것으로 지역산업의 경쟁력을 나타낸다. 이 기법은 지역성장의 문제를 다루기 위해 개발된 순수모형으로, 지역성장의 횡적·종적 차원을 동시에 관할할 수 있고, 이해가 용이하며, 자료가 불충분하여 시계열분석이 어려운 경우에도 무리 없이 사용될 수 있는 방법으로 평

가되고 있다.

가중요인은 변이·할당분석의 산업구조효과에 상응하는 부분으로 기준연도 지역의 산업별 구성비와 전국의 산업별 구성비의 차이를 전국의 산업별 성장률과 곱하여 도출한다. 만약, 가중요인 값이 양(+)이면 해당산업은 전국적으로 성장하는 산업임을 의미한다. 경쟁력요인은 변이·할당분석의 지역할당 효과에 상응하는 부분으로 산업별 지역 성장률과 전국 성장률 간의 차이를 기준연도의 지역산업 구성비로 가중하여 구한다. 만약, 경쟁력요인 값이 양(+)이면 타 지역에 비해 해당지역의 산업경쟁력이 높다는 의미이다. 성장률 시차분석 결과 가중요인과 경쟁력요인 값이 모두 양(+)이면 그 산업은 그 지역의 산업성장에 긍정적으로 기여하며, 그 절댓값이 크면 클수록 기여도가 크다는 것을 의미한다(강남호, 2005).

경쟁력요인은 지역의 산업별 성장률과 전국의 산업별 성장률 간의 차를 기준연도 지역의 산업 구성비로 가중된 것이다. 경쟁력요인은 산업의 구조적 이점을 감한 한 후 지역의 산업이 타 지역의 산업에 비하여 높은 경쟁력을 가지고 있기 때문에 보여주는 성장효과를 비율로 나타낸 것이다. 따라서 지역산업의 경쟁력을 나타낸다.

이 기법은 변이·할당분석에서 볼 수 없는 각 산업의 지역성장효과에 대한 기여도를 백분율로 나타내고 있으므로, 가중효과와 경쟁력효과가 양(+)이며 그 값이 큰 것이 지역의 산업성장에 대한 기여도가 높은 산업이므로 중점적으로 육성되어야 할 산업이다.[9)]

변이·할당분석을 통해서는 지역의 실질적인 성장률을 파악하기 어렵기 때문에 산업부문별 성장기여도를 성장률로 표시하여 지역성장의 효과를 측정할 수 있는 방법인 지역성장률 시차분석을 병행해서 지역경제의 구조변화에 나타난 특색을 고찰할 수 있겠다.

9) 신인수(2002), 지식기반산업화에 대응한 지역기업의 과제(강원지역을 중심으로), 중소기업연구, 24(2): 92-93.

제 5 장 기업재무분석

제 1 절 개 요[1)]

산업체에 대한 세분화된 경영실태를 파악하기 위해서는 좀 더 세밀한 경영분석이 필요하다. 경영분석(business analysis)은 두 가지 의미로 사용되고 있다. 좁은 의미로 말할 경우, 경영분석이란 회계자료를 분석하여 과거 경영의 실태나 업적을 평가하고 현재의 경영실태를 파악하려는 활동이라 할 수 있다. 그러므로 좁은 의미의 경영분석은 기업의 재무제표를 분석자료로 이용하는 것으로서 전통적인 재무제표분석(financial statement analysis)과 내용이 같다.

넓은 의미의 경영분석은 경영자 · 투자자 · 금융기관 등 기업의 내부 · 외부 이해관계자가 경제적 의사결정에 필요한 정보를 획득할 목적으로 기업과 관련된 자료를 수집 · 분석하는 활동을 말한다. 이와 같은 분석을 통해 이해관계자들은 현재의 경영실태를 파악하는 것은 물론이고 미래의 성과까지 예측하고자 한다. 넓은 의미로 정의되는 경영분석에는 회계자료의 분석은 물론 기업성과에 영향을 미치는 각종 요인들과 관련된 비회계자료의 분석과 질적 자료의 분석이 포함된다. 이 경우에는 국내 · 외의 경제동향, 자본시장동향, 산업동향 등 기업외적 환경에 대한 분석에서부터 제품구성, 연구개발력, 경영전략, 경영자원, 경영활동 등 기업 내적 요인

1) 신동령 외(1994), 경영분석, 다산출판사. 내용을 주로 인용함.

에 대한 분석까지 다루게 된다.

전통적으로 경영분석은 재무제표분석을 중심으로 수행되어 왔으며, 재무제표분석에서는 재무비율을 계산하고 이를 이용하여 기업의 재무상태나 경영성과를 파악하는 비율분석(ratio analysis)이 중요한 위치를 차지하고 있다. 비율분석은 재무제표를 구성하고 있는 두 항목을 대응시켜 재무비율을 계산하고, 일반적으로 재무비율을 이용하여 기업의 재무상태나 경영성과의 좋고 나쁨을 평가할 때는 다음 두 가지 분석방법을 이용하게 된다. 첫째 방법은 각 재무비율이 과거부터 현재까지 어떻게 움직여 왔는가를 검토하는 추세분석(trend analysis)이다. 즉, 비율분석은 재무비율의 역사적 추이를 관찰하여 기업의 재무상태나 경영성과의 변화를 파악하고 그 변화의 방향을 예측하는 방식이다. 둘째 방법은 특정기업의 재무비율을 절대적 기준과 비교하거나 일정기간 중 산업 전체의 재무비율이나 동일산업에 속하는 다른 회사 또는 경쟁업체의 재무비율과 비교하여 분석하는 상호비교분석(cross-sectional analysis)이다. 즉, 작성된 재무비율을 절대적 기준과 비교하거나 산업평균비율 같은 표준비율과 비교하여 기업의 재무상태나 경영성과를 평가하는 방식으로 행해진다.

재무분석의 목적은 기업이 언급한 목표와 전략의 틀에서 기업성과를 평가하는 것이다.

제 2 절 재무비율의 체계[2)]

재무비율분석(financial ratio analysis)은 재무제표상의 개별항목 간의 비율을 산출하여 기업의 재무상태와 경영성과를 분석·판단하는 기법을 의미한다. 재무비율분석은 미국의 은행이 자금대출 시 자금 차입자의 단기채무지급능력을 판단하기 위한 신용분석의 수단으로 사용한 데서 비롯되었으나, 경영학의 발달과 함께 재무비율분석기법도 많이 발전하게 됨에 따라 재무비율분석의 활용범위가 넓어져서 오늘날에는 투자자들의 전문적인 투자분석수단으로 이용되기에 이르렀다. 종전의 재

2) 정한규(2004), 재무관리원론, 경문사. 내용을 주로 인용함.

무비율분석은 주로 과거와 현재의 재무상태에 대한 분석에 중점을 두고 있었던 데 반해, 최근의 재무비율분석은 미래지향적인 입장으로 그 분석방향이 바뀌었다.

재무비율분석은 그 목적, 자료 또는 분석주체 등에 따라 여러 가지 유형으로 구분된다. 여기서는 일반적으로 많이 사용되는 분류방법에 따라 재무비율분석을 다음과 같이 분류해 보기로 한다.

1 정태비율분석과 동태비율분석

정태비율분석(static financial ratio analysis)과 동태비율분석(dynamic financial ratio analysis)은 일정시점의 재무자료를 이용하느냐 또는 일정기간 동안의 재무자료를 이용하느냐에 따라 구분된다.

정태비율분석은 일정시점의 기업재무상태를 분석하는 것으로 재무상태표(대차대조표)에 나타나 있는 자료에 관한 비율분석을 의미한다. 예를 들어, 유동자산과 유동부채를 비교하거나 타인자본과 자기자본을 비교하는 것은 정태비율분석에 포함된다.

동태비율분석은 일정기간 동안의 기업경영성과를 분석하는 것으로 손익계산서 항목에 관한 비율분석을 의미한다. 예를 들어, 매출액과 순이익을 비교하는 것은 동태비율분석에 포함된다.

혼합비율분석(mixed financial ratio analysis)은 정태비율항목인 재무상태표(대차대조표)항목과 동태비율항목인 손익계산서항목을 비교하는 비율분석을 의미한다. 예를 들어, 손익계산서항목인 순이익과 재무상태표(대차대조표)항목인 총자본을 비교하는 것은 혼합비율분석에 포함된다.

2 관계비율분석과 구성비율분석

관계비율분석은 재무제표항목 간의 관계를 비율로 나타내어 분석하는 방법으로 항목비율분석이라고도 한다. 그리고 구성비율분석은 손익계산서에 있어서는 총매출액을 100%로 하여 각 항목을 총매출액에 대한 백분율로 표시하고, 대차대조표에 있어서는 총자산을 100%로 하여 각 항목을 총자산에 대한 백분율로 표시하여 분석하는 방법이다. 구성비율분석은 규모가 다른 기업들을 비교하거나, 시계열분석을 할 때 유용하게 이용된다.

3 내부분석과 외부분석

분석의 주체에 따라 재무비율분석은 내부분석(internal analysis)과 외부분석(external analysis)으로 구분된다. 내부분석은 기업 내부의 경영자가 경영의사결정을 수행하기 위하여 자기 기업의 재무제표를 분석하는 것을 의미하며, 외부분석은 기업 외부의 이해관계자들인 투자자, 채권자, 은행 등이 어떤 기업의 재무제표를 분석하는 것을 의미한다.

제 3 절 재무비율의 종류[3)]

재무비율은 그 성격이나 특성에 따라 여러 종류로 분류될 수 있다. 이 절에서는 재무비율을 유동성비율, 레버리지비율, 안정성비율(stability ratios), 활동성비율, 수익성비율, 성장성비율, 생산성비율, 주가 관련 비율로 구분하여 설명하기로 한다.

1 유동성비율

유동성비율(liquidity ratios)은 기업의 단기채무지급능력을 측정하기 위한 비율군으로서, 이에는 유동비율과 당좌비율 등이 포함된다.

3) 정한규(2004), 재무관리원론, 경문사. 내용을 주로 인용함.

1) 유동비율

유동비율(current ratio)은 유동자산을 유동부채로 나눈 비율로서 단기채무를 충당할 수 있는 유동자산이 얼마나 되는가를 나타내는 비율이다. 유동비율은 은행대출 시 채무자의 지급능력을 판단하는 대표적인 지표로 이용되어 왔기 때문에 은행가비율(banker's ratio)이라고도 한다.

$$유동비율 = \frac{유동자산}{유동부채} \qquad <식\ 5-1>$$

유동비율의 일반적인 기준은 200% 이상이라고 하는데 그 이유는 기업의 파산이나 제품가격의 변동 또는 기업자산의 과대계상에 따른 위험에 대비하여 유동자산의 50% 정도를 평가절하해 보는 것이 여신자(與信者)로서는 보다 안전하다고 생각하기 때문이다. 그러나 유동비율이 200%가 넘는다 하더라도 유동자산 중 당좌자산이 적고 재고자산의 내용이 부실하다면 유동비율은 기업의 지급능력과는 아무 관련이 없게 된다. 따라서 기업의 지급능력을 판단할 때는 기업의 형태 및 특성, 상품의 종류, 기업의 규모 및 경제상황을 고려하고, 보완비율로 당좌비율, 현금예금비율, 매출채권비율 등을 동시에 검토해야 할 것이다. 또한 여기서 유의해야 할 점은 유동비율이 높은 경우에는 재고자산과 매출채권에 대한 투자가 과다하여 수익성이 낮아질 위험이 있다는 것이다. 따라서 기업은 유동성과 수익성을 동시에 확보할 수 있는 수준의 유동자산을 보유해야 할 것이다.

2) 당좌비율

당좌비율(quick ratio)은 유동자산에서 재고자산을 뺀 당좌자산을 유동부채로 나눈 비율이다. 재고자산은 판매과정을 거쳐야 현금화할 수 있으므로 현금과 예금 또는 외상매출금 등과 같은 당좌자산과 비교할 때 유동성이 낮다고 할 수 있다. 또한 재고자산은 평가방법에 따라 그 가치가 다르게 나타날 수 있다. 따라서 재고자산을 포함한 유동자산으로 기업의 단기채무지급능력을 측정하는 것보다 현금화가 용이한 당좌자산만으로 단기채무지급능력을 평가하는 것이 보다 합리적이라고 할 수 있다. 이런 의미에서 당좌비율은 유동비율보다 기업의 단기채무지급능력을 엄격하게 평가하기 때문에 산성시험비율(acid test ratio)이라고도 한다.

$$\text{당좌비율} = \frac{\text{유동자산} - \text{재고자산}}{\text{유동부채}} = \frac{\text{당좌자산}}{\text{유동부채}} \qquad \text{<식 5-2>}$$

2 레버리지비율

레버리지비율(leverage ratios)은 기업이 어느 정도 타인자본에 의존하고 있는가를 측정하기 위한 비율군이며 일명 부채성비율이라고도 한다. 레버리지비율이 갖는 의미는 다음의 세 가지로 요약될 수 있다.

① 레버리지비율은 기업경영에 따르는 위험을 누가 부담하고 있는가를 나타내어 준다. 예를 들면, 만약 자기자본이 총자본 중에서 차지하는 비중이 작을 경우, 기업의 위험은 주로 채권자들이 부담하고 있음을 뜻한다.

② 기업의 소유주는 타인자본을 많이 사용함으로써 적은 자기자본으로 기업을 지배할 수 있는 이점을 갖는다.

③ 타인자본을 운용하여 얻은 수익률이 타인자본 사용에 대하여 지급하는 이자율을 초과하면 자기자본에 대한 수익률이 확대된다. 이와 같은 효과를 손익확대효과(leverage effect)라 한다.

실제적으로 레버리지를 분석하는 방법에는 두 가지가 있다.

① 대차대조표를 이용하여 총자본 또는 자기자본에 대한 타인자본의 비율을 산출하는 것으로 정적인 개념에 바탕을 두고 있으며, 이 방법에 의한 비율에는 부채비율과 자기자본비율이 포함된다.

② 손익계산서를 이용하여 이자 및 법인세비용차감전순이익(EBIT)이 타인자본 사용에 따른 이자비용을 어느 정도 충당할 수 있는가를 측정하는 것으로 동적인 개념에 바탕을 두고 있으며, 이 방법에 의한 비율에는 이자보상비율과 고정재무비보상비율이 포함된다.

이 두 가지 방법은 상호보완적이므로 재무비율분석 시 함께 고려하는 것이 바람직하다.

1) 부채비율

자본구성의 안정성을 측정하기 위해서는 부채비율(debt ratio)과 유동부채비율(current liabilities ratio)을 사용한다.

부채비율은 타인자본을 자기자본으로 나눈 비율이며 일반적으로 100% 이하를 표준비율로 보고 있다. 그러나 이 기준은 여신자측의 채권회수의 안정성만을 고려한 것이다. 즉, 타인자본이 자기자본을 초과하면 재무위험이 증가하여 기업의 지급능력이 약화되기 쉽고, 청산 시에 채권자의 완충기반이 낮아지므로 여신자는 부채비율이 100% 이하가 되어야 한다고 주장한다.

그러나 기업의 소유주는 단기적 채무변제의 압박을 받지 않는 한 높은 부채비율을 선호할 것이다. 그 이유는 기업의 소유주가 타인자본을 조달·운용해서 얻을 수 있는 수익률이 이자율을 상회하면 타인자본을 사용함으로써 자기자본 이익률을 확대시킬 수 있고, 또한 신규로 자기자본을 조달하면 기존 주주들이 누려 왔던 지배권의 일부를 상실할 우려가 있으므로 타인자본을 많이 이용하려고 하기 때문이다. 그러나 부채비율이 너무 높으면 소유자측의 무책임을 장려할 위험이 있다. 즉, 출자자의 출자원금이 상대적으로 적어지므로 투기적 경영활동이 성공하면 출자자에게 많은 이익이 돌아갈 것이며, 투기가 실패하더라도 소유주들의 투자액이 적으므로 손실도 적게 될 것이다.

유동부채비율은 부채비율의 보조비율로서 유동부채를 자기자본으로 나눈 비율이다. 타인자본이 자기자본을 초과하여 부채비율이 100%를 넘게 되면 일단 위험신호로 간주되지만 과다한 부채 때문에 생기는 위험은 대부분 단기 고리(高利)의 유동부채가 원인이 되고 있다. 그러므로 부채비율이 100%를 초과할 때에는 부채총액을 유동부채와 고정부채로 구분하여 비율을 산출하고 유동부채비율마저 100%를 넘는다면 자본구성의 안정성이 없음은 물론 지급능력이 결여될 위험이 있다고 판단할 수 있을 것이다.

$$\text{부채비율} = \frac{\text{타인자본}}{\text{자기자본}} \times 100 \qquad \text{<식 5-3>}$$

$$\text{유동부채비율} = \frac{\text{유동부채}}{\text{자기자본}} \times 100 \qquad \text{<식 5-4>}$$

2) 자기자본비율

자기자본비율(net worth to total assets)은 총자본 중에서 자기자본이 차지하고 있는 비중을 표시하는 비율로서 부채비율과 함께 기업의 안정성을 측정·판단하는 비율로 이용된다.

$$\text{자기자본비율} = \frac{\text{총자본} - \text{타인자본}}{\text{총자본}} \times 100 = \frac{\text{자기자본}}{\text{총자본}} \times 100 \qquad \text{<식 5-5>}$$

또는

$$1 - \text{총자본부채비율}\left(= \frac{\text{타인자본}}{\text{총자본}}\right) \qquad \text{<식 5-6>}$$

3) 이자보상비율

이자보상비율(times interest earned)은 이자 및 납세 전 이익이 타인자본의 사용으로부터 발생하는 이자비용의 몇 배에 해당하는가를 나타내는 비율로서 기업이 부채사용에 따른 이자비용을 지급할 능력을 갖고 있느냐를 파악하는 데 이용된다. 이자보상비율은 아무리 낮아도 1배 이상이 되어야 이자비용을 정상적으로 지급할 수 있다.

$$\text{이자보상비율} = \frac{\text{이자 및 납세 전 이익}}{\text{이자비용}}$$

$$= \frac{\text{법인세비용차감 전 순이익} + \text{이자비용}}{\text{이자비용}} \qquad \text{<식 5-7>}$$

4) 고정재무비보상비율

고정재무비보상비율(fixed charge coverage)은 이자보상비율과 비슷한 것으로 고정적으로 지출되는 고정재무비, 즉 임차료, 리스료 등을 이자 및 납세 전 이익에 더하여 이를 이자비용 및 고정재무비의 합으로 나눈 것이다. 따라서 고정재무비보상비율은 임차나 리스를 많이 이용하는 기업의 이자 및 고정재무비 지급능력을 측정하는 데 유용하게 이용될 수 있는 비율이다.

$$\text{고정재무비보상비율} = \frac{\text{법인세비용차감전순이익} + \text{이자비용} + \text{고정재무비용}}{\text{이자비용} + \text{고정재무비용}} \qquad \langle \text{식 } 5-8 \rangle$$

3 안정성비율

안정성비율(stability ratios)은 조달된 자본이 기업의 자산에 얼마나 적절히 배분되고 있는가를 측정하며, 장기적으로 기업이 경기변동, 시장여건변화 등 경제정세의 변화에 잘 적응할 수 있는가를 검토하기 위한 비율군으로서 이에는 고정비율과 고정장기적합률 등이 포함된다.

1) 고정비율

고정비율(fixed ratio)은 조달된 자기자본을 고정자산에 얼마나 안정적으로 배분하고 있는가를 나타내는 비율이다. 조달된 자본을 유동자산과 고정자산에 합리적으로 배분한다는 것은 자본의 효율적 이용이라는 관점에서뿐만 아니라 기업이 지급능력을 유지한다는 측면에서도 중요하다.

고정비율은 고정자산을 자기자본으로 나눈 비율이며, 이는 자기자본이 고정자산에 투입되어 있는 정도, 즉 자본의 고정화 정도를 측정하는 비율이다. 고정비율의 일반적인 기준은 100% 이하이나, 고정비율의 산업평균은 산업 간에 큰 차이를 나타내고 있다. 예를 들어, 중공업에서는 고정자산이 차지하는 비중이 크나 서비스업에서는 매우 작기 때문에 고정비율은 대체로 중공업에서는 높으며 서비스업에서는 매우 낮다. 또한 제조업 중에서도 전자공업과 같은 노동집약적 산업에서는 고정비율이 낮으며, 제철공업과 같은 자본집약적 산업에서는 그 반대의 현상을 볼 수 있다.

$$고정비율 = \frac{고정자산}{자기자본} \times 100 \qquad \text{<식 5-9>}$$

경기화학(주)의 고정비율은 산업평균보다 낮다. 따라서 경기화학(주)는 동종기업에 비하여 고정자산 투자활동이 안정적으로 이루어지고 있는 것으로 판단된다.

2) 고정장기적합률

고정장기적합률(fixed assets to net worth and fixed liabilities)은 자기자본과 고정부채를 고정자산에 얼마나 안정적으로 배분하고 있는가를 나타내는 비율이다. 일반적으로 고정자산에 대한 투자는 자기자본의 범위 내에서 이루어지는 것이 바람직한 자본배분이라 하겠으나, 거액의 설비투자를 필요로 하는 중화학공업 및 기간산업 등에 있어서는 설비투자에 소요되는 모든 자금을 자기자본만으로 조달한다는 것은 사실상 어려운 일이며, 이 원칙을 지나치게 강요하면 기업의 설립 자체가 불가능할 경우도 있다.

따라서 기업은 설비투자 소요자금 중 부족한 자금을 타인자본으로 조달하는 경우가 많다. 그런데 부족자금을 타인자본으로 충당하더라도 단기부채보다는 장기부채에 의존하는 것이 기업의 안정성을 도모하는 데 유리할 것이다. 왜냐하면, 설비투자로부터 기대되는 수익은 비교적 장기에 걸쳐 발생하므로 설비투자에 소요되는 타인자본은 장기적으로 이용할 수 있는 고정부채이어야 하기 때문이다. 이와 같은 고정설비에의 투자는 장기자본(자기자본+고정부채) 범위 내에서 이루어져야 한다는 뜻에서 고정장기적합률의 일반적인 기준은 100% 이하로 보고 있다.

$$고정장기적합률 = \frac{고정자산}{자기자본 + 고정부채} \qquad \text{<식 5-10>}$$

안전성은 계속적으로 기업활동을 영위하기 위해 필요한 기업경영의 성과지표를 의미하며, 기타 안정비지표 산식은 <표 5-1>과 같다.

표 5-1 안정성지표 산식

항 목	산 식
비유동자산비율	(비유동자산 – 이연자산 + 리스자산 + 임대주택자산)/자본총계×100
비유동자산장기적합률	(비유동자산 – 이연자산)/(자본총계 + 비유동부채)×100
차입금의존도	총차입금(당기단기차입금 + 당기유동성장기부채 – 당기기타유동성장기부채 + 당기사채 + 당기장기차입금 + 당기단독표시된 유동성금융리스부채 + 당기장기미지급금 중 금융리스부채 + 당기장기차입금 등 정리채무)/총자본×100
차입금/자기자본	총차입금(당기단기차입금+당기유동성장기부채 – 당기 기타 유동성장기부채 + 당기사채 + 당기장기차입금+당기단독표시된 금융리스부채 + 당기장기미지급금 중 금융리스부채 + 당기장기차입금 등 정리채무)/자본총계×100

4 활동성비율

활동성비율(activity ratios)은 기업이 자산을 얼마나 효율적으로 활용하고 있는가를 나타내는 비율군으로서 매출액에 대한 주요 자산의 회전율로 나타내는 것이 일반적이다.

1) 재고자산회전율

재고자산회전율(inventory turnover)은 연간매출액을 재고자산으로 나눈 비율로서 재고자산의 회전속도, 즉 재고자산이 일정기간 동안 당좌자산으로 몇 번이나 전환되었는가를 나타낸다. 재고자산회전율이 높을수록 적은 재고자산으로 효율적인 판매활동을 수행한 것을 의미한다.

$$\text{재고자산회전율(회)} = \frac{\text{매출액}}{\text{재고자산}} \qquad \text{<식 5-11>}$$

재고자산회전율을 평가할 때 유의할 점은 두 가지가 있다.

① 재고자산은 보통 대차대조표상의 잔액을 사용하는데 기업의 특성이나 매출액의 계절적 변동에 따라서 재고자산의 잔액이 달라질 수 있다. 따라서 재고자산회전율을 계산할 때 대차대조표상의 재고자산잔액을 사용하는 것보다는 연평균재고자산[(기초재고액+매월 말 재고액)/13]을 이용하는 것이 더욱 합리적이다.

② 매출액은 시가로 표시되고 재고자산은 원가로 표시되어 있기 때문에 재고자산회전율 산식(算式)의 분모와 분자가 서로 다른 기준에 의하여 평가되는 문제점이 있으며, 이는 특히 인플레이션이 심할 경우에 더욱 문제가 된다. 이와 같은 문제는 매출액을 매출원가로 환산하여 재고자산회전율을 계산하면 해결할 수 있다.

2) 매출채권회전율과 평균회수기간

매출채권회전율(receivables turnover) 매출액을 외상매출금과 받을 어음 등의 매출채권으로 나누어 매출채권의 현금화속도를 측정하는 비율이다. 이 비율이 높을수록 매출채권관리가 잘되고 매출채권의 현금화속도가 빠르다는 것을 알 수 있다.

$$\text{매출채권회전율(회)} = \frac{\text{매출액}}{\text{매출채권}} \qquad \text{<식 5-12>}$$

경기화학(주)의 매출채권회전율은 산업평균보다 낮은 것으로 나타났다. 매출채권회전율의 보조비율로 평균회수기간(receivable collection period)이 사용되는데, 이는 다음과 같은 두 단계를 거쳐 산출된다. 먼저, 연간매출액을 365일로 나누어 1일 평균매출액을 구하고, 그 다음에 매출채권을 1일 평균매출액으로 나누어 평균회수기간을 구한다. 이때 평균회수기간은 매출액이 평균적으로 며칠 동안 매출채권으로 묶여 있나를 나타내며, 이는 신용판매 후 현금을 회수하는 데 걸리는 기간을 의미한다.

$$\text{1일 평균매출액} = \frac{\text{매출액}}{\text{365일}} \qquad \text{<식 5-13>}$$

$$\text{평균회수기간} = \frac{\text{매출채권}}{\text{1일 평균매출액}} \qquad \text{<식 5-14>}$$

3) 고정자산회전율

고정자산회전율(fixed assets turnover)은 매출액을 고정자산으로 나눈 비율이다. 이 비율은 고정자산의 효율적인 이용정도를 나타내는 지표로서 자본의 고정화 정도를 판단하는 수단이 될 뿐 아니라 유동성분석에 있어서도 유용한 보조지표로 이용될 수 있다. 이 비율이 높을수록 고정자산의 이용도가 양호함을 나타내며, 이 비율이 낮을 때는 고정자산의 이용이 비효율적이거나 고정자산에 대한 투자가 과다하다는 것을 알 수 있다.

$$\text{고정자산회전율} = \frac{\text{매출액}}{\text{고정자산}} \qquad \text{<식 5-15>}$$

4) 총자산회전율

총자산회전율(total assets turnover)은 총자본회전율이라고도 하며, 매출액을 총자산으로 나눈 비율이다. 이 비율은 총자산이 1년 동안 몇 번 회전했는가를 나타내는 비율로서 기업이 투자한 총자본의 활용도를 총괄적으로 나타내는 지표이다.

$$\text{총자산회전율} = \frac{\text{매출액}}{\text{총자산}} \qquad \text{<식 5-16>}$$

활동성비율이란 기업이 재고자산, 유동자산, 고정자산 등의 자원을 얼마나 효율적으로 이용하고 있느냐를 측정하는 비율로서, 매출액을 각 중요자산으로 나누어 구하는 회전율로 표시되는 것이 보통이며, 기타 활동성지표 산식은 <표 5-2>와 같다.

표 5-2 활동성지표 산식

항 목	산 식
총자본회전율	매출액/[(당기총자본 + 전기총자본)/2]
경영자본회전율	매출액/[(당기자산총계 – 당기투자자산 – 당기 기타 비유동자산 – 당기이연자산 – 당기무형자산 중 창업비 – 당기무형자산 중 개발비–당기건설 중인 자산 + 전기자산총계 – 전기투자자산 – 전기 기타 비유동자산 – 전기이연자산 – 전기무형자산 중 창업비 – 전기무형자산 중 개발비 – 전기건설 중인 자산)/2]
매입채무회전율	매출액/[(당기매입채무 + 당기공사미지급금 + 당기영업미지급금 + 전기매입채무 + 전기공사미지급금 + 전기영업미지급금)/2]

5 수익성비율

수익성이란 기업의 경영정책과 의사결정 및 경영활동 등의 종합적 결과로 나타난 일정기간 동안의 경영성과를 의미한다. 따라서 수익성비율(profitability ratios)은 일정기간 동안 경영활동의 성과를 종합적으로 측정하는 비율을 의미한다.

1) 매출액이익률

매출액이익률(profit to net sales ratio)은 이익을 어떻게 보느냐에 따라 다음과 같은 세 가지 종류로 구분된다.

① 매출액이익률(gross profits to sales)은 매출액에서 매출원가를 차감한 매출총이익을 매출액으로 나눈 비율로서 기업의 판매능력, 생산효율 등을 측정하는 비율이다.

$$\text{매출총이익률} = \frac{\text{매출총이익}}{\text{매출액}} \times 100 \qquad \text{<식 5-17>}$$

② 매출액영업이익률(operating income to sales)은 매출액에서 매출원가, 판매비와 관리비를 차감한 영업이익을 매출액으로 나눈 비율이다. 이 비율은 고유한 영업활동의 수익성 및 영업활동능력을 측정하는 비율이다. 경기화학(주)의 매출액영업이익률은 다음과 같다.

$$매출액영업이익률 = \frac{영업이익}{매출액} \times 100 \qquad \text{<식 5-18>}$$

③ 매출액순이익률(net income to sales)은 당기순이익을 매출액으로 나눈 비율이다. 이 비율은 기업의 전체적인 능률과 수익성을 판단하는 비율이다.

$$매출액순이익률 = \frac{당기순이익}{매출액} \times 100 \qquad \text{<식 5-19>}$$

2) 자본이익률

자본이익률(return on assets ratio)에는 총자본순이익률과 자기자본순이익률이 있다. 총자본순이익률(return on total assets, ROA)은 기업에 투자된 총자본이 얼마나 효율적으로 운용되고 있는가를 측정하기 위한 비율로서 순이익을 총자산으로 나눈 비율이다.

$$총자본순이익률(ROA) = \frac{순이익}{총자본} \times 100 \qquad \text{<식 5-20>}$$

자기자본순이익률(return on equity, ROE)은 주주가 기업에 투자한 자본에 대한 수익성을 측정하는 척도로 순이익을 자기자본으로 나눈 비율이다.

$$자기자본순이익률(ROE) = \frac{순이익}{자기자본} \times 100 \qquad \text{<식 5-21>}$$

기업의 수익성은 기업의 존속은 물론 성장과 발전의 원동력이 되고 있다. 수익성은 수익성비율에 의하여 측정되는데, 이 비율은 기업의 총괄적인 경영성과와 이익창출능력을 나타내주며, 기타 수익성지표 산식은 <표 5-3>과 같다.

표 5-3 수익성지표 산식

항 목	산 식
총자본법인세비용차감전순이익률	[당기법인세비용차감전순이익/((당기총자본 + 전기총자본)/2)]×100
총자본순이익률	[당기순이익/((당기총자본 + 전기총자본)/2)]×100
경영자본영업이익률	당기영업이익/((당기총자본 – 당기건설 중인 자산 – 당기투자자산 – 당기 기타 비유동자산 – 당기이연자산 – 당기무형자산 중 창업비 – 당기무형자산 중 개발비 + 전기총자본 – 전기건설 중인 자산 – 전기투자자산 – 전기 기타 비유동자산 – 전기이연자산 – 전기무형자산 중 창업비 – 전기무형자산 중 개발비)/2)×100
자기자본순이익률	[당기순이익/((당기자본총계 + 전기자본총계)/2)]×100
매출액법인세비용차감전순이익률	(당기법인세비용차감전순이익/당기매출액)×100

6 성장성비율

성장성비율(growth ratios)은 기업의 당해연도 경영규모 및 기업활동의 성과가 전년도에 비해 얼마나 증가하였는가를 나타내는 지표이다. 성장성비율은 일정기간 중에 기업의 경영규모 및 경영성과가 얼마나 증대되었는가를 나타내는 지표로서, 일반적으로 재무제표 각 항목에 대한 일정기간 동안의 증가율로 측정된다.

1) 총자산증가율

총자산증가율(growth rate of total assets)은 기업에 투하되어 운영된 총자산이 당해연도에 얼마나 증가하였는가를 나타내는 비율로서 기업의 전체적인 성장규모를 측정하는 지표이다.

$$총자산증가율 = \frac{당기말총자산 - 전기말총자산}{전기말총자산} \times 100 \qquad <식\ 5-22>$$

2) 자기자본증가율

자기자본증가율(growth rate of stockholder's equity)은 자기자본이 당해연도에

얼마나 증가하였는가를 나타내는 지표이다.

$$자기자본증가율 = \frac{당기말자기자본 - 전기말자기자본}{전기말자기자본} \times 100 \qquad <식\ 5-23>$$

3) 매출액증가율

매출액증가율(growth rate of sales)은 매출액이 당해연도에 얼마나 증가하였는가를 나타내는 비율이다. 매출액은 정상적인 영업활동에서 계속적으로 발생하는 영업수익이므로 매출액증가율은 기업의 성장률을 판단하는 대표적인 비율이다.

$$매출액증가율 = \frac{당기매출액 - 전기매출액}{전기매출액} \times 100 \qquad <식\ 5-24>$$

4) 순이익증가율

순이익증가율(growth rate of net income)은 기업활동의 최종성과인 순이익이 당해연도에 얼마나 증가하였는가를 나타내는 비율이다.

$$순이익증가율 = \frac{당기순이익 - 전기순이익}{전기순이익} \times 100 \qquad <식\ 5-25>$$

7 생산성비율

생산성비율(productivity ratios)은 투입된 생산요소에 대한 산출량을 나타내는 비율로서 기업활동의 능률 내지 성과를 측정 · 평가하고 그 발생원인과 성과배분의 합리성 등을 분석하는 데 사용하는 비율이다. 그러므로 생산성과 관한 지표는 곧 경영합리화의 척도라고 할 수 있으며 생산성 향상으로 얻은 성과에 대한 분배기준이 된다. 최근에는 기업경영의 성과를 부가가치생산성이라는 개념으로 측정하는 것이 일반화되어 있다.

부가가치(gross value added)란 생산 및 판매단계에서 기업이 창출한 가치이다. 일반적인 부가가치 창출과정을 보면 다음과 같다. 기업은 우선 원재료를 구입한 다음 생산시설을 이용하고 노동력을 투여하여 제품을 생산한 후 이익을 붙여 판매하게 된다. 이 과정에서 기업이 창출한 부가가치는 ① 경상이익, ② 인건비, ③ 순금융비용, ④ 임차료, ⑤ 조세공과, ⑥ 감가상각비로 구성되며, 손익계산서 및 제조원가명세서에 나타난 해당항목들(즉, ①~⑥)을 합산하여 산출한다.

1) 부가가치율

부가가치율(gross value added to sales)은 부가가치액을 매출액으로 나눈 비율로서 소득률이라고도 하며, 매출액 중에서 생산활동에 참여한 생산요소에 귀속되는 소득의 비율을 나타낸다. 부가가치율이 높을수록 생산과정에서의 통합도(integration) 및 능률이 높다는 것을 의미한다.

$$\text{부가가치율} = \frac{\text{부가가치}}{\text{매출액}} \times 100 \qquad \text{<식 5-26>}$$

2) 종업원 1인당 부가가치(노동생산성)

노동생산성(productivity of labor)이란 노동력 단위당 성과를 나타내는 지표로 보통 종업원 1인당 부가가치생산액(gross value added per capita)을 의미한다. 노동생산성이 높다는 것은 노동력이 효율적으로 이용되어 보다 많은 부가가치를 창출했다는 것을 의미한다. 따라서 이 지표는 개별기업의 동종산업에 있어서의 경쟁력 측정은 물론 전체 국민경제의 입장에서도 대외경쟁력을 비교할 수 있는 중요한 지표가 된다.

$$\text{노동생산성} = \frac{\text{부가가치}}{\text{종업원수}} \times 100 \qquad \text{<식 5-27>}$$

3) 총자본투자효율(자본생산성)

총자본투자효율(gross value added to total assets)은 기업에 투하된 총자본이 1년 동안에 얼마만큼의 부가가치액을 산출하였는가를 나타내는 비율로서 일명 자본생산성(productivity of capital)이라고도 한다. 이 비율이 높다는 것은 총자본이 효율적으로 운영되었음을 의미하는데 이 비율이 높게 유지되면 노동생산성 역시 높아지게 된다. 그러므로 이 비율은 노동생산성과 함께 생산성 측정에 있어서 가장 기본적인 지표의 하나로 이용되고 있다.

$$\text{총자본투자효율} = \frac{\text{부가가치}}{\text{총자본}} \times 100$$
<식 5−28>

8 주가 관련 비율

증권시장이 효율적이라면 증권시장에서 형성되는 주가는 해당기업의 경영전반에 관한 모든 정보를 반영하게 된다. 즉, 기업의 경영성과와 미래에 대한 전망 등이 증권시장에서 주가에 종합적으로 반영되므로 주가와 관련된 비율은 경영자나 투자자에게 중요한 정보를 제공한다.

1) 주당순이익

주당순이익(earnings per share, EPS)은 1주당 당기순이익의 크기를 나타내며, 주당순이익이 클수록 경영성과가 양호하다고 본다.

$$\text{주당순이익(EPS)} = \frac{\text{당기순이익}}{\text{발행주식수}}$$
<식 5−29>

2) 주가・이익배수

주가・이익배수(price earnings ratio, PER)는 현재의 주가를 주당순이익으로 나는 것으로서, 주당순이익의 몇 배가 주식가격으로 형성되는가를 보여준다. 미래의 성장가능성이 높은 기업은 PER이 높게 나타나고 위험한 기업이라고 평가되는 기업은 PER이 낮게 나타난다.

$$\text{주가·이익배수(PER)} = \frac{\text{주가}}{\text{주당순이익}} \qquad \text{<식 5-30>}$$

3) 주가 대 장부가치비율

주가 대 장부가치비율(price to book value ratio, PBR)은 주당장부가치의 몇 배가 주식시장에서 주가로 평가되고 있는가를 보여준다. 높은 성장성이 기대되는 기업은 주식의 장부가치보다 훨씬 높게 주식의 시장가치가 형성되어 PBR이 높게 나온다.

$$\text{주가 대 장부가치비율(PBR)} = \frac{\text{주가}}{\text{주당장부가치}} \qquad \text{<식 5-31>}$$

$$\text{주당장부가치} = \frac{\text{자본금} + \text{자본잉여금} + \text{이익잉여금}}{\text{발행주식수}} \qquad \text{<식 5-32>}$$

4) 배당률, 배당수익률, 배당성향

$$\text{배당률} = \frac{\text{주당배당금}}{\text{액면가}} \times 100 \qquad \text{<식 5-33>}$$

배당률(dividend ratio)은 주당배당금을 액면가격으로 나눈 비율로서, 현재 액면가제도를 채택하고 있는 우리나라에서 사용하는 배당수준의 척도이다.

$$\text{배당수익률} = \frac{\text{주당배당금}}{\text{주가}} \times 100 \qquad \text{<식 5-34>}$$

배당수익률(dividend yield)은 주가에 대한 주당배당금의 비율로서, 주식투자에 있어서 배당률보다 더 중요시되는 배당지표이다.

$$\text{배당성향} = \frac{\text{총배당금}}{\text{당기순이익}} \times 100 \qquad \text{<식 5-35>}$$

배당성향(dividend payout ratio)은 당기순이익의 몇 퍼센트(%)를 배당으로 지급하는가를 나타내는 비율이다.

9 총자본순이익률

총자본순이익률(ROA)은 당기순이익을 총자본으로 나눈 비율이다. 즉, 총자본순이익률은 기업에 투하·운용된 총자본이 어느 정도의 순이익을 올렸는가를 나타내는 지표로서 그 산식은 다음과 같다.

$$\text{총자본순이익률(ROA)} = \frac{\text{당기순이익}}{\text{총자본}} \times 100 \qquad \text{<식 5-36>}$$

총자본순이익률은 다음과 같이 매출액순이익률과 총자본회전율로 분해될 수 있다.

$$\text{ROA} = \frac{\text{당기순이익}}{\text{총자본}} = \frac{\text{당기순이익}}{\text{매출액}} \times \frac{\text{매출액}}{\text{총자본}} \qquad \text{<식 5-37>}$$

$$\text{총자본순이익률} = \text{매출액순이익률} \times \text{총자본회전율} \qquad \text{<식 5-38>}$$

이와 같이 ROI 기법은 어떤 기업의 총자본순이익률이 저하 또는 상승하게 된 이유를 추적할 수 있게 해준다.

10 자기자본순이익률

자기자본순이익률(ROE)은 주주가 투자한 자본에 대한 수익성을 측정하는 지표로서 그 산식은 다음과 같다.

$$\text{자기자본순이익률(ROE)} = \frac{\text{당기순이익}}{\text{자기자본}} \times 100 \qquad \text{<식 5-39>}$$

자기자본순이익률은 다음과 같이 총자본순이익률과 자기자본비율로 나타낼 수 있다.

$$\text{ROE} = \frac{\text{당기순이익}}{\text{자기자본}} = \frac{\text{당기순이익}}{\text{총자본}} \times \frac{\text{총자본}}{\text{자기자본}} \qquad \text{<식 5-40>}$$

$$= \frac{\text{당기순이익}}{\text{자기자본}} \div \frac{\text{당기순이익}}{\text{총자본}} = \text{ROA} \div \text{자기자본비율}$$

제 6 장 기술 및 국내 · 외 시장분석

제 1 절 기술분석

1 개　요[1)]

어떤 지역에 입지한 기업들이 기술혁신을 통해 급속한 기술진보를 이룩할 경우, 그 기업들은 지역, 국가 및 국제시장에서 경쟁적 이점을 획득하고, 지역의 생산, 소득, 직업 등의 구조를 개선하는 데 영향을 미쳐서 결국 지역발전에 공헌하게 된다(Thwaites & Lakey, 1985). 이와 반대로, 기술개발이 낙후되어 지역이 보호되지 않을 경우, 그 지역의 경제기반은 외적 경쟁력에 의해 침식되기 마련이고 낮은 생산성과 소득, 그리고 고용구조의 취약성을 면치 못할 것이다(박삼옥, 2005). 따라서 지역발전을 위해서는 과학기술의 중요성에 주목할 필요가 있다.

포디즘(Fordism)에 입각한 대량생산위주의 사회에서 지식이 한 국가나 지역의 핵심경쟁력을 결정하는 지식기반경제(knowledge-based economy)에서는 지식, 구체적으로 과학기술을 효율적으로 개발 · 활용하는 국가들이 세계경제를 주도하게 될 것이라는 인식이 지배적이다. 따라서 많은 국가들은 과학기술의 창출, 확산,

1) 김대중 · 고경호 · 이영훈 · 김태연(2015)의 연구를 주로 인용함.

활용을 위하여 연구개발(research and development, R&D)에 많은 노력을 기울이고 있다(박성익 · 유병철, 2007). 실제로 연구개발이 한 국가의 경제성장과 밀접한 관련이 있다는 것은 Romer(1990) 등 1990년대에 내생적 성장이론(endogenous growth theory)을 주창한 많은 학자들에 의하여 입증된 바가 있다. 이러한 맥락에서 판단할 때, 산업구조가 기술집약적인, 혹은 연구개발 집약적인 산업에 편중될수록 경제성장률이 높게 나타날 것임을 추론할 수가 있다(박성익 · 유병철, 2007).

우리나라도 R&D 정책에 의해 1970년대 이래 선진국의 제품과 기술을 모방하는 추격형 전략의 추진으로 국가 R&D 투자는 세계적으로 높은 수준에 도달했지만, 논문이나 특허 등 R&D의 질적 성과는 상대적으로 미약하다는 지적이 많다. 또한 지식기반산업의 실태와 산업적 특성 등에 대한 실증적인 연구가 미흡한 상태에서 부처별로 개별적인 지원정책을 추진하다보니 지역과 부문에 따라서는 중복과 결여가 나타나는 등 정책적 노력이 실질적인 지역경제 활성화로 이어지지 못하고 있는 현실이다.

이러한 문제인식 하에 관련 연구자들은 더욱 세밀한 실증연구의 필요성을 제기하고 있지만, 대부분의 기술수준에 따른 산업의 경쟁력을 분석한 연구들은 OECD의 중분류기준을 그대로 적용하여 왔다. 그러나 지식기반사회에서 특히 제조업의 경우 기술혁신의 내용을 다루는 산업별 기술차이를 중분류기준만으로는 분명한 차이를 설명하기 어렵고(Nooteboom, 1999), 산업의 분류를 세밀히 하면 할수록 기술산업을 분명히 가려낼 수 있을 것이다(박삼옥, 2005). 따라서 세세분류 단위(KSIC 5 digit)까지 기술수준별로 산업을 분류하여 산업구조적 특성을 분석하는 연구가 필요하다.

2 OECD 기술수준별 산업분류[2)]

Hatzichronoglou(1997) 등에 의해 OECD의 기술 집약도에 따른 산업분류를 바탕으로 산업구조를 분석하는 연구들이 등장하게 되었다. 기술수준에 따라 제조업의 경쟁력을 분석한 연구로서 이승훈(1993)은 기술개발이 비교우위 패턴에 미치는

2) 김대중 · 고경호 · 이영훈 · 김태연(2015)의 연구를 주로 인용함.

효과를 분석하였고, 심영섭·오영석(2001)은 1990년대를 대상으로 기술수준에 따라 산업분류를 하여 시장점유율을 분석하였다. 주경원(2002)은 기술수준에 따라 산업분류를 하여 한국의 OECD 시장에서 제조업 수출경쟁력을 분석하는 등 외환위기 등의 중요한 시기 전후의 산업경쟁력을 분석하거나 한·중·일 간 기술경쟁력을 분석하는 등의 연구가 주를 이루었다.

OECD는 R&D 지출이 생산액에서 차지하는 비중인 연구개발 집약도(R&D intensity)를 기준으로 기술수준별 산업을 정의하고 이에 따라 분류하고 있다. OECD는 1986년 국제표준산업분류(ISIC)기준으로 22개 제조업을 기술수준에 따라 4개의 기술그룹으로 분류하였고, 그 후 산업별 R&D 집약도의 급격한 변화 등으로 산업정의와 분류는 재시도되었다.

OECD는 중간재와 최종재에 투입된 연구개발지출비율인 연구개발 집약도에 따라 기술수준을 4단계로 구분하여 각각의 기술수준에 따른 산업분류를 제시하였는데, 제조업을 고기술 산업(high technology industry), 중고기술 산업(medium-high technology industry), 중저기술 산업(medium-low technology industry)과 저기술 산업(low technology industry)으로 구분하고 있다. 가장 고도의 기술수준(high technology)에 속해 있는 산업은 의료 관련 제조업과 전기전자, 정보통신 산업 등이 있고, 화학, 자동차 산업 등은 중고기술(medium-high technology) 산업, 고무, 플라스틱제품이나 금속제조업은 중저기술(medium-low technology) 산업, 그리고 식료품이나 담배, 석유제조업은 가장 낮은 단계인 저기술(low technology) 산업으로 분류하고 있다.

표 6-1 OECD의 연구개발 투자 집약도에 따른 기술수준산업별 제조업분류

구 분	ISIC Rev. 3(KSIC 8차)
첨단기술 산업	사무기계(30), 전자부품(32), 의료정밀기기(33), 우주항공(353), 의료 및 의약(242)
고기술 산업	화학제품(24, 242 제외), 기타 기계(29), 전기기계(31), 자동차(34), 기타 운송장비(35, 351, 353 제외)
중기술 산업	석유제품(23), 고무플라스틱(25), 비금속(26), 1차금속(27), 조립금속(28), 선박 등(351)
저기술 산업	음식료(15), 담배(16), 섬유제품(17), 의복모피(18), 가죽가방(19), 목재나무(20), 종이(21), 출판인쇄(22), 가구(36), 재생용품(37)

출처: OECD(www.oecd.org). Classification of manufacturing industries into categories based on R&D intensities. ANBERD and STAN databases, May 2003.

OECD의 연구개발 집약도는 OECD 국가 중에서 선진 12개국(United States, Canada, Japan, Denmark, Finland, France, Germany, Ireland, Italy, Spain, Sweden, United Kingdom)만을 대상으로 조사한 것이므로 우리나라에서 연구개발 집약도를 조사한 결과와 상이할 가능성이 존재하지만, 주경원(2002)은 우리나라의 1995년 매출액 대비 연구개발지출비율과 종업원 천 명당 연구원수를 조사하여 비교한 결과, OECD와 우리나라 산업의 연구개발 집약도의 순위가 거의 일치한다는 결론을 얻은 바 있어, 이를 근거로 박성익 · 유병철(2007)은 OECD의 과학기술에 따른 산업분류와 연구개발 집약도를 활용하여 지역별 산업구조를 분석하였고, 홍지승(2008)도 시장수요, 공급경쟁 등 시장경쟁 환경의 집단 내 공통성과 집단 간 차별성이 비교적 잘 반영되었다는 이유 등으로 OECD의 연구개발투자 집약도에 따른 산업의 기술수준별 분류방식을 따르도록 했다. 이외에도 OECD의 기술수준별 산업분류방식을 사용한 연구로서, 장민수(2008)는 한국과 독일의 산업별 비교우위분석을 실시하여 산업경쟁력의 변화여부를 기술수준별로 살펴보기 위해 OECD의 기술수준별 산업분류방식을 사용하였다. 권택호 · 주경원(2006)은 한국과 동아시아 국가 간 무역변화에 대한 추이를 OECD의 기술수준별 산업분류방식을 사용하였다.

한국표준산업분류(KSIC)는 국제표준산업분류(ISIC)를 참고하여 작성하는 바 <표 6-1>의 OECD(2003) 기술수준분류는 KSIC 8차 기준과 일치하고 있어서 이를 KSIC 9차 기준으로 연계하여 세세분류단위까지 일치작업을 수행한다면, 이렇게 함으로써 국내 제조업을 OECD(2003) 기준에 따라 KSIC 9차 기준 5 digit 단위에서 4개의 기술수준별 산업(첨단기술 산업, 고기술 산업, 중기술 산업, 저기술 산업)으로 구분하여 분석범주에 설정된 분석변수에 대하여 4개 산업부문 간 차이와 특성을 파악할 수 있게 된다.

3 기술성숙도

기술성숙도(Technology readiness Level, TRL)는 핵심요소기술의 기술적 성숙도에 대한 일관성 있는 객관적인 지표이며, “무엇이”, “어떤 환경” 하에서 요구된 성능이 시범을 통하여 검증되었는가와 기초원리와 개념으로부터 임무조건 하의 운용

그림 6-1 TRL 단계별 정의

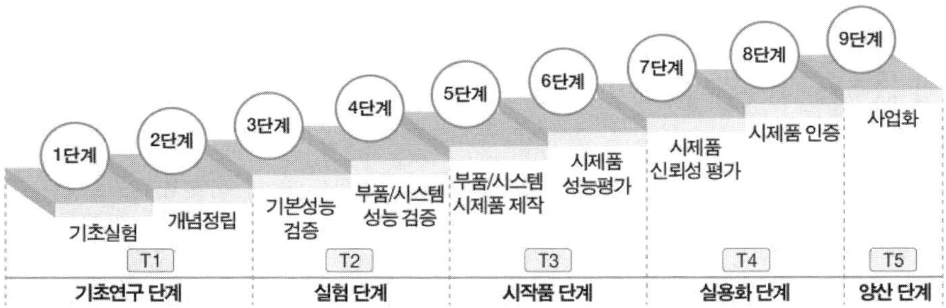

* 일반적으로 TRL 1~3단계를 기초원천기술, 4~6단계를 산업응용기술, 7~9단계를 사업화기술로 구분.

성능 입증에 이르는 9단계 기술성숙도라 할 수 있다.

TRL 9단계별 각각의 정의는 <표 6-2>와 같다.

표 6-2 TRL 단계별 정의

단 계	정 의
1단계	최저 기술준비 수준으로서 기초과학적 연구가 시작되고 응용 연구개발로 전환되기 시작하는 수준
2단계	기초적 원리가 정립되어 실제적 응용이 시도되나, 응용은 추론적인 상태로서 가정을 확증할 만한 구체적 해석이나 증거가 없는 상태
3단계	적극적인 연구개발 활동이 시작되어 해석적 연구와 실험실적 연구를 통해, 기술을 구성하는 개별 요소들에 대한 해석적 예측을 물리적으로 확인하는 단계
4단계	기본적 기술 구성품들이 조립되어 작동되는 단계, "저충실도(Low Fidelity)" 상태
5단계	기본적 기술 구성품들이 실제에 가까운 주변 요소와 조립되어 유사환경에서 시험되는 단계, "고충실도(High Fidelity)" 상태
6단계	공학모델 또는 시제품이 유사환경에서 시험되는, 기술시범 준비가 본격화된 단계, 5단계보다 현저하게 높은 수준
7단계	실체계와 동등 수준의 시제품이 운용환경(예 우주)에서 시범되는 단계
8단계	기술이 최종 형상으로 요구조건에서 입증된 상태로서 대부분의 경우 실체계 개발의 완료 수준을 의미
9단계	기술이 최종형상으로 임무조건에서 실제 적용되는 수준, 운용시험평가(OT&E) 수행

TRL 9단계별 정의에 따라 몇 가지 산업분야별 평가지표를 예시하면 <표 6-3>과 같다.

표 6-3 TRL 단계별 평가지표

단계	구 분	TRL 정의	산업분야							
			기계·로봇	소재	전기전자	정보통신	S/W	섬유화학	고분자세라믹	바이오
1	기초연구	기초실험	과학적 연구단계 (기초논문, 기초연구 수준)				기초이론/실험	과학적 연구단계 (기초논문, 기초연구 수준)		응용원리
2	단 계	개념정립	기본원리가 응용기술개발로 전이되는 단계 (응용논문, 특허 수준)				실용목적의 아이디어, 논문 등 개념정립	기본원리가 응용기술개발로 전이되는 단계 (응용논문, 특허 수준)		탐색·정제
3	실험단계	기본 성능검증	모델링/설계	소재 합성/배양	모델링/설계	모델링/설계	SW 모델링 (분석/설계)	소재합성/배양	소재합성/배양	효능 연구
4		부품/시스템 성능검증	핵심 요소 기술	최적의 배합비	핵심 요소 기술	핵심 요소 기술	연구시제품 (프로토타입) 구현	최적의 배합	최적의 배합비	핵심 요소 기술
5	시제품	부품/시스템 시제품 제작	제작 기술 확보	공정 최적화	제작 기술 확보	제작 기술 확보	서브시스템 개발(분석/설계/구현)	공정 최적화	공정 최적화	공정최적화 (분리·배양)
6	단 계	시제품 성능평가	시제품 성능	시제품 성능	시제품 성능	시제품 성능	서브시스템 시험/유효성 확인	시제품 성능	시제품 성능	제재화 전임상
7	실용화	시제품 신뢰성 평가	신뢰성 평가	신뢰성 평가	신뢰성 평가	신뢰성 평가	시스템 통합/검증	신뢰성 평가	신뢰성 평가	임상 (1, 2상)
8	단 계	시제품 인증	KS/ISO 인증	KS/ISO 인증	KS/ISO 인증	KS/ISO 인증	(실제 환경에서의) 시스템 시험/검증	안정성 인허가	KS/ISO 인증	임상 (3상)
9	양 산	사업화	–	–	–	–	사업화	–	–	식약청 허가

4 특허정보분석

특허는 연구개발 활동과 기술발전을 측정하기 위한 유용한 지표로서 경제학자들에게 많은 주목을 받아 왔다. 그러나 특허데이터는 기본적으로 기술적 관점에서 작성된 특허분류체계를 따르고 있어, 연구개발비용이나 생산성과 같이 산업분류체계에 따라 수집되는 산업·경제 데이터들과의 연계에 어려움이 있었다. 이것은 특허가 생산성 증가에 미치는 영향 등과 같은 주제의 연구들이 활발하게 진행되지 못하게 하는 주요한 장애요인이 되었다(Kortum & Putnam, 1997).

이러한 문제를 해결하기 위해 특허분류체계와 산업분류체계를 연결시키기 위한 다양한 노력들이 있어 왔다. 이러한 노력들은 주로 유럽과 미국의 연구자들을 중심으로 이루어져 왔으며, 일부 특허청에서도 분류 간의 연계표를 작성하여 운영하고 있다. 그러나 이들 중 일부는 자국에서만 사용하는 특허분류나 산업분류를 이용하고 있어 국제적인 수준에서의 분석이나 우리나라에 대한 분석에 사용하기 곤란한 문제가 있다. 또한 국제특허분류와 국제표준산업분류를 이용하는 분류 간 연계표의 경우에도 작성된 시기가 오래되어 그동안의 분류체계의 개정사항을 반영하지 못하거나 산업구조와 기술개발 활동의 변화를 반영하지 못한다는 문제가 있다. 특히, 우리나라의 경우에는 특허분류와 한국표준산업분류 간의 일반적인 연결구조를 작성한 사례가 거의 없어, 국내 연구자들이 각종 산업분석이나 경제분석을 위해 특허데이터를 사용하기가 어려운 실정이다(특허청, 2008).

1) 특허의 체계 및 분류

특허정보의 구조는 법으로 정해져 있어서 구성요소와 용어는 특허법이 추구하는 목적에 따라 의도적이고 정교하게 만들어졌다. 특허는 각 국가에서 관리하는 기관에 출원함으로써 법으로 정해진 절차에 의해 관리되고, 보호되는 것이다. 일단 출원이 되면, 일정기간(일반적으로 18개월)이 지나면 일반에게 공표되는 절차를 갖는다. 따라서 2010년 12월에 확인할 수 있는 특허는 2009년 6월 이전에 출원된 특허만 볼 수 있게 된다.

표 6-4 IPC의 체계 및 세부분류 건수

섹 션		A	B	C	D	E	F	G	H	전 체
클래스		16	37	21	9	8	18	14	6	129
서브 클래스	주분류	84	165	91	39	31	95	79	49	633
	부분류	84	167	93	39	31	97	79	49	639
메인그룹	주분류	1,095	1,782	1,304	349	317	1,040	683	532	7,102
	부분류	1,106	1,978	1,326	350	318	1,041	696	537	7,352
서브그룹	주분류	1,367	2,361	1,124	179	454	858	1,861	1,898	10,102
	부분류	7,349	14,595	13,121	2,611	2,900	7,294	6,805	7,172	61,847
전체 수	주분류	2,546	4,308	2,519	567	802	1,993	2,623	2,479	17,837
	부분류	8,539	16,740	14,540	3,000	3,249	8,432	7,580	7,758	69,838

출처: 윤인석 · 김석진 · 정의섭(2011), 한국특허정보를 통한 기술활동성, 혁신성 및 생산성평가 – 합계가 안 맞음.

특허정보는 모든 분야의 과학기술을 포함하지만 IPC에 맞추어 분류되어 있다는 장점이 있어 이를 활용하면 필요한 해당기술 정보를 빠르게 검색할 수 있다. 전 세계적으로 통용되고 있는 IPC는 특허문헌에 대해 국제적으로 통일된 분류를 하고 검색을 할 수 있도록 하기 위해서 1954년 IPC에 관한 유럽조약의 규정에 의해 만들어졌다. 이후 1971년 Strasbourg 조약(IPC 조약)이 체결되어 IPC를 이용하여 국가 간의 기술을 교류하고 외국특허문헌의 원활한 이용과 검색이 가능하게 되었다.

특허정보를 활용하는 데 있어서 IPC를 이용하는 방법은 매우 유용하다. 우리나라는 물론 미국, 일본, 유럽 특허청에서도 IPC에 의한 분류체계를 기본적으로 표기하고 있으므로 IPC를 제대로 이해하고 활용하면 검색 노이즈를 쉽게 제거할 수 있을 뿐만 아니라, 검색된 다량의 정보 중에서 IPC를 통하여 상호관련된 기술로 분류 및 추출함으로써 특정분야에 있어서의 <표 6-4>와 같이 약 7만 여 개의 분류로 나누어져 있으므로 세부 기술동향도 파악할 수 있다.

IPC는 다음과 같은 특징을 갖고 있다. 첫째, <표 6-5>와 같이 8개의 섹션(section)을 갖고 있으며, 국제특허청(World Intellectual Property Organization, WIPO)에서 분류하는 기준과 호환이 되고 있다. 본 연구에서는 각 섹션에서 대표적인 분야의 기술을 대상으로 기술활동성, 기술혁신성 및 기술생산성을 분석한다.

둘째, 섹션(section), 클래스(class), 서브클래스(subclass), 메인그룹(maingroup),

서브그룹(subgroup)으로 이어지는 계층구조를 갖는다. 셋째, 응용(application) 위주와 기능(function) 위주의 관점을 혼합한 절충형의 관점을 취한 분류표이다. 넷째, 각국의 상황에 따라 주분류와 부분류로 구분된다(엄대호·장영배·정의섭, 2010).

표 6-5 WIPO 기준 31개 기술분류표(7판 기준)

대분류 (Section)	중분류 (Subsection)	소분류 (Class)	기술설명
A (생활 필수품)	1. 농수산	A01(A01N 제외)	농업, 임업의 농기구, 원예, 축산 등
	2. 식료품	A21~A24	제빵, 유제품, 사료, 담배제조 등
	3. 가정용품	A41~A47	의복, 신발, 가정용구 등
	4. 의료/레저	A61~A63(A61K 제외)	진단, 간호용품, 수술장비, 완구류, 스포츠용품 등
	5. 의약	A61K(Subclass)	의약용, 치과용, 화장용 제재
B (운 수)	6. 분리/혼합	분리/혼합	오염물 분리, 화학, 물리 실험장치, 노즐 등
	7. 금속가공	B21~B23	금속 압연, 선재가공, 단조, 주형, 밀링 등
	8. 비금속가공	B24~B32(B31 제외)	연마제, 부속공구, 플라스틱, 목재, 석재 성형 등
	9. 인쇄	B41~B44	프린터, 인쇄, 책, 필기용기구 등
	10. 운수/포장	B60~B64, B65~B68	자동차, 철도, 자전거, 선박, 항공, 물품포장, 엘리베이터 등
	11. 초미세기술	B81~B82	마이크로, 나노기술 등
C (화 학)	12. 무기화학/수처리	C01~C05	비금속, 알칼리 금속 화합물, 폐수처리, 비료 등
	13. 유기화학	C07, A01N(Subclass)	유기화학 장치, 비환화합물, 농약 등
	14. 고분자	C08	다당류, 고무처리, 고분자 화합물 등
	15. 석유/정밀화학	C09~C11	페인트, 접착제, 가스, 석유처리, 주류제조 등
	16. 바이오	C12~C14	효소학, 미생물학, 발효학, 당의제조, 피혁 등
	17. 야금/도금	C21~C23, C25, C30	철 제조, 금속제조 도금 등
D (섬 유)	18. 섬유	D01~D07	섬유처리, 인조사, 직물, 봉제, 세탁기, 건조기, 염색 등
	19. 제지	D21, B31	종이제조, 펄프상자, 포대류 등
E (건 설)	20. 건설	E01~E06	도로, 교량, 상하수 설비, 건축구조 등
	21. 광업	E21	지중굴착, 채광, 채석 등
F (기 계)	22. 엔진/펌프	F01~F04	터빈, 내연기관, 펌프 등
	23. 기계부품	F15, F16, F17	브레이크, 클러치, 밸브, 관, 윤활 등
	24. 조명/가열	F21~F28	조명장치, 보일러, 냉장고, 에어컨 등
	25. 무기/폭발	F41, F42, C06	총기류, 화약, 폭발물 등

G (물 리)	26. 측정/광학	G01~G03	측정장치, 안경, 사진, 필름 등
	27. 컴퓨터	G04~G08	시계, 제어계, 계산기, 컴퓨터, 자판기, 교통제어장치 등
	28. 정보매체	G09~G12	표식, 광고, 악기, 동적, 정적 저장매체 등
	29. 원자력	G21	원자로, 방사선 등
H (전 기)	30. 전기/반도체	H01, H02, H05	케이블, 전자부품, 반도체 장치, 발전기, PCB 기판 등
	31. 전자/통신	H03, H04	증폭기, 유무선 통신, 텔레비전 등

2) 기술활동성[3)]

모든 국가는 나름대로의 특징적인 산업구조를 가지고 있으며, 모든 기업은 자신이 주로 활동하는 산업분야가 있기 마련이다. 이러한 동향은 국가별 수출입 현황, 시장구조 등에 대한 분석을 통해 그 윤곽을 파악하는 것이 일반적이다. 그러나 산업구조가 혁신구조, 특히 기술혁신 활동과 관련된 R&D 구조를 직접적으로 보여주는 것은 아니다.

특허정보를 통한 기술특화 현황분석은 기술혁신 활동의 구조를 파악하기 위한 유용한 도구를 제공한다. 특히, 특허데이터를 사용한 기술혁신 활동의 집중도분석은 혁신 성과의 측면에 초점이 맞추어진 혁신 활동의 특화(specialization) 현황과 혁신 성과의 독과점 현황에 대한 정보를 제공한다.

다음 항에서는 크게 두 가지 관점의 기술집중도 분석지표를 소개하기로 한다. 첫째로는 특정주체, 즉 특정국가 또는 기업이 어느 기술분야에 집중적으로 혁신 활동을 전개하고 있는가를 살펴보기 위한 지표를 소개할 것이며, 둘째로는 시장의 관점에서 기술혁신 성과가 특정국가 또는 기업에게 어느 정도 집중되고 있는가, 즉 기술독점 현황에 대한 분석지표를 소개하기로 한다.

(1) 산업별 연구개발비특화도

산업별 연구개발비특화도는 산업부문별 지역 간 연구개발비 투자의 상대적인 특화 정도를 나타내는 지표로서 전국의 산업별 연구개발비 투자 비율을 가장 이상적인 것이라고 가정하고, 전국 산업별 연구개발비 대비 특정지역의 산업별 연구개

3) 특허분석방법론(2015), 특허청 자료를 주로 인용함.

발비의 비율을 의미한다.

$$\text{R\&D 사업비 특화도 } ij = \frac{j\text{지역의 } i\text{산업 연구개발비 투자 비율}}{\text{전국의 } i\text{산업 연구개발비 투자 비율}} \quad \text{<식 6-1>}$$

산업별 연구개발비특화도가 갖는 의미는 보통 1을 기준으로 하며, 1보다 크면 j지역의 i산업은 전국에 비해 상대적으로 특화되어 있다고 할 수 있다.

(2) 현시기술우위(RTA) 지수

현시기술우위 지수(Revealed Technology Advantage, RTA)는 기술특화 현황의 파악을 위해 많이 사용되는 지수 중 하나로서 우리가 관심의 대상으로 삼는 특정 주체가 다른 주체와 비교하여 상대적으로 어떠한 기술분야에 기술혁신 활동을 집중하고 있는가에 대한 정보를 제공한다.

RTA 지수는 국제무역의 국가별 특화(Specialization) 현황을 분석하기 위해 B. Balassa가 제시한 현시비교우위 지수(Revealed Comparative Advantage, RCA)[4]로부터 발전된 개념이다.[5] 이 지수는 주로 SPRU(Science Policy Research Unit at the University of Sussex)의 연구자들(Soete, Pavitt, Patel)과 리딩 대학(University of Reading)의 J. Cantwell과 같은 연구자들을 중심으로 연구되어 이후 다양한 형태의 지수로 변형·발전되었다.

현시기술우위 지수(RTA)는 기술특화(specialization) 현황의 파악을 위해 가장 많이 사용되는 지수 중 하나로서, 우리가 관심의 대상으로 삼는 특정주체가 다른 주체와 비교하여 상대적으로 어떠한 기술분야에 기술혁신 활동을 집중하고 있는가에 대한 정보를 제공한다. RTA 지수는 일반적으로는 특허활동 지수(Activity Index, AI)로 알려져 있으며, 특화 지수(Specialization Index), 기술비교우위 지수(Tech-

4) B. Balassa(1965), Trade Liberalization and Revealed Comparative Advantage, The Manchester School of Economics and Social Studies, 32(2).

5) L. Soete(1980), The Impact of Technological Innovation on International Trade Patterns-The Evidence Reconsidered, paper presented to a OECD Science and Technology Indicators Conference, Paris; L. Soete(1981), A General Test of Technological Gap Trade Theory, Weltwirtschaftliches Archiv, 117; L. Soete(1987), The Impact of Technological Innovation on International Trade Patterns-The Evidence Reconsidered, Research Policy, 16: 101-130.

nological Comparative Advantage, TCA), 기술현시비교우위 지수(Technological Revealed Comparative Advantage, TRCA) 등 다양한 명칭으로 사용되고 있다.

일반적으로는 특허활동 지수(Activity Index, AI)로 알려져 있으며, 특화 지수, 기술비교우위 지수(TCA), 기술현시비교우위 지수(TRCA) 등 다양한 명칭으로 사용되고 있다. 미래의 성장잠재력을 반영하는 기술경쟁력의 보유 여부는 현시기술우위 지수를 통해 분석한다. 현시기술우위(Revealed Technology Advantage) 지수는 특정지역이 다른 지역과 비교하여 상대적으로 어떤 기술분야에 혁신 활동을 집중하고 있는가를 측정한다.

기술활동성을 평가하기 위해서 국가 간 기술의 특화 현황분석에 활용되는 현시기술우위 지수(Revealed Technological Advantage, RTA)를 적용하였다. RTA 지수는 국제무역의 국가별 특화 현황을 분석하기 위해 현시비교우위 지수(Revealed Comparative Advantage, RCA)로부터 발전된 개념으로서 활용되고 있다(Balassa, 2001; Inka Havrila & Pemasiri Gunawardana, 2003).

기술활동성 지수(ActivityIndex, AI)는 특정연도에 전체 특허건수를 대상으로 특정기술분야에서 차지하는 비율로 정의하여, 이 값이 1보다 큰 경우 특허집중도가 높아 활동성이 높은 기술로 보고, 1보다 작은 경우는 특허집중도가 낮은 것으로 활동성이 낮은 기술로 본다(정의섭 외, 2005). 특정연도에 분석대상 기술의 활동성 지수는 다음과 같이 정의한다(Balassa, 2001; Inka Havrila & Pemasiri Gunawardana, 2003).

현시기술우위 지수의 산식은 아래와 같다. 아래의 수식에서 분자는 j(국가, 지역, 기업 등)의 특허에서 i(산업, 업종 등)분야가 차지하는 비율을 의미하며, 분모는 전 분야의 특허에서 i분야가 차지하는 비율을 의미한다.

$$RTA = \frac{(P_{ij}/\sum_i P_{ij})}{(\sum_j P_{ij}/\sum_i \sum_j P_{ij})} (P_{ij}\text{는 } i\text{분야에 대한 } j\text{의 특허수})$$

$$j\text{지역의 } i\text{산업 현시기술우위 지수} = \frac{(j\text{지역 } i\text{산업 특허수}/j\text{지역 전산업 특허수})}{(\text{전국 } i\text{산업 특허수}/\text{전국 전산업 특허수})} \quad \text{<식 6-2>}$$

현시기술우위(RTA) 지수는 0부터 무한대까지의 범위에 분포하게 되며, 그 수치에 따라 다음과 같은 분석적 의미를 갖는다.

RTA=1: 이 경우에는 관심의 대상이 되는 국가 또는 기업의 특허에서 특정기술분야가 차지하는 비율이 전체 기술분야에서 해당기술분야가 차지하는 평균적 비율과 같다는 것을 의미한다. 즉, 분석대상 국가 또는 업체가 특정기술분야에 집중하는 정도가 전체 산업계의 평균적인 수준인 것으로 해석되는 경우이다.

RTA<1: RTA값이 1보다 작은 경우는 대상국가 또는 기업이 해당기술분야에 상대적으로 덜 집중하고 있는 경우이다.

RTA>1: 이 경우는 대상국가 또는 기업이 해당기술분야에 업계의 평균적인 수준 이상으로 집중하고 있는 경우이며, 그 값이 클수록 특정기술분야에 특화된 정도가 높다는 것으로 해석될 수 있다.

그러나 RTA 지수는 특정국가 또는 기업의 기술경쟁력이나 기술적 우위를 직접적으로 보여주는 지표는 아니다. 현시기술우위 지수라는 명칭에서 "우위"라는 표현은 질적 우위를 의미하는 것도, 양적 우위를 의미하는 것도 아님에 주의해야 한다. RTA 지수는 앞에서도 강조되었듯이 전 산업분야에서 각 기술분야가 차지하는 비율을 고려하여 계산된 특정국가 또는 기업의 기술분야별 상대적 특화(Specialization) 현황에 대한 정보를 제공하는 지표라는 점을 명심해야 한다. 또한 일반적으로 RTA 지수는 J. Cantwell[6]이 지적한 바와 같이 분석대상 집단의 규모가 작을 경우에는 통계적 의미를 갖기 어렵게 된다. 통계적으로 만족할 만한 결과를 얻기 위해서는 분석대상 집단이 최소 30개 분야에 걸쳐 있는 1,000개 정도의 특허들로 구성되어 있어야 하는 것으로 추정되고 있다.[7] RTA 지수는 1을 중심으로 0부터 무한대 값까지 분포되므로 그 값이 비대칭적(skewed)으로 나타나는 문제점이 있다. 이 문제점을 해결하기 위한 다양한 연구 결과들과 지표(예를 들어, RPA)들이 제시되고 있다.

따라서 RTA 지수를 이용한 분석은 일반적인 기술분야별 분석지표들과 마찬가지로 대상기술분야를 어떻게 정의하는가에 따라 그 결과가 다르게 나올 수 있으므

6) J. Cantwell(1993), Transnational Corporations and Innovatory Activities, London, Routledge.

7) Y. Uchida & P. Cook(2004), The Effects of Competition on Technological and Trade CompetitivenessA Preliminary Examination, *CRC Working Paper*, 72, Centre on Regulation and Competition.

로, 분석목적 등을 고려하여 기술분야를 신중하게 정해야 한다. 또한 분석의 시간적 기준을 정함에 있어서 우선 일을 기준으로 하는 경우와 출원일 또는 등록일을 기준으로 하는 경우는 그 분석 결과가 내포한 의미가 달라질 수 있음을 직시해야 한다.

3) 기술혁신성

기업들이 외부에서 새로운 지식을 가져오거나, 혹은 기업의 미활용기술을 외부로 내보내는 과정을 통해서 기업들이 기존시장 외에 신규시장이나 타 기업을 통한 신규시장에서 신제품을 출시하는 것을 개방형 혁신(Open Innovation)이라고 한다. 특허에 있어서, 출원인이 산학연관 등 다양하게 구성되어 있어서 외부로부터 새로운 아이디어 획득을 통한 개방형 혁신을 추진하고 있다는 것이 명확하다(윤진효 외, 2010).

따라서 공동출원의 경우에는 모든 출원자가 기업의 경계 내에 존재하는 예외적인 상황 이외에는 개방형 혁신사례에 해당하는 것이다. 공동연구는 막대한 연구개발비와 위험성의 분산, 기술적 노하우의 교환과 보완, 정부의 지원 혜택 등의 다양한 장점을 수반한다. 특허는 단독 출원인에 의해 출원되는 경우만이 아니라, 공동연구개발의 성과를 공동으로 출원하는 경우도 있다. 이런 경우 특허와 관계되는 권리는 각 출원인의 공유가 되어 각각이 실시권을 갖는다. 특히, 대학에서 생산된 연구 성과의 확산을 통한 부가가치 창출과 창의적인 지식을 생산하고, 이를 통해 산업경쟁력을 확보하기 위한 노력이 가중되고 있다.

윤진효 외(2010)는 공동출원의 경우 모든 출원자가 기업의 경계 내에 존재하는 예외적인 상황 이외에는 개방형 혁신에 해당한다는 기존의 연구결과를 이용하여 기술혁신성 지수(INnovation Index, INI)를 다음 <식 6-3>과 같이 정의하였다.

$$INI(t,i) = \frac{\sum C_{ti}}{\sum P_{ti}} \qquad \text{<식 6-3>}$$

여기서, C_{ti}는 i분야, t연도의 공동출원 특허건수이고, P_{ti}는 i분야, t연도의 특허건수이다.

4) 기술생산성

연구개발의 부산물로 사업활동 보호를 위한 방어적 수단으로만 인식되던 특허가 독립적인 수익창출 수단으로 인식되고 있다. 따라서 최근에는 기술영역의 분배를 파악한 후에 연구주체의 R&D 활동상태를 파악하여 경쟁력을 나타내고자 하는 연구가 진행되고 있다. 특정연구주체를 중심으로 발명자 1인당 특허출원건수를 파악하여 특허출원의 생산성을 나타내는 지수로 사용하고 있다.

정의섭 외(2005)는 특허출원의 기술생산성 지수(Products Index, PI)를 다음 <식 6-4>와 같이 정의하였다.

$$PI(t,i) = \frac{\sum_{t} P_{ti}}{\sum_{i} I_{ti}} \qquad \text{<식 6-4>}$$

여기서, P_{ti}는 i분야, t연도의 특허건수이고, I_{ti}는 i분야, t연도의 발명자수이다. 분자는 분석대상 특정분야의 특정연도에 대한 특허출원건수 합계를 나타낸 것이고, 분모는 분자에 해당하는 발명자의 합계를 나타낸 것이다.

제 2 절 수출입분석

1 관세 · 통계통합품목분류표(HSK) 개요

전 세계에서 거래되는 각종 물품을 세계관세기구(WCO)가 정한 국제통일상품분류체계(HS)에 의거 하나의 품목번호(Heading)에 분류하는 것으로서 국제통상상품분류체계에 관한 국제협약(The International Convention on the Harmonized Commodity Description and Coding System: HS 협약)에 의해 체약국은 HS 체계에서 정한 원칙에 따라 품목분류업무를 수행하고 있다.

관세 · 통계통합품목분류표(Harmonized System of Korea, HSK)는 세계관세기구(WCO)가 제정한 HS 6단위 품목분류체계에 근거하여 수출입물품에 대한 관세부과, 무역통계 작성 등 국내적 필요에 따라 품목을 10단위로 세분화한 품목분류표이다.

국제통일상품분류체계(HS)는 관세 · 무역통계 · 운송 · 보험 등과 같은 다양한 목적에 사용될 수 있도록 만든 다목적 상품분류제도로서 이러한 HS 제정의 목적은 상품분류체계의 통일을 기하여 국제무역을 원활히 하고 관세율 적용의 일관성을 유지하기 위한 것이다.

수입물품에 대한 관세는 해당 품목번호마다 적용되는 관세율이 미리 정해져 있으므로, 정확한 품목분류가 선행되어야 납부할 관세액이 결정되며, 특히 품목번호는 기능은 유사하지만 형태가 다르거나, 형태는 유사하나 기능이 다른 경우 또는 범용성 부분품인지 아니면 전용부분품인지 여부에 따라 달라지게 되므로 정확한 관세를 납부하기 위해서는 수입신고 시 올바른 품목분류가 중요하다.

표 6-6 품목분류표 기본구조

구분	내용
HSK 해석에 관한 통칙(GRI)	• 품목분류표 전체에 대한 분류기준으로 7개의 통칙으로 구성되며, 법적 구속력이 있음
주(Legal Note)	• 부, 류, 소호에 설정된 분류기준으로 일반적으로 각각 해당 부, 류, 소호에 대해 적용 – 분류범위, 용어의 정의 및 경합물품 등을 규정 • HS 협약 주와 국내 주(6개)가 있으며, 법적 구속력이 있음
호(Heading; 소분류)	• 류(2단위)를 세분류한 4단위(개정 1,224개) • 호의 용어는 법적 구속력이 있음
소호(Sub-heading; 세분류)	• 호를 세분류한 6단위(개정 5,205개)(소호까지 국제공용) • 소호의 용어는 법적 구속력이 있음
품목번호	• 소호를 세분류한 10단위(개정 12,232개)(국내용) • 품목번호의 용어는 법적 구속력이 있음
부(Section; 대분류) 류(Chapter; 중분류) 절(Sub-chapter)	• (구성) 제1부~제21부(부의 표제는 법적 구속력은 없음) • (구성) 제1류~제97류(류의 표제는 법적 구속력은 없음) • 절은 특정 류에서 이해편의상 유사물품 군(群)으로 구분한 것으로 절의 표제는 법적 구속력은 없음

그림 6-2 품목분류표 기본구조

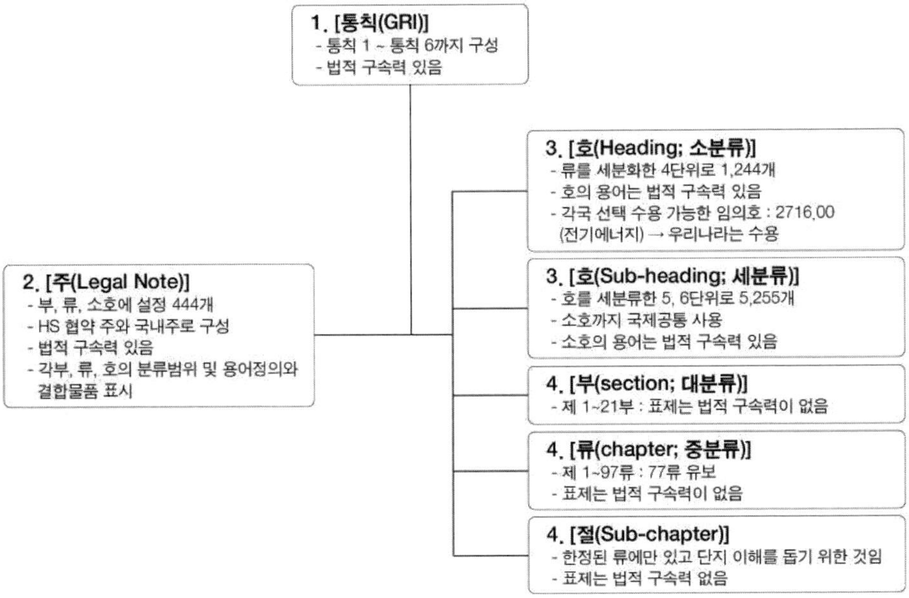

○ HS 코드의 구조

HS(Harmonized Commodity Description and Coding System) 부호란 수출입 물품에 대해 HS 협약에 의해 부여되는 상품분류 코드로서 6자리까지는 국제적으로 공통으로 사용하는 코드이며, 7자리부터는 각 나라에서 6단위 소호의 범위 내에서 이를 세분하여 10자리까지 사용할 수 있다. 우리나라에서는 10자리까지 사용하며 이를 HSK(HS of Korea)라 한다(EU는 8, 일본은 9자리 사용).

○ HS 코드의 구조 : 0102.90－1000(10단위 HSK)

- 01: 류(Chapter) → 산 동물이 분류되는 류(類)로서 앞 2자리를 말함.
- 0102: 호(Heading) → 소(牛)가 분류되는 호(號)로서 앞 4자리를 말함.
- 0102.90: 소호(Subheading) →기타의 소가 분류되는 소호(小號)로서 앞 5, 6자리를 말함.
- 0102.90－1000: '젖소'가 분류되는 10자리 코드임. 7단위 이하는 6단위에서 정하는 범위 내에서 각국이 이를 세분하여 사용할 수 있음. 우리나라는 마

지막 4자리를 세분하여 10단위로 사용하고 있다.

※ HSK 코드란 HS 협약에서 정한 아라비아 숫자 6단위 상품분류 코드에 아국의 필요에 따라 추가적으로 세분류한 것이다.

2 무역특화 지수

무역특화 지수(Trade Specialization Index, TSI)는 한 상품의 총수출액과 총수입액의 차이를 통해 비교우위를 파악하기 위한 국제경쟁력지표로서 $-1 \le TSI \le +1$의 값을 가지며, 1에 가까울수록 수출특화, 즉 그 제품이나 산업이 무역흑자를 기록해 국제경쟁력이 강한 것을 뜻하고, −1에 가까울수록 수입특화, 국제시장에서 경쟁력이 약하거나 수출을 하지 못하는 것으로 해석한다. 무역특화 지수는 한 상품의 총수출액과 총수입액, 그리고 전체 무역액을 이용해 상품의 비교우위를 나타내는 지표로서 그 공식은 다음과 같다.

$$TSI = \left(\frac{X_{ij} - M_{ij}}{X_{ij} + M_{ij}}\right) = \frac{(j\text{국 } i\text{재 수출액} - j\text{국 } i\text{재 수입액})}{(j\text{국 } i\text{재 수출액} + j\text{국 } i\text{재 수입액})} \qquad \text{<식 6-5>}$$

여기서,

X_{ij}: 일정기간 중 i국가의 j상품에 대한 총수출액
M_{ij}: 일정기간 중 i국가의 j상품에 대한 총수입액

이 값이 높을 수록 수출 비중이 높게 나타나고 경쟁력이 높은 것으로 판단한다. 이 지수가 0인 경우 비교우위는 중간정도이며, 1이면 완전 수출특화상태를 말한다. 수입은 전혀 하지 않고 수출만 한다는 뜻이다. 또 −1이면 완전 수입특화 상태이다. 수출물량이 전혀 없을 뿐만 아니라 수입만 한다는 뜻이다. 이 지수는 국제경쟁력 지수로 사용되기도 한다. 이럴 경우, 0 이상 1 이하이면 그 제품이나 산업이 무역흑자를 기록해 국제경쟁력이 강한 것을 뜻하고, −1에 가까울수록 국제시장에서 경쟁력이 약하거나 수출을 하지 못하는 것으로 볼 수 있다.

3 현시비교우위 지수

지역산업의 국제경쟁력은 수출경쟁력을 기준으로 검토할 수 있고, 그 지표로써 현시비교우위 지수를 분석할 수 있다. 발라사(Balassa, 1970), 코지마(Kojima, 1970) 등이 제안한 현시된(Revealed) 비교우위 지수는 기술적 요인과 부존요소 비율의 차이 등에 기인한 상대가격 변화에 따른 비교우위 가능성, 규모의 경제에 기인한 시장점유율 및 교역의 변화 가능성 등을 모두 포함하고 있어 수출경쟁력을 판단하는 종합지표로서의 역할을 충족시키고 있다.

현시비교우위 지수(Revealed Comparative Advantage, RCA)란 세계 전체수출시장에서 특정상품(서비스 포함)의 수출이 차지하는 비중과 특정국의 수출에서 동 상품수출이 차지하는 비중 사이의 비율로 특정상품의 비교우위를 판단하는 데 널리 쓰이며, 이 지수가 1보다 크면 비교우위가 있다고 판단한다.

현시비교우위 지수는 한국무역협회의 HS2 단위 기준 2009년 지역별 수출입 자료를 KSIC 9차 분류와 연계시켜 산출할 수 있다. 즉, HS2 단위와 KSIC 소분류를 연계시킴에 있어 HS2 단위 품목코드의 포함 개수의 비중을 기준으로 지역별 · 산업별 수출액을 분류할 수 있다.

$$j\text{지역의 } i\text{산업현시비교우위 지수} = \frac{[j\text{국 } i\text{산업(품목) 수출액}/j\text{국 전산업(품목) 수출액}]}{[\text{전세계 } i\text{산업(품목) 수출액}/\text{전세계 전산업(품목) 수출액}]}$$

<식 6-6>

제 3 절 시장구조분석

1 시장구조측정의 의의

1) 시장구조: 시장경쟁도의 근사치

시장이 비경쟁적일수록 사회적 후생순손실(dead-weight loss)은 커지게 된다. 사회적 후생순손실이 존재한다는 것은 소비자잉여의 축소와 함께 국가 전체의 자원이 비효율적으로 배분되고 있다는 것을 의미한다. 경쟁정책은 시장을 좀 더 경쟁적인 모습으로 변환시키기 위한 정부의 시장개입으로서, 경쟁정책의 목적은 시장경쟁을 활성화시키는 데 있다. 따라서 경쟁정책의 추진에 있어서 사전적으로 국내시장의 전반적인 경쟁도를 파악하는 것은 필수적이다.

시장의 경쟁도는 여러 가지 요인의 영향을 받는다. 시장에 존재하는 경쟁자의 수와 이들 간의 상대적 규모분포(시장구조), 초과이윤이 존재할 경우 새로운 기업의 진입가능성(진입장벽), 공급자와 수요자 간의 교섭력의 차이, 공급자와 수요자 간의 정보 비대칭성의 정도 등 수많은 요인들이 시장의 경쟁정도를 결정짓는다. 시장의 경쟁도를 결정짓는 이러한 요인들은 정량적으로 측정될 수 있는 것과 정성적 속성을 갖고 있기 때문에 계량화될 수 없는 것으로 구분할 수 있다. 앞에서 열거한 각종 요인 가운데 시장구조는 비교적 계량화가 가능하지만, 여타 요인은 계량화가 극히 어렵다. 이러한 이유로 인하여 시장구조는 경쟁도를 계량화하는 데 중요한 지표가 된다.

경쟁정도의 측정에 있어서 시장구조가 갖는 중요성은 비단 계량화가 용이하다는 데 국한되지 않는다. 만약 경쟁자들 간에 담합이 없다면, 시장의 집중도가 낮을수록 경쟁은 심화되는데, 이는 전형적인 쿠르노 모형(Cournot Composition)에 의해 잘 설명되고 있다. 현실경제에서 시장집중도가 높은 경우 독점 내지 과점적 시장행동이 나타날 수도 있지만, 경우에 따라서는 소수의 기업 간에 치열한 경쟁이 전개되는 경우도 얼마든지 발견할 수 있다. 그렇지만 시장집중도가 낮은 경우에는 공적 혹은 사적인 제한이 없는 한 경쟁의 회피가 불가능하며, 따라서 시장의 고집중이 반드시 낮은 경쟁으로 연결된다고 할 수는 없지만, 시장의 저집중은 활발한 경쟁의 충분조건이 될 수 있다. 이러한 이유로 경쟁정도의 측정에 있어서 시장집중도가 낮다면 경쟁이 충분히 이루어지고 있는 것으로 간주하여도 무방하며, 경쟁정책에 있어서는 이러한 시장에 대해서는 심층적인 시장분석이 필요치 않을 것이다. 이러한 점에서 시장구조는 경쟁정책의 집행에 있어서 일차적인 판단기준으로서 중요한 역할을 수행한다.

우리나라의 공정거래정책의 시행에 있어서도 시장구조는 중요한 기준으로 채택되고 있다. 「공정거래법」 제3조의2에서는 시장지배적 사업자의 남용행위를 금지하고 있는데, 여기서 "시장지배적 사업자"라 함은 일정한 거래분야의 공급자나 수요자로서 단독으로, 또는 다른 사업자와 함께 상품이나 용역의 가격·수량·품질 기타의 거래조건을 결정·유지 또는 변경할 수 있는 시장지위를 가진 사업자를 말한다. 시장지배적 사업자를 판단함에 있어서는 시장점유율, 진입장벽의 존재 및 정도, 경쟁사업자의 상대적 규모 등을 종합적으로 고려한다. 「공정거래법」 제4조에서는 시장지배적 사업자의 추정요건에 관해 규정하고 있다. 이에 따르면, 상품 및 용역시장에 있어서 상위1사의 시장점유율이 50% 이상이거나 상위3사의 시장점유율이 75% 이상이고 해당기업의 시장점유율이 10% 이상인 경우에, 연간 매출액이 10억 원을 초과하는 회사를 시장지배적 사업자로 추정하고 있다.

또한 「공정거래법」 제7조에서는 경쟁제한적인 기업결합을 제한하고 있는데, 여기서도 경쟁제한성의 판단기준에 있어서 시장구조가 중요한 기준으로 채택되고 있다.

미국의 경우에도 경쟁제한적인 기업결합의 심사에 있어서 허핀달 지수(HHI)[8]가 1,000 이하인 경우 경쟁제한성의 분석에서 사전적으로 배제되며, HHI가 1,000~1,800인 경우는 당해 기업결합으로 인하여 HHI의 상승폭이 100포인트를 넘지 않는 한, 심사대상에서 제외된다. 이와 같이 미국의 경쟁제한적 기업결합의 심사에 있어 시장구조는 심층적인 심사 여부를 결정하는 사전 스크린기능을 수행함과 아울러, 문제가 되는 기업결합의 심사 시에도 경쟁제한성을 판단함에 있어서 중요한 고려요인이 된다.

8) 시장 내 각 기업의 시장점유율 자승합에 10,000을 곱한 수치를 말한다. 일본, 독일 등에서는 HHI를 시장점유율의 자승합에 1,000을 곱한 수치를 사용하고 있다.

2) 산업유형과 시장구조지표의 유용성

시장구조를 시장경쟁도의 근사치로 채택하는 데 있어서는 두 가지 조건이 충족되어야 한다.

첫 번째는 시장의 범위가 의미있는 수준으로 획정되어야 한다. 이는 이론적으로는 지극히 당연한 말이지만, 현실적으로 시장구조를 계량화하는 데 있어서 시장의 획정기준으로서 통계분류체계를 이용하게 되는데 이러한 분류체계는 현실적인 제품시장의 범위와 크게 괴리될 수 있다. 이것보다 더욱 중요한 것은 지리적 시장 문제이다. 일반적으로 상품의 경우는 물류체계의 발달로 전국이 하나의 시장으로 형성되고 있지만, 서비스업의 경우는 지리적 시장의 범위가 매우 중요하다. 유통업 가운데 대형소매점의 예를 들어보면, 대부분의 소비자들은 지리적으로 가까운 점포에서 시장을 보는 것이 일반적이다. 전국적으로 수많은 대형 유통업 사업자가 존재하더라도 이들이 각 지역에 고르게 분산되어 각각 독점적 지위를 갖고 있다면, 전국시장을 범위로 한 시장구조지표는 그 유용성이 상실된다. 또 반대로, 대형유통업자가 전국적으로 2사밖에 없다고 하더라도 이들이 동일한 지역에 각각 점포를 개설하고 있다면, 경쟁은 치열하게 전개될 수 있다. 「공정거래법」의 집행을 위해 구체적인 사건에 대해 심사를 할 경우는 이러한 요인이 충분히 고려될 수 있지만, 일정한 산업분류체계 하에서 광범위한 시장분야에 대한 전반적인 시장구조를 측정하는 데 있어서는 이러한 개별사업의 시장특성은 무시될 수밖에 없다.

두 번째는 시장구조의 측정은 고집중 산업에서만 의의를 갖는다. 시장이 시장점유율이 낮은 수많은 사업자로 구성되어 있는 경우에는 시장구조의 측정은 의미가 없다. 이러한 시장에서 활발한 경쟁이 나타나지 않는다면 그것은 시장정보나 행태, 제도적 요인 등 여타 요인에 의한 것으로 간주하여야 하며, 이러한 산업분야에서 시장구조를 기준으로 경쟁도를 판단하는 것은 무의미하다.

2 시장경쟁도의 측정지표: 성과지표와 구조지표

시장의 경쟁상태를 측정하는 지표는 크게 성과지수와 구조지수로 구분된다. 성과지수는 완전경쟁시장에서 자원의 최적배분이 이루어지며, 이때의 균형점은 [가격=한계비용]인 점에서 이루어지게 되는데, 시장이 완전경쟁에서 멀어질수록 [가격>한계비용]이 되는 점에서 균형이 이루어지게 된다는 점에 착안하여 독점이윤(가격-한계비용)의 크기를 계산함으로써 시장의 경쟁도를 측정하려는 방법이다. 반면에, 구조지수는 시장구조-시장행동-시장성과 간에 일정한 관계가 성립한다는 전제 하에 시장구조를 측정함으로써 시장의 경쟁도를 간접적으로 측정하는 방법이다.

현실적으로 시장의 경쟁도를 측정하려는 이유는 특정시장이 완전경쟁상태와 얼마만큼 괴리되어 있으며, 그로 인하여 자원의 비효율적 배분에 따른 후생순손실(dead-weight loss)이 어느 정도 발생하는가를 측정하기 위해서이다. 공공정책의 최종 관심은 시장구조가 아니라 시장의 효율성, 즉 자원의 최적 배분 여부에 있다. 따라서 성과지수는 이론적으로 시장의 경쟁도를 적절히 반영한다는 점에서 경쟁정책의 목표에 가장 부합하는 지표가 될 수 있다. 그러나 이러한 이론상의 명쾌성에도 불구하고 성과지표는 계측의 어려움이라는 현실적 문제에 직면한다. 이러한 이유에서 현실적으로 정확한 계측이 가능한 구조지표를 시장경쟁도의 대리변수로 채택하는 것이다.

성과지표는 측정상의 문제와 아울러 또 다른 문제를 안고 있다. 시장성과란 결국 당해시장에 속한 기업의 성과를 모두 합한 것인데, 기업성과, 즉 이윤은 기업활동을 둘러싼 여러 가지 요인이 결합되어 결정되는 복합적 성격을 가진 지표로서 시장의 경쟁도도 기업의 이윤을 결정하는 하나의 요소에 지나지 않는다. 기업성과는 경제일반적인 조건, 경기순환, 수요·공급 조건, 경쟁도, 시장정보, 동태적 기술진보 등 수많은 요소의 영향을 받게 되는데, 이 가운데 시장의 경쟁도에 의한 성과만을 분리하기가 쉽지 않다. 이러한 점을 감안한다면 시장의 경쟁도를 단순히 시장점유율만으로 파악하는 구조지표가 경쟁도의 측정에 있어서 상대적 우위성을 가질 수도 있다.

시장구조지표의 측정에 있어서도 물론 적지 않은 문제가 있다. 우선, 측정상의 문제로서 시장범위의 획정이 매우 중요한 문제로 등장한다. 구조지표는 일반적으로 산업센서스 등 기존의 원시통계자료(raw data)를 이용하여 작성하게 되는데, 여기에 사용되는 산업(혹은 상품, 품목)분류체계가 경제학적 의미의 시장의 범위와 일치하는가 하는 문제이다. 성과지표의 계산에 있어서도 물론 시장의 범위 획정은 필요하지만, 그 중요성은 구조지표에 비해 크지 않다. 왜냐하면, 만약 성과지표가 시장의 경쟁도에 의해서만 결정된다고 가정한다면, 성과지표는 개별 기업단계에서 측정할 수 있고, 또 그 성과지표의 크기에 의해 기업의 시장지배력을 곧바로 유추할 수 있기 때문이다.

즉, 경쟁정책의 집행기준으로서 성과지표를 채택한다면 시장범위의 획정 등 번거로운 절차없이 문제가 된 기업의 성과만으로 당해기업의 시장지위를 판단하면 그만이기 때문이다. 그러나 구조지표의 경우에는 문제가 전혀 다르다. 구조지표는 시장구조 그 자체가 경쟁도를 나타내는 대리변수인 데, 이것은 시장의 획정 범위에 따라 그 수치가 크게 달라지기 때문이다. 시장의 범위를 아주 좁게 획정하였을 때는 각각의 시장이 독점적인 것으로 나타나지만, 이들 시장을 하나의 시장으로 확대·통합할 경우 매우 경쟁적인 구조로 나타날 수 있다.

이상에서 논의하였듯이 성과지표와 구조지표는 각각 장·단점을 갖고 있는데, 실제 정책운영의 기준으로서는 객관적인 계측이 가능한 구조지표를 기준으로 채택하되, 성과지표도 보조지표로서 아울러 고려하는 것이 일반적이다. 우리나라 「공정거래법」에서도 예컨대, 시장지배적사업자의 규정에 있어서는 구조지표를 채택하되, 그 남용행위의 판단에 있어서는 이윤 등 성과지표를 아울러 채택하고 있다.

시장성과지표로서 대표적인 것이 가격과 한계비용의 차이를 계측하는 Lerner 지수이며, 현실적인 측정을 위해 이를 다소 변형한 것으로 Bain 지수, Rothschild 지수 등이 있다. 시장구조지표로서는 상위 k기업의 누적시장점유율을 나타내는 누적시장집중도(concentration ratio, CRk)를 비롯하여 허핀달 지수(Herfindahl index, H),[9] 물리학의 열역학 법칙을 응용한 엔트로피 지수(entropy index), 소득불균형 계측방법을 이용한 지니계수(Gini coefficient) 등 현재 개발된 것만도 수십 종에 이르고 있으나, 다음에서는 CRk와 HHI 지수에 대해서만 검토하기로 한다.

시장구조(market structure)란 시장(산업) 내에서의 수요자와 공급자의 존재양태를 의미하는 것이다. 그러나 수요자는 대체로 불특정다수로 시장구조에 미치는 영향이 적으므로 일반적으로 공급 면에서 시장의 구조적 성격에 중점을 두게 된다.

---

9) 이 지수는 Hirschman과 Herfindahl이 거의 동시기에 각각 독립적으로 개발하였으므로 Hirschman－Herfindahl 지수(HHI)라고도 한다.

시장구조는 기업의 진입과 퇴출, 기술적 특성, 기업결합, 이윤율, 성장률 등 여러 시장행동(market conduct) 및 시장성과(market performance)에 의해 결정되며, 이것은 다시 시장행동 및 성과에 영향을 미치게 된다. 시장구조는 궁극적으로는 개별 시장에서의 기업의 수와 그들 간의 상대적 규모로 정의된다.

현실경제에서는 이론적인 완전경쟁시장 혹은 완전독점시장의 존재가 불가능하며 정도의 차이는 있지만 불완전경쟁시장의 형태를 갖기 마련이다. 그러므로 특정시장에 대해 구조적 측면에서 경쟁도를 비교·분석함으로써 그 시장의 유형이 완전경쟁시장과 완전독점시장이라는 양극단 중 어디에 위치하는지를 규명할 수 있다. 즉, 시장구조를 계측함으로써 모든 시장을 경쟁도에 따라 독점에서 과점, 그리고 경쟁으로 이어지는 단일차원 상에 나타낼 수 있다는 점에서 산업조직론에서는 집중지수를 이용한 시장구조의 측정과 분석이 주요 관심사 중의 하나가 되어 왔으며, 또한 경쟁정책의 수립과 집행에 있어서도 중요한 정책자료로 이용된다.

시장구조를 객관적으로 파악하기 위해서는 시장집중도의 계측이 필수이며, 이를 수량적 척도로서 표시한 것이 집중지수이다. 그러나 시장구조를 수치화한다는 것은 시장구조의 다원적 측면을 단일차원으로 표현하는 것에 불과하여 기업행동 및 시장성과의 차이를 나타내지는 않으나, 이를 통해 시장의 경쟁도를 간접적으로 평가할 수 있다. 실제 시장구조의 측정에 이용되는 집중도 지수는 수십 종류에 이르고 있는데, 일반적으로 사용빈도가 높고, 또 하나의 시장구조 측정지표로서 성격이 뚜렷한 상위 k기업집중률(CRk), 허쉬만-허핀달 지수(HHI)를 설명하고자 한다.

집중도 지수는 특정기업군이 산업 내에서 차지하는 비중이나 구조를 파악하는 지수로 산업조직론의 실증분석에서 가장 많이 활용되는 지수의 하나이다. 동 지수들을 변형하여, 특정지역이 산업 내에서 차지하는 비중을 이용하면 산업별 지역 간 집중도 지수를 구할 수 있다. 우선, 산업별로 상위 n번째 기업까지의 시장점유율을 합계하여 구하는 기업집중도 지수 대신에, 상위 n지역까지의 고용비율을 합하면 지역집중도 지수를 계산할 수 있다. 또한 시장 내 모든 사업자의 시장점유율(%)을 제곱한 후, 그 값을 합하여 구하는 허쉬만-허핀달 지수(HHI)의 경우도 산업별로 각 지역의 고용비율을 이용하면 산업별 지역 HHI를 산출할 수 있다.[10] 미국의 경

10) 상위지역집중도를 구하는 공식은 $CR_k = \sum_i^k s_i$ 이며, 허쉬만-허핀달 지수는 $HHI = \sum_i^N s_i^2$ 이다. 상위

우, CR4가 0.75를 넘으면 집중도가 높은 산업으로 규정하고 있다는 점을 감안하고, 또한 미국에서 HHI<1,000이면 시장이 비집중, 1,000≤HHI≤1,800이면 중집중, 그리고 1,800<HHI이면 고집중으로 분류하고 있다는 점을 고려할 때, 우리나라의 산업을 비교·분석할 수 있다.

(1) 상위 k기업집중률(concentration ratio, CRk)

상위 k기업집중률은 한 시장에서 상위 k개 기업들의 시장점유율(Si)의 합을 의미하는 것으로서 산업의 지역집중분석을 통해서 지역경제·산업의 구조적 특성을 분석할 수도 있다. 집중도 지수(CRk)는 특정기업군이 산업 내에서 차지하는 비중이나 구조를 파악하는 지수로 산업조직론의 실증분석에서 가장 많이 활용되는 지수의 하나이며, 동 지수들을 변형하여, 특정지역이 산업 내에서 차지하는 비중을 이용하면 산업별 지역 간 집중도 지수를 구할 수 있다. 우선, 산업별로 상위 n번째 기업까지의 시장점유율을 합계하여 구하는 기업집중도 지수 대신에, 상위 n지역까지의 고용비율을 합하면 지역집중도 지수를 계산할 수 있다.

$$CR_k = \sum_{i=1}^{k} S_i \qquad \text{<식 6-7>}$$

이 지수는 측정이 간단할 뿐만 아니라 소수 대기업의 시장점유율을 직접적으로 표시해주기 때문에 시장집중도를 측정하는 수단으로 널리 사용되고 있다. 특히, 우리나라의 공정거래정책에 있어서 경쟁저해의 가능성이 있는 기업결합 및 시장지배적 사업자의 판단기준으로서 CRk를 시장구조측정지표로 사용하고 있다.

CRk가 갖는 장점은 첫째, 지수의 측정이 간편하다는 점이다. 이 지수는 시장 전체의 규모를 파악하고 있을 경우 상위기업의 시장점유율만을 알 수 있다면 간단히 계산될 수 있다. 둘째, 의미가 명확하여 누구나 직감적으로 이해할 수 있다. 다음에

지역집중도는 단순히 시장 내 상위 몇 개 지역의 시장점유율의 합계로 나타나는 반면에, HHI는 상위지역의 시장집중의 강약 및 하위지역들의 시장점유율 분포까지 반영하는 특성을 가지고 있으며 시장점유율이 높은 지역일수록 상대적으로 경쟁과정에서 영향력이 크다는 점을 반영하여 가중치가 높게 부여되도록 하는 장점이 있다. 미국은 합병심사 시 시장집중 측정지표로 HHI를 이용하고 있다. 두 지수 값의 범위는 $0 < CR_k \leq 1$이고, $0 < HHI \leq 10{,}000$인 데, 두 지수 모두 그 값이 클수록 집중도가 높은 것을 의미한다.

설명할 여타 집중지수는 특정의 지수치가 계산되었다고 하더라도, 그것이 어느 정도 집중된 시장인지를 쉽게 이해하기 어렵다. 그러나 CRk는 예컨대, 상위 3사 혹은 상위 5사 등이 합계 ○○%의 시장점유율을 차지하고 있다고 간단한 설명이 가능하며, 전문가가 아니더라도 그 의미를 쉽게 이해할 수 있다.

그러나 이 지수는 세 가지 결점을 갖고 있다. 첫째, k개 상위기업 간의 상대적 규모차이를 반영하지 못하고 있다는 점이다. 예를 들면, k=3이라면 3개의 기업이 각각 25%의 점유율을 갖는 시장이나, 각각 50%, 20%, 5%의 점유율을 갖는 시장이나 집중도는 75%로 동일하다. 이것은 CRk가 일정할 경우 상위기업 간의 규모가 동등해질수록 경쟁도가 높다고 하는 일반적 인식과 배치된다. 둘째, 기업수가 경쟁에 미치는 효과를 완전히 배제하고 있을 뿐만 아니라, 상위 k개 이외의 기업들의 점유율이 지수치에 전혀 영향을 미치지 못하고 있다는 점이다. 셋째, k의 설정이 자의적일 수밖에 없는데, k를 어떻게 설정하는가에 따라 시장 간 집중도가 달라질 수 있다.

CRk는 일반적으로 국내기업의 총생산 또는 총판매액을 기준으로 측정하지만, 개방경제체제 하에서는 이 지수에 수출입 등 해외요인을 반영시킴으로써 보다 정확한 시장구조를 계측할 수 있다. 그러나 해외요인을 고려할 경우 수출에 대해서는 단순히 이를 공제하면 그만이지만, 수입에 대해서는 어떠한 가정을 도입할 것인가 하는 까다로운 문제가 발생한다. 즉, 수입이 상위기업에 의해 이루어지는가 아니면 하위기업에 의해 이루어지는가에 따라, 또 수입이 독점수입인지 아니면 경쟁수입인지에 따라 지수치가 달라지게 된다. 따라서 해외요인을 고려하는 경우에는 산업 전반에 걸친 수입상품의 국내시장 진출경로를 감안하여 합리적인 가정을 설정할 필요가 있다.

(2) 허쉬만-허핀달 지수(HHI)

허쉬만-허핀달 지수(Hirschman-Herfindahl Index, HHI)는 시장 내 모든 사업자의 시장점유율(%)을 제곱한 후, 그 값을 합하여 구한다. 산업별로 각 지역의 고용비율을 이용하여 산업별 지역 HHI 산출 정의식은 다음과 같다.

$$HHI = \sum_{i=1}^{n} (\frac{X_{ij}}{X_j})^2 \qquad <식 6-8>$$

지역제조업의 산업집중도를 HHI를 통해 분석할 경우, 여기에서 X_{ij}는 j지역 i 산업의 생산액, X_j는 j지역 제조업 전체의 생산액 HHI 최댓값은 1이고 최솟값은 0이다. HHI로 특정하는 지역산업의 집중도는 지역의 제조업구조가 특정업종에 집중되어 있는 정도 또는 특화되어 있는 정도를 나타낸다고 할 수 있다.

집중지수의 계측은 경제학과 산업조직이론에서 가장 활발하게 논의되어 왔던 연구과제의 하나였으므로 많은 학자들에 의해 각종 측정치가 발표되었다. 가장 널리 활용되는 지수로는 상위 k개사의 기업집중률(Concentration Ratio, CRk)과 허쉬만-허핀달 지수(HHI)를 들 수 있다. 이 두 지수는 모두 어느 한 시점(stock)의 점유율을 기준으로 사용하고 있다.

제 7 장 지역경제분석

제 1 절 인구분석[1)]

1 총인구

총인구란 일정시점에 일정한 지역 내에 살고 있는 모든 인구를 의미한다. 한 국가의 인구 및 인구성장률은 그 국가의 장·단기 국가발전 계획수립에 있어 가장 기본적이고 근원적인 기초 자료로서 인구와 관련된 각종 경제·사회 정책을 수립하는데 활용된다. 우리나라에서 총인구에 관한 통계는 주민등록인구, 총조사 인구, 추계인구 이렇게 세 가지가 있다. 이 중에서 추계인구가 우리나라 공식통계에 해당한다.

각 인구통계의 특징은 다음과 같다. 주민등록인구는 행정자치부의 주민등록신고에 기반하여 작성한 통계로서 매월 말일을 기준으로 집계하며 선거 등 필요한 시점에 집계하기도 한다. 주민등록인구는 주민등록상의 거주지와 실제 거주지의 불일치, 거주 불명자, 유학이나 취업 등으로 해외에 거주하는 내국인이 상당수 포함되어 있는 등의 한계점을 가지고 있다. 총조사 인구는 5년마다 실시하는 통계청

1) 통계청 자료 주로 인용함.

의 인구주택총조사를 통해 조사원이 직접 가구를 방문하여 작성한 것을 집계한 통계이다. 총조사 인구는 실제 거주지에서 조사하기 때문에 인구의 규모뿐만 아니라 구조나 특성에 대해서도 많은 정보를 제공해주는 이점이 있는 반면, 생활방식이 복잡해지면서 유동성이 심한 계층이 누락될 수 있는 우려가 있다. 추계인구는 주민등록인구와 총조사 인구가 가지는 한계를 극복하기 위해 통계청이 총조사 인구를 토대로 출생, 사망, 인구이동 등 여러 가지 변수를 고려해 실제적인 인구를 추정하여 작성하는 인구통계이다. 추계인구는 정부의 인구에 관한 공식통계로서 주요 정책 수립에 활용된다. 다만, 추계인구의 경우 추계의 특성상 추계 시 전제했던 상황과 달리 인구변화가 일어날 때 일부 차이가 발생할 가능성이 있다.

2 고령화

저출산·고령사회정책의 기본방향과 그 수립 및 추진체계에 관한 사항 등을 규정하고 있는 「저출산·고령화 기본법」은 "인구의 고령화"라 함은 전체 인구에서 노인의 인구비율이 증가하는 현상을 말한다고 정의하고 있다.

일반적으로 65세 이상 고령자가 전체 인구의 7% 이상~14% 미만이면 고령화사회(aging society), 14% 이상~20% 미만이면 고령사회(aged society), 20% 이상이면 초고령사회(super-aged society)로 분류한다. 노년부양비란 생산가능인구(15~64세) 100명에 대한 고령(65세 이상) 인구의 비를 말한다.

노년부양비 = (65세 이상 인구 ÷ 15~64세 인구) × 100 <식 7-1>

즉, 생산가능인구(15~64세) 100명이 부양해야 할 65세 이상의 인구의 수를 의미하는 것이다. 노령화지수는 유소년(0~14세)인구 100명에 대한 고령(65세 이상) 인구의 비로서 인구의 고령화가 진행되면 동 지수도 증가한다.

노령화지수 = (65세 이상 인구 ÷ 0~14세 인구) × 100 <식 7-2>

3 고용통계

고용통계는 한 나라의 노동력 규모와 취업자 및 실업자 실태를 파악하는 국가 통계 중의 하나이다. 국민경제에 있어 적정한 고용수준을 유지하고 실업을 줄이는 일은 중요한 정책과제가 되므로, 고용통계는 이러한 정책과제를 수행하기 위하여 필수적인 통계이다.

통계청은 매월 경제활동인구조사를 통하여 고용통계를 생산하고 있다. 경제활동인구조사는 우리나라 전 지역의 약 32,000 표본가구를 대상으로 15세 이상 인구, 경제활동인구, 취업자 및 실업자 현황 등을 조사하여 실업률, 경제활동참가율 등 중요한 지표를 알려주고 있다. 통계청은 매월 경제활동인구조사를 통하여 고용통계를 생산하고 있다. 경제활동인구조사는 국민의 경제활동, 즉 국민의 취업, 실업 등과 같은 특성을 조사하여 거시경제분석과 인력자원의 개발 정책수립에 필요한 기초 자료를 제공해 준다.

경제활동인구조사의 대상은 15세 이상 인구이다. 15세 이상 인구라고 표현하지만 실질적으로는 조사대상일 현재 '만 15세 이상의 인구'를 말한다. 15세 이상 인구를 경제활동조사의 대상으로 한 이유는 우리나라의 경우 의무교육이 끝나는 시점인 만 15세부터 경제활동이 가능한 나이로 보기 때문이다. 다만, 15세 이상 인구라도 현역군인이나 형이 확정된 교도소 수감자 등은 조사대상에서 제외한다.

15세 이상 인구는 현재 우리 경제가 활용할 수 있는 노동력 규모가 얼마나 되는지를 알려준다. 15세 이상 인구는 경제활동인구와 비경제활동인구로 나뉜다. 15세 이상 인구 중 수입이 있는 일에 종사하고 있거나 취업을 하기 위하여 구직활동 중에 있는 사람을 경제활동인구라고 하며, 그 외 사람은 비경제활동인구라고 한다.

경제활동인구는 다시 취업자와 실업자로 나뉘고 비경제활동인구에는 취업이나 구직활동이 전혀 없는 전업주부나 재학생, 구직단념자, 취업준비자 등 다양한 형태가 있다.

경제활동인구인 취업자는 대표적인 고용통계 지표 중 하나이다. 취업자는 조사대상기간(1주간) 중 수입을 목적으로 1시간 이상 일을 한 사람을 말한다. 다만, 자기에게 직접 수입이 들어오지 않더라도 자기 가족이 운영하는 농장이나 사업체를

그림 7-1 경제활동인구 구성

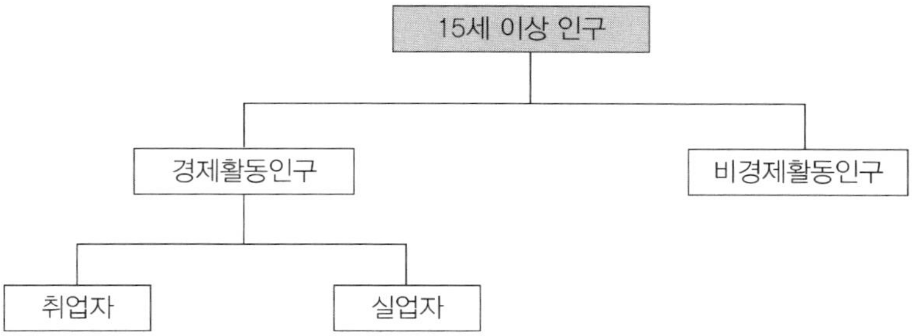

위하여 일주일에 18시간 이상 일한 사람과 직업 또는 사업체를 가지고 있으나 일시적인 병 또는 사고, 연가, 교육, 노사분규 등의 사유로 일하지 못한 일시휴직자도 취업자에 포함된다.

경제활동인구 중 조사대상주간에 수입이 있는 일을 하지 않았고, 지난 4주간 일자리를 찾아 적극적으로 구직활동을 하였던 사람으로서 일자리가 주어지면 즉시 취업이 가능한 사람을 실업자라고 한다. 실업자는 적극적 구직활동을 한다는 점에서 비경제활동인구와 차이가 있다. 일반적으로 가정주부, 학생, 정년퇴직자들은 적극적으로 일자리를 구하려는 노력을 하지 않아 비경제활동인구로 파악되는 경우가 많다. 다만, 이런 분들도 적극적 구직활동을 한다면 실업자로 분류된다.

경제활동참가율이란 15세 이상 인구 중에서 취업자와 실업자를 합한 경제활동인구의 비율을 의미한다. 총인구나 15세 이상 인구의 규모가 같더라도 경제활동참가율이 다르면 노동시장에 공급되는 전체 노동력은 달라진다. 경제활동참가율은 산업구조, 여성의 취업에 관한 사회의 인식, 청소년의 진학률, 여자들의 결혼연령과 출산자녀의 수, 가사노동에 대한 부담의 정도, 자녀들에 대한 육아 및 유아교육시설의 보급 정도 등에 따라 달라진다.

경제활동참가율이 높을수록 실업 여부와 상관없이 일단 일하고자 하는 사람이 많다는 것을 의미하며 이는 그 나라의 노동시장이 건전하다는 것을 말해준다.

경제활동참가율(%)
=(경제활동인구÷15세 이상 인구)×100
=경제활동인구/(경제활동인구+비경제활동인구)×100 <식 7-3>

실업률이란 경제활동인구 중에서 실업자가 차지하는 비율을 말한다. 실업자는 개인적으로도 큰 고통이지만 국가 전체로도 경제적으로 큰 손실이므로 실업률은 국가정책적으로 매우 중요한 고용지표에 해당한다.

실업률(%)=(실업자÷경제활동인구)×100
=실업자/(실업자+취업자)×100 <식 7-4>

비경제활동인구 중 취업준비자나 구직단념자의 경우 실업자로 인식하는 경우가 많지만 조사대상기간 중에 구직활동을 하지 않아 비경제활동인구로 분류된다. 따라서 취업준비자나 구직단념자가 증가하는 경우 오히려 실업률이 낮아지는 경우가 발생하기도 한다.

이로 인해, 국민이 실제 피부로 느끼는 체감실업률과 공식실업률 간에 괴리가 발생할 수 있다. 최근에는 이와 같은 실업률의 문제점을 보완하기 위해 고용률을 함께 이용한다.

① 청년실업률

청년실업률이란 15세부터 29세에 해당하는 청년층의 실업률을 의미한다.

청년실업률(%)=(15~29세 실업자÷15~29세 경제활동인구)×100
<식 7-5>

② 구직단념자

구직단념자란 쉽게 말해 구직을 포기한 사람, 즉 구직의사는 있지만 일정한 이유로 조사대상 주간에 일자리를 찾지 않은 사람이다. 구직단념자는 국제적 기준에 따라 실업자로 분류되지 않고 비경제활동인구에 포함된다.

통계청에서 설정하고 있는 구직단념자의 정의는 다음과 같다. 비경제활동인구 중 취업의사와 일할 능력은 있으나 다음의 사유(노동시장적 사유)로 지난 4주간에 구직활동을 하지 않은 자 중 지난 1년 내 구직경험이 있었던 사람을 구직단념자라고 한다.

㉮ 적당한 일거리가 없을 것 같아서(전공, 경력, 임금수준, 근로조건, 주변)

㉯ 지난 4주간 이전에 구직하여 보았지만 일거리를 찾을 수 없어서

㉰ 자격이 부족하여(교육, 기술 경험 부족, 나이가 너무 어리거나 많다고 고용주가 생각할 것 같아서)

③ 취업준비자

취업준비자란 비경제활동인구 중 취업목적으로 학원・기관에서 수강 등을 하거나 기타 취업준비를 하는 사람을 말한다. 취업준비자는 조사대상기간 중에 구직활동을 하지 않았기 때문에 실업자로 분류할 수 없으나, 다만 현실에서는 실업자로 인식될 가능성이 높아 취업준비자 관련 통계는 체감실업의 보조지표로 활용될 수 있다. 고용률이란 15세 이상 인구 중 취업자의 비율을 말한다.

$$\text{고용률}(\%) = (\text{취업자} \div 15\text{세 이상 인구}) \times 100 \qquad \text{<식 7-6>}$$

실업률만 보아서는 정확한 고용동향을 파악하는 데 한계가 있으므로 고용률이란 지표를 동시에 볼 필요가 있다. 예를 들어, 취업난이 장기간 지속되어 실업자 중 상당수가 일자리 찾기를 포기하고 가사나 취업준비를 하게 된다면, 이들은 실업자에서 이제는 비경제활동인구로 분류되어 실업률은 오히려 떨어지게 된다. 따라서 실업자와 비경제활동인구 간의 이동으로 인한 실업률 왜곡현상이 나타날 수 있다. 하지만, 고용률을 함께 본다면 실업률은 떨어졌지만 고용률이 그대로 유지됨을 알 수 있어 정확한 고용동향 파악을 할 수 있게 된다.

제 2 절 가계통계

국민소득통계는 한 나라의 경제활동상태를 나타내 주고 그 나라의 소득수준을 보여주는 반면, 가구소득통계는 개별가구들의 소득수준을 나타내 주는 통계로, 개별국민들의 생활을 보다 직접적으로 보여준다.

통계청은 매월 가계동향조사를 통하여 가구에 대한 가계수지 실태를 파악하여 국민의 소득과 소비수준 변화의 측정 및 분석 등에 대한 자료를 분기별로 제공하고 있다. 가구의 소득과 소비에 대한 가계통계는 소득분배지표작성 기초자료, 국민계정 등 총량 추정을 위한 기초자료, 각종 경제 및 사회정책입안 기초자료 등을 제공해주는 중요한 통계이다.

1 소 득

소득이란 가구의 실질적인 자산의 증가를 가져온 일체의 현금 및 현물의 수입을 말하며 경상소득과 비경상소득으로 구성된다. 경상소득은 일상적인 경제활동을 통해 정기적으로 얻는 소득으로서 가구가 근로제공의 대가로 받은 근로소득, 자영사업으로부터의 사업소득, 자산으로부터의 이자, 배당금 등의 재산소득, 정부, 타가구, 비영리단체 등으로부터 이전되는 이전소득 등 경상적으로 발생하는 소득을 말한다. 이에 반해, 비경상소득은 경조소득, 퇴직수당 등 일정하지 않고 확실하지 않으며 일시적으로 발생하는 소득을 말한다.

통계청은 매월 전국 약 8,700개의 표본가구를 대상으로 가계동향조사(가구에서 가계부를 직접 기입하는 방법을 이용)를 실시하여 가계소득 및 지출에 관한 통계를 분기별로 공표하고 있다. 가계동향조사를 통해 작성되는 가계수지에 관한 통계는 소비자물가지수 가중치산정의 기초자료, 각종 경제 및 사회정책입안을 위한 기초자료, 주거 이전비 산정 · 취약계층 지원 · 근로자 임금기준의 결정을 위한 기초자료 등으로 널리 활용되고 있다.

소득통계를 이용할 때는 다음과 같은 점을 유의하여야 한다. 첫째, 가구소득에서 소득에는 가구주 개인의 소득뿐만 아니라 가구를 구성하고 있는 모든 가구원의 소득, 재산소득, 타 가구로부터의 이전소득, 정부 및 사회단체로부터의 보조금 등이 모두 포함된다.

둘째, 가구소득이란 가구를 구성하고 있는 가구원의 소득을 집계한 자료로, 타지에 나가 있는 가족의 소득은 제외된다. 단, 타지에 있는 가족이 보내준 돈은 이전소득 또는 비경상소득에 포함되며, 반대로 타지 거주 가족에게 보낸 돈은 비소비지출(송금보조)에 포함된다.

2 가계지출

가계지출은 실질적으로 가계의 자산이 감소되는 지출로서, 소비지출과 비소비지출로 구성된다. 가구소비통계는 국민소비수준 변화의 측정 및 분석과 소비자물가지수에 필요한 가중치 자료로 이용된다. 또한 국민소득의 가계부문 소득과 최종소비지출 추계자료나 공공사업시행으로 인한 세입자의 주거대책비 산정자료 등으로도 이용된다.

가계지출 중 소비지출은 생계 및 생활을 위해 소비하는 내구재, 비내구재, 준내구재의 상품 및 서비스의 구입에 대한 대가로 지출하는 비용을 말한다. 소비지출 금액은 전체 가구의 평균금액이다. 예를 들어, 소비지출내용 중 교육비의 경우 취학자녀가 있는 가구만을 대상으로 한 평균교육비가 아니라 전체 가구의 교육비를 평균한 금액을 말한다. 가계지출에서 비소비지출은 조세, 공적연금, 사회보험, 비영리단체로 이전, 가구 간 이전 등 소비지출 및 자산구입이 아닌 금액을 말한다.

3 처분가능소득(가처분소득)

처분가능소득이란 소득에서 세금이나 사회보장부담금, 비영리단체로 이전, 타 가구로의 이전 등의 비소비지출을 공제하고 남는 소득, 즉 가구에서 이전되는 부분을 제외하고 자유롭게 소비지출할 수 있는 소득을 말한다.

1) 평균소비성향

가구가 벌어들인 소득 중에서 세금 등의 비소비지출을 제외한 처분가능소득 중 소비지출하는 비중을 나타내는 지표로서 소비지출을 처분가능소득으로 나누어 백분율로 계산한다.

평균소비성향=(소비지출÷처분가능소득)×100 <식 7-7>

2) 흑자율

가구의 처분가능소득에서 소비지출하지 않고 남은 부분을 흑자액이라고 한다. 흑자율은 처분가능소득 중 흑자액의 비중을 나타내는 지표로서 흑자액을 처분가능소득으로 나누어 백분율로 계산한 것을 말한다. 흑자율과 평균소비성향과 합하면 100이 된다.

흑자율=(흑자액÷처분가능소득)×100
=(처분가능소득−소비지출)/처분가능소득×100 <식 7-8>

제 3 절 지역경제분석

국가경제의 성장을 분석하는 것과 같이 지역경제의 성장을 분석하는 데에도 경제발전단계설이나 산업구조의 개선을 통하여 분석하려는 접근들이 다수 있다. 클라크와 피셔(Clark & Fisher)의 가설에 의하면, 산업구조의 전환과정을 경제성장의 과정으로 간주하고 경제성장률은 산업구조와 변화율에 의하여 결정된다고 한다. 즉, 1인당 소득이 증가하면 농업부문의 고용자 비율이 하락하고 제조업 및 서비스업의 고용자 비율이 상승하게 된다는 것이다. 주로 국가경제의 성장요인을 분석하는 데 사용되는 이와 같은 개념은 지역경제의 성장요인을 분석하는 데도 적용될 수 있다. 한편, Borts(1958)는 지역총생산의 증가를 가져오는 산업 간 자원의 재배분을 경제체제의 효율성을 높이는 것으로 보고 이것이 지역경제 성장의 한 원천이라고 규정하였다. 경제가 완전경쟁 상태라고 가정한다면 경제체제의 능률향상을 통한 지역민의 소득증가는 일종의 지역경제의 성장을 의미한다.

지역경제를 살펴보는 관점에 따라 여러 가지의 통계들이 이용가능하지만, 여기서는 지역경제의 성장성을 알아볼 수 있는 지역내총생산액의 증가율, 지역별 소득수준을 나타내는 1인당 GRDP, 특정지역 지자체의 발전을 좌우하는 지방재정자립도, 지역의 경제주체들이 느끼는 경제적인 고통을 측정하는 지역별 Misery Index의 4가지 개념을 가지고 지역경제의 현황을 살펴보기로 한다.

1 GDP

국내총생산(Gross Domestic Product, GDP)은 한 나라의 영역 내에서 가계, 기업, 정부 등 모든 경제주체가 일정기간 동안 생산한 재화 및 서비스의 부가가치[2)]를 시장가격으로 평가하여 합산한 것으로 한 나라의 경제수준과 국민들의 생활수준을 종합적으로 파악할 수 있는 지표이다.

GDP는 당해연도 및 기준연도 중 어느 해의 시장가격을 이용하여 생산액을 평가하느냐에 따라 명목 및 실질 GDP로 구분된다. 명목 GDP는 생산액을 당해연도 시장가격으로 평가한 것으로 물가상승분이 반영된 것이고, 실질 GDP는 생산량에 기준연도의 시장가격을 곱해서 계산하므로 가격 변동은 제거되고 생산량 변동만을 반영하게 된다. 따라서 실질 GDP가 명목 GDP에 비해 실제적인 경제규모 또는 국민들의 복지수준을 더 잘 반영한다고 할 수 있다.

한편, 경제성장률(Economic growth rate)이란 일정기간 동안 각 경제활동 부문이 만들어낸 부가가치가 전년에 비하여 얼마나 증가하였는가를 보기 위한 지표로서 한 나라의 경제가 이룩한 경제의 성과를 측정하는 중요한 척도로 실질 GDP의 증감률로 나타낸다.

현재 우리나라 GDP 통계는 UN이 각국에 권고한 국제기준인 국민계정체계

2) 부가가치란 생산활동에 의해 새로이 창출된 가치로서 보통 생산액에서 원재료비 등 중간생산물의 가치와 생산과정에 있어서의 자본설비의 소모분을 차감한 잔액을 뜻한다.

(System of National Accounts, SNA)에 따라 한국은행에 의해 작성되어 분기별로 공표되고 있다.

2 GNI 및 1인당 GNI

대표적인 경제성장 지표가 국내총생산(GDP)이라면 국민소득을 보다 정확하게 반영하기 위해 나온 경제지표가 국민총소득(Gross National Income, GNI)이다. 국민총소득(GNI)은 한 나라의 국민이 생산활동에 참가한 대가로 받은 소득의 합계로서 이 지표에는 자국민이 국외로부터 받은 소득은 포함되는 반면, 국내총생산 중에서 외국인에게 지급한 소득은 제외된다.

국민들의 생활수준은 전체 국민소득의 크기보다는 1인당 국민소득의 크기와 더욱 밀접한 관계가 있다. 왜냐하면, 국민총소득이 비슷하여 전체적인 경제규모가 비슷하다 하더라도 인구가 많으면 많을수록 국민 한 사람에게 돌아가는 몫은 상대적으로 작아지기 때문이다. 따라서 국민들의 생활수준을 알아보기 위하여 일반적으로 사용되는 것은 1인당 GNI이다.

1인당 GNI는 GNI를 한 나라의 인구수로 나누어 구하며 국제비교를 위하여 보통 시장환율로 환산하여 미달러($)화로 표시하고 있다.

3 지역내총생산(GRDP) 및 1인당 GRDP

우리나라에서 가장 부자 도시는 어디일까? 우리나라에서 가장 빠르게 성장하고 있는 지역은 어디일까? 혹은 내가 살고 있는 시도의 경제력은 전체에서 어느 위치에 있을까? 이러한 질문에 대한 해답으로 가장 먼저 떠오르는 것은 국내총생산(GDP)이다. 하지만, 국가 전체의 총체적인 경제상황을 알려주는 GDP는 위의 질문에 어떠한 해결책도 제시해주지 못한다. 오히려 국가 전체에 관한 내용보다는 국가 내 지역별 자료가 있다면 이에 대한 답으로 유용할 것이다. 한 나라의 지역별 경제상황을 파악하고 비교하는 데 이용되는 지역내총생산(GRDP)은 이와 같은 이유로 요구된다.

시 · 도 단위별 생산, 소비, 물가 등 기초통계를 바탕으로 추계한 해당지역의 부가가치로서 시 · 도 단위의 종합경제지표로서 지역내총생산은 사업장 단위로 추계되고, 생산측면의 부가가치로서 각 시 · 도 내에서 경제활동별로 얼마만큼의 부가가치가 발생되었는가를 나타내는 지표이다.[3] 지역소득통계의 추계목적은 지역소득의 생산, 분배, 지출 각 측면이나 경제주체 간 소득순환을 파악하여, 지역경제의 실태를 포괄적으로 나타내주어 지역의 재정, 경제시책 수립에 필요한 자료를 제공하기 위해서이다.

지역내총생산(GDRP)이란 시 · 도 단위별 생산액, 물가 등 기초통계를 바탕으로 일정 기간 동안 해당지역의 총생산액을 추계하는 시 · 도 단위의 종합경제지표를 말한다. 지역내총생산이 높다는 것은 그 지역 재정자립도가 높다는 것을 의미하고, 반대로 지역내총생산이 낮다는 것은 재정자립도가 낮아 중앙정부의 지원이 필요하다는 것을 의미한다.[4]

지역내총생산(Gross Regional Domestic Product, GRDP)이란 일정 기간 동안에 일정 지역 내에서 새로이 창출된 최종생산물가치의 합, 즉 각 시 · 도 내에서 경제활동별로 얼마만큼의 부가가치가 발생되었는가를 나타내는 경제지표이다. 즉, 쉽게 말해 시도별 GDP라고 할 수 있다. 지역내총생산에서 지역의 범위를 국가 전체로 확장하면 국내총생산(GDP)과 같은 의미가 된다. 하지만, 시 · 도별 지역내총생산의 합계와 국내총생산이 일치하는 것은 아니다. 왜냐하면, 지역내총생산이나 국내총생산은 모두 UN이 권고한 국민계정체계(System of National Account, SNA)에 따라 추계되지만 통계작성 시 이용되는 기초자료 및 자료 이용방법에 차이가 있기 때문이다.

지역내총생산액은 각 시 · 도의 경제규모, 생산수준, 산업구조 등을 파악하여 지역경제분석 및 정책수립에 필요한 기초자료로 제공된다. 우리나라 통계청은 1985년 이후 GRDP를 작성해왔으나 지역감정심화 등의 우려로 공개를 미루어오다 1993년부터 발표하기 시작했다.

지역내총생산(GRDP)은 국내총생산(GDP)과 마찬가지로 UN이 권고한 국민계정

---

3) 통계청.
4) 네이버.

체계(SNA)에 따라 추계하는 공통점이 있으나, 추계 시 이용하는 기초자료가 일부 상이하고 자료이용방법에도 다소 차이가 있으므로, 시·도별 GRDP의 합계와 GDP가 반드시 일치하지는 않는다. GRDP에는 지역배분이 곤란한 국방부문 생산액과 수입관세 등은 포함되지 않으며, 또한 발생된 소득이 시·도 간 이전을 통해 최종적으로 어느 시·도의 주민에게 귀속되는가를 나타내는 분배측면의 소득과는 다소 차이가 있다. 예를 들면, 서울 사람이 부산에 있는 사업체에서 근무할 경우 직장에서 생산하는 재화나 용역은 서울이 아닌 부산지역 지역총생산으로 된다. 따라서 GRDP의 전국 합계액은 기초자료가 달라짐에 따라 GDP와 3~5%의 차이가 발생한다.

일정기간 일정지역에서 생산된 최종 재화와 서비스의 시장가치를 합한 시·도 단위의 종합경제지표를 말한다. 어느 지역에 거주하는가와 관계없이 해당지역에서 발생한 부가가치는 모두 계상된다. 예를 들면, 서울 사람이 경기에 있는 사업체에서 근무할 경우 직장에서 생산하는 재화나 용역은 서울이 아닌 경기지역 지역총생산으로 집계한다. 지역내총생산은 각 시·도의 경제규모, 생산수준, 산업규모 등을 파악할 수 있어, 지역경제정책 수립 및 평가, 지역경제분석 등에 중요한 기초자료로 이용할 수 있다. 지역내총생산은 국내총생산(GDP)과 마찬가지로 UN이 권고한 국민계정체계(1993SNA)에 따라 추계하는 공통점이 있으나, 추계 시 이용하는 기초자료가 일부 상이하고 자료 이용방법에도 다소 차이가 있어 시·도별 지역내총생산의 합계와 국내총생산이 반드시 일치하지는 않는다. 지역내총생산에는 지역배분이 곤란한 국방부문 생산액과 수입관세 등은 포함되지 않으며, 발생된 소득이 시·도 간 이전을 통해 최종적으로 어느 시·도의 주민에게 귀속되는가를 나타내는 분배측면의 소득도 다소 차이가 있다. 지역내총생산은 지역경제의 실태를 파악할 수 있는 유일한 통계라는 점에서 지방자치제 실시에 따라 유용성이 높게 평가된다. 지역내총생산이 높으면 그 지역 지방자치기관의 재정자립도가 높을 것으로, 반대라면 낮을 것으로 볼 수 있다. 또 지역내총생산을 그 지역의 총인구로 나누면 주민 1인당 지역내총생산을 구할 수 있다. 1인당 GRDP는 지역내총생산을 지역인구수로 나눈 것으로 특정지역에 속한 개인의 소득을 나타내는 것이다.

지역소득통계의 활용도는 국민경제상의 지역(시·도)경제의 위치를 알게 하고, 지역경제 상호 간의 비교를 가능하게 함으로써 국민경제의 지역적 분석과 지역개발시책 수립에 활용하고, 지역 내 산업구조의 실태를 파악하여 산업시책의 구체적

방향 결정, 소득분배의 상태를 분석함으로써 효율적 생산요소 재분배, 지역 총수요의 구성요인을 파악하고 경제성장에 있어 각각의 기여율을 측정하여 효율적인 수요방안 강구하며, 담세능력의 평가척도인 주민의 담세율로부터 지방세 수입을 합리적으로 계획, 지방세제 개정의 기초자료로 이용할 수 있고, 지역경제구조를 개량적으로 파악하여 지역경제의 장기 예측 등에 활용될 수 있다. 지역소득통계는 지역소득의 생산 · 분배 · 지출 각 측면이나 경제주체 간 소득순환을 파악하여, 지역경제의 실태를 포괄적으로 나타내주어, 지역의 재정 · 경제시책 수립에 필요한 자료를 제공해 준다. 또한 국민경제상의 지역(시 · 도)경제의 위치를 알게 하고, 지역경제 상호 간의 비교를 가능하게 함으로써 국민경제의 지역적 분석과 지역개발시책 수립에 활용되고 있다. 지역내총생산(GRDP)통계는 매년 통계청에서 작성하여 연말에 전년도의 잠정치를, 다음 해에 확정치를 공표하고 있다.

4 지역경제 성장성

지역경제의 성장성(growth)을 알아보기 위해 지역내총생산액(gross regional domestic product, GRDP)의 증가율을 이용할 수 있다. 지역내총생산이란 일정기간 동안(통상 1년)에 일정지역 내에서 새로이 창출된 부가가치의 합으로 지역별 산업구조와 변화, 산업의 성장 등을 쉽게 파악할 수 있도록 국민계정체계(system of national accounts, SNA)에 따라 한국표준산업분류상의 산업분야에 대해 다양한 기초자료를 토대로 생산측면에서 측정하여 계량화한 것[5]으로 지역내총생산액의 증가율은 해당연도의 지역내총생산액에서 전년도의 지역내총생산액을 뺀 값을 전년도의 지역내총생산으로 나눈 값이다. 즉, <식 7-9>와 같다.

$$\triangle grdp_j(t,\, t-1) = \frac{grdp_j(t) - grdp_j(t-1)}{grdp_j(t-1)} \qquad \text{<식 7-9>}$$

여기서, $\triangle grdp_j(t, t-1)$: t연도의 j지역 전년도대비 지역내총생산 증가율

$grdp_j(t)$: t연도 j지역 지역내총생산

5) 통계청(KOSIS), 국가통계포털 http://kosis.kr/

5 재정자립도

재정수입의 자체 충당 능력을 나타내는 세입분석지표로, 일반회계의 세입 중 지방세와 세외수입의 비율로 측정하며 일반적으로 비율이 높을수록 세입징수기반이 좋은 것을 의미한다. 지방자치제도의 성패를 가름할 만한 중요변수로 각 지자체의 재정자립도가 고려되어야 할 것이다. 지방재정의 자립도는 <식 7-10>에 따라 정의할 수 있다.

$$\text{재정자립도} = \left(\frac{\text{지방세} + \text{세외수입}}{\text{일반회계세입}}\right) \times 100 \qquad \text{<식 7-10>}$$

*전국 및 시・도별 평균을 산출하는 경우: 순계예산규모로 산출,
단체별로 산출하는 경우: 총계예산규모로 산출

재정자립도의 활용은 재정지표상 다른 단체에 비하여 재정구조가 취약하거나 자구노력 등 정도가 미흡한 경우, 이의 개선을 위한 동기와 재정개선 목표설정에 직・간접적인 기준으로서 지방재정이 발전적으로 운영되도록 활용한다.

6 고통지수[6)]

국민들이 피부로 느끼는 경제적 삶의 질을 계량화해서 수치로 나타낸 것이다. 미국 브루킹스 연구소의 경제학자 아서 오컨(Arthur Okun)이 고안한 경제지표로서, 미국 기상대가 개발한 기상용어인 불쾌지수를 경제학에서 빌려 만들었다. 즉, 불쾌지수가 온도나 습도 등 기상요소들을 고려해 산출했다면, 고통지수는 인플레이션율・실업률・국민소득증가율 등으로 일반 국민들이 느끼는 경제적 체감도를 나타낸 것이다. 한 나라의 1년 간 경제성과를 가늠하는 척도로 널리 활용된다.

물가상승률과 실업률을 합한 다음 소득증가율을 빼서 수치로 나타내는데, 여기

6) 김범식・김종훈(1995), 지역별 경제현황 비교 및 산업의 특화정도와 효율성 분석, 삼성경제연구소. 주로 인용함.

에 실질국내총생산(Gross Domestic Product, GDP) 증가율을 빼기도 한다. 수치가 높을수록 실업자는 늘고 물가가 비싸져 한 나라 국민들이 체감하는 삶의 고통은 커지며, 반대로 수치가 낮을수록 국민들의 삶의 고통이 줄어드는 것을 뜻한다. 특히, 각종 경제지표에 의한 삶의 질을 측정하기보다는 실제 피부로 체감하는 삶의 질이 중시되면서 그 사용이 느는 추세이다. 한편, 임의적인 지표의 조합으로 실업률·인플레이션율·소득증가율을 단순히 가감하기 어려울 뿐만 아니라, 나라별로 실업률과 물가상승률을 계산하는 기준이 달라 절대적 비교수치로 사용하기가 어렵다는 단점도 있다.

그러나 각국의 국민들이 느끼는 삶의 고통을 계량화할 수 있는 유일한 지표이며 비교하기가 쉽기 때문에 국제적으로 자주 활용된다. 미국의 경제연구기관인 와튼계량경제연구소(WEFA)는 물가상승률과 실업률의 합을 고통지수로 측정해 매년 국가별로 발표하고 있다. 예를 들어, 물가상승률이 8%이고 실업률이 7%이면 고통지수는 15가 된다.

국내에서는 LG경제연구원이 경제고통지수(Economic Misery Index)라는 이름으로 작성해 발표하고 있다. 이는 물가상승률과 실업률 외에 어음부도율과 산업생산증가율 등 네 가지 지표로 이루어져 있다. 물가상승률·실업률·어음부도율이 높을수록, 또한 산업생산증가율이 낮을수록 경제고통의 정도가 커진다. 한 지역의 주민들이 경제상황에서 느끼는 고통의 상대적인 정도를 측정하기도 하는데, 이를 지역별 경제고통지수(Local Economic Misery Index)라고 한다. 보통 네 가지 구성지표로 이루어지며, 지역주민들은 자신이 거주하는 지역의 물가상승률·실업률·어음부도율이 높을수록, 또한 지역별 산업생산증가율이 낮을수록 경제적인 고통을 겪을 것이라는 전제에서 출발하여 지역주민의 경제적 고통이 커질수록 경제고통지수가 높아진다.

각 지역의 경제주체들이 겪는 경제적 고통을 측정해보기 위하여 다음과 같은 Misery Index를 지역별로 산출해 볼 수 있다.

$$\text{Misery Index} = \text{실업률} + \text{물가상승률} \qquad \text{<식 7-11>}$$

*물가는 소비자물가지수의 상승률을 사용, 두 변수 모두 ○○년~○○년 간 평균값을 사용하여 계산

- 1인당 GRP: 자료(통계청 ○○년 시도별 지역내총생산)
- 재정자립도: 자료[행자부 지방재정연감(○○년)]
- Misery Index: ○○년~○○년 간 지역별 Misery Index의 평균

부 록

부록 1 전국사업체조사(2014년)

NO	9차산업 분류	산업세세분류	전 국		충청남도	
			사업체수	종사자수	사업체수	종사자수
1	01110	곡물 및 기타 식량작물 재배업	79	553	12	94
2	01121	채소작물 재배업	98	668	11	69
3	01122	화훼작물 재배업	25	173	–	–
4	01123	종자 및 묘목 생산업	208	2,430	31	392
5	01131	과실작물 재배업	38	220	5	39
6	01132	음료용 및 향신용 작물 재배업	12	101	1	3
7	01140	기타 작물 재배업	73	355	5	71
8	01151	콩나물 재배업	41	376	5	35
9	01152	채소, 화훼 및 과실작물 시설 재배업	206	1,815	20	120
10	01159	기타 시설작물 재배업	179	1,506	22	99
11	01211	젖소 사육업	17	192	3	24
12	01212	육우 사육업	75	303	5	11
13	01220	양돈업	259	3,178	39	684
14	01231	양계업	158	1,711	24	278
15	01239	기타 가금류 및 조류 사육업	17	149	3	40
16	01291	말 및 양 사육업	19	94	–	–
17	01299	그 외 기타 축산업	48	524	4	12
18	01300	작물재배 및 축산 복합농업	3	25	2	19
19	01411	작물재배 지원 서비스업	377	6,866	66	785
20	01412	농산물 건조, 선별 및 기타 수확 후 서비스업	268	3,513	15	87
21	01420	축산 관련 서비스업	55	493	10	133
22	02011	임업용 종묘 생산업	36	448	3	14
23	02012	육림업	57	464	4	26
24	02020	벌목업	14	99	–	–
25	02030	임산물 채취업	6	19	–	–
26	02040	임업 관련 서비스업	377	4,724	16	184
27	03111	원양 어업	52	848	–	–
28	03112	연근해 어업	47	1,926	–	–
29	03120	내수면 어업	2	33	–	–
30	03211	해면 양식 어업	183	1,400	5	28
31	03212	내수면 양식 어업	41	160	1	4
32	03213	수산물 부화 및 종묘 생산업	38	372	–	–
33	03220	어업 관련 서비스업	76	736	–	–
34	05100	석탄 광업	16	2,390	–	–
35	05200	원유 및 천연가스 채굴업	2	75	–	–
36	06100	철 광업	5	220	–	–
37	06291	금 · 은 및 백금 광업	14	106	1	1

NO	9차산업 분류	산업세세분류	전 국		충청남도	
			사업체수	종사자수	사업체수	종사자수
38	06292	연 및 아연 광업	1	59	–	–
39	06299	그 외 기타 비철금속 광업	9	34	2	6
40	07111	석회석 광업	107	1,945	3	7
41	07112	고령토 및 기타 점토 광업	58	330	1	2
42	07121	건설용 석재 채굴업	104	888	6	60
43	07122	건설용 쇄석 생산업	306	3,993	43	528
44	07123	모래 및 자갈 채취업	290	2,333	30	173
45	07210	화학용 및 비료원료용 광물 광업	17	249	1	8
46	07220	소금 채취업	1,033	2,756	30	83
47	07290	그 외 기타 비금속광물 광업	39	338	2	40
48	08010	원유 및 천연가스 채굴 관련 서비스업	1	2	–	–
49	08090	기타 광업 지원 서비스업	11	593	1	4
50	10110	도축업	298	15,239	33	1,281
51	10121	가금류 가공 및 저장 처리업	495	8,376	21	375
52	10129	기타 육류 가공 및 저장처리업	1,262	18,158	67	1,227
53	10211	수산동물 훈제, 조리 및 유사 조제식품 제조업	526	10,027	21	587
54	10212	수산동물 건조 및 염장품 제조업	1,580	10,847	70	373
55	10213	수산동물 냉동품 제조업	182	3,696	4	78
56	10219	기타 수산동물 가공 및 저장처리업	223	2,903	5	33
57	10220	수산식물 가공 및 저장 처리업	1,115	11,620	175	1,969
58	10301	과실 및 채소 절임식품 제조업	1,335	14,300	69	1,080
59	10309	기타 과실 · 채소 가공 및 저장처리업	1,514	9,945	88	1,094
60	10401	동물성 유지 제조업	41	597	3	21
61	10402	식물성 유지 제조업	3,185	6,391	75	158
62	10403	식용 정제유 및 가공유 제조업	39	604	3	37
63	10501	액상시유 및 기타 낙농제품 제조업	146	7,755	21	1,073
64	10502	아이스크림 및 기타 식용빙과류 제조업	64	2,760	4	370
65	10611	곡물 도정업	3,022	9,312	472	1,339
66	10612	곡물 제분업	1,637	4,921	144	550
67	10613	제과용 혼합분말 및 반죽 제조업	212	2,386	10	486
68	10619	기타 곡물가공품 제조업	600	3,278	32	382
69	10620	전분제품 및 당류 제조업	209	1,876	14	191
70	10711	떡류 제조업	13,752	31,530	739	1,554
71	10712	빵류 제조업	802	14,401	28	458
72	10713	코코아 제품 및 과자류 제조업	1,012	11,695	94	1,244
73	10720	설탕 제조업	3	313	–	–
74	10730	면류, 마카로니 및 유사식품 제조업	555	8,325	53	827
75	10741	식초, 발효 및 화학 조미료 제조업	94	690	9	39
76	10742	천연 및 혼합조제 조미료 제조업	3,122	13,923	222	1,345
77	10743	장류 제조업	1,078	5,670	81	744
78	10749	기타 식품 첨가물 제조업	221	2,490	22	208
79	10791	커피 가공업	529	3,360	11	128

NO	9차산업 분류	산업세세분류	전 국		충청남도	
			사업체수	종사자수	사업체수	종사자수
80	10792	차류 가공업	541	3,524	32	296
81	10793	수프 및 균질화식품 제조업	170	1,048	5	26
82	10794	두부 및 유사식품 제조업	1,613	6,989	74	549
83	10795	인삼식품 제조업	914	4,599	316	1,983
84	10796	건강보조용 액화식품 제조업	11,613	18,671	768	1,263
85	10797	건강기능식품 제조업	455	4,743	36	276
86	10798	도시락 및 식사용 조리식품 제조업	1,215	16,710	53	788
87	10799	그 외 기타 식료품 제조업	85	1,258	11	103
88	10800	동물용 사료 및 조제식품 제조업	808	10,662	106	1,799
89	11111	탁주 및 약주 제조업	694	3,106	114	298
90	11112	청주 제조업	2	185	1	12
91	11113	맥아 및 맥주 제조업	25	1,985	–	–
92	11119	기타 발효주 제조업	130	584	7	34
93	11121	주정 제조업	11	398	–	–
94	11122	소주 제조업	31	2,208	1	1
95	11129	기타 증류주 및 합성주 제조업	42	401	4	15
96	11201	얼음 제조업	135	856	11	26
97	11202	생수 생산업	80	1,608	8	94
98	11209	기타 비알콜음료 제조업	294	6,286	30	874
99	12001	담배 재건조업	2	210	–	–
100	12002	담배제품 제조업	17	1,963	–	–
101	13101	면 방적업	96	4,016	14	525
102	13102	모 방적업	74	1,589	1	38
103	13103	화학섬유 방적업	220	3,279	6	76
104	13104	연사 및 가공사 제조업	1,550	8,753	19	257
105	13109	기타 방적업	9	58	–	–
106	13211	면직물 직조업	750	4,874	14	107
107	13212	모직물 직조업	122	1,880	2	10
108	13213	화학섬유직물 직조업	1,643	15,178	64	438
109	13214	견직물 직조업	147	812	14	64
110	13219	특수직물 및 기타 직물 직조업	212	2,696	12	75
111	13221	침구 및 관련 제품 제조업	2,231	10,465	17	134
112	13222	자수제품 및 자수용재료 제조업	2,176	6,253	5	10
113	13223	커튼 및 유사제품 제조업	1,596	4,887	60	143
114	13224	천막 및 기타 캔버스 제품 제조업	2,305	6,941	140	631
115	13225	직물포대 제조업	253	1,468	5	39
116	13229	기타 직물제품 제조업	925	9,469	32	1,189
117	13310	편조원단 제조업	1,152	6,563	9	78
118	13320	편조제품 제조업	33	146	–	–
119	13401	솜 및 실 염색가공업	318	3,695	2	9
120	13402	직물 및 편조원단 염색 가공업	1,327	20,251	1	1
121	13403	날염 가공업	827	6,867	1	4

NO	9차산업 분류	산업세세분류	전 국		충청남도	
			사업체수	종사자수	사업체수	종사자수
122	13404	섬유사 및 직물 호부처리업	101	1,127	1	6
123	13409	기타 섬유제품 염색, 정리 및 마무리 가공업	895	5,686	6	20
124	13910	카펫, 마루덮개 및 유사제품 제조업	88	901	1	25
125	13921	끈 및 로프 제조업	240	1,631	3	16
126	13922	어망 및 기타 끈가공품 제조업	476	3,028	16	44
127	13991	세폭직물 제조업	628	3,186	2	8
128	13992	부직포 및 펠트 제조업	461	5,709	30	453
129	13993	특수사 및 코드직물 제조업	65	1,513	1	1
130	13994	적층 및 표면처리 직물 제조업	453	4,256	7	85
131	13999	그 외 기타 분류 안된 섬유제품 제조업	740	4,784	18	132
132	14111	남자용 정장 제조업	1,762	12,272	36	49
133	14112	여자용 정장 제조업	4,848	30,559	26	44
134	14120	내의 및 잠옷 제조업	675	6,649	39	463
135	14130	한복 제조업	3,054	4,478	72	94
136	14191	셔츠 및 체육복 제조업	5,640	39,964	5	15
137	14192	근무복, 작업복 및 유사의복 제조업	2,688	15,060	22	38
138	14193	가죽의복 제조업	353	1,540	1	1
139	14194	유아용 의복 제조업	435	3,503	2	30
140	14199	그 외 기타 봉제의복 제조업	928	3,828	5	30
141	14201	원모피 가공업	51	338	–	–
142	14202	천연모피제품 제조업	211	1,216	–	–
143	14203	인조모피 및 인조모피 제품 제조업	72	341	–	–
144	14300	편조의복 제조업	1,514	10,181	3	44
145	14411	스타킹 및 기타 양말 제조업	866	4,534	2	243
146	14419	기타 편조의복 액세서리 제조업	749	4,250	13	179
147	14491	모자 제조업	402	2,234	3	15
148	14499	그 외 기타 의복액세서리 제조업	887	4,644	2	9
149	15110	원피가공 및 가죽 제조업	419	5,157	1	27
150	15121	핸드백 및 지갑 제조업	1,157	5,517	2	2
151	15129	가방 및 기타 보호용 케이스 제조업	1,452	6,359	1	9
152	15190	기타 가죽제품 제조업	161	1,148	3	29
153	15211	구두류 제조업	1,057	6,615	4	4
154	15219	기타 신발 제조업	418	5,244	2	7
155	15220	신발부분품 제조업	1,192	7,550	1	163
156	16101	일반 제재업	661	4,847	30	121
157	16102	표면가공목재 및 특정 목적용 제재목 제조업	514	3,041	25	123
158	16103	목재 보존, 방부처리, 도장 및 유사 처리업	199	1,379	1	4
159	16211	박판, 합판 및 유사적층판 제조업	356	3,097	6	44
160	16212	강화 및 재생 목재 제조업	95	2,437	4	82
161	16221	목재문 및 관련 제품 제조업	1,326	4,668	62	112
162	16229	기타 건축용 나무제품 제조업	446	2,846	30	200
163	16231	목재 깔판류 및 기타 적재판 제조업	570	4,385	29	281

NO	9차산업 분류	산업세세분류	전 국		충청남도	
			사업체수	종사자수	사업체수	종사자수
164	16232	목재 포장용 상자, 드럼 및 유사용기 제조업	679	5,316	31	446
165	16291	목재 도구 및 기구 제조업	243	710	11	42
166	16292	주방용 및 식탁용 목제품 제조업	272	902	11	22
167	16293	장식용 목제품 제조업	821	1,843	31	70
168	16299	그 외 기타 나무제품 제조업	292	1,267	9	40
169	16301	코르크 제품 제조업	10	44	–	–
170	16302	돗자리 및 기타 조물제품 제조업	136	450	8	25
171	17110	펄프 제조업	8	129	–	–
172	17121	신문용지 제조업	12	1,321	–	–
173	17122	인쇄용 및 필기용 원지 제조업	91	4,881	10	879
174	17123	크라프트지 및 상자용 판지 제조업	77	4,347	3	174
175	17124	적층, 합성 및 특수표면처리 종이 제조업	380	5,117	12	262
176	17129	기타 종이 및 판지 제조업	144	1,448	8	120
177	17210	골판지 및 골판지상자 제조업	2,344	23,325	82	920
178	17221	종이 포대 및 가방 제조업	338	3,188	12	223
179	17222	판지 상자 및 용기 제조업	608	5,189	12	176
180	17223	식품 위생용 종이 상자 및 용기 제조업	125	1,666	3	31
181	17229	기타 종이 상자 및 용기 제조업	548	5,239	10	219
182	17901	문구용 종이제품 제조업	852	6,720	8	159
183	17902	위생용 종이제품 제조업	509	7,196	32	580
184	17903	벽지 및 장판지 제조업	82	1,243	9	162
185	17909	그 외 기타 종이 및 판지 제품 제조업	760	6,414	30	407
186	18111	경 인쇄업	7,647	20,746	196	375
187	18112	스크린 인쇄업	2,686	10,316	37	210
188	18119	기타 인쇄업	5,048	25,767	42	135
189	18121	제판 및 조판업	741	4,595	7	171
190	18122	제책업	1,262	7,383	17	36
191	18129	기타 인쇄관련 산업	1,139	3,905	12	248
192	18200	기록매체 복제업	136	805	–	–
193	19101	코크스 및 관련 제품 제조업	13	200	–	–
194	19102	연탄 및 기타 석탄 가공품 제조업	62	809	4	25
195	19210	원유 정제처리업	21	7,276	3	1,155
196	19221	윤활유 및 그리스 제조업	152	1,896	12	171
197	19229	기타 석유정제물 재처리업	83	1,148	8	125
198	20111	석유화학계 기초화학물질 제조업	34	6,088	6	2,042
199	20112	천연수지 및 나무화학물질 제조업	113	559	8	40
200	20119	기타 기초유기화학물질 제조업	178	7,358	12	393
201	20121	산업용 가스 제조업	229	4,684	30	644
202	20129	기타 기초무기화학물질 제조업	323	9,095	22	300
203	20131	무기안료 및 기타 금속산화물 제조업	55	1,423	6	162
204	20132	합성염료, 유연제 및 기타 착색제 제조업	278	5,079	8	107
205	20201	질소, 인산 및 칼리질 비료 제조업	38	271	1	4

NO	9차산업 분류	산업세세분류	전 국		충청남도	
			사업체수	종사자수	사업체수	종사자수
206	20202	복합비료 제조업	112	1,691	13	219
207	20209	기타 비료 및 질소화합물 제조업	905	5,314	87	555
208	20301	합성고무 제조업	89	1,589	5	105
209	20302	합성수지 및 기타 플라스틱물질 제조업	1,107	19,986	64	2,419
210	20303	가공 및 재생 플라스틱원료 생산업	1,202	9,922	66	704
211	20411	가정용 살균 및 살충제 제조업	129	1,214	10	290
212	20412	농약 제조업	72	1,569	3	87
213	20421	일반용 도료 및 관련 제품 제조업	598	12,614	25	544
214	20422	요업용 유약 및 관련 제품 제조업	39	429	–	–
215	20423	인쇄잉크 제조업	183	3,024	4	50
216	20424	회화용 물감 제조업	15	165	1	1
217	20431	계면활성제 제조업	216	2,749	14	389
218	20432	치약, 비누 및 기타 세제 제조업	778	5,072	30	462
219	20433	화장품 제조업	954	17,679	44	1,468
220	20434	표면광택제 및 실내가향제 제조업	198	1,530	6	104
221	20491	사진용 화학제품 및 감광재료 제조업	162	2,590	7	338
222	20492	가공 및 정제염 제조업	57	412	2	8
223	20493	접착제 및 젤라틴 제조업	454	5,148	13	244
224	20494	화약 및 불꽃제품 제조업	35	2,529	5	201
225	20499	그 외 기타 분류 안된 화학제품 제조업	1,105	19,465	87	2,358
226	20501	합성섬유 제조업	141	6,961	4	65
227	20502	재생섬유 제조업	19	480	1	29
228	21101	의약용 화합물 및 항생물질 제조업	93	3,820	7	380
229	21102	생물학적 제제 제조업	77	2,268	5	27
230	21210	완제 의약품 제조업	246	21,264	20	2,126
231	21220	한의약품 제조업	157	1,950	10	266
232	21230	동물용 의약품 제조업	55	1,587	12	329
233	21300	의료용품 및 기타 의약 관련 제품 제조업	330	4,864	20	147
234	22111	타이어 및 튜브 제조업	82	15,996	4	2,322
235	22112	타이어 재생업	52	572	1	1
236	22191	산업용 비경화고무제품 제조업	2,108	29,590	46	892
237	22192	고무의류 및 기타 위생용 고무제품 제조업	100	1,388	1	33
238	22199	그 외 기타 고무제품 제조업	649	5,107	24	333
239	22211	플라스틱 선, 봉, 관 및 호스 제조업	1,131	12,848	62	1,142
240	22212	플라스틱 필름, 시트 및 판 제조업	1,929	30,191	76	2,655
241	22213	플라스틱 합성피혁 제조업	67	1,539	1	1
242	22221	벽 및 바닥 피복용 플라스틱제품 제조업	159	4,247	10	1,077
243	22222	저장용 및 위생용 플라스틱제품 제조업	522	4,188	30	326
244	22223	플라스틱 창호 제조업	1,095	8,637	47	387
245	22229	기타 건축용 플라스틱 조립제품 제조업	479	3,757	21	209
246	22231	플라스틱 포대, 봉투 및 유사제품 제조업	1,665	10,281	33	269
247	22232	포장용 플라스틱 성형용기 제조업	2,278	26,565	87	1,507

NO	9차산업 분류	산업세세분류	전 국		충청남도	
			사업체수	종사자수	사업체수	종사자수
248	22240	기계장비 조립용 플라스틱제품 제조업	4,683	72,293	183	4,973
249	22250	플라스틱 발포 성형제품 제조업	1,256	15,037	67	938
250	22291	플라스틱 적층, 도포 및 기타 표면처리 제품 제조업	1,180	17,860	47	1,481
251	22299	그 외 기타 플라스틱 제품 제조업	2,335	15,822	47	558
252	23110	판유리 제조업	10	820	-	-
253	23121	유리섬유 및 광학용 유리 제조업	111	2,583	13	203
254	23122	판유리 가공품 제조업	1,238	12,590	59	612
255	23129	기타 산업용 유리제품 제조업	213	9,024	6	3,185
256	23191	가정용 유리제품 제조업	117	706	4	154
257	23192	포장용 유리용기 제조업	94	2,579	15	758
258	23199	그 외 기타 유리제품 제조업	124	463	5	17
259	23211	가정용 및 장식용 도자기 제조업	1,543	4,738	73	284
260	23212	위생용 도자기 제조업	102	1,748	8	469
261	23213	산업용 도자기 제조업	214	3,045	4	17
262	23219	기타 일반도자기 제조업	56	372	2	14
263	23221	구조용 정형내화제품 제조업	128	2,209	9	96
264	23229	기타 내화요업제품 제조업	84	2,311	6	632
265	23231	점토 벽돌, 블록 및 유사 비내화 요업제품 제조업	150	1,841	15	184
266	23232	타일 및 유사 비내화 요업제품 제조업	74	1,701	10	568
267	23239	기타 구조용 비내화 요업제품 제조업	12	125	-	-
268	23311	시멘트 제조업	95	3,993	21	276
269	23312	석회 및 플라스터 제조업	92	1,544	3	68
270	23321	비내화 모르타르 제조업	85	907	5	75
271	23322	레미콘 제조업	1,058	20,594	97	1,295
272	23323	플라스터 제품 제조업	27	529	4	176
273	23324	섬유시멘트 제품 제조업	25	292	3	17
274	23325	콘크리트 타일, 기와, 벽돌 및 블록 제조업	894	7,515	74	574
275	23326	콘크리트관 및 기타 구조용 콘크리트제품 제조업	576	8,557	87	1,470
276	23329	그 외 기타 콘크리트 제품 및 유사제품 제조업	43	582	1	5
277	23911	건설용 석제품 제조업	1,500	5,191	132	334
278	23919	기타 석제품 제조업	879	2,716	108	268
279	23991	아스콘 제조업	439	4,047	41	276
280	23992	연마재 제조업	248	2,975	8	66
281	23993	비금속광물 분쇄물 생산업	229	2,552	19	332
282	23994	석면, 암면 및 유사제품 제조업	163	1,686	5	63
283	23999	그 외 기타 분류 안된 비금속 광물제품 제조업	287	2,501	16	125
284	24111	제철업	11	399	1	109
285	24112	제강업	29	920	3	230
286	24113	합금철 제조업	53	1,997	3	227

NO	9차산업 분류	산업세세분류	전 국		충청남도	
			사업체수	종사자수	사업체수	종사자수
287	24119	기타 제철 및 제강업	41	519	7	81
288	24121	열간 압연 및 압출 제품 제조업	306	36,218	31	7,805
289	24122	냉간 압연 및 압출 제품 제조업	87	3,430	7	443
290	24123	철강선 제조업	279	6,343	7	230
291	24131	주철관 제조업	152	1,747	8	112
292	24132	강관 제조업	1,613	28,411	64	1,858
293	24191	도금, 착색 및 기타 표면처리강재 제조업	450	9,016	32	680
294	24199	그 외 기타 1차 철강 제조업	1,634	16,225	54	1,036
295	24211	동 제련, 정련 및 합금 제조업	53	1,762	4	106
296	24212	알루미늄 제련, 정련 및 합금 제조업	253	3,587	22	478
297	24213	연 및 아연 제련, 정련 및 합금 제조업	69	3,155	–	–
298	24219	기타 비철금속 제련, 정련 및 합금 제조업	127	1,371	4	175
299	24221	동 압연, 압출 및 연신제품 제조업	266	8,390	12	491
300	24222	알루미늄 압연, 압출 및 연신제품 제조업	715	12,677	40	957
301	24229	기타 비철금속 압연, 압출 및 연신제품 제조업	141	2,418	6	86
302	24290	기타 1차 비철금속 제조업	222	2,004	9	94
303	24311	선철주물 주조업	539	10,217	15	297
304	24312	강주물 주조업	339	6,020	14	397
305	24321	알루미늄주물 주조업	492	4,838	4	118
306	24322	동주물 주조업	134	1,067	7	114
307	24329	기타 비철금속 주조업	146	1,086	7	72
308	25111	금속 문, 창, 셔터 및 관련 제품 제조업	6,342	21,453	271	975
309	25112	구조용 금속판제품 및 금속공작물 제조업	2,934	23,083	135	1,741
310	25113	금속 조립구조재 제조업	4,215	37,790	252	3,394
311	25119	기타 구조용 금속제품 제조업	1,297	9,035	101	819
312	25121	중앙난방보일러 및 방열기 제조업	312	2,383	16	105
313	25122	설치용 금속탱크 및 저장용기 제조업	946	11,913	21	316
314	25130	핵반응기 및 증기발생기 제조업	141	6,825	10	260
315	25200	무기 및 총포탄 제조업	110	8,298	–	–
316	25911	분말야금제품 제조업	160	2,169	8	54
317	25912	금속단조제품 제조업	770	8,751	24	248
318	25913	금속압형제품 제조업	5,598	43,927	157	2,500
319	25921	금속 열처리업	1,056	10,659	30	428
320	25922	도금업	1,764	16,414	6	58
321	25923	도장 및 기타 피막처리업	2,678	33,734	74	986
322	25924	절삭가공 및 유사처리업	19,912	78,671	257	2,019
323	25929	그 외 기타 금속가공업	5,565	24,857	96	930
324	25931	날붙이 제조업	325	2,334	31	365
325	25932	일반철물 제조업	1,957	16,697	47	312
326	25933	비동력식 수공구 제조업	562	2,463	27	208
327	25934	톱 및 호환성공구 제조업	887	13,103	16	296
328	25941	금속파스너 및 나사제품 제조업	2,433	21,321	28	723

NO	9차산업 분류	산업세세분류	전 국		충청남도	
			사업체수	종사자수	사업체수	종사자수
329	25942	금속 스프링 제조업	702	5,622	14	365
330	25943	금속선 가공제품 제조업	827	7,456	34	494
331	25991	금속캔 및 기타 포장용기 제조업	931	11,279	27	1,096
332	25992	금고 제조업	34	764	–	–
333	25993	수동식 식품 가공기기 및 금속주방용기 제조업	934	7,811	22	165
334	25994	금속위생용품 제조업	199	1,695	7	78
335	25995	금속표시판 제조업	387	2,055	10	72
336	25999	그 외 기타 분류 안된 금속가공제품 제조업	2,161	13,849	61	223
337	26110	전자집적회로 제조업	360	87,775	24	7,182
338	26120	다이오드, 트랜지스터 및 유사 반도체소자 제조업	1,138	30,420	116	3,010
339	26211	액정 평판 디스플레이 제조업	394	86,666	37	27,179
340	26219	플라즈마 및 기타 평판 디스플레이 제조업	142	5,427	13	1,091
341	26221	인쇄회로기판 제조업	2,176	47,954	21	323
342	26222	전자부품 실장기판 제조업	1,084	17,492	29	1,029
343	26291	전자관 제조업	126	751	–	–
344	26292	전자축전기 제조업	126	9,364	6	179
345	26293	전자저항기 제조업	111	1,981	2	86
346	26294	전자카드 제조업	128	2,056	5	310
347	26295	전자코일, 변성기 및 기타 전자유도자 제조업	387	3,346	8	176
348	26296	전자접속카드 제조업	41	354	–	–
349	26299	그 외 기타 전자부품 제조업	1,859	19,804	52	1,405
350	26310	컴퓨터 제조업	245	2,323	2	3
351	26321	기억장치 제조업	101	1,624	4	26
352	26322	컴퓨터 모니터 제조업	202	2,052	6	18
353	26323	컴퓨터 프린터 제조업	132	2,534	5	70
354	26329	기타 주변기기 제조업	357	5,110	7	54
355	26410	유선 통신장비 제조업	815	11,304	10	370
356	26421	방송장비 제조업	799	12,515	7	50
357	26422	이동전화기 제조업	1,114	42,594	24	1,016
358	26429	기타 무선 통신장비 제조업	765	20,503	9	251
359	26511	텔레비전 제조업	283	9,499	10	120
360	26519	비디오 및 기타 영상기기 제조업	230	3,910	5	30
361	26521	라디오, 녹음 및 재생기기 제조업	214	2,862	3	10
362	26529	기타 음향기기 제조업	506	5,882	6	126
363	26600	마그네틱 및 광학 매체 제조업	46	313	2	13
364	27111	방사선 장치 제조업	124	2,745	3	64
365	27112	전기식 진단 및 요법 기기 제조업	264	5,900	7	386
366	27191	치과용 기기 제조업	194	1,905	1	3
367	27192	정형외과용 및 신체보정용 기기 제조업	3,265	16,482	104	427
368	27193	의료용 가구 제조업	90	953	1	7

NO	9차산업 분류	산업세세분류	전 국		충청남도	
			사업체수	종사자수	사업체수	종사자수
369	27199	그 외 기타 의료용 기기 제조업	908	11,938	26	1,121
370	27211	항행용 무선기기 및 측량기구 제조업	297	6,490	5	146
371	27212	전자기 측정, 시험 및 분석기구 제조업	664	5,244	10	108
372	27213	물질 검사, 측정 및 분석기구 제조업	1,274	16,916	38	1,380
373	27214	속도계 및 적산계기 제조업	252	4,846	5	26
374	27215	기기용 자동측정 및 제어장치 제조업	664	4,587	12	75
375	27216	산업처리공정 제어장비 제조업	2,022	14,053	70	737
376	27219	기타 측정, 시험, 항해, 제어 및 정밀기기 제조업	175	1,414	3	65
377	27310	안경 제조업	611	3,207	1	4
378	27321	광학렌즈 및 광학요소 제조업	429	11,771	16	702
379	27322	사진기, 영사기 및 관련 장비 제조업	203	2,375	5	125
380	27329	기타 광학기기 제조업	157	1,726	3	47
381	27401	시계제조업	114	548	1	38
382	27402	시계부품 제조업	79	388	–	–
383	28111	전동기 및 발전기 제조업	1,088	18,383	36	1,687
384	28112	변압기 제조업	726	12,599	20	629
385	28113	방전램프용 안정기 제조업	103	1,111	5	36
386	28119	기타 발전기 및 전기변환장치 제조업	765	11,165	14	881
387	28121	전기회로 개폐, 보호 및 접속장치 제조업	1,947	34,237	50	1,612
388	28122	배전반 및 전기자동제어반 제조업	5,310	34,829	144	1,388
389	28201	일차전지 제조업	31	1,098	5	470
390	28202	축전지 제조업	205	13,781	14	4,470
391	28301	광섬유 케이블 제조업	46	834	6	71
392	28302	기타 절연선 및 케이블 제조업	1,014	16,354	69	2,571
393	28303	절연 코드세트 및 기타 도체 제조업	546	6,258	9	463
394	28410	전구 및 램프 제조업	482	6,699	15	123
395	28421	운송장비용 조명장치 제조업	298	8,804	19	905
396	28422	일반용 전기 조명장치 제조업	1,674	11,968	36	310
397	28423	전시 및 광고용 조명장치 제조업	3,310	10,854	87	244
398	28429	기타 조명장치 제조업	121	692	1	8
399	28511	주방용 전기기기 제조업	502	15,507	24	975
400	28512	가정용 전기 난방기기 제조업	447	3,328	7	36
401	28519	기타 가정용 전기기기 제조업	826	9,938	21	477
402	28520	가정용 비전기식 조리 및 난방기구 제조업	372	4,754	23	419
403	28901	전기경보 및 신호장치 제조업	219	2,273	1	9
404	28902	전기용 탄소제품 및 절연제품 제조업	158	1,895	8	100
405	28903	교통 신호장치 제조업	134	2,013	8	76
406	28909	그 외 기타 전기장비 제조업	655	6,167	17	117
407	29111	내연기관 제조업	812	14,853	18	248
408	29119	기타 기관 및 터빈 제조업	60	1,025	4	244
409	29120	유압기기 제조업	1,499	13,737	28	197

NO	9차산업 분류	산업세세분류	전 국		충청남도	
			사업체수	종사자수	사업체수	종사자수
410	29131	액체 펌프 제조업	500	6,260	19	252
411	29132	기체 펌프 및 압축기 제조업	512	6,718	20	830
412	29133	탭, 밸브 및 유사장치 제조업	1,784	23,600	53	851
413	29141	볼베어링 및 롤러베어링 제조업	380	7,174	6	302
414	29142	기어 및 동력전달장치 제조업	1,053	10,006	7	108
415	29150	산업용 오븐, 노 및 노용 버너 제조업	691	4,838	10	143
416	29161	산업용 트럭 및 적재기 제조업	190	2,884	6	28
417	29162	승강기 제조업	618	7,317	20	519
418	29163	컨베이어장치 제조업	1,088	9,381	22	396
419	29169	기타 물품취급장비 제조업	697	7,231	26	514
420	29171	산업용 냉장 및 냉동장비 제조업	878	11,725	35	621
421	29172	공기조화장치 제조업	1,036	22,356	108	3,605
422	29173	산업용 송풍기 및 배기장치 제조업	923	6,003	21	165
423	29174	기체 여과기 제조업	726	7,867	17	354
424	29175	액체 여과기 제조업	949	10,345	27	880
425	29176	증류기,열교환기 및 가스발생기 제조업	531	10,965	23	242
426	29180	사무용 기계 및 장비 제조업	497	6,821	13	327
427	29191	일반저울 제조업	156	1,431	–	–
428	29192	용기세척, 포장 및 충전기 제조업	522	4,608	2	23
429	29193	자동판매기 및 화폐교환기 제조업	66	415	1	9
430	29194	분사기 및 소화기 제조업	276	3,238	9	192
431	29195	동력식 수지공구 제조업	171	1,861	7	70
432	29199	그 외 기타 일반목적용 기계 제조업	1,139	8,237	37	521
433	29210	농업 및 임업용 기계 제조업	1,505	12,181	115	685
434	29221	전자응용 공작기계 제조업	351	3,316	8	46
435	29222	금속 절삭기계 제조업	1,639	14,183	40	186
436	29223	금속 성형기계 제조업	930	7,137	28	222
437	29229	기타 가공공작기계 제조업	1,527	9,361	41	243
438	29230	금속 주조 및 기타 야금용 기계 제조업	260	2,397	8	83
439	29241	토목공사 및 유사용 기계장비 제조업	1,151	21,033	42	1,006
440	29242	광물처리 및 취급장비 제조업	206	1,702	8	31
441	29250	음·식료품 및 담배 가공기계 제조업	844	4,596	23	124
442	29261	산업용 섬유세척, 염색, 정리 및 가공기계 제조업	245	1,545	1	108
443	29269	기타 섬유, 의복 및 가죽 가공기계 제조업	667	3,540	7	26
444	29271	반도체 제조용 기계 제조업	1,968	33,912	318	6,214
445	29272	평판디스플레이 제조용 기계 제조업	239	10,010	57	2,857
446	29280	산업용 로봇 제조업	401	4,883	25	315
447	29291	펄프 및 종이 가공용 기계 제조업	168	1,524	3	17
448	29292	고무, 화학섬유 및 플라스틱 성형기 제조업	624	8,004	10	179
449	29293	인쇄 및 제책용 기계 제조업	347	3,156	2	11
450	29294	주형 및 금형 제조업	11,120	70,341	201	1,592

NO	9차산업 분류	산업세세분류	전 국		충청남도	
			사업체수	종사자수	사업체수	종사자수
451	29299	그 외 기타 특수목적용 기계 제조업	2,202	18,275	68	689
452	30110	자동차용 엔진 제조업	15	730	–	–
453	30121	승용차 및 기타 여객용 자동차 제조업	23	76,352	2	3,225
454	30122	화물자동차 및 특수목적용 자동차 제조업	13	6,815	–	–
455	30201	차체 및 특장차 제조업	742	7,415	51	608
456	30202	트레일러 및 세미트레일러 제조업	68	793	8	165
457	30203	운송용 컨테이너 제조업	85	375	7	23
458	30310	자동차 엔진용 부품 제조업	1,834	48,893	95	4,936
459	30320	자동차 차체용 부품 제조업	1,722	56,913	197	8,139
460	30391	자동차용 동력전달장치 제조업	1,365	40,153	96	8,266
461	30392	자동차용 전기장치 제조업	610	20,015	36	1,501
462	30399	그 외 기타 자동차 부품 제조업	3,988	95,248	344	11,618
463	31111	강선 건조업	106	64,780	7	40
464	31112	합성수지선 건조업	95	783	8	45
465	31113	비철금속 선박 및 기타 항해용 선박 건조업	25	311	1	3
466	31114	선박 구성부분품 제조업	2,607	89,046	7	110
467	31119	기타 선박 건조업	125	1,881	2	6
468	31120	오락 및 스포츠용 보트 건조업	51	283	1	2
469	31201	기관차 및 기타 철도차량 제조업	8	2,453	–	–
470	31202	철도차량부품 및 관련 장치물 제조업	272	4,323	5	154
471	31310	항공기,우주선 및 보조장치 제조업	38	3,370	–	–
472	31321	항공기용 엔진 제조업	2	12	–	–
473	31322	항공기용 부품 제조업	210	11,313	5	201
474	31910	전투용 차량 제조업	31	2,281	1	2
475	31920	모터사이클 제조업	106	1,027	2	8
476	31991	자전거 및 환자용 차량 제조업	91	596	2	5
477	31999	그 외 기타 달리 분류되지 않은 운송장비 제조업	130	785	5	23
478	32011	운송장비용 의자 제조업	592	14,352	78	2,760
479	32012	매트리스 및 침대 제조업	231	1,960	4	27
480	32019	소파 및 기타 내장가구 제조업	851	3,471	9	18
481	32021	주방용 및 음식점용 목재가구 제조업	4,138	12,527	160	383
482	32022	나전칠기가구 제조업	50	120	1	9
483	32029	기타 목재가구 제조업	4,975	28,165	76	388
484	32091	금속 가구 제조업	1,456	10,725	48	306
485	32099	그 외 기타 가구 제조업	329	2,143	8	40
486	33110	귀금속 및 관련 제품 제조업	1,567	6,660	8	42
487	33120	모조 귀금속 및 모조 장신용품 제조업	822	3,035	7	13
488	33201	피아노 제조업	10	121	–	–
489	33202	현악기 제조업	88	472	4	23
490	33203	전자악기 제조업	49	800	–	–
491	33204	국악기 제조업	73	189	6	12

NO	9차산업 분류	산업세세분류	전 국		충청남도	
			사업체수	종사자수	사업체수	종사자수
492	33209	기타 악기 제조업	83	562	2	23
493	33301	체조, 육상 및 체력단련용 장비 제조업	245	1,693	4	35
494	33302	놀이터용 장비 제조업	139	1,117	2	10
495	33303	낚시 및 수렵용구 제조업	304	2,223	2	3
496	33309	기타 운동 및 경기용구 제조업	333	1,890	5	52
497	33401	인형 및 장난감 제조업	538	3,028	6	57
498	33402	영상게임기 제조업	51	253	1	6
499	33409	기타 오락용품 제조업	57	444	1	6
500	33910	간판 및 광고물 제조업	8,779	22,452	381	791
501	33920	사무 및 회화용품 제조업	1,336	4,026	40	48
502	33931	가발 및 유사 제품 제조업	168	963	2	2
503	33932	조화 및 모조장식품 제조업	226	659	5	11
504	33933	표구 및 전사처리 제조업	1,263	2,331	36	67
505	33934	교시용 모형 제조업	511	3,258	4	10
506	33991	우산 및 지팡이 제조업	59	232	1	2
507	33992	단추 및 유사 파스너 제조업	677	3,425	–	–
508	33993	라이터, 연소물 및 흡연용품 제조업	184	1,584	11	34
509	33994	비 및 솔 제조업	347	3,273	7	160
510	33999	그 외 기타 달리 분류되지 않은 제품 제조업	416	3,210	16	248
511	35111	원자력 발전업	4	7,405	–	–
512	35112	수력 발전업	43	1,147	1	5
513	35113	화력 발전업	156	12,592	21	3,348
514	35119	기타 발전업	301	939	5	14
515	35120	송전 및 배전업	372	18,680	26	875
516	35200	가스 제조 및 배관 공급업	303	10,223	23	384
517	35300	증기,냉온수 및 공기조절 공급업	110	3,856	6	65
518	36010	생활용수 공급업	524	15,258	22	620
519	36020	산업용수 공급업	27	493	5	144
520	37011	하수 처리업	543	8,441	21	307
521	37012	폐수 처리업	270	3,216	20	199
522	37021	분뇨 처리업	722	3,652	37	124
523	37022	축산분뇨 처리업	115	502	9	42
524	38110	지정외 폐기물 수집운반업	1,353	20,749	72	1,080
525	38120	지정 폐기물 수집운반업	490	3,182	21	142
526	38130	건설폐기물 수집운반업	497	2,634	33	166
527	38210	지정외 폐기물 처리업	493	10,355	36	670
528	38220	지정 폐기물 처리업	196	2,788	11	132
529	38230	건설 폐기물 처리업	602	7,992	39	664
530	38240	방사성 폐기물 수집운반 및 처리업	2	268	–	–
531	38301	금속원료 재생업	1,208	8,901	82	744
532	38302	비금속원료 재생업	1,163	8,473	60	434
533	39001	토양 및 지하수 정화업	42	509	2	26

NO	9차산업 분류	산업세세분류	전 국		충청남도	
			사업체수	종사자수	사업체수	종사자수
534	39009	기타 환경 정화 및 복원업	65	554	6	40
535	41111	단독 및 연립주택 건설업	6,361	54,540	358	1,843
536	41112	아파트 건설업	872	45,865	25	357
537	41121	사무 및 상업용 건물 건설업	2,900	50,537	133	1,859
538	41122	공업 및 유사 산업용 건물 건설업	867	15,603	53	457
539	41129	기타 비주거용 건물 건설업	510	3,477	41	248
540	41210	지반조성 건설업	585	9,496	37	555
541	41221	도로 건설업	2,158	42,365	133	2,012
542	41222	교량, 터널 및 철도 건설업	400	11,794	11	118
543	41223	수로, 댐 및 급·배수시설 건설업	287	2,683	12	79
544	41224	폐기물처리 및 오염방지시설 건설업	816	7,108	55	489
545	41225	산업플랜트 건설업	1,913	39,118	147	2,613
546	41226	조경 건설업	4,200	30,180	216	1,000
547	41229	기타 토목시설물 건설업	3,939	42,218	233	1,586
548	42110	건물 및 구축물 해체 공사업	1,962	12,438	87	372
549	42121	토공사업	3,726	48,235	174	2,391
550	42122	보링, 그라우팅 및 굴정 공사업	885	5,157	75	338
551	42123	파일공사 및 축조 관련 기초 공사업	313	3,290	19	296
552	42129	기타 기반조성 관련 전문공사업	101	1,809	3	10
553	42131	철골 공사업	1,817	14,687	106	782
554	42132	철근 및 철근콘크리트 공사업	5,845	84,196	561	3,259
555	42133	조적 및 석축 공사업	930	9,462	35	141
556	42134	포장 공사업	2,189	23,149	159	1,457
557	42135	철도궤도 전문공사업	36	980	1	1
558	42136	수중 공사업	260	2,483	8	68
559	42137	비계 및 형틀 공사업	486	7,295	22	103
560	42139	기타 시설물 축조 관련 전문공사업	1,653	10,303	86	318
561	42201	배관 및 냉·난방 공사업	13,806	66,680	543	1,736
562	42202	건물용 기계장비 설치 공사업	2,288	26,465	118	1,641
563	42203	방음 및 내화 공사업	394	2,251	10	39
564	42204	소방시설 공사업	1,701	19,109	75	554
565	42209	기타 건물설비 설치 공사업	867	5,525	49	196
566	42311	일반전기 공사업	4,111	49,518	247	2,287
567	42312	내부 전기배선 공사업	7,449	64,885	328	2,512
568	42321	일반 통신 공사업	1,880	27,225	63	693
569	42322	내부 통신배선 공사업	3,595	36,507	104	796
570	42411	도장 공사업	3,337	23,249	133	645
571	42412	도배, 실내장식 및 내장 목공사업	24,012	90,432	590	1,481
572	42420	유리 및 창호 공사업	7,752	26,175	288	789
573	42491	미장, 타일 및 방수 공사업	3,832	31,400	91	278
574	42492	건물용 금속공작물 설치 공사업	681	3,745	23	89
575	42499	그 외 기타 건축마무리 공사업	239	1,198	13	51

NO	9차산업 분류	산업세세분류	전 국		충청남도	
			사업체수	종사자수	사업체수	종사자수
576	42500	건설장비 운영업	6,260	45,703	500	4,198
577	45110	자동차 신품 판매업	3,230	43,463	144	1,267
578	45120	중고 자동차 판매업	5,288	26,371	230	822
579	45211	자동차 타이어 및 튜브 판매업	3,887	11,127	220	480
580	45219	기타 자동차신품 부품 및 내장품 판매업	13,344	39,029	584	1,582
581	45220	자동차중고 부품 및 내장품 판매업	1,449	2,604	47	69
582	45301	모터사이클 및 부품 도매업	299	888	8	14
583	45302	모터사이클 및 부품 소매업	1,431	2,384	73	104
584	46101	산업용 농축산물 및 산동물 중개업	354	1,324	25	47
585	46102	음 · 식료품 및 담배 중개업	1,725	7,407	56	180
586	46103	섬유, 의복, 신발 및 가죽제품 중개업	973	4,153	4	7
587	46104	기계장비 중개업	1,060	4,354	17	40
588	46105	상품종합 중개업	2,915	10,636	21	52
589	46109	기타 상품 중개업	1,154	3,829	9	13
590	46201	곡물 도매업	1,932	6,064	54	159
591	46202	종자 및 묘목 도매업	631	2,334	24	71
592	46203	사료 도매업	1,860	6,741	177	508
593	46204	화초 및 산식물 도매업	3,459	8,428	115	301
594	46205	산동물 도매업	178	746	12	22
595	46209	기타 산업용 농산물 및 산동물 도매업	1,735	4,815	142	234
596	46311	과실 및 채소 도매업	17,434	57,401	672	2,596
597	46312	육류 도매업	10,621	40,697	392	1,327
598	46313	수산물 도매업	14,355	41,745	655	1,499
599	46319	기타 비가공 식품 도매업	1,773	5,592	64	232
600	46321	육류 가공식품 도매업	1,194	5,546	47	184
601	46322	수산물 가공식품 도매업	943	5,109	40	154
602	46323	빵 및 과자 도매업	1,968	10,138	79	360
603	46324	낙농품 도매업	3,954	15,125	179	489
604	46329	기타 가공식품 도매업	12,487	54,783	410	1,690
605	46331	주류 도매업	2,620	27,322	93	822
606	46332	비알콜음료 도매업	3,782	14,358	177	557
607	46333	담배 도매업	327	4,473	13	169
608	46411	가정용 섬유 및 실 도매업	1,078	2,845	3	14
609	46412	커튼 및 침구용품 도매업	1,061	2,989	13	25
610	46413	셔츠 및 외의 도매업	15,671	55,079	34	144
611	46414	유아용 의류 도매업	239	1,501	–	–
612	46415	내의 도매업	632	3,911	4	58
613	46416	가죽 및 모피제품 도매업	413	1,637	–	–
614	46417	의복액세서리 및 모조장신품 도매업	7,272	17,553	35	83
615	46419	기타 가정용 섬유 및 직물제품 도매업	1,046	2,745	28	42
616	46420	신발 도매업	2,238	7,962	12	38
617	46431	가정용 가구 도매업	1,748	6,970	43	106

NO	9차산업 분류	산업세세분류	전 국		충청남도	
			사업체수	종사자수	사업체수	종사자수
618	46432	전구 · 램프 및 조명장치 도매업	2,834	8,834	54	153
619	46433	가정용 요업제품, 비전기식 주방용품 및 날붙이 도매업	3,250	12,713	50	133
620	46439	기타 비전기식 가정용 기기 및 기구 도매업	286	1,176	1	2
621	46441	의약품 도매업	3,312	48,632	77	419
622	46442	의료용품 도매업	1,960	10,045	21	43
623	46443	화장품 도매업	5,258	25,457	83	182
624	46444	비누 및 세정제 도매업	1,375	5,616	49	154
625	46451	종이제품 도매업	2,665	9,040	62	148
626	46452	문구용품 도매업	3,867	14,004	75	230
627	46453	서적, 잡지 및 신문 도매업	2,902	11,571	87	226
628	46461	음반 및 비디오물 도매업	147	595	1	2
629	46462	악기 도매업	248	925	4	15
630	46463	장난감 및 취미용품 도매업	1,716	5,736	26	51
631	46464	운동 및 경기용품 도매업	1,467	7,652	14	41
632	46465	자전거 및 기타 운송장비 도매업	289	1,188	2	2
633	46491	가방 및 여행용품 도매업	1,648	5,992	4	9
634	46492	시계 및 귀금속제품 도매업	2,358	5,612	7	8
635	46493	사진장비 및 광학용품 도매업	1,113	6,665	9	21
636	46499	그 외 기타 가정용품 도매업	3,869	12,645	81	233
637	46510	컴퓨터 및 주변장치, 소프트웨어 도매업	6,645	36,371	70	217
638	46521	가전제품 및 부품 도매업	5,317	22,563	113	282
639	46522	통신장비 및 부품 도매업	3,784	22,256	57	275
640	46531	농업용 기계 및 장비 도매업	1,765	5,505	215	701
641	46532	건설 · 광업용 기계 및 장비 도매업	2,110	7,584	80	249
642	46533	공작기계 도매업	2,986	10,294	57	224
643	46539	기타 산업용 기계 및 장비 도매업	2,714	10,318	68	246
644	46591	사무용 가구 및 기기 도매업	3,115	12,133	77	204
645	46592	의료, 정밀 및 과학기기 도매업	8,330	40,429	88	216
646	46593	수송용 기계 및 장비 도매업	711	3,622	15	54
647	46594	전기용 기계장비 및 관련 기자재 도매업	12,225	50,649	224	756
648	46599	그 외 기타 기계 및 장비 도매업	10,232	33,863	287	899
649	46611	원목 및 건축 관련 목재품 도매업	3,735	11,035	134	346
650	46612	골재, 벽돌 및 시멘트 도매업	3,244	10,554	201	602
651	46613	유리 및 창호 도매업	1,634	5,746	65	227
652	46621	배관 및 냉 · 난방장치 도매업	2,646	9,044	96	239
653	46622	철물 및 수공구 도매업	7,730	20,825	296	737
654	46691	도료 도매업	2,875	8,974	81	201
655	46692	벽지 및 장판류 도매업	1,609	5,356	46	122
656	46699	그 외 기타 건축자재 도매업	8,698	27,936	345	975
657	46711	고체연료 및 관련 제품 도매업	329	985	11	17
658	46712	액체연료 및 관련 제품 도매업	2,516	11,154	69	257

NO	9차산업 분류	산업세세분류	전 국		충청남도	
			사업체수	종사자수	사업체수	종사자수
659	46713	기체연료 및 관련 제품 도매업	637	4,491	29	178
660	46721	1차 금속제품 도매업	9,353	41,245	233	836
661	46722	금속광물 도매업	321	1,127	4	34
662	46731	염료, 안료 및 관련 제품 도매업	615	2,552	7	18
663	46732	비료 및 농약 도매업	4,031	11,028	399	999
664	46733	합성고무 및 플라스틱물질 도매업	2,236	8,041	38	99
665	46739	기타 화학물질 및 화학제품 도매업	3,676	16,337	63	244
666	46741	방직용 섬유 및 사 도매업	972	3,556	2	2
667	46742	직물 도매업	6,726	18,906	5	6
668	46791	재생용 재료 수집 및 판매업	18,509	48,379	909	2,144
669	46799	그 외 기타 상품 전문 도매업	4,048	14,151	113	301
670	46800	상품 종합 도매업	2,145	19,688	28	224
671	47111	백화점	97	14,302	2	376
672	47119	기타 대형 종합 소매업	537	75,173	23	2,602
673	47121	슈퍼마켓	9,649	87,899	475	3,889
674	47122	체인화 편의점	26,874	102,235	1,278	4,329
675	47129	기타 음·식료품 위주 종합 소매업	69,570	126,968	3,940	6,487
676	47190	그 외 기타 종합 소매업	3,792	13,753	141	456
677	47211	곡물 소매업	5,714	9,230	245	416
678	47212	육류 소매업	23,034	45,439	1,211	2,277
679	47213	수산물 소매업	21,245	35,770	1,427	2,521
680	47214	과실 및 채소 소매업	22,384	39,548	961	1,695
681	47215	빵 및 과자류 소매업	2,815	6,828	99	224
682	47216	건강보조식품 소매업	10,418	18,850	416	641
683	47219	기타 식료품 소매업	15,944	29,273	1,153	1,814
684	47221	음료 소매업	2,071	4,073	82	137
685	47222	담배 소매업	2,389	3,655	96	150
686	47311	컴퓨터 및 주변장치, 소프트웨어 소매업	5,688	10,655	219	348
687	47312	통신기기 소매업	24,757	60,630	948	2,047
688	47320	가전제품 소매업	7,049	26,818	337	1,090
689	47411	가정용 직물제품 소매업	10,639	16,267	503	741
690	47412	한복 소매업	1,445	2,060	47	66
691	47413	남녀용 정장 소매업	24,639	47,268	1,030	1,632
692	47414	유아용 의류 소매업	5,040	8,329	275	402
693	47415	내의 소매업	8,133	13,096	403	628
694	47416	셔츠 및 기타 의복 소매업	78,810	150,730	2,897	5,077
695	47419	기타 섬유, 직물 및 의복액세서리 소매업	12,408	19,689	298	427
696	47420	신발 소매업	11,683	24,611	451	825
697	47430	가방 및 기타 가죽제품 소매업	5,200	11,455	122	226
698	47511	철물 및 난방용구 소매업	13,653	21,564	706	1,167
699	47512	기계공구 소매업	2,540	4,565	208	348
700	47513	벽지 및 장판류 소매업	8,326	15,064	380	701

NO	9차산업 분류	산업세세분류	전 국		충청남도	
			사업체수	종사자수	사업체수	종사자수
701	47519	페인트, 유리 및 기타 건설자재 소매업	7,465	12,897	458	800
702	47520	가구 소매업	10,671	23,003	401	734
703	47591	전기용품 및 조명장치 소매업	5,193	8,985	278	475
704	47592	식탁 및 주방용품 소매업	5,799	10,694	259	424
705	47593	악기 소매업	1,375	2,271	65	106
706	47599	그 외 기타 분류 안된 가정용품 소매업	2,153	3,840	102	145
707	47611	서적 및 잡지류 소매업	5,169	13,905	207	416
708	47612	문구용품 소매업	12,364	22,349	513	866
709	47620	음반 및 비디오물 소매업	422	666	23	30
710	47631	운동 및 경기용품 소매업	7,235	15,583	298	534
711	47632	자전거 및 기타 운송장비 소매업	2,936	4,305	112	160
712	47640	게임용구, 인형 및 장난감 소매업	4,085	6,931	267	409
713	47711	차량용 주유소 운영업	12,391	47,521	1,052	3,262
714	47712	차량용 가스 충전업	1,779	10,737	130	487
715	47721	가정용 고체연료 소매업	264	435	19	36
716	47722	가정용 액체연료 소매업	1,793	2,744	107	179
717	47723	가정용 가스연료 소매업	3,508	7,835	232	535
718	47811	의약품 및 의료용품 소매업	23,015	59,897	1,019	2,466
719	47812	의료용 기구 소매업	4,695	9,434	171	300
720	47813	화장품 및 방향제 소매업	24,896	56,556	782	1,569
721	47821	사무용 기기 소매업	1,218	2,885	66	173
722	47822	안경 소매업	8,524	17,671	303	592
723	47823	사진기 및 사진용품 소매업	351	721	–	–
724	47829	기타 광학 및 정밀 기기 소매업	241	504	10	18
725	47830	시계 및 귀금속 소매업	11,151	19,961	382	620
726	47841	예술품 및 골동품 소매업	3,460	5,265	90	142
727	47842	관광 민예품 및 선물용품 소매업	3,435	6,616	121	193
728	47851	화초 및 산식물 소매업	16,491	26,368	760	1,214
729	47852	애완용 동물 및 관련 용품 소매업	4,099	6,974	170	274
730	47859	그 외 기타 분류 안된 상품 전문 소매업	4,221	6,717	250	391
731	47861	중고가구 소매업	826	1,652	22	45
732	47862	중고 가전제품 소매업	2,963	4,897	106	172
733	47869	기타 중고상품 소매업	5,722	7,985	167	211
734	47911	전자상거래업	10,618	51,316	103	401
735	47919	기타 통신 판매업	340	5,291	–	–
736	47991	자동판매기 운영업	366	983	11	34
737	47992	계약배달 판매업	5,249	41,726	239	1,191
738	47993	방문 판매업	5,551	102,033	246	3,910
739	49100	철도운송업	265	6,668	19	300
740	49211	도시철도 운송업	716	14,085	7	61
741	49212	시내버스 운송업	928	83,359	19	2,001
742	49219	기타 도시 정기 육상 여객 운송업	196	2,116	11	96

NO	9차산업 분류	산업세세분류	전 국		충청남도	
			사업체수	종사자수	사업체수	종사자수
743	49220	시외버스 운송업	399	18,718	22	868
744	49231	택시 운송업	163,967	285,419	4,071	7,451
745	49232	전세버스 운송업	1,280	25,242	87	1,429
746	49233	장의차량 운영업	151	426	7	8
747	49239	기타 부정기 여객 육상 운송업	22	391	–	–
748	49311	일반 화물자동차 운송업	11,175	84,416	854	3,449
749	49312	용달 및 개별 화물자동차 운송업	162,555	185,217	6,302	7,169
750	49401	택배업	5,929	41,426	341	1,407
751	49402	늘찬 배달업	1,273	9,029	33	126
752	49500	파이프라인 운송업	11	341	2	38
753	50111	외항 여객 운송업	16	231	–	–
754	50112	외항 화물 운송업	256	8,307	1	2
755	50121	내항 여객 운송업	172	1,775	9	42
756	50122	내항 화물 운송업	376	5,039	1	8
757	50130	기타 해상 운송업	164	1,609	7	142
758	50201	내륙 수상 여객 운송업	35	311	–	–
759	50202	내륙 수상 화물 운송업	2	5	–	–
760	50203	항만내 운송업	280	1,299	1	10
761	50209	기타 내륙 수상 및 항만내 운송업	7	72	–	–
762	51100	정기 항공 운송업	141	28,035	–	–
763	51200	부정기 항공 운송업	19	326	1	23
764	52101	일반 창고업	3,761	39,427	110	1,166
765	52102	냉장 및 냉동 창고업	931	8,644	46	340
766	52103	농산물 창고업	421	1,290	35	54
767	52104	위험물품 보관업	160	1,842	6	78
768	52109	기타 보관 및 창고업	303	2,603	18	177
769	52911	철도 운송지원 서비스업	200	19,562	8	324
770	52912	여객 자동차 터미널 운영업	286	2,554	12	68
771	52913	화물 자동차 터미널 운영업	31	519	4	132
772	52914	도로 및 관련 시설 운영업	483	14,280	50	1,054
773	52915	주차장 운영업	7,506	19,595	107	260
774	52919	기타 육상 운송지원 서비스업	214	1,546	13	83
775	52921	항구 및 기타 해상 터미널 운영업	27	1,521	2	16
776	52929	기타 수상 운송지원 서비스업	355	8,364	5	47
777	52931	공항 운영업	17	2,758	–	–
778	52939	기타 항공 운송지원 서비스업	69	7,464	–	–
779	52941	항공 및 육상 화물 취급업	728	11,660	21	286
780	52942	수상 화물 취급업	267	11,660	21	550
781	52991	화물운송 중개, 대리 및 관련 서비스업	11,936	80,331	350	1,531
782	52992	화물포장, 검수 및 형량 서비스업	669	6,311	40	478
783	52999	그 외 기타 분류 안된 운 송관련 서비스업	185	1,995	5	58
784	55111	호텔업	716	42,293	14	493

NO	9차산업 분류	산업세세분류	전 국		충청남도	
			사업체수	종사자수	사업체수	종사자수
785	55112	여관업	24,635	61,827	1,577	3,485
786	55113	휴양콘도 운영업	254	16,061	24	1,102
787	55114	청소년수련시설 운영업	469	4,071	38	392
788	55119	기타 관광숙박시설 운영업	20,136	39,718	1,689	3,025
789	55901	기숙사 운영업	167	1,640	7	53
790	55909	그 외 기타 숙박업	6,097	10,460	96	135
791	56111	한식 음식점업	301,939	858,898	15,626	39,417
792	56112	중식 음식점업	21,550	77,201	1,080	3,424
793	56113	일식 음식점업	7,740	34,688	215	779
794	56114	서양식 음식점업	10,397	69,462	392	1,738
795	56119	기타 외국식 음식점업	1,789	8,928	39	175
796	56120	기관구내식당업	9,709	61,297	542	3,609
797	56131	출장 음식 서비스업	560	2,758	37	134
798	56191	제과점업	16,496	68,274	609	2,304
799	56192	피자, 햄버거, 샌드위치 및 유사 음식점업	14,630	85,243	659	2,567
800	56193	치킨 전문점	31,529	72,505	1,530	3,261
801	56194	분식 및 김밥 전문점	46,221	103,163	1,817	3,758
802	56199	그 외 기타 음식점업	4,669	12,078	212	843
803	56211	일반유흥 주점업	28,565	80,885	1,012	2,479
804	56212	무도유흥 주점업	1,363	8,262	58	307
805	56219	기타 주점업	98,040	194,266	3,670	6,377
806	56220	비알콜 음료점업	55,693	157,603	1,906	4,387
807	58111	교과서 및 학습서적 출판업	919	11,374	5	8
808	58112	만화 출판업	38	345	–	–
809	58119	기타 서적 출판업	2,863	13,533	24	40
810	58121	신문 발행업	534	14,904	27	95
811	58122	잡지 및 정기간행물 발행업	1,562	10,502	38	124
812	58123	정기 광고간행물 발행업	414	4,349	24	212
813	58190	기타 인쇄물 출판업	279	1,210	2	5
814	58211	온라인·모바일 게임 소프트웨어 개발 및 공급업	1,946	34,046	15	46
815	58219	기타 게임 소프트웨어 개발 및 공급업	346	2,970	2	5
816	58221	시스템 소프트웨어 개발 및 공급업	5,635	78,290	43	280
817	58222	응용 소프트웨어 개발 및 공급업	4,849	55,558	35	93
818	59111	일반 영화 및 비디오물 제작업	587	3,114	3	4
819	59112	애니메이션 영화 및 비디오물 제작업	391	4,777	2	12
820	59113	광고 영화 및 비디오물 제작업	1,114	5,854	12	41
821	59114	방송 프로그램 제작업	740	7,282	2	4
822	59120	영화, 비디오물 및 방송프로그램 제작 관련 서비스업	199	1,749	3	10
823	59130	영화, 비디오물 및 방송프로그램 배급업	176	1,261	–	–
824	59141	영화관 운영업	425	14,347	16	444

NO	9차산업 분류	산업세세분류	전 국		충청남도	
			사업체수	종사자수	사업체수	종사자수
825	59142	비디오물 감상실 운영업	619	1,168	13	23
826	59201	음악 및 기타 오디오물 출판업	423	2,273	5	11
827	59202	녹음시설 운영업	464	1,238	1	5
828	60100	라디오 방송업	75	2,013	–	–
829	60210	지상파 방송업	93	10,933	6	34
830	60221	프로그램 공급업	199	6,524	1	2
831	60222	유선방송업	391	8,276	16	169
832	60229	위성 및 기타 방송업	62	861	3	3
833	61100	우편업	3,412	49,586	230	2,792
834	61210	유선통신업	973	22,851	48	766
835	61220	무선통신업	221	11,349	6	48
836	61230	위성통신업	5	79	–	–
837	61291	통신 재판매업	239	3,405	4	18
838	61299	그 외 기타 전기 통신업	165	3,548	5	73
839	62010	컴퓨터 프로그래밍 서비스업	4,658	32,582	84	259
840	62021	컴퓨터시스템 통합 자문 및 구축 서비스업	1,693	61,189	15	188
841	62022	컴퓨터시설 관리업	350	6,206	8	45
842	62090	기타 정보기술 및 컴퓨터운영 관련 서비스업	647	5,261	12	56
843	63111	자료 처리업	192	2,635	2	15
844	63112	호스팅 및 관련 서비스업	189	3,409	2	4
845	63120	포털 및 기타 인터넷 정보매개 서비스업	1,296	17,934	36	68
846	63910	뉴스 제공업	185	1,711	10	14
847	63991	데이터베이스 및 온라인정보 제공업	1,060	12,432	11	48
848	63999	그 외 기타 정보 서비스업	36	369	–	–
849	64110	중앙은행	17	2,057	–	–
850	64121	국내은행	7,442	111,407	195	2,019
851	64122	외국은행	55	3,063	–	–
852	64131	신용조합	9,817	90,746	662	6,115
853	64132	상호저축은행	334	7,418	6	89
854	64201	자산운용회사	142	4,789	1	5
855	64209	기타 투자기관	210	1,836	1	1
856	64911	금융리스업	85	2,328	–	–
857	64912	개발금융기관	93	4,106	4	51
858	64913	신용카드 및 할부금융업	921	33,204	23	473
859	64919	그 외 기타 여신금융업	2,888	13,064	77	213
860	64991	기금 운영업	24	776	1	15
861	64992	금융지주회사	18	743	–	–
862	64999	그 외 기타 분류 안된 금융업	5	217	–	–
863	65110	생명 보험업	3,774	121,514	115	3,034
864	65121	손해 보험업	3,075	97,089	155	4,051
865	65122	보증 보험업	432	7,352	16	155
866	65131	건강 보험업	241	13,206	15	477

NO	9차산업 분류	산업세세분류	전 국		충청남도	
			사업체수	종사자수	사업체수	종사자수
867	65139	산업재해 및 기타 사회보장 보험업	67	3,737	2	98
868	65200	재 보험업	7	428	–	–
869	65301	개인 공제업	247	2,982	5	21
870	65302	사업 공제업	307	4,060	17	113
871	65303	연금업	164	5,861	9	144
872	66110	금융시장 관리업	38	4,263	1	12
873	66121	증권 중개업	1,221	34,184	25	232
874	66122	선물 중개업	6	425	–	–
875	66191	유가증권 관리 및 보관업	7	479	–	–
876	66192	투자 자문업	644	4,597	–	–
877	66199	그 외 기타 금융지원 서비스업	2,173	14,839	35	214
878	66201	손해사정업	866	10,823	12	50
879	66202	보험대리 및 중개업	6,536	92,973	279	2,143
880	66209	기타 보험 및 연금 관련 서비스업	53	3,950	–	–
881	68111	주거용 건물 임대업	879	2,338	42	122
882	68112	비주거용 건물 임대업	7,876	32,329	138	579
883	68119	기타 부동산 임대업	155	504	9	15
884	68121	주거용 건물 개발 및 공급업	1,825	11,408	40	151
885	68122	비주거용 건물 개발 및 공급업	826	5,064	22	82
886	68129	기타 부동산 개발 및 공급업	1,080	13,039	40	376
887	68211	주거용 부동산 관리업	19,752	147,059	755	4,865
888	68212	비주거용 부동산 관리업	10,247	79,428	119	1,082
889	68221	부동산 자문 및 중개업	82,565	137,325	3,045	4,154
890	68222	부동산 감정평가업	708	7,358	23	214
891	69110	자동차 임대업	3,077	11,177	134	300
892	69190	기타 운송장비 임대업	407	1,049	6	12
893	69210	스포츠 및 레크레이션 용품 임대업	1,595	3,721	45	84
894	69220	음반 및 비디오물 임대업	362	544	7	9
895	69291	서적 임대업	1,755	3,193	45	92
896	69292	의류 임대업	1,593	3,597	60	100
897	69299	그 외 기타 개인 및 가정용품 임대업	1,754	16,126	71	704
898	69310	건설 및 토목공사용 기계장비 임대업	2,556	10,432	165	725
899	69320	컴퓨터 및 사무용 기계장비 임대업	1,250	4,379	50	112
900	69390	기타 산업용 기계 및 장비 임대업	833	4,009	49	145
901	69400	무형재산권 임대업	91	671	2	4
902	70111	물리, 화학 및 생물학 연구개발업	777	19,773	19	368
903	70112	농학 연구개발업	492	11,613	34	631
904	70113	의학 및 약학 연구개발업	743	12,505	11	47
905	70119	기타 자연과학 연구개발업	206	3,242	5	17
906	70121	전기 · 전자공학 연구개발업	1,342	89,607	24	125
907	70129	기타 공학 연구개발업	1,506	49,314	55	1,431
908	70201	경제학 연구개발업	262	4,054	3	8

NO	9차산업 분류	산업세세분류	전 국		충청남도	
			사업체수	종사자수	사업체수	종사자수
909	70209	기타 인문 및 사회과학 연구개발업	1,198	14,515	24	319
910	71101	변호사업	4,817	35,553	100	472
911	71102	변리사업	715	8,945	6	20
912	71103	법무사업	5,632	22,100	208	818
913	71109	기타 법무 관련 서비스업	2,253	5,869	65	133
914	71201	공인회계사업	1,286	23,723	37	297
915	71202	세무사업	9,889	51,785	209	1,294
916	71209	기타 회계 관련 서비스업	31	177	2	3
917	71310	광고 대행업	4,183	32,522	29	93
918	71391	옥외 및 전시 광고업	967	3,690	46	102
919	71392	광고매체 판매업	136	808	4	20
920	71393	광고물 작성업	4,629	12,634	115	233
921	71399	그 외 기타 광고업	466	2,078	12	64
922	71400	시장조사 및 여론조사업	464	7,381	4	8
923	71511	제조업 회사본부	1,921	114,481	25	471
924	71519	기타 산업 회사본부	756	31,689	12	102
925	71520	비금융 지주회사	49	1,726	–	–
926	71531	경영컨설팅업	7,118	42,383	72	339
927	71532	공공관계 서비스업	183	1,545	3	16
928	72111	건축설계 및 관련 서비스업	9,767	57,897	322	1,194
929	72112	도시계획 및 조경설계 서비스업	741	5,041	22	85
930	72121	건물 및 토목엔지니어링 서비스업	3,672	60,262	163	1,090
931	72122	환경컨설팅 및 관련 엔지니어링 서비스업	748	7,002	16	115
932	72129	기타 엔지니어링 서비스업	3,928	52,155	88	1,281
933	72911	물질성분 검사 및 분석업	840	14,394	43	241
934	72919	기타 기술 시험, 검사 및 분석업	2,820	49,986	97	1,422
935	72921	측량업	1,575	12,509	154	900
936	72922	제도업	331	1,727	12	46
937	72923	지질조사 및 탐사업	178	1,327	9	43
938	72924	지도제작업	123	1,795	3	3
939	73100	수의업	3,640	10,534	157	446
940	73201	인테리어 디자인업	1,083	4,092	16	35
941	73202	제품 디자인업	1,240	5,307	18	38
942	73203	시각 디자인업	1,889	7,680	32	56
943	73209	기타 전문 디자인업	764	2,909	–	–
944	73301	인물사진 및 행사용비디오 촬영업	7,622	15,638	272	506
945	73302	상업용 사진 촬영업	541	1,260	–	–
946	73303	사진 처리업	955	2,042	36	56
947	73901	매니저업	601	3,745	1	1
948	73902	번역 및 통역 서비스업	487	2,579	4	10
949	73903	사업 및 무형 재산권 중개업	405	1,908	3	14
950	73904	물품감정, 계량 및 견본 추출업	212	759	20	58

NO	9차산업 분류	산업세세분류	전 국		충청남도	
			사업체수	종사자수	사업체수	종사자수
951	73909	그외 기타 분류 안된 전문, 과학 및 기술 서비스업	193	3,395	7	47
952	74100	사업시설 유지관리 서비스업	3,121	101,070	153	2,484
953	74211	건축물 일반 청소업	3,441	84,689	141	1,289
954	74212	사업시설 및 산업용품 청소업	1,254	18,264	60	572
955	74220	소독, 구충 및 방제 서비스업	1,616	19,379	58	369
956	74300	조경 관리 및 유지 서비스업	746	4,978	39	221
957	75110	고용알선업	7,680	29,274	340	1,082
958	75120	인력공급업	6,901	418,327	407	12,550
959	75211	일반 및 국외 여행사업	7,532	34,698	172	702
960	75212	국내 여행사업	1,118	5,141	35	191
961	75290	기타 여행보조 및 예약 서비스업	1,497	6,283	32	55
962	75310	경비 및 경호 서비스업	1,401	60,232	33	1,113
963	75320	보안시스템 서비스업	689	19,928	32	388
964	75330	탐정 및 조사 서비스업	22	38	–	–
965	75911	문서 작성업	408	1,126	6	10
966	75912	복사업	2,061	4,137	73	114
967	75919	기타 사무지원 서비스업	1,336	10,332	56	571
968	75991	콜센터 및 텔레마케팅 서비스업	822	69,342	12	488
969	75992	전시 및 행사 대행업	3,379	18,118	99	298
970	75993	신용조사 및 추심 대행업	546	15,090	6	57
971	75994	포장 및 충전업	1,698	23,772	92	2,259
972	75999	그 외 기타 분류 안된 사업지원 서비스업	3,517	32,571	114	1,375
973	84111	입법기관	245	11,213	16	396
974	84112	중앙 최고 집행기관	5	1,627	–	–
975	84113	지방행정 집행기관	4,036	289,902	242	15,260
976	84114	재정 및 경제정책 행정	259	26,527	15	567
977	84119	기타 일반 공공 행정	419	13,406	24	420
978	84120	정부기관 일반 보조 행정	30	2,009	–	–
979	84211	교육 행정	222	21,762	17	1,358
980	84212	문화 및 관광 행정	71	3,485	5	128
981	84213	환경 행정	53	5,024	1	12
982	84214	보건 및 복지 행정	77	6,093	4	23
983	84219	기타 사회서비스 관리 행정	39	2,940	3	60
984	84221	노동 행정	69	4,079	3	75
985	84222	농림수산 행정	790	20,555	49	1,293
986	84223	건설 및 운송 행정	228	12,163	17	591
987	84224	통신 행정	33	1,755	2	51
988	84229	기타 산업진흥 행정	195	7,495	9	90
989	84310	외무 행정	5	2,430	–	–
990	84320	국방 행정	32	2,963	–	–
991	84401	법원	306	15,984	22	489

NO	9차산업 분류	산업세세분류	전 국		충청남도	
			사업체수	종사자수	사업체수	종사자수
992	84402	검찰	64	10,081	5	305
993	84403	교도기관	134	18,575	12	1,474
994	84404	경찰	3,199	119,716	234	4,297
995	84405	소방서	1,493	43,447	74	2,140
996	84409	기타 사법 및 공공질서 행정	10	1,264	–	–
997	84500	사회보장 행정	82	4,084	3	124
998	85110	유아 교육기관	8,516	75,103	465	2,869
999	85120	초등학교	6,168	287,866	418	12,053
1000	85211	중학교	3,215	157,433	188	6,696
1001	85212	일반 고등학교	1,820	141,144	85	5,331
1002	85221	상업 및 정보산업 고등학교	220	15,282	14	829
1003	85222	공업 고등학교	174	15,353	10	592
1004	85229	기타 기술 및 직업 고등학교	141	8,433	8	480
1005	85301	전문대학	201	45,418	10	1,605
1006	85302	대학교	388	204,504	28	12,471
1007	85303	대학원	799	12,075	39	228
1008	85410	특수학교	169	14,226	6	542
1009	85420	외국인 학교	57	3,317	1	3
1010	85430	대안학교	60	1,029	2	26
1011	85501	일반 교과 학원	48,744	151,893	1,385	4,055
1012	85502	외국어학원	15,465	68,354	532	1,799
1013	85503	방문 교육 학원	3,128	58,682	140	2,091
1014	85504	온라인 교육 학원	591	7,329	6	13
1015	85509	기타 일반 교습학원	417	3,184	10	43
1016	85611	스포츠 교육기관	19,800	39,471	705	1,288
1017	85612	레크레이션 교육기관	4,154	8,347	132	219
1018	85620	예술 학원	38,462	70,009	1,304	2,209
1019	85630	사회교육시설	2,926	28,032	141	1,115
1020	85640	직원훈련기관	1,490	17,645	70	1,393
1021	85651	운전학원	517	7,484	37	388
1022	85659	기타 기술 및 직업훈련학원	7,080	27,757	259	858
1023	85691	컴퓨터 학원	1,397	5,501	51	146
1024	85699	그 외 기타 분류 안된 교육기관	6,113	18,307	174	660
1025	85701	교육 관련 자문 및 평가업	1,172	7,361	24	86
1026	85709	기타 교육지원 서비스업	2,005	8,507	56	187
1027	86101	종합 병원	331	230,709	12	5,830
1028	86102	일반 병원	2,629	203,020	113	7,123
1029	86103	치과 병원	119	5,674	9	439
1030	86104	한방 병원	210	8,902	4	193
1031	86201	일반 의원	27,771	182,550	966	6,845
1032	86202	치과 의원	15,923	81,944	473	2,709
1033	86203	한의원	13,120	50,192	472	1,923

NO	9차산업 분류	산업세세분류	전 국		충청남도	
			사업체수	종사자수	사업체수	종사자수
1034	86204	방사선진단 및 병리검사 의원	447	11,063	10	94
1035	86300	공중 보건 의료업	3,499	29,711	395	2,515
1036	86901	앰뷸런스 서비스업	110	863	6	97
1037	86902	유사 의료업	3,574	11,887	134	377
1038	86909	그 외 기타 보건업	248	3,863	5	18
1039	87111	노인 요양 복지시설 운영업	4,535	85,484	251	4,619
1040	87112	노인 양로 복지시설 운영업	468	6,097	30	273
1041	87121	신체 부자유자 거주 복지시설 운영업	752	11,198	37	755
1042	87122	정신질환, 정신지체 및 약물중독자 거주 복지시설 운영업	505	9,012	31	544
1043	87131	아동 및 부녀자 거주 복지시설 운영업	805	8,148	40	384
1044	87139	그 외 기타 거주 복지시설 운영업	168	1,567	4	12
1045	87210	보육시설 운영업	41,486	291,712	1,960	13,196
1046	87291	직업재활원 운영업	994	24,485	41	1,088
1047	87299	그 외 기타 비거주 복지 서비스업	13,811	155,362	649	6,743
1048	90110	공연시설 운영업	505	9,175	18	195
1049	90121	연극단체	578	3,129	4	13
1050	90122	무용 및 음악단체	803	5,500	26	249
1051	90123	기타 공연단체	79	615	4	32
1052	90131	공연 예술가	60	79	2	2
1053	90132	비공연 예술가	644	1,111	9	11
1054	90191	공연 기획업	1,034	4,926	12	346
1055	90192	공연 및 제작 관련 대리업	85	289	1	1
1056	90199	그외 기타 창작 및 예술 관련 서비스업	722	3,039	12	18
1057	90211	도서관 및 기록보존소 운영업	1,851	15,489	92	456
1058	90212	독서실 운영업	4,696	10,307	117	193
1059	90221	박물관 운영업	1,100	10,157	49	462
1060	90222	사적지 관리 운영업	215	2,738	14	197
1061	90231	식물원 및 동물원 운영업	131	2,518	11	109
1062	90232	자연공원 운영업	372	7,783	29	516
1063	90290	기타 도서관, 사적지 및 유사 여가 관련 서비스업	26	154	1	11
1064	91111	실내 경기장 운영업	98	1,256	6	48
1065	91112	실외 경기장 운영업	80	1,496	5	207
1066	91113	경주장 운영업	14	4,482	–	–
1067	91121	골프장 운영업	449	39,976	18	1,467
1068	91131	종합 스포츠시설 운영업	824	14,320	18	100
1069	91132	체력단련시설 운영업	6,388	23,039	206	486
1070	91133	수영장 운영업	265	3,358	18	161
1071	91134	볼링장 운영업	560	2,259	28	112
1072	91135	당구장 운영업	12,675	19,769	497	777
1073	91136	골프연습장 운영업	7,295	20,394	278	721

NO	9차산업 분류	산업세세분류	전 국		충청남도	
			사업체수	종사자수	사업체수	종사자수
1074	91139	그 외 기타 스포츠시설 운영업	2,449	4,961	83	157
1075	91191	스포츠 클럽 운영업	77	1,988	2	8
1076	91199	그 외 기타 스포츠 서비스업	740	7,006	29	129
1077	91210	유원지 및 테마파크 운영업	193	7,797	13	116
1078	91221	전자 게임장 운영업	1,462	3,462	63	117
1079	91222	컴퓨터 게임방 운영업	12,455	37,785	528	1,290
1080	91223	노래연습장 운영업	33,345	50,370	1,291	2,005
1081	91229	기타 오락장 운영업	3,291	9,152	136	314
1082	91231	낚시장 운영업	664	1,108	94	136
1083	91239	기타 수상오락 서비스업	601	2,034	20	38
1084	91241	복권발행 및 판매업	3,510	5,602	130	223
1085	91249	기타 갬블링 및 베팅업	99	14,318	3	200
1086	91291	무도장 운영업	628	1,087	28	49
1087	91292	체육공원 및 유사 공원 운영업	144	2,544	2	24
1088	91293	기원 운영업	948	1,082	8	9
1089	91299	그 외 기타 분류 안된 오락 관련 서비스업	1,480	8,310	131	401
1090	94110	산업 단체	3,903	20,436	191	587
1091	94120	전문가 단체	2,108	7,917	47	88
1092	94200	노동조합	1,500	5,068	44	147
1093	94911	불교 단체	13,352	27,404	781	1,513
1094	94912	기독교 단체	55,767	110,244	3,436	5,165
1095	94913	천주교 단체	2,051	9,660	93	299
1096	94914	민족종교 단체	888	2,476	38	66
1097	94919	기타 종교 단체	1,116	2,173	47	92
1098	94920	정치 단체	367	1,337	12	39
1099	94931	환경운동 단체	621	1,970	29	78
1100	94939	기타 시민운동 단체	1,291	4,151	64	143
1101	94990	그외 기타 협회 및 단체	13,190	39,533	488	1,167
1102	95111	건설 · 광업용 기계 및 장비 수리업	1,282	6,441	79	510
1103	95119	기타 일반 기계 및 장비 수리업	9,821	37,095	719	2,791
1104	95121	컴퓨터 및 사무용 기기 수리업	6,170	11,963	188	411
1105	95122	통신장비 수리업	913	6,258	24	195
1106	95123	전기 및 정밀기기 수리업	2,478	8,675	130	603
1107	95211	자동차 종합 수리업	4,858	54,453	268	2,282
1108	95212	자동차 전문 수리업	32,282	69,401	1,643	3,211
1109	95213	자동차 세차업	6,571	12,578	387	680
1110	95220	모터사이클 수리업	3,050	3,864	189	226
1111	95310	가전제품 수리업	6,745	26,186	315	1,041
1112	95391	신발, 의복 및 기타 가정용 직물제품 수리업	19,014	23,146	436	505
1113	95392	시계, 귀금속 및 악기 수리업	997	1,213	5	6
1114	95399	그 외 기타 개인 및 가정용품 수리업	5,745	8,356	216	284
1115	96111	이용업	17,253	20,371	850	922

NO	9차산업 분류	산업세세분류	전 국		충청남도	
			사업체수	종사자수	사업체수	종사자수
1116	96112	두발미용업	89,013	140,162	3,517	4,847
1117	96113	피부미용업	15,618	25,486	546	802
1118	96119	기타 미용업	7,600	13,175	189	306
1119	96121	욕탕업	6,436	27,564	228	987
1120	96122	마사지업	7,311	16,680	241	593
1121	96129	기타 미용 관련 서비스업	2,122	3,938	74	124
1122	96911	산업용 세탁업	535	4,566	30	274
1123	96912	가정용 세탁업	33,610	54,371	1,299	2,039
1124	96913	세탁물 공급업	759	4,680	23	176
1125	96921	장례식장 및 장의 관련 서비스업	2,424	19,199	132	717
1126	96922	화장, 묘지분양 및 관리업	654	3,696	63	239
1127	96991	예식장업	917	20,038	74	776
1128	96992	점술 및 유사 서비스업	12,290	13,312	484	544
1129	96993	개인 간병인 및 유사 서비스업	3,294	67,287	154	3,064
1130	96994	맞선주선 및 결혼 상담업	1,240	3,832	49	76
1131	96995	애완동물 장묘 및 보호 서비스업	701	1,110	26	45
1132	96999	그 외 기타 달리 분류되지 않은 개인 서비스업	1,866	8,467	92	379
합 계			3,812,820	19,899,786	154,038	812,822

부록 2 광업제조업조사(2014년)

☐ 전 국

NO	세세분류코드	산업명	사업체수	종사자수	급여액	출하액	제조원가 판관비	연말재고액	기계장치유형자산연말잔액	건설 중인 자산	유형자산 연말잔액	생산액	부가가치액
1	05100	석탄 광업	11	2,923	130,919	262,103	322,496	20,837	82,759	1,230	576,314	265,377	176,802
2	05200	원유 및 천연가스 채굴업	1	X	X	X	X	X	X	X	X	X	X
3	06100	철 광업	3	218	7,978	65,738	31,926	3,769	12,875	13,493	61,321	67,325	60,926
4	06291	금 · 은 및 백금 광업	1	X	X	X	X	X	X	X	X	X	X
5	06292	연 및 아연 광업	1	X	X	X	X	X	X	X	X	X	X
6	07111	석회석 광업	60	1,707	67,482	561,408	468,427	22,926	93,020	9,235	337,688	565,123	400,953
7	07112	고령토 및 기타 점토 광업	4	154	5,886	21,913	21,277	1,471	1,702	–	5,933	21,803	17,157
8	07121	건설용 석재 채굴업	26	563	18,628	115,759	97,972	14,476	21,486	1,540	62,691	117,916	85,029
9	07122	건설용 쇄석 생산업	159	3,150	119,212	1,137,913	998,183	57,953	170,646	27,330	761,298	1,142,922	768,050
10	07123	모래 및 자갈 채취업	58	1,326	54,305	513,263	466,723	18,156	58,784	4,791	356,977	511,866	308,339
11	07210	화학용 및 비료원료용 광물 광업	6	185	6,687	36,259	31,063	10,128	3,948	2,437	15,835	36,751	26,684
12	07220	소금 채취업	9	153	2,471	20,261	16,874	5,944	4,782	–	21,917	21,154	12,127
13	07290	그 외 기타 비금속광물 광업	9	213	7,396	38,406	29,874	3,818	8,393	1,697	24,608	39,181	32,934
14	08090	기타 광업 지원 서비스업	1	X	X	X	X	X	X	X	X	X	X
15	10110	도축업	198	14,951	370,278	5,249,176	5,159,848	250,722	528,324	53,309	1,852,917	5,262,224	1,253,541
16	10121	가금류 가공 및 저장 처리업	196	6,748	140,551	1,502,254	1,436,366	120,100	115,580	11,035	533,112	1,500,604	450,429
17	10129	기타 육류 가공 및 저장처리업	404	14,580	378,650	5,836,298	5,470,890	367,878	288,683	29,852	1,237,449	5,808,061	1,385,266
18	10211	수산동물 훈제, 조리 및 유사 조제식품 제조업	175	8,636	207,875	1,707,099	1,513,741	231,404	146,120	7,635	632,413	1,707,069	647,570

19	10212	수산동물 건조 및 염장품 제조업	231	5,723	98,110	729,607	689,726	113,755	38,294	1,038	256,580	734,718	289,032
20	10213	수산동물 냉동품 제조업	105	3,417	68,799	803,455	747,958	166,312	30,592	3,477	230,039	803,121	215,101
21	10219	기타 수산동물 가공 및 저장처리업	87	2,047	47,626	413,763	412,387	73,527	22,295	428	125,729	411,745	124,486
22	10220	수산식물 가공 및 저장 처리업	297	6,992	108,746	1,126,749	1,037,243	144,001	114,252	8,499	413,119	1,135,991	386,150
23	10301	과실 및 채소 절임식품 제조업	341	11,092	209,174	1,491,272	1,298,959	138,593	96,528	5,100	663,288	1,496,179	691,167
24	10309	기타 과실 · 채소 가공 및 저장처리업	199	5,476	134,381	1,311,776	1,213,572	201,509	137,243	8,673	521,895	1,319,992	484,942
25	10401	동물성 유지 제조업	23	527	17,790	326,571	310,673	15,105	32,732	8,511	87,328	327,906	72,893
26	10402	식물성 유지 제조업	25	768	24,306	1,119,132	927,023	116,933	55,525	69	269,001	1,105,765	272,418
27	10403	식용 정제유 및 가공유 제조업	13	523	19,500	583,452	542,840	51,479	44,567	1,771	192,097	581,545	128,354
28	10501	액상시유 및 기타 낙농제품 제조업	74	7,314	320,311	6,080,187	5,068,630	518,187	516,725	19,558	1,338,268	6,161,164	1,982,019
29	10502	아이스크림 및 기타 식용빙과류 제조업	39	2,650	90,686	1,850,384	1,292,440	117,051	202,864	3,627	496,965	1,850,199	857,323
30	10611	곡물 도정업	101	1,570	48,208	1,739,179	1,690,866	659,258	230,917	1,031	602,912	1,735,348	247,843
31	10612	곡물 제분업	41	1,676	71,908	1,664,298	1,412,187	213,684	271,697	10,109	896,272	1,664,626	514,283
32	10613	제과용 혼합분말 및 반죽 제조업	51	1,840	44,276	444,972	323,649	16,990	52,631	1,602	195,793	446,431	245,965
33	10619	기타 곡물가공품 제조업	65	1,884	46,315	418,472	415,369	50,522	68,382	15,076	204,303	419,960	176,716
34	10620	전분제품 및 당류 제조업	26	1,212	54,602	1,408,108	1,032,577	113,499	93,449	13,098	364,767	1,402,589	512,313
35	10711	떡류 제조업	125	2,988	61,113	332,986	326,311	25,119	46,572	496	194,063	333,673	144,100
36	10712	빵류 제조업	232	12,167	345,606	2,863,841	2,247,229	99,871	261,460	62,759	1,104,110	2,868,790	1,608,876
37	10713	코코아 제품 및 과자류 제조업	167	8,969	243,233	3,127,055	2,030,109	164,509	557,216	27,033	1,737,277	3,145,085	1,733,897
38	10720	설탕 제조업	2	X	X	X	X	X	X	X	X	X	X
39	10730	면류, 마카로니 및 유사식품 제조업	93	6,988	231,041	2,702,033	2,273,540	148,141	349,891	64,053	1,018,653	2,701,197	945,151
40	10741	식초, 발효 및 화학 조미료 제조업	8	501	23,405	192,847	176,516	21,954	18,795	772	88,237	192,329	69,043

41	10742	천연 및 혼합조제 조미료 제조업	200	7,294	232,074	3,329,869	2,625,456	286,361	396,533	24,557	1,207,940	3,337,943	1,305,928
42	10743	장류 제조업	84	2,741	85,604	1,340,573	998,596	132,412	103,418	12,270	421,378	1,346,739	618,607
43	10749	기타 식품 첨가물 제조업	56	1,868	68,392	621,149	570,778	127,487	67,743	8,264	295,350	626,333	218,246
44	10791	커피 가공업	43	2,051	75,344	1,206,266	1,092,499	106,956	140,634	6,991	352,841	1,216,527	481,932
45	10792	차류 가공업	79	2,024	38,918	367,929	352,472	65,824	97,861	109,901	383,716	374,364	137,057
46	10793	수프 및 균질화식품 제조업	19	578	18,645	393,164	223,705	20,902	7,902	841	83,084	393,779	236,516
47	10794	두부 및 유사식품 제조업	106	3,320	81,735	575,857	534,969	39,193	119,526	10,210	368,167	574,401	262,570
48	10795	인삼식품 제조업	71	2,758	76,617	1,051,457	1,075,954	1,010,126	85,119	8,947	429,595	966,604	164,312
49	10796	건강보조용 액화식품 제조업	32	908	12,985	122,906	122,621	18,563	10,914	10	48,078	121,315	38,613
50	10797	건강기능식품 제조업	82	3,556	104,406	1,141,609	964,922	192,613	199,507	10,280	716,687	1,155,009	504,247
51	10798	도시락 및 식사용 조리식품 제조업	338	13,331	322,832	2,676,141	2,360,798	159,505	276,014	11,208	911,834	2,680,374	1,160,895
52	10799	그 외 기타 식료품 제조업	30	1,131	29,192	329,089	316,644	19,382	50,253	30,660	188,980	330,832	91,209
53	10800	동물용 사료 및 조제식품 제조업	263	8,271	312,798	10,463,925	9,748,048	766,976	536,334	31,681	1,959,175	10,458,096	2,131,084
54	11111	탁주 및 약주 제조업	45	1,280	40,903	398,174	291,965	20,358	56,030	298	177,046	399,568	238,978
55	11112	청주 제조업	2	X	X	X	X	X	X	X	X	X	X
56	11113	맥아 및 맥주 제조업	10	1,880	97,852	2,551,884	1,576,825	106,899	979,781	107,232	1,850,578	2,553,759	1,720,402
57	11119	기타 발효주 제조업	13	197	3,386	15,718	15,241	17,512	4,659	-	19,705	16,474	9,277
58	11121	주정 제조업	8	403	21,737	413,506	340,072	26,383	38,714	4,126	134,919	408,198	133,819
59	11122	소주 제조업	19	2,174	90,460	1,758,816	1,063,737	124,726	164,027	19,285	661,701	1,766,067	1,079,981
60	11129	기타 증류주 및 합성주 제조업	6	314	13,416	194,410	168,642	64,565	14,123	21	52,387	205,946	102,445
61	11201	얼음 제조업	27	370	10,779	34,172	36,229	3,025	20,703	199	163,551	34,729	21,927
62	11202	생수 생산업	45	1,462	47,359	566,554	465,067	19,681	183,011	9,027	500,663	566,811	333,840
63	11209	기타 비알콜음료 제조업	87	5,285	217,581	4,398,703	2,898,639	357,261	392,863	68,942	1,523,184	4,382,400	2,197,524
64	12001	담배 재건조업	2	X	X	X	X	X	X	X	X	X	X
65	12002	담배제품 제조업	9	1,924	120,054	3,227,563	1,881,048	333,236	447,960	16,836	808,168	3,211,836	1,868,104
66	13101	면 방적업	40	3,949	108,272	953,981	1,040,906	183,349	310,982	1,098	952,318	962,249	209,075

67	13102	모 방적업	45	1,449	44,599	285,708	283,376	92,253	9,413	2,434	113,452	291,150	96,313
68	13103	화학섬유 방적업	88	2,797	79,985	569,463	564,020	84,448	63,640	741	392,764	575,630	167,358
69	13104	연사 및 가공사 제조업	167	3,815	106,162	858,043	815,802	101,309	70,353	564	323,845	868,269	282,632
70	13109	기타 방적업	3	43	776	4,817	4,497	901	862	–	2,447	4,939	1,947
71	13211	면직물 직조업	111	2,546	69,452	587,563	575,231	91,379	47,217	4,090	310,957	588,538	179,847
72	13212	모직물 직조업	41	1,545	47,134	281,107	303,790	102,892	11,063	342	116,562	272,981	66,962
73	13213	화학섬유직물 직조업	416	10,261	291,561	2,902,554	2,669,910	509,855	237,734	4,505	1,040,098	2,921,774	943,913
74	13214	견직물 직조업	20	379	7,925	43,825	43,757	14,249	6,804	1,082	26,793	42,831	14,256
75	13219	특수직물 및 기타 직물 직조업	46	2,074	74,813	570,992	520,094	85,612	71,398	12,730	253,372	569,374	200,736
76	13221	침구 및 관련 제품 제조업	162	4,081	90,945	852,728	812,544	157,254	32,475	10,330	306,409	869,454	337,988
77	13222	자수제품 및 자수용재료 제조업	62	990	22,286	89,062	82,158	6,826	15,535	1,982	41,568	88,859	49,045
78	13223	커튼 및 유사제품 제조업	69	1,474	32,216	273,161	244,392	53,153	12,876	3,266	105,869	275,089	112,022
79	13224	천막 및 기타 캔버스 제품 제조업	78	2,027	64,512	586,242	553,933	69,725	26,125	3,938	161,286	584,252	167,597
80	13225	직물포대 제조업	36	628	16,085	263,057	252,177	27,037	7,790	498	54,914	266,822	52,828
81	13229	기타 직물제품 제조업	180	6,963	178,350	1,632,435	1,508,052	115,284	84,520	10,986	403,950	1,644,440	556,922
82	13310	편조원단 제조업	153	2,746	83,133	846,830	822,357	121,831	80,174	2,713	333,086	854,673	224,511
83	13320	편조제품 제조업	5	61	1,588	12,498	11,457	644	1,106	–	6,830	12,431	4,386
84	13401	솜 및 실 염색가공업	95	2,798	73,184	401,961	383,927	28,111	53,388	885	232,703	400,782	166,787
85	13402	직물 및 편조원단 염색 가공업	455	16,985	513,964	2,880,232	2,744,783	241,916	282,076	10,759	1,269,053	2,879,357	1,235,530
86	13403	날염 가공업	148	4,554	137,140	729,843	701,949	35,283	63,641	1,505	288,096	725,457	326,959
87	13404	섬유사 및 직물 호부처리업	42	884	24,813	133,504	121,166	7,113	15,014	–	53,641	133,095	64,541
88	13409	기타 섬유제품 염색, 정리 및 마무리 가공업	163	3,066	69,090	284,972	269,514	14,495	35,484	827	145,966	286,014	156,910
89	13910	카펫, 마루덮개 및 유사제품 제조업	18	597	17,397	256,326	231,983	16,438	17,610	1,450	521,155	255,267	85,950
90	13921	끈 및 로프 제조업	32	846	25,182	261,594	248,835	32,264	19,482	8,312	101,964	261,918	76,702
91	13922	어망 및 기타 끈가공품 제조업	72	1,554	41,598	316,640	306,810	37,412	17,700	1,281	103,596	318,741	116,019

92	13991	세폭직물 제조업	73	1,555	42,636	231,894	214,784	12,070	22,847	23	81,882	231,306	104,515
93	13992	부직포 및 펠트 제조업	140	4,206	142,798	1,244,946	1,190,462	105,177	114,768	18,112	487,622	1,250,805	457,873
94	13993	특수사 및 코드직물 제조업	20	1,327	67,517	681,948	661,161	117,192	291,026	25,958	632,040	663,200	196,231
95	13994	적층 및 표면처리 직물 제조업	123	2,934	88,443	695,341	608,294	74,450	74,812	4,699	286,943	689,872	289,320
96	13999	그 외 기타 분류 안된 섬유제품 제조업	121	2,625	78,553	866,289	817,193	288,028	67,519	1,900	296,468	872,035	256,719
97	14111	남자용 정장 제조업	179	9,381	276,050	3,181,591	2,905,294	989,420	68,374	33,209	982,150	3,282,858	1,558,415
98	14112	여자용 정장 제조업	473	14,808	415,447	4,480,480	4,629,273	1,333,603	31,008	35,916	737,983	4,414,067	2,179,424
99	14120	내의 및 잠옷 제조업	167	4,049	83,898	667,463	570,234	164,506	4,035	2,773	136,139	677,437	379,731
100	14130	한복 제조업	10	165	2,738	16,777	18,283	8,663	275	–	1,819	17,573	10,645
101	14191	셔츠 및 체육복 제조업	973	20,585	443,789	4,733,157	4,326,784	1,139,804	59,576	29,636	807,840	4,902,641	2,070,548
102	14192	근무복, 작업복 및 유사의복 제조업	238	6,112	106,177	700,436	675,749	63,659	11,291	3,205	102,237	700,065	250,901
103	14193	가죽의복 제조업	16	257	5,750	80,975	77,291	8,679	774	–	10,140	80,231	24,191
104	14194	유아용 의복 제조업	80	1,944	46,284	499,242	431,088	127,412	3,513	189	38,798	500,816	275,373
105	14199	그 외 기타 봉제의복 제조업	50	1,099	17,571	88,647	90,971	9,372	3,853	–	25,905	88,285	35,636
106	14201	원모피 가공업	12	212	6,462	22,634	21,061	2,195	1,107	–	8,166	22,732	13,335
107	14202	천연모피제품 제조업	27	553	15,702	212,639	201,161	112,686	805	–	90,671	214,935	77,909
108	14203	인조모피 및 인조모피 제품 제조업	7	114	3,454	26,426	26,552	2,898	976	–	9,659	26,595	6,938
109	14300	편조의복 제조업	207	4,716	122,623	1,712,869	1,657,301	317,005	25,115	1,001	288,545	1,753,244	636,887
110	14411	스타킹 및 기타 양말 제조업	68	1,688	38,114	300,559	284,977	50,817	14,450	1,953	78,913	302,667	112,258
111	14419	기타 편조의복 액세서리 제조업	71	2,243	48,294	289,527	284,082	33,448	37,270	2,033	128,769	290,774	98,440
112	14491	모자 제조업	41	751	16,584	134,847	152,766	14,689	1,933	17,002	68,139	134,365	43,446
113	14499	그 외 기타 의복 액세서리 제조업	84	2,044	44,589	314,062	304,762	88,737	12,309	1,830	114,624	323,024	170,864
114	15110	원피가공 및 가죽 제조업	104	3,841	115,548	1,603,693	1,616,623	407,063	57,974	20,401	418,068	1,642,225	313,411
115	15121	핸드백 및 지갑 제조업	76	1,757	52,276	1,110,399	850,355	145,411	5,053	848	128,437	1,130,216	544,002

116	15129	가방 및 기타 보호용 케이스 제조업	77	1,697	41,906	333,667	312,199	31,575	8,155	5,134	78,681	336,780	120,976
117	15190	기타 가죽제품 제조업	24	748	18,388	154,878	145,428	10,812	1,527	370	23,563	154,882	41,183
118	15211	구두류 제조업	182	3,627	66,157	842,245	653,995	207,529	9,093	6,667	126,759	865,269	439,414
119	15219	기타 신발 제조업	130	4,110	100,730	960,022	840,220	139,640	16,637	17,729	194,331	979,453	360,297
120	15220	신발부분품 제조업	205	3,948	88,236	433,772	407,564	30,363	21,931	285	102,684	435,472	186,468
121	16101	일반 제재업	146	2,560	76,031	745,395	721,865	144,014	58,796	3,937	398,019	757,439	211,485
122	16102	표면가공목재 및 특정 목적용 제재목 제조업	76	1,309	38,802	510,529	483,554	72,122	187,834	28,399	410,181	519,603	180,080
123	16103	목재 보존, 방부처리, 도장 및 유사 처리업	43	716	17,629	173,337	162,093	17,075	10,084	335	76,472	173,624	52,003
124	16211	박판, 합판 및 유사적층판 제조업	63	1,813	57,131	681,548	642,795	116,051	30,684	1,972	515,558	680,893	197,111
125	16212	강화 및 재생 목재 제조업	37	1,898	83,016	995,853	1,017,497	176,285	366,305	13,668	852,847	1,022,944	304,843
126	16221	목재문 및 관련 제품 제조업	62	1,798	48,309	405,385	388,904	31,471	12,459	1,828	233,370	403,695	135,511
127	16229	기타 건축용 나무제품 제조업	68	1,351	38,077	392,394	347,365	43,466	15,282	657	135,690	395,745	149,007
128	16231	목재 깔판류 및 기타 적재판 제조업	135	2,445	67,816	649,538	624,066	59,466	17,829	2,925	241,500	650,398	197,540
129	16232	목재 포장용 상자, 드럼 및 유사용기 제조업	156	3,135	96,292	558,725	517,513	38,376	14,241	5,179	279,383	560,390	238,635
130	16291	목재 도구 및 기구 제조업	6	84	2,497	10,039	9,088	–	1,465	–	5,192	10,039	5,749
131	16292	주방용 및 식탁용 목제품 제조업	11	156	3,662	30,528	29,049	1,385	883	44	7,842	30,829	9,170
132	16293	장식용 목제품 제조업	11	162	4,437	21,482	21,315	2,131	1,318	–	8,834	21,973	10,967
133	16299	그 외 기타 나무제품 제조업	25	494	11,286	57,266	55,383	10,241	1,566	4	26,141	57,397	25,433
134	16301	코르크 제품 제조업	1	X	X	X	X	X	X	X	X	X	X
135	16302	돗자리 및 기타 조물제품 제조업	5	66	1,115	4,670	4,992	408	289	–	660	4,798	2,058
136	17110	펄프 제조업	4	124	4,169	17,704	17,450	1,427	422	–	5,921	17,867	8,424

137	17121	신문용지 제조업	11	1,628	93,442	1,220,392	1,219,413	137,632	417,175	1,744	1,017,542	1,219,999	368,635
138	17122	인쇄용 및 필기용 원지 제조업	55	4,576	237,517	4,012,062	3,576,347	558,489	1,555,178	53,973	2,874,703	3,961,805	1,125,974
139	17123	크라프트지 및 상자용 판지 제조업	47	4,184	201,957	3,160,140	2,986,011	280,034	827,505	50,373	2,075,447	3,180,011	1,009,235
140	17124	적층, 합성 및 특수표면처리 종이 제조업	127	4,035	142,217	1,148,641	1,113,877	143,586	131,420	10,266	481,120	1,153,180	372,823
141	17129	기타 종이 및 판지 제조업	29	1,028	36,680	356,834	331,292	31,376	81,376	2,724	180,002	358,465	120,996
142	17210	골판지 및 골판지상자 제조업	600	15,794	489,500	4,772,238	4,548,662	227,413	654,558	45,080	2,518,071	4,777,062	1,493,938
143	17221	종이 포대 및 가방 제조업	76	2,209	55,899	414,461	396,427	42,667	50,995	12,584	169,703	416,417	146,832
144	17222	판지 상자 및 용기 제조업	135	3,391	96,656	620,270	585,828	35,368	87,620	1,657	310,052	623,099	253,878
145	17223	식품 위생용 종이 상자 및 용기 제조업	36	1,299	43,041	380,082	354,489	32,410	45,881	2,232	183,698	379,547	140,815
146	17229	기타 종이 상자 및 용기 제조업	198	3,915	111,293	767,470	708,735	36,320	98,116	2,882	370,612	770,461	330,108
147	17901	문구용 종이제품 제조업	141	4,068	94,606	615,723	588,957	58,245	81,327	2,176	304,483	617,293	243,583
148	17902	위생용 종이제품 제조업	169	5,754	229,390	2,692,035	2,233,625	192,497	387,475	98,107	1,004,148	2,703,695	1,114,495
149	17903	벽지 및 장판지 제조업	29	1,028	34,946	370,889	355,864	53,121	35,132	773	111,665	372,276	128,375
150	17909	그 외 기타 종이 및 판지 제품 제조업	146	4,125	121,220	1,001,779	981,295	88,462	95,675	6,816	332,019	1,004,452	337,219
151	18111	경 인쇄업	144	3,672	116,726	576,841	589,115	20,847	89,979	720	243,361	577,406	252,351
152	18112	스크린 인쇄업	166	3,407	86,786	398,262	373,892	10,128	58,532	1,059	253,336	397,799	199,946
153	18119	기타 인쇄업	539	12,835	413,018	2,300,354	2,191,359	55,414	340,046	24,477	1,340,490	2,301,338	1,056,108
154	18121	제판 및 조판업	100	2,522	84,279	422,234	396,385	27,742	45,246	1,061	187,700	421,619	201,166
155	18122	제책업	165	3,992	105,503	420,455	398,953	8,224	81,413	609	255,371	420,424	233,683
156	18129	기타 인쇄 관련 산업	56	1,226	32,092	127,453	117,319	1,136	11,076	–	51,881	127,453	72,504
157	18200	기록매체 복제업	14	573	18,492	80,780	171,169	3,271	19,173	245	62,166	80,893	43,836
158	19101	코크스 및 관련 제품 제조업	6	163	5,933	49,887	62,350	6,232	30,602	5,033	66,664	49,862	16,764

159	19102	연탄 및 기타 석탄 가공품 제조업	35	684	21,207	191,523	292,166	82,177	7,152	–	60,311	191,466	– 45,130
160	19210	원유 정제처리업	8	7,258	714,751	136,238,301	120,591,205	8,579,048	12,906,209	1,523,103	24,438,244	134,949,718	18,403,429
161	19221	윤활유 및 그리스 제조업	52	1,589	66,825	2,407,921	2,257,435	220,040	66,353	8,468	499,605	2,406,800	478,069
162	19229	기타 석유정제물 재처리업	37	901	34,235	428,794	406,856	28,554	52,792	2,461	210,551	428,328	138,045
163	20111	석유화학계 기초화학물질 제조업	19	6,162	497,235	46,163,266	39,049,388	7,070,293	7,138,511	2,211,167	13,867,417	46,576,420	10,056,738
164	20112	천연수지 및 나무화학물질 제조업	13	237	7,118	75,078	67,538	9,830	3,235	7,324	25,657	75,225	28,905
165	20119	기타 기초유기화학물질 제조업	71	6,088	460,905	16,409,200	15,717,471	1,121,237	2,527,661	429,548	4,935,594	16,395,097	2,602,737
166	20121	산업용 가스 제조업	148	3,984	182,215	2,810,659	2,460,814	72,273	1,477,368	1,014,189	3,559,155	2,811,238	1,212,492
167	20129	기타 기초무기화학물질 제조업	124	8,007	407,939	4,830,375	4,568,336	977,680	3,439,036	1,680,354	8,319,698	4,953,797	2,008,671
168	20131	무기안료 및 기타 금속산화물 제조업	28	1,169	47,701	553,136	512,681	103,557	102,122	5,657	498,291	537,824	196,995
169	20132	합성염료, 유연제 및 기타 착색제 제조업	112	4,038	166,507	1,866,594	1,789,524	288,258	136,855	35,925	749,059	1,897,996	548,742
170	20201	질소, 인산 및 칼리질 비료 제조업	8	214	8,467	55,010	52,257	8,674	4,781	2,011	20,705	56,274	26,749
171	20202	복합비료 제조업	22	1,279	63,887	1,429,303	1,326,215	311,058	142,136	6,401	710,627	1,447,130	296,477
172	20209	기타 비료 및 질소화합물 제조업	118	2,082	67,232	683,580	653,410	152,487	78,457	19,027	373,150	705,802	333,481
173	20301	합성고무 제조업	31	1,499	71,416	2,951,984	2,699,558	319,307	485,963	159,687	1,173,312	2,903,902	517,376
174	20302	합성수지 및 기타 플라스틱물질 제조업	262	16,814	981,608	35,111,440	31,338,423	3,002,774	4,615,111	639,174	10,077,005	35,239,229	8,408,812
175	20303	가공 및 재생 플라스틱원료 생산업	247	5,657	191,577	2,334,432	2,238,722	217,326	229,433	11,000	812,486	2,350,587	597,588
176	20411	가정용 살균 및 살충제 제조업	22	794	24,846	228,435	240,695	27,842	13,148	4,384	70,747	233,161	87,537
177	20412	농약 제조업	28	1,560	61,657	1,188,634	987,995	557,208	97,920	6,997	422,932	1,188,326	442,559
178	20421	일반용 도료 및 관련 제품 제조업	177	9,736	428,668	5,444,277	5,055,630	693,483	378,668	78,523	2,097,044	5,494,236	1,696,839

179	20422	요업용 유약 및 관련 제품 제조업	13	339	12,906	98,367	86,995	16,406	4,305	11	28,141	100,161	45,175
180	20423	인쇄잉크 제조업	70	2,440	90,295	761,511	740,906	91,340	35,666	20,957	301,968	755,556	262,578
181	20424	회화용 물감 제조업	4	105	2,229	19,346	20,695	6,954	210	-	5,088	19,382	9,560
182	20431	계면활성제 제조업	60	2,064	84,713	1,475,005	1,307,821	152,671	142,651	17,093	504,748	1,477,040	441,502
183	20432	치약, 비누 및 기타 세제 제조업	95	2,805	85,341	1,305,580	1,132,426	141,346	66,461	18,054	371,662	1,313,346	546,621
184	20433	화장품 제조업	330	16,605	427,535	8,059,626	5,225,808	719,796	272,677	49,113	1,812,841	8,104,486	4,759,108
185	20434	표면광택제 및 실내가향제 제조업	42	930	27,198	299,039	267,995	26,993	20,700	6,566	122,279	299,431	107,386
186	20491	사진용 화학제품 및 감광재료 제조업	53	1,977	64,960	669,283	593,670	103,407	146,823	20,287	452,292	676,818	306,317
187	20492	가공 및 정제염 제조업	11	215	6,071	85,498	77,847	12,202	11,099	9,668	50,557	84,993	30,307
188	20493	접착제 및 젤라틴 제조업	135	3,805	136,972	1,920,366	1,675,061	163,471	97,533	16,211	605,451	1,917,101	647,166
189	20494	화약 및 불꽃제품 제조업	15	2,432	99,341	842,009	616,219	102,277	49,405	30,541	432,148	841,901	434,933
190	20499	그 외 기타 분류 안된 화학제품 제조업	371	16,360	714,325	11,551,127	10,487,460	1,413,088	1,709,651	194,592	4,674,621	11,573,115	3,629,030
191	20501	합성섬유 제조업	49	5,846	292,224	5,267,204	4,922,437	581,959	784,125	100,930	2,084,224	5,237,698	1,191,052
192	20502	재생섬유 제조업	12	445	18,370	245,898	231,784	41,379	99,554	742	125,804	242,595	55,774
193	21101	의약용 화합물 및 항생물질 제조업	50	3,523	135,169	1,307,880	1,245,697	419,308	257,874	156,472	1,026,998	1,312,249	497,098
194	21102	생물학적 제제 제조업	21	1,895	77,171	880,208	722,262	417,904	119,378	36,124	536,604	922,437	436,023
195	21210	완제 의약품 제조업	196	20,463	791,366	11,428,879	8,485,281	2,042,809	1,135,758	385,273	5,863,537	11,527,778	6,967,520
196	21220	한의약품 제조업	46	1,505	37,154	284,284	262,459	68,026	10,645	4,669	95,497	285,105	125,112
197	21230	동물용 의약품 제조업	36	1,447	47,002	443,046	378,843	84,712	28,265	29,213	276,237	440,202	211,034
198	21300	의료용품 및 기타 의약 관련 제품 제조업	104	3,376	90,804	648,601	536,507	97,696	67,049	10,038	307,557	651,272	393,441
199	22111	타이어 및 튜브 제조업	37	16,391	649,991	7,662,861	6,462,093	922,735	1,281,229	203,348	3,432,998	7,690,662	3,252,396
200	22112	타이어 재생업	13	429	15,876	158,062	142,813	16,951	14,028	235	45,722	159,554	68,940
201	22191	산업용 비경화고무제품 제조업	597	23,882	792,861	5,572,859	5,359,572	320,745	482,288	57,829	2,021,744	5,595,265	1,955,095
202	22192	고무의류 및 기타 위생용 고무제품 제조업	31	1,127	30,707	160,643	153,286	20,785	12,148	64	68,017	161,356	76,031

203	22199	그 외 기타 고무제품 제조업	141	3,149	80,954	593,853	531,227	63,864	41,919	2,307	238,432	601,714	258,333
204	22211	플라스틱 선, 봉, 관 및 호스 제조업	325	9,322	309,734	2,611,473	2,474,435	362,131	254,249	38,758	1,215,260	2,629,319	947,689
205	22212	플라스틱 필름, 시트 및 판 제조업	718	25,249	1,013,259	10,502,067	9,687,038	1,109,291	2,199,769	316,964	5,330,159	10,506,396	3,384,139
206	22213	플라스틱 합성피혁 제조업	31	2,014	76,216	676,402	744,851	69,376	35,397	1,391	262,730	679,217	103,931
207	22221	벽 및 바닥 피복용 플라스틱제품 제조업	54	3,880	143,989	1,523,992	1,369,295	131,696	328,220	52,950	877,565	1,539,605	560,527
208	22222	저장용 및 위생용 플라스틱제품 제조업	104	2,472	65,845	546,661	508,937	64,673	39,378	2,038	224,393	551,213	189,547
209	22223	플라스틱 창호 제조업	208	5,045	141,308	1,155,651	1,245,079	146,593	60,714	9,751	552,225	1,160,837	300,951
210	22229	기타 건축용 플라스틱 조립제품 제조업	91	2,175	68,995	529,851	505,650	54,578	61,309	857	215,792	534,158	188,888
211	22231	플라스틱 포대, 봉투 및 유사제품 제조업	242	5,477	153,295	1,428,761	1,279,427	116,169	126,359	9,249	477,161	1,436,574	514,754
212	22232	포장용 플라스틱 성형용기 제조업	642	20,065	573,431	4,787,031	4,397,216	353,709	617,568	78,731	2,262,226	4,814,897	1,880,241
213	22240	기계장비 조립용 플라스틱제품 제조업	1,443	60,640	1,841,043	17,352,280	16,613,775	918,836	1,364,718	155,596	5,558,724	17,377,826	5,355,160
214	22250	플라스틱 발포 성형제품 제조업	427	11,449	363,328	3,368,606	3,208,249	205,760	261,851	82,719	1,344,243	3,380,498	1,081,548
215	22291	플라스틱 적층, 도포 및 기타 표면처리 제품 제조업	452	14,820	506,914	4,840,552	4,388,249	371,133	424,229	64,981	1,555,184	4,858,236	1,748,660
216	22299	그 외 기타 플라스틱 제품 제조업	391	8,805	234,285	1,906,129	1,795,046	182,613	169,843	8,870	702,225	1,907,996	736,562
217	23110	판유리 제조업	7	806	45,733	638,103	484,494	104,964	216,421	87,907	518,194	617,194	261,407
218	23121	유리섬유 및 광학용 유리 제조업	50	2,285	85,762	788,197	709,568	110,328	141,186	44,294	452,046	804,370	324,507
219	23122	판유리 가공품 제조업	267	9,867	293,936	2,554,470	2,406,059	196,041	368,438	27,166	1,101,301	2,566,975	918,051
220	23129	기타 산업용 유리제품 제조업	73	9,705	403,518	4,829,661	3,989,814	317,762	3,134,504	232,582	6,062,995	4,802,841	2,766,304
221	23191	가정용 유리제품 제조업	11	427	14,104	182,301	163,186	79,905	80,959	28	202,086	198,900	126,189

222	23192	포장용 유리용기 제조업	42	2,306	88,768	683,014	590,302	62,388	147,340	11,799	398,357	669,117	330,110
223	23199	그 외 기타 유리제품 제조업	10	227	3,475	22,701	19,331	4,012	3,257	–	15,901	22,059	12,914
224	23211	가정용 및 장식용 도자기 제조업	48	1,689	38,470	173,796	166,701	54,285	11,999	128	84,738	170,632	93,588
225	23212	위생용 도자기 제조업	16	1,318	46,612	171,435	173,783	45,747	12,541	408	175,563	174,035	109,106
226	23213	산업용 도자기 제조업	54	2,452	76,826	369,645	349,803	62,312	55,283	5,289	236,109	369,466	193,935
227	23219	기타 일반도자기 제조업	11	242	6,902	39,411	40,204	8,711	4,946	78	34,164	40,539	16,884
228	23221	구조용 정형내화제품 제조업	33	1,350	63,214	535,879	451,767	65,782	85,395	8,548	201,994	542,103	230,135
229	23229	기타 내화요업제품 제조업	32	1,515	71,749	707,005	661,420	129,107	86,380	11,081	294,802	710,741	274,158
230	23231	점토 벽돌, 블록 및 유사 비내화 요업제품 제조업	40	1,459	38,979	199,384	199,737	73,465	40,112	1,507	129,930	204,822	111,155
231	23232	타일 및 유사 비내화 요업제품 제조업	22	1,516	60,538	329,337	327,810	69,290	61,450	6,740	249,061	331,497	139,438
232	23239	기타 구조용 비내화 요업제품 제조업	5	98	3,120	10,328	10,547	1,157	572	–	4,129	10,654	6,643
233	23311	시멘트 제조업	43	4,213	242,092	4,102,752	3,244,221	306,752	1,063,297	54,819	3,901,534	4,103,685	1,797,281
234	23312	석회 및 플라스터 제조업	38	1,294	53,226	560,916	544,402	26,172	100,201	727	232,057	562,883	216,334
235	23321	비내화 모르타르 제조업	28	591	19,745	367,857	313,885	25,417	59,477	2,808	166,521	369,626	149,763
236	23322	레미콘 제조업	754	17,904	484,844	8,165,519	7,588,498	266,784	360,284	61,660	3,233,242	8,175,107	3,059,340
237	23323	플라스터 제품 제조업	7	441	26,177	422,109	391,743	15,311	22,871	5,227	339,520	422,162	159,152
238	23324	섬유시멘트 제품 제조업	6	188	5,494	21,988	22,313	2,976	1,981	–	14,878	21,265	9,998
239	23325	콘크리트 타일, 기와, 벽돌 및 블록 제조업	206	4,612	166,904	1,281,801	1,181,100	139,041	141,259	13,947	695,406	1,302,373	623,189
240	23326	콘크리트관 및 기타 구조용 콘크리트제품 제조업	248	6,889	228,603	1,915,710	1,683,507	266,449	156,810	17,859	1,049,413	1,941,629	945,310
241	23329	그 외 기타 콘크리트 제품 및 유사제품 제조업	14	427	14,802	78,077	90,282	8,665	11,659	567	44,836	79,389	24,915
242	23911	건설용 석제품 제조업	63	1,100	35,083	264,633	248,611	30,533	15,980	1,950	121,990	268,577	131,392
243	23919	기타 석제품 제조업	29	415	9,891	61,887	64,128	10,287	6,302	427	26,264	61,430	24,348
244	23991	아스콘 제조업	132	2,225	75,907	1,113,193	1,009,319	58,301	93,221	9,236	457,223	1,117,369	450,635

245	23992	연마재 제조업	71	2,313	79,140	454,638	423,567	75,993	36,389	1,522	163,846	458,447	214,390
246	23993	비금속광물 분쇄물 생산업	65	1,846	77,302	515,717	473,184	67,107	149,121	3,958	356,702	520,567	285,218
247	23994	석면, 암면 및 유사제품 제조업	40	1,152	47,803	293,958	279,650	39,771	33,894	41,822	280,062	306,256	144,066
248	23999	그 외 기타 분류 안된 비금속 광물제품 제조업	65	1,619	57,347	454,435	426,615	61,864	111,473	16,686	322,610	458,189	199,522
249	24111	제철업	9	512	22,526	78,007	80,842	3,599	53,395	804	63,065	77,524	48,418
250	24112	제강업	15	841	34,962	293,903	291,508	43,876	96,804	19	299,556	292,479	81,731
251	24113	합금철 제조업	29	1,972	83,327	1,616,316	1,637,413	372,777	941,650	3,916	1,515,656	1,665,185	357,165
252	24119	기타 제철 및 제강업	15	406	14,524	97,359	88,741	15,618	7,951	71	38,697	98,371	43,186
253	24121	열간 압연 및 압출 제품 제조업	127	36,589	2,480,709	58,753,633	56,798,512	8,108,806	19,443,691	3,690,269	40,155,888	58,526,764	10,451,933
254	24122	냉간 압연 및 압출 제품 제조업	57	3,462	166,452	3,381,521	3,475,112	698,424	504,253	21,606	1,246,853	3,417,270	559,464
255	24123	철강선 제조업	115	5,748	235,372	3,952,859	3,781,404	602,436	427,432	35,737	1,445,978	3,942,937	1,000,762
256	24131	주철관 제조업	36	1,288	43,876	300,383	257,299	67,187	40,178	2,023	176,544	302,197	159,038
257	24132	강관 제조업	646	24,951	902,576	12,535,586	11,800,093	2,374,190	1,548,676	242,984	5,644,138	12,606,569	3,685,088
258	24191	도금, 착색 및 기타 표면처리강재 제조업	195	7,923	309,797	8,262,931	7,838,195	1,117,366	1,167,073	140,770	3,756,268	8,234,723	1,693,673
259	24199	그 외 기타 1차 철강 제조업	439	10,679	393,248	7,404,818	7,259,089	1,370,894	327,311	74,867	2,296,687	7,421,368	1,313,880
260	24211	동 제련, 정련 및 합금 제조업	28	1,624	87,330	7,854,191	7,753,276	1,358,270	380,984	53,782	931,786	7,927,523	496,588
261	24212	알루미늄 제련, 정련 및 합금 제조업	95	2,882	122,319	3,243,303	3,066,032	293,822	217,346	47,929	736,717	3,271,018	612,567
262	24213	연 및 아연 제련, 정련 및 합금 제조업	37	3,004	136,940	6,095,723	5,681,137	1,118,172	1,243,254	424,510	2,510,929	6,205,264	1,059,155
263	24219	기타 비철금속 제련, 정련 및 합금 제조업	33	859	36,723	1,044,487	1,027,809	276,587	96,312	971	203,269	1,062,483	187,101
264	24221	동 압연, 압출 및 연신제품 제조업	125	7,703	322,454	9,229,075	8,921,514	1,159,159	543,648	100,128	1,842,621	9,221,166	1,258,573
265	24222	알루미늄 압연, 압출 및 연신제품 제조업	236	11,015	450,601	6,196,369	6,131,955	887,790	729,320	109,800	2,509,988	6,302,719	1,387,725

266	24229	기타 비철금속 압연, 압출 및 연신제품 제조업	48	1,922	72,150	1,666,493	1,695,743	241,711	79,939	30,820	325,842	1,638,680	206,935
267	24290	기타 1차 비철금속 제조업	44	1,371	50,864	410,660	404,645	84,386	49,038	1,161	186,117	410,307	124,380
268	24311	선철주물 주조업	229	9,340	359,812	3,071,350	2,993,267	285,733	343,852	89,352	1,388,399	3,081,775	1,055,938
269	24312	강주물 주조업	151	5,317	194,416	1,332,857	1,252,551	173,252	124,625	28,087	726,244	1,308,891	515,706
270	24321	알루미늄주물 주조업	113	3,343	106,341	1,126,181	1,017,603	81,529	109,469	9,826	407,484	1,128,413	362,068
271	24322	동주물 주조업	30	698	21,390	265,289	265,613	51,829	23,986	370	118,514	264,615	57,383
272	24329	기타 비철금속 주조업	24	673	22,352	160,011	149,333	10,056	9,728	2,609	40,186	161,080	61,654
273	25111	금속 문, 창, 셔터 및 관련 제품 제조업	346	6,641	181,481	1,542,049	1,461,304	136,343	85,764	11,416	573,126	1,550,603	517,439
274	25112	구조용 금속판제품 및 금속공작물 제조업	654	14,802	470,422	4,439,979	4,271,326	550,729	278,414	38,578	1,745,650	4,466,580	1,432,203
275	25113	금속 조립구조재 제조업	865	24,240	785,781	7,389,416	7,275,353	635,751	446,172	180,342	3,873,525	7,400,055	2,410,691
276	25119	기타 구조용 금속제품 제조업	237	5,238	166,174	2,034,433	2,038,719	201,797	97,936	17,355	691,218	2,043,615	442,872
277	25121	중앙난방보일러 및 방열기 제조업	55	1,376	43,899	417,428	366,035	44,015	25,700	4,245	150,854	416,031	169,313
278	25122	설치용 금속탱크 및 저장용기 제조업	267	9,287	334,988	3,032,847	3,118,014	265,383	229,041	66,468	1,898,042	3,036,493	989,395
279	25130	핵반응기 및 증기발생기 제조업	68	6,501	377,739	6,004,104	5,653,908	393,925	326,941	122,093	2,848,009	5,916,757	3,923,941
280	25200	무기 및 총포탄 제조업	70	7,925	344,568	2,957,596	2,576,477	549,033	260,287	90,907	1,474,667	2,988,271	1,191,429
281	25911	분말야금제품 제조업	45	1,764	61,400	357,360	345,054	71,417	45,674	7,432	217,137	356,671	161,647
282	25912	금속단조제품 제조업	173	6,943	268,849	3,505,592	3,378,016	564,702	735,366	250,682	2,326,929	3,521,600	988,407
283	25913	금속압형제품 제조업	898	28,160	859,546	7,961,795	7,600,737	522,930	812,687	138,812	3,204,204	8,029,950	2,800,814
284	25921	금속 열처리업	309	7,567	238,292	1,452,373	1,317,289	67,786	237,577	14,190	904,144	1,459,615	701,745
285	25922	도금업	484	10,658	305,854	1,512,868	1,396,221	60,612	195,147	5,993	755,279	1,512,618	810,791
286	25923	도장 및 기타 피막처리업	863	25,565	824,212	2,637,977	2,401,832	71,223	242,873	25,058	1,337,717	2,638,270	1,713,687
287	25924	절삭가공 및 유사처리업	1,445	28,854	889,720	6,295,881	5,687,526	601,793	842,725	49,706	3,280,217	6,357,389	2,635,767
288	25929	그 외 기타 금속가공업	440	10,713	346,237	1,400,473	1,299,250	82,224	159,833	18,006	747,430	1,409,296	787,721
289	25931	날붙이 제조업	59	1,423	37,341	313,716	277,309	35,915	18,023	177	112,782	316,462	126,851
290	25932	일반철물 제조업	392	11,283	329,875	2,797,497	2,662,658	220,055	195,423	32,510	946,598	2,809,175	923,617

291	25933	비동력식 수공구 제조업	52	1,088	29,078	158,555	143,721	25,571	15,177	1,268	70,031	160,711	77,347
292	25934	톱 및 호환성공구 제조업	232	10,560	400,025	2,215,982	1,909,780	541,685	442,492	23,694	1,343,532	2,215,598	1,151,237
293	25941	금속파스너 및 나사제품 제조업	469	14,698	508,988	4,396,479	4,188,795	464,569	427,813	69,882	2,057,346	4,393,814	1,581,214
294	25942	금속 스프링 제조업	124	4,026	135,827	1,082,042	1,021,428	80,879	165,564	4,665	576,697	1,084,906	414,531
295	25943	금속선 가공제품 제조업	197	4,962	153,576	1,314,395	1,192,912	151,341	143,979	22,009	662,100	1,318,056	505,508
296	25991	금속캔 및 기타 포장용기 제조업	308	8,889	324,094	3,055,437	2,796,978	291,386	353,458	25,913	1,250,911	3,058,871	1,094,150
297	25992	금고 제조업	13	682	21,605	111,088	99,906	4,831	7,865	9,350	71,862	111,177	60,010
298	25993	수동식 식품 가공기기 및 금속주방용기 제조업	161	4,766	134,496	1,049,946	1,014,694	149,303	74,121	5,243	387,099	1,059,282	400,996
299	25994	금속위생용품 제조업	45	1,100	30,078	213,005	200,494	29,023	16,290	135	72,435	212,690	83,336
300	25995	금속표시판 제조업	38	660	18,456	122,555	116,575	6,993	3,273	147	58,142	121,737	46,561
301	25999	그 외 기타 분류 안된 금속가공제품 제조업	215	8,174	275,088	2,257,696	2,109,710	324,820	171,351	19,759	796,512	2,278,466	914,878
302	26110	전자집적회로 제조업	133	86,876	4,789,258	64,556,822	53,546,159	6,172,639	28,926,336	2,943,624	42,941,506	64,996,741	40,404,885
303	26120	다이오드, 트랜지스터 및 유사 반도체소자 제조업	259	26,999	997,389	8,899,977	8,537,037	1,049,569	2,292,742	297,585	4,725,694	8,978,691	3,895,181
304	26211	액정 평판 디스플레이 제조업	201	88,214	4,235,285	68,233,788	58,797,326	3,247,568	15,756,815	4,749,629	33,055,007	67,896,881	28,360,391
305	26219	플라즈마 및 기타 평판 디스플레이 제조업	68	5,039	201,092	3,427,298	3,076,202	422,814	186,016	53,106	1,102,425	3,479,841	1,202,560
306	26221	인쇄회로기판 제조업	762	42,417	1,485,626	11,611,928	11,118,742	969,442	1,699,435	152,711	4,579,877	11,622,702	4,358,766
307	26222	전자부품 실장기판 제조업	374	15,434	409,178	3,342,695	3,242,740	239,872	417,716	24,393	1,134,496	3,357,196	1,119,256
308	26291	전자관 제조업	17	381	10,801	81,575	62,773	12,417	6,074	1,189	25,536	81,309	41,618
309	26292	전자축전기 제조업	50	9,003	281,178	1,951,157	1,990,513	238,701	597,163	71,451	1,513,142	1,934,058	797,321
310	26293	전자저항기 제조업	28	1,720	47,135	270,348	252,620	49,758	56,407	3,276	160,390	278,847	149,655
311	26294	전자카드 제조업	32	1,619	59,089	292,639	253,070	54,766	41,210	913	125,338	293,899	160,112
312	26295	전자코일, 변성기 및 기타 전자유도자 제조업	71	2,195	64,320	607,325	560,771	106,326	39,191	2,407	193,060	610,888	211,557
313	26296	전자접속카드 제조업	9	224	6,277	31,335	29,947	3,310	315	–	3,856	30,172	10,343

314	26299	그 외 기타 전자부품 제조업	360	14,392	456,979	3,561,604	3,199,440	335,640	1,015,900	68,026	2,116,193	3,578,496	1,636,491
315	26310	컴퓨터 제조업	54	1,572	50,827	679,695	603,072	96,803	6,458	5,333	96,022	677,382	245,714
316	26321	기억장치 제조업	31	1,349	39,503	320,180	306,281	31,914	23,139	153	103,330	318,560	110,672
317	26322	컴퓨터 모니터 제조업	42	1,496	44,730	377,386	366,533	56,371	52,075	4,627	179,043	381,523	151,703
318	26323	컴퓨터 프린터 제조업	45	2,050	51,358	568,685	571,470	59,251	34,088	848	246,182	568,982	138,557
319	26329	기타 주변기기 제조업	122	4,083	118,181	1,300,655	1,247,776	152,508	48,186	4,185	292,221	1,304,129	394,476
320	26410	유선 통신장비 제조업	245	8,243	252,543	2,104,831	2,065,034	359,308	95,487	13,143	620,114	2,117,450	738,020
321	26421	방송장비 제조업	280	9,610	311,137	3,695,013	3,542,027	549,494	50,553	10,967	719,849	3,712,025	1,095,726
322	26422	이동전화기 제조업	422	37,812	1,383,097	56,729,558	47,691,484	1,682,099	1,223,773	118,662	3,889,574	56,641,707	23,280,260
323	26429	기타 무선 통신장비 제조업	282	17,875	704,767	6,535,096	6,186,349	684,364	323,293	94,406	1,543,876	6,539,806	2,284,033
324	26511	텔레비전 제조업	84	8,795	565,473	3,091,391	2,492,192	360,324	333,930	5,522	901,530	3,076,801	1,417,800
325	26519	비디오 및 기타 영상기기 제조업	92	3,183	102,368	956,598	916,626	160,640	28,742	2,133	245,584	953,940	319,483
326	26521	라디오, 녹음 및 재생 기기 제조업	49	2,337	52,966	369,314	372,568	49,479	19,244	9,320	218,431	369,308	134,421
327	26529	기타 음향기기 제조업	110	4,099	135,522	1,391,281	1,407,024	106,509	56,279	5,177	355,539	1,396,546	357,481
328	26600	마그네틱 및 광학 매체 제조업	6	160	4,468	18,078	18,519	832	1,320	–	10,223	18,096	10,141
329	27111	방사선 장치 제조업	57	2,415	76,191	594,851	556,637	111,089	21,971	23,672	211,806	597,978	264,550
330	27112	전기식 진단 및 요법 기기 제조업	106	4,895	158,495	1,545,224	1,414,168	206,848	39,215	18,898	418,229	1,540,632	693,665
331	27191	치과용 기기 제조업	41	1,381	36,925	206,320	195,628	34,435	30,255	5,634	126,531	209,212	119,449
332	27192	정형외과용 및 신체보정용 기기 제조업	284	6,949	184,971	1,016,366	921,840	264,004	132,302	9,629	484,044	1,043,649	602,673
333	27193	의료용 가구 제조업	30	673	18,018	129,972	119,462	26,774	3,070	17	51,537	131,199	59,022
334	27199	그 외 기타 의료용 기기 제조업	237	8,933	244,757	1,290,875	1,195,418	241,883	133,415	29,611	678,677	1,305,269	683,555
335	27211	항행용 무선기기 및 측량기구 제조업	97	5,513	209,086	2,180,154	2,014,240	235,299	91,345	18,444	398,648	2,197,807	892,840
336	27212	전자기 측정, 시험 및 분석기구 제조업	122	3,124	101,926	596,622	570,636	83,496	18,533	5,455	224,863	602,603	282,489

337	27213	물질 검사, 측정 및 분석기구 제조업	380	12,420	429,260	2,869,107	2,733,066	418,122	106,410	16,011	1,042,771	2,917,914	1,286,833
338	27214	속도계 및 적산계기 제조업	95	3,778	147,591	1,594,046	1,530,311	118,959	73,411	5,970	395,564	1,603,702	511,010
339	27215	기기용 자동측정 및 제어장치 제조업	103	2,342	68,462	439,431	405,390	47,822	9,804	1,508	152,985	443,848	191,484
340	27216	산업처리공정 제어장비 제조업	296	7,219	264,859	2,164,354	1,869,932	198,403	49,577	29,885	634,467	2,180,755	916,461
341	27219	기타 측정, 시험, 항해, 제어 및 정밀기기 제조업	42	954	31,220	199,946	180,489	19,000	9,985	3,297	71,817	200,522	94,984
342	27310	안경 제조업	68	1,396	35,279	283,922	259,658	25,389	10,598	72	65,551	285,068	106,268
343	27321	광학렌즈 및 광학요소 제조업	169	10,956	325,981	2,379,916	2,254,142	330,306	445,962	42,844	1,208,428	2,401,668	1,086,625
344	27322	사진기, 영사기 및 관련장비 제조업	42	1,528	40,531	277,498	261,869	40,649	10,190	2,634	71,774	284,235	117,908
345	27329	기타 광학기기 제조업	40	1,275	42,734	243,005	227,641	69,056	23,000	310	93,632	245,440	120,499
346	27401	시계제조업	11	190	4,033	21,171	22,980	10,903	380	–	3,347	20,890	7,845
347	27402	시계부품 제조업	5	182	5,264	16,317	16,253	2,465	2,826	–	13,119	16,748	10,644
348	28111	전동기 및 발전기 제조업	320	15,592	535,755	5,364,399	5,084,721	643,127	536,532	61,843	2,138,741	5,437,034	1,854,791
349	28112	변압기 제조업	174	10,780	497,968	4,620,521	4,715,352	804,559	393,205	25,031	1,726,615	4,599,958	1,133,152
350	28113	방전램프용 안정기 제조업	35	783	17,405	178,073	165,464	26,873	3,262	250	25,391	181,221	55,467
351	28119	기타 발전기 및 전기변환장치 제조업	250	8,798	282,896	3,054,973	3,023,978	307,276	98,872	13,355	750,352	3,041,206	871,829
352	28121	전기회로 개폐, 보호 및 접속 장치 제조업	626	29,174	962,849	9,588,661	8,741,185	726,679	681,379	124,039	2,729,889	9,576,979	3,301,713
353	28122	배전반 및 전기자동제어반 제조업	728	18,842	659,623	5,702,131	5,485,766	664,192	119,472	91,707	1,688,512	5,766,591	1,871,164
354	28201	일차전지 제조업	13	914	30,503	205,816	217,946	34,259	65,972	5,426	173,847	207,676	100,832
355	28202	축전지 제조업	103	14,167	645,699	6,770,413	5,742,538	683,818	1,318,461	175,885	2,812,776	6,765,013	2,942,468
356	28301	광섬유 케이블 제조업	17	690	24,108	197,862	163,999	32,811	39,358	265	123,853	203,183	98,592
357	28302	기타 절연선 및 케이블 제조업	338	13,491	508,707	8,834,885	8,556,347	879,121	540,453	106,513	2,419,664	8,898,408	1,654,561

358	28303	절연 코드세트 및 기타 도체 제조업	146	4,798	129,647	1,019,182	953,412	114,685	52,727	9,675	331,647	1,028,018	339,811
359	28410	전구 및 램프 제조업	157	5,344	165,411	2,034,931	2,121,330	228,306	142,123	9,611	767,421	2,032,466	489,179
360	28421	운송장비용 조명장치 제조업	121	8,304	287,341	2,963,210	2,956,388	159,891	248,149	30,431	757,864	2,976,743	741,652
361	28422	일반용 전기 조명장치 제조업	280	6,446	181,758	1,696,383	1,570,098	186,927	45,068	15,005	491,911	1,697,981	598,682
362	28423	전시 및 광고용 조명장치 제조업	140	2,852	80,672	558,706	550,889	79,143	44,752	647	190,112	566,974	219,372
363	28429	기타 조명장치 제조업	18	334	9,078	55,645	53,549	7,290	1,747	–	28,136	56,818	25,422
364	28511	주방용 전기기기 제조업	159	14,444	598,622	8,501,116	9,183,264	335,927	596,076	107,926	2,929,502	8,482,950	2,507,518
365	28512	가정용 전기 난방기기 제조업	79	1,862	43,492	412,707	392,813	55,096	10,451	1,495	115,826	411,974	158,333
366	28519	기타 가정용 전기기기 제조업	231	7,682	217,391	2,374,009	2,209,863	162,563	80,322	11,565	607,207	2,379,046	727,883
367	28520	가정용 비전기식 조리 및 난방 기구 제조업	89	3,888	117,828	1,415,794	1,309,270	173,945	54,327	16,814	409,106	1,412,237	434,116
368	28901	전기경보 및 신호장치 제조업	51	1,341	41,141	332,861	298,761	40,096	3,770	57	72,812	334,815	137,193
369	28902	전기용 탄소제품 및 절연제품 제조업	34	1,413	50,671	392,981	390,180	35,806	82,843	2,904	183,069	392,991	138,228
370	28903	교통 신호장치 제조업	36	1,068	32,391	219,519	211,788	36,041	2,083	86	40,467	222,127	80,722
371	28909	그 외 기타 전기장비 제조업	130	4,053	140,782	941,435	879,403	206,472	56,661	130,422	582,373	951,995	383,941
372	29111	내연기관 제조업	340	13,460	512,897	4,583,176	4,479,279	1,105,325	683,208	51,042	3,243,979	4,679,682	1,628,914
373	29119	기타 기관 및 터빈 제조업	24	877	33,212	228,160	224,775	37,341	16,776	9,008	114,589	233,833	94,784
374	29120	유압기기 제조업	317	9,386	321,736	2,367,929	2,257,923	384,344	232,707	36,813	1,234,085	2,401,209	957,420
375	29131	액체 펌프 제조업	135	4,663	176,192	1,486,016	1,368,014	222,182	77,790	37,119	571,702	1,505,025	558,936
376	29132	기체 펌프 및 압축기 제조업	113	5,330	227,462	2,072,552	1,801,624	248,908	187,857	12,292	668,543	2,059,103	914,560
377	29133	탭, 밸브 및 유사장치 제조업	542	18,553	638,032	4,449,094	4,270,976	876,840	344,355	105,115	2,241,846	4,507,393	1,766,729

378	29141	볼베어링 및 롤러베어링 제조업	131	6,221	268,222	2,101,013	1,878,478	213,466	389,432	57,947	1,020,890	2,097,656	896,255
379	29142	기어 및 동력전달장치 제조업	249	7,361	265,579	1,688,273	1,676,967	285,855	327,551	15,012	1,163,137	1,706,093	647,161
380	29150	산업용 오븐, 노 및 노용 버너 제조업	108	2,747	113,508	677,094	642,623	65,260	31,360	19,817	359,628	669,169	275,710
381	29161	산업용 트럭 및 적재기 제조업	55	2,325	105,971	1,045,572	971,370	116,336	43,451	10,146	309,040	1,047,338	330,422
382	29162	승강기 제조업	185	5,189	176,494	2,556,183	2,097,362	118,276	54,003	23,020	522,519	2,549,004	1,087,785
383	29163	컨베이어장치 제조업	251	6,191	241,217	1,996,215	1,873,004	216,398	69,639	25,513	745,734	2,039,752	742,526
384	29169	기타 물품취급장비 제조업	142	5,187	194,618	1,856,158	1,760,213	278,840	71,417	44,989	767,481	1,874,617	641,280
385	29171	산업용 냉장 및 냉동 장비 제조업	236	9,328	287,929	2,604,813	2,449,195	235,040	149,791	33,294	959,388	2,610,047	841,049
386	29172	공기조화장치 제조업	353	19,528	742,729	9,747,566	9,036,129	619,116	493,519	141,414	2,854,586	9,760,737	2,801,975
387	29173	산업용 송풍기 및 배기장치 제조업	138	3,486	117,322	884,893	815,577	89,287	26,497	10,374	372,199	899,860	362,147
388	29174	기체 여과기 제조업	174	5,222	181,909	1,339,100	1,292,767	128,042	69,675	16,896	637,428	1,348,360	508,844
389	29175	액체 여과기 제조업	223	7,269	231,217	2,072,703	1,955,937	206,183	86,025	26,605	775,337	2,132,431	821,516
390	29176	증류기,열교환기 및 가스발생기 제조업	232	9,853	375,895	3,896,219	3,747,317	266,119	212,825	112,596	1,923,147	3,910,533	1,237,164
391	29180	사무용 기계 및 장비 제조업	153	5,159	156,476	1,525,244	1,568,721	235,910	77,023	5,581	592,361	1,524,709	477,263
392	29191	일반저울 제조업	28	956	31,182	176,153	164,944	31,833	3,803	186	58,379	176,786	81,531
393	29192	용기세척, 포장 및 충전기 제조업	115	2,996	112,593	675,434	645,312	97,368	14,536	4,710	273,874	695,350	296,407
394	29193	자동판매기 및 화폐교환기 제조업	9	224	8,324	42,674	41,825	5,247	258	–	9,827	41,275	16,288
395	29194	분사기 및 소화기 제조업	81	2,179	66,832	649,140	600,704	101,710	32,421	13,018	240,142	642,711	232,523
396	29195	동력식 수지공구 제조업	40	1,343	51,184	291,899	296,620	48,726	30,839	6,633	134,302	294,789	120,675
397	29199	그 외 기타 일반목적용 기계 제조업	201	4,998	172,251	1,177,274	1,134,845	176,031	60,014	17,020	508,902	1,196,689	481,886
398	29210	농업 및 임업용 기계 제조업	250	7,711	268,483	2,692,943	2,638,565	444,130	138,376	5,836	970,308	2,726,352	786,315

399	29221	전자응용 공작기계 제조업	88	2,376	77,403	503,710	493,727	94,423	33,122	17,733	248,867	507,083	214,762
400	29222	금속 절삭기계 제조업	225	10,273	471,210	4,513,813	3,913,181	603,347	287,896	83,198	1,855,455	4,508,903	1,840,364
401	29223	금속 성형기계 제조업	201	4,631	177,925	1,509,680	1,395,833	207,815	100,223	28,883	715,264	1,520,093	555,824
402	29229	기타 가공공작기계 제조업	240	5,158	178,771	1,034,816	989,936	112,944	126,931	23,205	616,934	1,046,670	462,194
403	29230	금속 주조 및 기타 야금용 기계 제조업	56	1,510	57,902	434,237	419,988	59,017	30,416	7,382	224,164	444,306	178,195
404	29241	토목공사 및 유사용 기계장비 제조업	317	17,529	816,784	10,364,153	9,907,330	915,531	748,345	72,647	3,527,116	10,224,071	3,000,506
405	29242	광물처리 및 취급장비 제조업	52	1,043	40,684	274,383	263,079	39,271	14,697	179	112,435	278,535	106,429
406	29250	음·식료품 및 담배 가공기계 제조업	96	2,086	76,365	431,999	447,090	52,265	16,432	10,224	229,914	434,752	160,135
407	29261	산업용 섬유세척, 염색, 정리 및 가공 기계 제조업	30	743	25,002	219,940	208,117	21,316	9,038	7,793	87,421	218,523	78,015
408	29269	기타 섬유, 의복 및 가죽 가공 기계 제조업	80	1,763	62,825	328,941	377,097	52,344	20,853	2,671	224,395	327,030	137,923
409	29271	반도체 제조용 기계 제조업	726	29,161	1,141,392	8,917,732	8,432,418	1,265,505	506,430	93,903	3,149,717	8,987,559	3,602,600
410	29272	평판디스플레이 제조용 기계 제조업	142	9,431	390,263	2,800,985	2,794,560	317,901	112,728	32,327	1,207,291	2,765,479	921,378
411	29280	산업용 로봇 제조업	129	3,734	145,049	1,070,247	1,036,253	120,087	28,995	17,198	405,810	1,083,888	383,228
412	29291	펄프 및 종이 가공용 기계 제조업	46	1,067	40,277	224,465	217,424	37,235	9,848	735	108,345	227,402	92,527
413	29292	고무, 화학섬유 및 플라스틱 성형기 제조업	169	5,790	212,958	2,598,885	2,370,734	195,760	140,464	28,419	724,312	2,609,596	801,409
414	29293	인쇄 및 제책용 기계 제조업	89	2,265	80,129	461,989	435,203	32,219	54,566	5,783	251,726	455,505	214,366
415	29294	주형 및 금형 제조업	1,536	40,969	1,383,926	8,430,166	7,860,903	872,674	1,258,795	201,440	4,622,912	8,483,220	3,754,619
416	29299	그 외 기타 특수목적용 기계 제조업	474	11,737	417,496	2,907,043	2,764,443	324,934	159,354	29,859	1,329,864	2,925,437	1,147,118
417	30110	자동차용 엔진 제조업	3	694	55,254	1,186,868	926,006	51,363	89,251	5,464	309,256	1,180,164	417,548

418	30121	승용차 및 기타 여객용 자동차 제조업	18	77,967	6,911,315	84,504,279	73,345,828	4,197,583	7,295,891	1,715,256	20,053,647	84,399,822	26,580,331
419	30122	화물자동차 및 특수목적용 자동차 제조업	4	6,765	497,302	4,600,074	4,068,078	709,672	297,708	156,422	1,072,775	4,848,080	1,917,165
420	30201	차체 및 특장차 제조업	193	5,080	158,612	1,676,531	1,614,972	174,558	84,071	22,184	600,242	1,690,727	461,150
421	30202	트레일러 및 세미트레일러 제조업	15	443	13,381	110,937	108,125	20,612	5,226	478	35,471	109,805	32,253
422	30203	운송용 컨테이너 제조업	6	122	3,309	21,759	20,504	1,124	497	–	9,003	21,964	8,643
423	30310	자동차 엔진용 부품 제조업	810	45,681	1,669,720	14,919,489	14,654,509	1,118,174	2,271,884	354,748	6,111,189	15,021,588	4,952,169
424	30320	자동차 차체용 부품 제조업	1,007	57,200	1,938,462	25,789,167	24,679,335	1,211,157	2,225,286	652,851	7,984,410	25,843,798	6,710,224
425	30391	자동차용 동력전달장치 제조업	610	37,814	1,518,798	19,013,597	17,030,427	1,467,661	2,788,885	406,826	7,475,675	19,029,945	6,333,916
426	30392	자동차용 전기장치 제조업	278	18,743	735,499	9,584,230	9,624,160	687,895	503,489	89,841	1,695,649	9,586,234	2,196,813
427	30399	그 외 기타 자동차 부품 제조업	1,635	87,824	3,157,941	27,736,403	27,069,863	2,019,155	3,046,278	464,827	9,668,644	27,854,113	8,575,075
428	31111	강선 건조업	35	58,317	3,680,164	50,631,737	50,934,669	3,803,805	2,411,315	1,081,848	20,721,359	50,595,549	10,817,268
429	31112	합성수지선 건조업	20	446	11,834	90,921	86,056	4,809	1,584	706	22,373	92,480	28,686
430	31113	비철금속 선박 및 기타 항해용 선박 건조업	3	43	1,510	4,620	4,292	504	32	285	1,204	3,765	1,565
431	31114	선박 구성부분품 제조업	1,338	81,747	2,687,529	9,557,173	9,100,286	421,471	477,879	122,039	4,353,350	9,602,985	5,104,688
432	31119	기타 선박 건조업	60	4,973	325,365	3,838,594	3,666,987	455,004	125,742	193,730	1,047,134	3,839,968	998,209
433	31120	오락 및 스포츠용 보트 건조업	7	157	4,208	30,022	32,897	7,119	867	–	14,713	34,017	11,525
434	31201	기관차 및 기타 철도차량 제조업	7	2,479	139,588	2,063,585	1,942,640	162,383	58,442	1,987	729,692	2,060,975	681,476
435	31202	철도차량부품 및 관련 장치물 제조업	75	3,023	100,031	648,337	677,670	81,272	28,565	2,177	338,991	649,162	264,373
436	31310	항공기, 우주선 및 보조장치 제조업	12	3,256	215,254	2,311,005	2,012,476	377,072	118,490	10,159	441,001	2,280,685	902,186
437	31321	항공기용 엔진 제조업	1	X	X	X	X	X	X	X	X	X	X

438	31322	항공기용 부품 제조업	98	11,052	474,647	2,679,880	2,401,008	418,814	273,069	49,232	1,439,206	2,730,305	1,249,045
439	31910	전투용 차량 제조업	20	2,242	132,035	1,418,755	1,365,229	283,272	50,548	9,863	462,897	1,454,362	377,204
440	31920	모터사이클 제조업	19	700	18,809	105,975	115,640	19,032	6,771	–	79,758	106,403	32,066
441	31991	자전거 및 환자용 차량 제조업	11	298	10,463	87,535	81,743	13,027	965	–	16,508	88,118	26,847
442	31999	그 외 기타 달리 분류되지 않은 운송장비 제조업	16	425	13,229	88,777	89,443	12,624	4,254	1,128	31,256	89,902	31,062
443	32011	운송장비용 의자 제조업	243	13,114	522,199	6,199,080	6,001,338	176,686	322,053	39,786	1,069,330	6,208,565	1,399,229
444	32012	매트리스 및 침대 제조업	46	1,158	31,304	275,316	245,081	25,253	13,850	1,108	116,634	275,403	113,047
445	32019	소파 및 기타 내장가구 제조업	45	807	16,032	121,881	133,511	13,171	1,619	–	21,160	122,346	47,992
446	32021	주방용 및 음식점용 목재가구 제조업	117	2,415	61,729	719,066	629,311	51,105	20,735	1,119	146,773	729,360	253,167
447	32029	기타 목재가구 제조업	599	13,099	345,342	2,773,536	2,581,148	250,970	109,002	30,488	965,728	2,791,279	1,117,511
448	32091	금속 가구 제조업	277	6,682	187,804	1,473,684	1,360,775	147,470	65,640	7,145	565,116	1,473,188	551,970
449	32099	그 외 기타 가구 제조업	49	1,120	29,501	255,395	245,679	20,838	12,625	480	86,952	257,526	80,926
450	33110	귀금속 및 관련 제품 제조업	96	2,393	65,204	886,749	879,164	126,913	33,997	2,916	165,594	887,084	334,224
451	33120	모조 귀금속 및 모조 장신용품 제조업	38	712	19,989	154,838	135,765	9,189	5,233	–	31,800	154,358	58,572
452	33201	피아노 제조업	2	X	X	X	X	X	X	X	X	X	X
453	33202	현악기 제조업	5	252	6,667	32,535	28,373	8,356	589	127	3,626	33,466	17,126
454	33203	전자악기 제조업	17	668	18,103	76,111	76,249	13,881	2,665	–	23,046	77,069	34,090
455	33204	국악기 제조업	1	X	X	X	X	X	X	X	X	X	X
456	33209	기타 악기 제조업	14	384	8,432	43,892	43,129	6,668	2,191	–	19,571	44,078	19,506
457	33301	체조, 육상 및 체력단련용 장비 제조업	50	936	25,649	169,820	161,892	21,340	4,466	557	75,944	170,043	72,095
458	33302	놀이터용 장비 제조업	26	598	20,028	125,299	121,732	13,815	1,674	7,012	39,818	126,632	49,867
459	33303	낚시 및 수렵용구 제조업	55	1,466	39,504	221,300	213,418	50,734	11,440	240	70,592	222,088	94,544
460	33309	기타 운동 및 경기용구 제조업	37	934	26,706	153,710	140,474	31,873	11,520	2,832	82,681	156,155	77,005
461	33401	인형 및 장난감 제조업	59	1,368	34,974	230,803	210,794	46,577	14,641	–	97,102	235,756	116,585

462	33402	영상게임기 제조업	4	100	3,384	34,778	31,062	7,219	1,893	1,673	5,033	32,499	9,823
463	33409	기타 오락용품 제조업	13	299	8,096	28,247	30,816	9,171	10,052	58	31,899	29,514	14,921
464	33910	간판 및 광고물 제조업	176	3,323	85,250	427,223	406,792	26,376	26,496	1,144	122,412	428,077	197,963
465	33920	사무 및 회화용품 제조업	48	1,749	50,337	297,009	267,978	43,186	14,621	647	88,940	296,826	135,277
466	33931	가발 및 유사 제품 제조업	19	494	12,092	95,694	96,325	12,015	10,623	54	36,686	96,019	40,384
467	33932	조화 및 모조장식품 제조업	6	147	3,451	32,531	30,209	6,861	114,067	295	135,479	32,655	11,849
468	33933	표구 및 전사처리 제조업	18	334	9,936	62,761	61,998	7,117	3,875	4	31,787	62,611	23,134
469	33934	교시용 모형 제조업	92	1,882	61,357	232,873	210,463	13,090	19,667	1,175	92,697	232,090	139,923
470	33991	우산 및 지팡이 제조업	5	71	1,241	10,725	10,858	2,173	91	–	4,625	11,553	3,099
471	33992	단추 및 유사 파스너 제조업	51	1,369	38,629	309,558	241,577	42,115	23,809	2,375	80,808	308,862	142,179
472	33993	라이터, 연소물 및 흡연용품 제조업	28	1,125	29,861	297,199	281,325	35,397	55,396	10,189	155,326	299,130	93,350
473	33994	비 및 솔 제조업	73	2,283	55,952	419,178	379,671	52,544	23,839	4,191	142,739	422,262	169,570
474	33999	그 외 기타 달리 분류되지 않은 제품 제조업	72	1,931	45,942	209,307	195,350	14,984	10,401	744	60,620	209,142	99,263
2014년 합계			68,989	2,915,775	111,328,875	1,489,571,812	1,356,588,387	144,247,296	197,434,546	35,488,904	568,469,952	1,492,226,050	486,573,290

▢ 충 남

NO	세세분류 코드	산업명	사업체수	종사자수	급여액	출하액	제조원가 판관비	연말재고액	기계장치 유형자산 연말잔액	건설 중인 자산	유형자산 연말잔액	생산액	부가가치액
1	05100	석탄 광업											
2	05200	원유 및 천연가스 채굴업											
3	06100	철 광업											
4	06291	금 · 은 및 백금 광업											
5	06292	연 및 아연 광업											
6	07111	석회석 광업											
7	07112	고령토 및 기타 점토 광업											

8	07121	건설용 석재 채굴업	1	X	X	X	X	X	X	X	X	X	X
9	07122	건설용 쇄석 생산업	20	405	15,897	135,401	127,002	5,911	29,640	9,474	139,358	137,476	95,936
10	07123	모래 및 자갈 채취업	2	X	X	X	X	X	X	X	X	X	X
11	07210	화학용 및 비료원료용 광물 광업											
12	07220	소금 채취업											
13	07290	그 외 기타 비금속광물 광업	1	X	X	X	X	X	X	X	X	X	X
14	08090	기타 광업 지원 서비스업											
15	10110	도축업	23	1,133	27,204	419,156	430,728	8,027	34,996	9,759	150,357	421,749	89,653
16	10121	가금류 가공 및 저장 처리업	9	320	7,113	81,344	75,736	3,865	5,372	2,374	24,371	81,255	26,159
17	10129	기타 육류 가공 및 저장처리업	25	1,036	27,230	399,147	346,543	35,042	21,225	989	94,607	402,916	133,032
18	10211	수산동물 훈제, 조리 및 유사 조제식품 제조업	5	473	13,128	69,836	71,376	9,097	13,294	1,296	46,765	70,199	23,038
19	10212	수산동물 건조 및 염장품 제조업	6	77	1,792	13,108	12,203	3,960	1,367	–	9,605	13,106	6,109
20	10213	수산동물 냉동품 제조업	2	X	X	X	X	X	X	X	X	X	X
21	10219	기타 수산동물 가공 및 저장처리업	1	X	X	X	X	X	X	X	X	X	X
22	10220	수산식물 가공 및 저장 처리업	69	1,394	20,128	248,065	231,438	28,539	34,763	311	99,496	252,725	84,559
23	10301	과실 및 채소 절임식품 제조업	23	951	20,190	99,798	98,000	24,793	6,268	493	58,329	100,552	49,523
24	10309	기타 과실 · 채소 가공 및 저장처리업	27	862	20,484	191,039	186,578	42,175	13,544	381	73,207	195,200	67,806
25	10401	동물성 유지 제조업	1	X	X	X	X	X	X	X	X	X	X
26	10402	식물성 유지 제조업											
27	10403	식용 정제유 및 가공유 제조업	2	X	X	X	X	X	X	X	X	X	X
28	10501	액상시유 및 기타 낙농제품 제조업	10	1,031	48,990	1,239,964	971,915	107,058	60,563	6,356	168,833	1,271,455	470,912

29	10502	아이스크림 및 기타 식용빙과류 제조업	4	370	16,233	600,992	474,997	66,787	73,547	965	163,251	602,199	195,402
30	10611	곡물 도정업	7	83	3,309	137,939	134,627	71,796	17,414	73	56,053	132,489	25,127
31	10612	곡물 제분업	7	273	13,380	350,366	326,608	55,199	127,447	749	246,008	350,093	86,274
32	10613	제과용 혼합분말 및 반죽 제조업	6	474	9,792	56,373	48,171	2,709	1,485	1	19,839	56,527	35,437
33	10619	기타 곡물가공품 제조업	7	297	5,852	55,074	46,248	6,142	8,652	–	30,532	55,387	26,909
34	10620	전분제품 및 당류 제조업	2	X	X	X	X	X	X	X	X	X	X
35	10711	떡류 제조업	7	111	2,608	11,795	10,748	855	1,756	–	6,563	11,760	6,609
36	10712	빵류 제조업	10	338	6,728	304,378	231,974	4,125	15,017	52	75,496	303,123	141,628
37	10713	코코아 제품 및 과자류 제조업	16	1,001	28,469	250,467	213,398	18,692	99,217	1,746	229,290	252,298	108,912
38	10720	설탕 제조업											
39	10730	면류, 마카로니 및 유사식품 제조업	11	672	17,472	131,230	127,195	13,365	19,367	6,909	49,406	132,336	45,787
40	10741	식초, 발효 및 화학 조미료 제조업	1	X	X	X	X	X	X	X	X	X	X
41	10742	천연 및 혼합조제 조미료 제조업	20	872	24,737	287,563	241,272	30,050	27,884	2,427	128,986	288,877	108,890
42	10743	장류 제조업	10	643	20,875	457,041	324,495	37,508	27,373	2,056	105,075	460,730	194,647
43	10749	기타 식품 첨가물 제조업	5	157	5,705	36,875	34,741	5,004	3,373	148	12,877	36,867	12,166
44	10791	커피 가공업	4	109	3,835	62,591	42,451	7,233	5,470	261	22,767	62,650	36,894
45	10792	차류 가공업	6	212	5,847	51,453	44,026	7,145	5,644	75	15,791	51,444	18,289
46	10793	수프 및 균질화식품 제조업											
47	10794	두부 및 유사식품 제조업	8	370	9,480	68,465	59,732	2,141	9,561	174	40,083	68,379	38,749
48	10795	인삼식품 제조업	28	1,286	34,445	633,429	716,306	713,635	41,975	4,143	146,177	558,889	– 52,085
49	10796	건강보조용 액화식품 제조업	3	55	1,380	47,610	50,103	8,767	905	10	7,930	46,589	6,807
50	10797	건강기능식품 제조업	8	195	5,005	29,827	32,991	6,734	4,198	143	22,355	32,559	16,519
51	10798	도시락 및 식사용 조리식품 제조업	17	708	17,203	172,584	132,670	10,818	9,462	674	40,729	171,288	76,328
52	10799	그 외 기타 식료품 제조업	5	86	1,969	21,966	21,587	651	2,971	–	9,969	22,117	5,393

53	10800	동물용 사료 및 조제식품 제조업	42	1,402	52,236	1,321,871	1,307,288	87,741	61,808	18,964	266,577	1,320,489	317,099
54	11111	탁주 및 약주 제조업	2	X	X	X	X	X	X	X	X	X	X
55	11112	청주 제조업	1	X	X	X	X	X	X	X	X	X	X
56	11113	맥아 및 맥주 제조업											
57	11119	기타 발효주 제조업											
58	11121	주정 제조업											
59	11122	소주 제조업											
60	11129	기타 증류주 및 합성주 제조업											
61	11201	얼음 제조업											
62	11202	생수 생산업	3	88	1,681	21,871	20,975	547	11,448	–	26,846	22,050	10,203
63	11209	기타 비알콜음료 제조업	11	861	30,270	539,837	424,875	62,177	49,785	1,020	170,453	532,268	200,211
64	12001	담배 재건조업											
65	12002	담배제품 제조업											
66	13101	면 방적업	7	485	14,354	155,995	170,526	33,681	54,816	238	131,405	158,451	25,942
67	13102	모 방적업	1	X	X	X	X	X	X	X	X	X	X
68	13103	화학섬유 방적업	3	65	1,623	9,468	9,464	4,909	726	–	3,381	9,849	3,599
69	13104	연사 및 가공사 제조업	6	190	5,814	74,799	74,002	7,136	4,601	478	30,774	75,893	17,852
70	13109	기타 방적업											
71	13211	면직물 직조업	3	69	3,143	17,276	16,720	2,895	1,062	–	9,398	16,588	6,100
72	13212	모직물 직조업											
73	13213	화학섬유직물 직조업	11	193	5,943	79,557	83,273	24,437	6,706	35	18,447	78,447	13,629
74	13214	견직물 직조업	1	X	X	X	X	X	X	X	X	X	X
75	13219	특수직물 및 기타 직물 직조업	1	X	X	X	X	X	X	X	X	X	X
76	13221	침구 및 관련 제품 제조업	3	83	2,042	24,064	25,249	9,479	1,491	–	14,263	29,962	12,193
77	13222	자수제품 및 자수용재료 제조업											
78	13223	커튼 및 유사제품 제조업	1	X	X	X	X	X	X	X	X	X	X
79	13224	천막 및 기타 캔버스 제품 제조업	12	295	9,525	112,424	110,522	13,334	5,043	–	22,064	113,609	24,216

80	13225	직물포대 제조업	2	X	X	X	X	X	X	X	X	X	X
81	13229	기타 직물제품 제조업	25	1,159	32,469	421,414	385,875	28,261	23,542	975	86,784	430,619	158,600
82	13310	편조원단 제조업	4	55	2,083	11,268	11,176	4,212	2,094	–	7,317	10,017	3,687
83	13320	편조제품 제조업											
84	13401	솜 및 실 염색가공업											
85	13402	직물 및 편조원단 염색 가공업											
86	13403	날염 가공업											
87	13404	섬유사 및 직물 호부처리업											
88	13409	기타 섬유제품 염색, 정리 및 마무리 가공업											
89	13910	카펫, 마루덮개 및 유사제품 제조업	1	X	X	X	X	X	X	X	X	X	X
90	13921	끈 및 로프 제조업											
91	13922	어망 및 기타 끈가공품 제조업											
92	13991	세폭직물 제조업											
93	13992	부직포 및 펠트 제조업	16	382	14,676	125,301	118,341	8,242	10,130	2,722	39,001	125,501	40,251
94	13993	특수사 및 코드직물 제조업											
95	13994	적층 및 표면처리 직물 제조업	5	74	2,142	26,566	24,399	1,921	3,447	1,507	12,320	26,731	8,186
96	13999	그 외 기타 분류 안된 섬유제품 제조업	3	85	3,107	172,134	172,809	156,663	1,844	–	9,398	167,477	4,839
97	14111	남자용 정장 제조업											
98	14112	여자용 정장 제조업											
99	14120	내의 및 잠옷 제조업	23	382	7,385	17,747	16,955	1,487	345	–	1,586	18,317	12,479
100	14130	한복 제조업											
101	14191	셔츠 및 체육복 제조업											
102	14192	근무복, 작업복 및 유사의복 제조업											
103	14193	가죽의복 제조업											

104	14194	유아용 의복 제조업	2	X	X	X	X	X	X	X	X	X	X
105	14199	그 외 기타 봉제의복 제조업	1	X	X	X	X	X	X	X	X	X	X
106	14201	원모피 가공업											
107	14202	천연모피제품 제조업											
108	14203	인조모피 및 인조모피 제품 제조업											
109	14300	편조의복 제조업	1	X	X	X	X	X	X	X	X	X	X
110	14411	스타킹 및 기타양말 제조업	1	X	X	X	X	X	X	X	X	X	X
111	14419	기타 편조의복 액세서리 제조업	1	X	X	X	X	X	X	X	X	X	X
112	14491	모자 제조업	1	X	X	X	X	X	X	X	X	X	X
113	14499	그 외 기타 의복 액세서리 제조업											
114	15110	원피가공 및 가죽 제조업	1	X	X	X	X	X	X	X	X	X	X
115	15121	핸드백 및 지갑 제조업											
116	15129	가방 및 기타 보호용 케이스 제조업											
117	15190	기타 가죽제품 제조업	1	X	X	X	X	X	X	X	X	X	X
118	15211	구두류 제조업											
119	15219	기타 신발 제조업											
120	15220	신발부분품 제조업	1	X	X	X	X	X	X	X	X	X	X
121	16101	일반 제재업	2	X	X	X	X	X	X	X	X	X	X
122	16102	표면가공목재 및 특정 목적용 제재목 제조업	3	38	839	8,497	4,567	1,032	3,182	–	15,116	7,822	6,122
123	16103	목재 보존, 방부처리, 도장 및 유사 처리업											
124	16211	박판, 합판 및 유사적층판 제조업	1	X	X	X	X	X	X	X	X	X	X
125	16212	강화 및 재생 목재 제조업	1	X	X	X	X	X	X	X	X	X	X
126	16221	목재문 및 관련 제품 제조업											

127	16229	기타 건축용 나무제품 제조업	5	78	2,102	11,623	13,012	445	1,155	–	3,381	11,623	3,356
128	16231	목재 깔판류 및 기타 적재판 제조업	12	220	6,228	42,687	41,016	2,319	772	29	7,212	42,621	16,213
129	16232	목재 포장용 상자, 드럼 및 유사용기 제조업	13	322	10,313	98,866	84,651	6,147	1,266	–	29,038	98,534	37,678
130	16291	목재 도구 및 기구 제조업											
131	16292	주방용 및 식탁용 목제품 제조업											
132	16293	장식용 목제품 제조업	1	X	X	X	X	X	X	X	X	X	X
133	16299	그 외 기타 나무제품 제조업	1	X	X	X	X	X	X	X	X	X	X
134	16301	코르크 제품 제조업											
135	16302	돗자리 및 기타 조물제품 제조업											
136	17110	펄프 제조업											
137	17121	신문용지 제조업											
138	17122	인쇄용 및 필기용 원지 제조업	8	862	54,866	963,850	824,164	108,747	330,470	17,896	526,253	954,522	295,801
139	17123	크라프트지 및 상자용 판지 제조업	3	174	7,012	68,062	71,724	16,677	25,623	–	54,490	69,226	20,343
140	17124	적층, 합성 및 특수표면처리 종이 제조업	8	244	9,306	78,450	77,102	8,568	12,653	2,124	34,397	80,022	29,192
141	17129	기타 종이 및 판지 제조업	4	140	5,153	58,789	49,524	2,783	10,689	–	22,099	59,123	21,425
142	17210	골판지 및 골판지상자 제조업	26	661	19,221	148,840	130,569	6,593	20,720	6	65,706	148,666	62,382
143	17221	종이 포대 및 가방 제조업	8	206	6,721	57,667	58,005	9,783	8,739	1,074	24,030	57,845	21,902
144	17222	판지 상자 및 용기 제조업	4	138	4,341	35,235	36,415	1,727	3,611	–	31,188	35,433	10,477
145	17223	식품 위생용 종이 상자 및 용기 제조업	2	X	X	X	X	X	X	X	X	X	X

146	17229	기타 종이 상자 및 용기 제조업	7	218	6,191	77,389	77,065	5,483	21,386	926	67,701	78,469	43,072
147	17901	문구용 종이제품 제조업	4	145	2,421	23,297	22,774	2,355	2,546	5	6,865	22,356	5,290
148	17902	위생용 종이제품 제조업	19	555	18,768	175,600	166,685	16,116	27,778	3,567	101,635	176,436	59,479
149	17903	벽지 및 장판지 제조업	5	148	4,883	72,274	67,177	11,860	6,338	45	16,656	72,856	21,554
150	17909	그 외 기타 종이 및 판지 제품 제조업	7	284	8,003	79,086	74,918	8,350	6,464	–	23,351	80,094	29,722
151	18111	경 인쇄업	1	X	X	X	X	X	X	X	X	X	X
152	18112	스크린 인쇄업	4	97	2,472	9,266	8,799	151	1,824	–	4,693	9,266	5,358
153	18119	기타 인쇄업	4	75	1,942	10,900	10,084	273	1,539	–	4,974	10,900	4,406
154	18121	제판 및 조판업	2	X	X	X	X	X	X	X	X	X	X
155	18122	제책업											
156	18129	기타 인쇄 관련 산업	2	X	X	X	X	X	X	X	X	X	X
157	18200	기록매체 복제업											
158	19101	코크스 및 관련 제품 제조업											
159	19102	연탄 및 기타 석탄 가공품 제조업	1	X	X	X	X	X	X	X	X	X	X
160	19210	원유 정제처리업	2	X	X	X	X	X	X	X	X	X	X
161	19221	윤활유 및 그리스 제조업	3	125	5,473	99,378	97,976	15,304	7,262	924	34,989	95,641	25,672
162	19229	기타 석유정제물 재처리업	5	115	3,508	67,802	60,139	4,122	25,605	450	54,754	68,026	20,817
163	20111	석유화학계 기초화학물질 제조업	5	2,184	161,052	15,906,742	14,905,632	5,502,337	3,565,588	221,516	5,462,003	16,445,475	2,445,097
164	20112	천연수지 및 나무화학물질 제조업	2	X	X	X	X	X	X	X	X	X	X
165	20119	기타 기초유기화학물질 제조업	6	365	18,565	1,224,645	1,214,321	42,217	228,620	64,780	430,188	1,232,862	130,259
166	20121	산업용 가스 제조업	20	542	28,842	620,187	526,828	18,422	377,369	126,346	677,273	619,923	268,211
167	20129	기타 기초무기화학물질 제조업	7	236	9,004	105,775	87,535	7,273	25,644	11,760	99,783	105,996	51,805
168	20131	무기안료 및 기타 금속산화물 제조업	4	151	5,742	101,454	53,266	10,429	2,938	16	42,858	100,879	68,922

169	20132	합성염료, 유연제 및 기타착색제 제조업	3	71	3,084	20,952	16,498	2,823	1,042	–	9,330	20,591	10,229
170	20201	질소, 인산 및 칼리질 비료 제조업											
171	20202	복합비료 제조업	3	190	9,507	139,912	129,082	52,159	21,916	–	53,529	139,940	39,546
172	20209	기타 비료 및 질소화합물 제조업	15	279	8,569	82,217	76,470	14,680	12,331	4,727	49,188	83,523	38,833
173	20301	합성고무 제조업	4	100	4,632	50,806	41,627	5,824	2,397	551	14,947	51,324	19,163
174	20302	합성수지 및 기타 플라스틱물질 제조업	26	2,308	131,133	6,019,217	5,573,157	510,098	1,228,136	68,636	1,866,062	6,062,244	1,715,147
175	20303	가공 및 재생 플라스틱원료 생산업	24	498	16,012	206,534	197,196	19,253	20,729	31	75,897	208,053	59,700
176	20411	가정용 살균 및 살충제 제조업	3	262	7,544	70,168	66,673	5,641	5,114	4,184	27,600	70,416	21,145
177	20412	농약 제조업	2	X	X	X	X	X	X	X	X	X	X
178	20421	일반용 도료 및 관련 제품 제조업	10	469	22,146	229,610	232,005	32,483	39,966	8,050	153,867	230,917	76,055
179	20422	요업용 유약 및 관련 제품 제조업											
180	20423	인쇄잉크 제조업	1	X	X	X	X	X	X	X	X	X	X
181	20424	회화용 물감 제조업											
182	20431	계면활성제 제조업	10	371	14,952	371,728	353,479	39,749	40,892	6,650	161,952	370,194	78,927
183	20432	치약, 비누 및 기타 세제 제조업	6	332	11,478	277,415	193,122	54,215	9,450	221	46,907	286,226	119,986
184	20433	화장품 제조업	23	1,022	28,264	325,279	250,098	47,027	20,166	7,723	237,622	324,017	192,840
185	20434	표면광택제 및 실내가향제 제조업	3	98	2,589	27,051	24,860	1,038	1,119	2,011	9,454	27,155	8,634
186	20491	사진용 화학제품 및 감광재료 제조업	4	303	13,475	266,289	190,075	36,920	87,303	10,030	198,519	272,414	158,147
187	20492	가공 및 정제염 제조업											
188	20493	접착제 및 젤라틴 제조업	6	221	8,513	112,955	93,774	12,861	3,514	485	27,196	114,117	39,387
189	20494	화약 및 불꽃제품 제조업	3	186	8,166	26,724	24,845	10,374	3,149	398	10,768	28,635	17,672
190	20499	그 외 기타 분류 안된 화학제품 제조업	37	2,421	93,640	1,423,721	1,355,350	124,498	176,917	18,507	578,536	1,434,154	407,194

191	20501	합성섬유 제조업	2	X	X	X	X	X	X	X	X	X	X
192	20502	재생섬유 제조업	1	X	X	X	X	X	X	X	X	X	X
193	21101	의약용 화합물 및 항생물질 제조업	4	368	17,317	185,180	174,500	39,784	18,786	2,531	83,357	177,700	77,358
194	21102	생물학적 제제 제조업	1	X	X	X	X	X	X	X	X	X	X
195	21210	완제 의약품 제조업	16	2,097	84,388	1,622,375	1,015,125	204,922	121,414	93,094	785,203	1,609,926	1,010,284
196	21220	한의약품 제조업	3	245	6,660	40,515	31,378	18,481	1,812	–	15,784	40,645	28,306
197	21230	동물용 의약품 제조업	9	263	8,956	95,288	84,704	21,506	4,999	4,354	74,563	94,461	47,084
198	21300	의료용품 및 기타 의약 관련 제품 제조업	6	90	2,396	11,744	10,833	1,424	588	254	4,267	11,552	5,008
199	22111	타이어 및 튜브 제조업	2	X	X	X	X	X	X	X	X	X	X
200	22112	타이어 재생업											
201	22191	산업용 비경화고무제품 제조업	20	779	26,799	182,607	173,851	8,286	14,671	2,031	77,915	182,961	66,202
202	22192	고무의류 및 기타 위생용 고무제품 제조업	1	X	X	X	X	X	X	X	X	X	X
203	22199	그 외 기타 고무제품 제조업	11	282	9,857	52,391	45,481	8,808	6,166	13	27,745	52,316	28,536
204	22211	플라스틱 선, 봉, 관 및 호스 제조업	28	989	30,841	283,896	275,628	44,849	39,142	11,621	174,050	292,092	116,073
205	22212	플라스틱 필름, 시트 및 판 제조업	42	2,877	115,289	1,116,689	1,091,203	120,590	196,331	10,697	465,418	1,114,765	316,413
206	22213	플라스틱 합성피혁 제조업											
207	22221	벽 및 바닥 피복용 플라스틱제품 제조업	9	1,088	38,926	489,254	448,632	36,916	91,918	12,877	222,870	488,150	161,080
208	22222	저장용 및 위생용 플라스틱제품 제조업	11	231	6,888	48,868	45,728	3,603	1,715	–	35,470	48,839	18,430
209	22223	플라스틱 창호 제조업	13	208	6,380	56,042	42,760	4,080	3,572	256	13,474	55,595	25,022
210	22229	기타 건축용 플라스틱 조립제품 제조업	5	112	3,177	33,001	31,150	9,124	5,808	–	16,124	34,259	16,664
211	22231	플라스틱 포대, 봉투 및 유사제품 제조업	9	173	4,456	33,535	33,220	3,689	3,112	–	13,598	34,672	9,284

212	22232	포장용 플라스틱 성형용기 제조업	34	1,262	41,608	438,493	421,837	47,391	53,678	12,008	191,125	444,149	147,705
213	22240	기계장비 조립용 플라스틱제품 제조업	104	4,740	169,961	1,765,087	1,732,510	114,764	159,008	29,099	659,948	1,777,440	469,386
214	22250	플라스틱 발포 성형제품 제조업	31	776	23,896	206,586	198,030	15,307	18,620	3,114	100,488	209,626	69,960
215	22291	플라스틱 적층, 도포 및 기타 표면처리 제품 제조업	27	1,381	51,788	505,466	457,608	53,709	45,328	16,922	215,004	503,159	218,739
216	22299	그 외 기타 플라스틱 제품 제조업	13	403	12,002	98,465	126,497	26,570	12,446	2,855	87,769	95,452	55,458
217	23110	판유리 제조업											
218	23121	유리섬유 및 광학용 유리 제조업	6	173	4,813	81,926	87,794	10,013	26,601	8,117	62,285	83,534	15,826
219	23122	판유리 가공품 제조업	16	485	15,283	104,516	109,883	15,408	19,940	124	97,116	103,947	28,273
220	23129	기타 산업용 유리제품 제조업	5	3,179	175,566	1,904,484	1,194,794	91,826	1,246,858	151,386	2,958,849	1,898,045	1,460,179
221	23191	가정용 유리제품 제조업	1	X	X	X	X	X	X	X	X	X	X
222	23192	포장용 유리용기 제조업	12	735	31,236	223,280	198,854	21,251	64,970	8,166	143,289	215,515	112,599
223	23199	그 외 기타 유리제품 제조업	1	X	X	X	X	X	X	X	X	X	X
224	23211	가정용 및 장식용 도자기 제조업	8	109	1,978	11,331	11,337	2,651	1,263	–	5,146	11,300	5,285
225	23212	위생용 도자기 제조업	3	446	16,418	40,267	47,531	14,491	4,080	346	41,779	43,779	29,344
226	23213	산업용 도자기 제조업											
227	23219	기타 일반도자기 제조업	1	X	X	X	X	X	X	X	X	X	X
228	23221	구조용 정형내화제품 제조업	1	X	X	X	X	X	X	X	X	X	X
229	23229	기타 내화요업제품 제조업	4	159	7,250	97,332	93,572	11,377	26,459	3,508	81,475	97,048	42,296
230	23231	점토 벽돌, 블록 및 유사 비내화 요업제품 제조업	4	155	4,377	22,746	24,849	9,599	7,241	7	14,256	25,951	12,572
231	23232	타일 및 유사 비내화 요업제품 제조업	6	557	22,718	121,044	126,794	22,071	14,320	5,984	62,277	122,938	54,440

232	23239	기타 구조용 비내화 요업제품 제조업										
233	23311	시멘트 제조업	11	230	7,062	217,551	175,292	11,449	95,831	863	187,254	218,065	106,790
234	23312	석회 및 플라스터 제조업	1	X	X	X	X	X	X	X	X	X	X
235	23321	비내화 모르타르 제조업	4	70	2,411	67,860	51,033	15,291	22,481	263	38,588	69,388	35,897
236	23322	레미콘 제조업	69	1,103	38,544	609,968	572,634	21,020	32,357	1,405	166,082	610,022	216,005
237	23323	플라스터 제품 제조업	2	X	X	X	X	X	X	X	X	X	X
238	23324	섬유시멘트 제품 제조업											
239	23325	콘크리트 타일, 기와, 벽돌 및 블록 제조업	16	342	11,602	78,317	71,751	10,001	15,237	7,277	84,986	77,584	43,356
240	23326	콘크리트관 및 기타 구조용 콘크리트제품 제조업	52	1,306	41,370	382,494	332,888	40,869	25,423	2,003	187,894	385,073	169,794
241	23329	그 외 기타 콘크리트 제품 및 유사제품 제조업											
242	23911	건설용 석제품 제조업	2	X	X	X	X	X	X	X	X	X	X
243	23919	기타 석제품 제조업	4	51	1,484	11,349	10,021	552	551	–	5,069	11,154	6,714
244	23991	아스콘 제조업	7	96	4,424	55,833	51,851	3,819	4,763	36	14,248	55,418	23,640
245	23992	연마재 제조업	3	36	951	4,951	4,318	39	384	23	2,361	4,908	2,447
246	23993	비금속광물 분쇄물 생산업	8	294	11,850	84,262	76,393	11,080	11,414	331	36,190	84,389	40,130
247	23994	석면, 암면 및 유사제품 제조업	2	X	X	X	X	X	X	X	X	X	X
248	23999	그 외 기타 분류 안된 비금속 광물제품 제조업	3	78	3,278	38,390	36,373	3,088	4,123	2,168	20,458	38,115	12,854
249	24111	제철업	2	X	X	X	X	X	X	X	X	X	X
250	24112	제강업	3	230	7,520	9,628	9,466	–	–	–	59	9,628	9,624
251	24113	합금철 제조업	2	X	X	X	X	X	X	X	X	X	X
252	24119	기타 제철 및 제강업	2	X	X	X	X	X	X	X	X	X	X
253	24121	열간 압연 및 압출 제품 제조업	16	7,747	547,884	13,016,180	13,872,871	1,602,816	5,299,501	1,841,292	13,441,092	12,884,158	1,284,044
254	24122	냉간 압연 및 압출 제품 제조업	7	446	21,637	394,666	375,502	62,955	43,848	724	111,409	387,254	66,175

255	24123	철강선 제조업	4	203	7,359	90,104	96,659	17,228	2,428	-	13,780	90,180	6,332
256	24131	주철관 제조업	2	X	X	X	X	X	X	X	X	X	X
257	24132	강관 제조업	31	1,653	66,131	1,244,197	1,236,232	216,278	172,155	2,284	484,725	1,269,270	240,480
258	24191	도금, 착색 및 기타 표면처리강재 제조업	19	640	23,811	276,840	245,938	30,201	31,508	4,843	201,073	269,240	86,922
259	24199	그외 기타 1차 철강 제조업	22	844	30,408	645,524	657,277	147,781	29,436	837	187,020	649,303	79,278
260	24211	동 제련, 정련 및 합금 제조업	4	102	3,655	150,302	151,203	7,687	5,004	19	18,506	151,440	7,477
261	24212	알루미늄 제련, 정련 및 합금 제조업	10	395	15,799	398,558	388,045	27,562	12,335	3,018	61,026	400,766	64,478
262	24213	연 및 아연 제련, 정련 및 합금 제조업											
263	24219	기타 비철금속 제련, 정련 및 합금 제조업	2	X	X	X	X	X	X	X	X	X	X
264	24221	동 압연, 압출 및 연신제품 제조업	8	456	19,505	366,305	372,880	60,410	17,283	113	78,638	374,855	50,774
265	24222	알루미늄 압연, 압출 및 연신제품 제조업	17	901	33,618	370,439	401,771	48,439	38,396	1,873	132,057	381,457	88,885
266	24229	기타 비철금속 압연, 압출 및 연신제품 제조업	3	65	1,866	22,658	24,422	7,965	711	5	3,636	23,078	4,803
267	24290	기타 1차 비철금속 제조업	3	72	1,491	18,131	17,386	3,453	857	-	5,370	17,987	5,113
268	24311	선철주물 주조업	5	257	9,555	67,442	62,701	7,742	4,532	7	45,077	66,727	27,272
269	24312	강주물 주조업	8	372	12,752	92,065	78,942	12,890	11,239	910	55,262	91,770	40,297
270	24321	알루미늄주물 주조업	2	X	X	X	X	X	X	X	X	X	X
271	24322	동주물 주조업	5	108	4,007	95,242	99,779	25,344	10,407	3	39,840	95,934	5,117
272	24329	기타 비철금속 주조업	3	52	1,883	21,213	17,870	1,762	1,780	13	3,463	21,284	8,332
273	25111	금속 문, 창, 셔터 및 관련제품 제조업	16	386	9,525	74,071	72,153	11,932	3,210	964	35,236	74,052	23,619
274	25112	구조용 금속판제품 및 금속공작물 제조업	44	1,282	40,154	526,879	497,432	46,770	25,726	4,079	190,602	524,883	160,209
275	25113	금속 조립구조재 제조업	70	2,841	113,614	1,523,137	1,627,241	71,727	110,832	9,312	646,646	1,524,759	425,111

276	25119	기타 구조용 금속제품 제조업	25	638	19,248	237,707	236,886	34,867	13,828	1,424	85,822	241,293	52,659
277	25121	중앙난방보일러 및 방열기 제조업	2	X	X	X	X	X	X	X	X	X	X
278	25122	설치용 금속탱크 및 저장용기 제조업	9	314	12,629	125,848	120,815	7,310	11,641	473	64,923	125,524	60,198
279	25130	핵반응기 및 증기발생기 제조업	6	243	6,885	57,193	61,466	10,061	5,745	228	47,550	59,680	16,491
280	25200	무기 및 총포탄 제조업											
281	25911	분말야금제품 제조업	1	X	X	X	X	X	X	X	X	X	X
282	25912	금속단조제품 제조업	5	173	5,404	44,917	43,537	3,289	3,347	134	16,889	45,632	15,541
283	25913	금속압형제품 제조업	53	2,087	68,715	685,380	658,887	54,769	97,260	25,980	335,464	694,585	258,438
284	25921	금속 열처리업	12	341	11,281	63,169	53,295	3,448	15,338	1,514	47,012	63,738	37,521
285	25922	도금업	3	35	863	2,714	2,154	160	28	–	304	2,714	2,166
286	25923	도장 및 기타 피막처리업	19	683	23,840	53,735	45,895	497	4,956	570	13,434	53,735	43,073
287	25924	절삭가공 및 유사처리업	50	1,455	48,048	905,912	755,044	63,126	61,581	2,896	225,713	901,891	277,302
288	25929	그 외 기타 금속가공업	17	676	23,728	123,641	120,975	13,373	29,127	10,113	103,614	126,788	62,015
289	25931	날붙이 제조업	8	275	8,525	39,947	39,382	11,662	1,484	42	15,075	41,758	21,496
290	25932	일반철물 제조업	6	133	4,554	46,308	45,336	3,078	1,839	9	10,879	46,229	11,359
291	25933	비동력식 수공구 제조업	3	155	4,662	31,483	28,866	8,127	4,094	943	8,766	32,045	16,946
292	25934	톱 및 호환성공구 제조업	6	287	10,484	29,361	31,419	4,374	3,170	–	10,034	29,064	17,008
293	25941	금속파스너 및 나사제품 제조업	12	663	25,354	243,295	220,578	32,717	26,786	3,344	135,099	238,801	98,148
294	25942	금속 스프링 제조업	8	359	13,877	177,472	184,166	10,955	42,017	152	115,595	175,840	50,035
295	25943	금속선 가공제품 제조업	10	371	11,785	124,388	123,738	14,955	13,139	1,795	46,153	123,846	32,148
296	25991	금속캔 및 기타 포장용기 제조업	18	1,053	37,820	493,320	453,928	50,222	51,965	8,804	160,021	493,956	140,095
297	25992	금고 제조업											
298	25993	수동식 식품 가공기기 및 금속주방용기 제조업	4	105	3,097	28,757	29,071	8,722	4,323	–	18,334	29,374	9,599
299	25994	금속위생용품 제조업	2	X	X	X	X	X	X	X	X	X	X
300	25995	금속표시판 제조업	1	X	X	X	X	X	X	X	X	X	X

301	25999	그 외 기타 분류 안된 금속가공제품 제조업	5	81	2,351	31,525	31,296	2,489	2,106	–	8,231	31,502	6,432
302	26110	전자집적회로 제조업	12	7,079	434,136	5,814,736	4,890,642	255,198	1,194,100	51,858	1,778,003	5,816,518	2,400,605
303	26120	다이오드, 트랜지스터 및 유사 반도체소자 제조업	24	2,709	91,832	645,878	659,225	86,535	215,415	33,676	528,893	652,517	318,511
304	26211	액정 평판 디스플레이 제조업	21	27,194	1,555,687	29,021,877	23,649,370	972,415	7,422,453	3,261,861	15,838,483	28,784,744	14,575,372
305	26219	플라즈마 및 기타 평판 디스플레이 제조업	10	1,069	32,456	248,330	230,764	23,640	38,166	1,258	142,307	248,471	122,925
306	26221	인쇄회로기판 제조업	12	331	9,231	57,832	72,967	4,730	13,788	235	42,928	56,496	25,465
307	26222	전자부품 실장기판 제조업	12	1,125	28,856	660,888	643,179	31,615	26,487	44	104,247	662,966	100,624
308	26291	전자관 제조업											
309	26292	전자축전기 제조업	2	X	X	X	X	X	X	X	X	X	X
310	26293	전자저항기 제조업	1	X	X	X	X	X	X	X	X	X	X
311	26294	전자카드 제조업	3	297	8,840	44,466	39,233	4,191	7,094	756	14,607	45,104	23,998
312	26295	전자코일, 변성기 및 기타 전자유도자 제조업	3	154	5,053	68,666	69,706	19,777	1,502	19	35,964	71,558	19,263
313	26296	전자접속카드 제조업											
314	26299	그 외 기타 전자부품 제조업	17	1,295	49,749	378,860	390,503	22,656	170,483	23,633	277,206	378,844	162,770
315	26310	컴퓨터 제조업											
316	26321	기억장치 제조업	1	X	X	X	X	X	X	X	X	X	X
317	26322	컴퓨터 모니터 제조업											
318	26323	컴퓨터 프린터 제조업	2	X	X	X	X	X	X	X	X	X	X
319	26329	기타 주변기기 제조업	1	X	X	X	X	X	X	X	X	X	X
320	26410	유선 통신장비 제조업	6	355	12,490	116,192	110,994	11,437	6,943	101	24,913	117,001	27,514
321	26421	방송장비 제조업	1	X	X	X	X	X	X	X	X	X	X
322	26422	이동전화기 제조업	15	1,283	26,650	180,135	143,418	15,044	35,851	16,127	94,110	171,881	105,602
323	26429	기타 무선 통신장비 제조업	4	226	9,121	120,918	114,772	15,333	2,520	934	20,813	121,764	51,988
324	26511	텔레비전 제조업	4	89	2,781	23,366	21,761	594	3,626	456	16,353	23,213	14,297

325	26519	비디오 및 기타 영상기기 제조업										
326	26521	라디오, 녹음 및 재생 기기 제조업										
327	26529	기타 음향기기 제조업	2	X	X	X	X	X	X	X	X	X	X
328	26600	마그네틱 및 광학 매체 제조업	1	X	X	X	X	X	X	X	X	X	X
329	27111	방사선 장치 제조업	2	X	X	X	X	X	X	X	X	X	X
330	27112	전기식 진단 및 요법 기기 제조업	4	371	14,583	87,713	84,653	9,942	1,050	64	31,848	88,742	52,809
331	27191	치과용 기기 제조업										
332	27192	정형외과용 및 신체보정용 기기 제조업	4	134	4,188	27,203	24,040	12,202	3,113	2,733	13,805	28,656	25,904
333	27193	의료용 가구 제조업										
334	27199	그 외 기타 의료용 기기 제조업	16	1,044	23,803	110,610	108,807	19,123	20,848	567	56,212	113,094	60,881
335	27211	항행용 무선기기 및 측량기구 제조업	3	171	5,490	141,786	109,232	25,162	1,430	248	16,001	146,050	62,792
336	27212	전자기 측정, 시험 및 분석기구 제조업	4	94	2,683	14,351	14,678	2,563	1,129	–	3,241	14,656	5,826
337	27213	물질 검사, 측정 및 분석기구 제조업	20	1,198	44,437	340,627	327,340	54,283	13,723	–	152,843	348,106	125,950
338	27214	속도계 및 적산계기 제조업	1	X	X	X	X	X	X	X	X	X	X
339	27215	기기용 자동측정 및 제어장치 제조업	2	X	X	X	X	X	X	X	X	X	X
340	27216	산업처리공정 제어장비 제조업	12	448	15,098	228,708	204,848	27,470	1,354	–	20,433	235,464	82,910
341	27219	기타 측정, 시험, 항해, 제어 및 정밀기기 제조업	1	X	X	X	X	X	X	X	X	X	X
342	27310	안경 제조업										
343	27321	광학렌즈 및 광학요소 제조업	10	708	21,776	193,923	200,936	25,262	40,296	10,545	152,501	195,827	61,341

344	27322	사진기, 영사기 및 관련장비 제조업	2	X	X	X	X	X	X	X	X	X
345	27329	기타 광학기기 제조업	2	X	X	X	X	X	X	X	X	X
346	27401	시계제조업	1	X	X	X	X	X	X	X	X	X
347	27402	시계부품 제조업										
348	28111	전동기 및 발전기 제조업	20	1,705	63,236	535,784	521,875	61,592	104,773	6,878	223,501	551,126	168,923
349	28112	변압기 제조업	11	590	20,456	138,524	137,216	26,480	39,369	633	137,817	137,209	51,615
350	28113	방전램프용 안정기 제조업	1	X	X	X	X	X	X	X	X	X
351	28119	기타 발전기 및 전기변환장치 제조업	8	877	38,783	596,818	572,921	47,726	25,037	–	104,533	589,466	130,747
352	28121	전기회로 개폐, 보호 및 접속 장치 제조업	21	1,571	58,802	596,260	605,426	47,786	45,230	7,705	173,813	596,420	164,179
353	28122	배전반 및 전기자동제어반 제조업	25	958	38,798	440,111	351,377	53,214	5,401	105	44,917	438,596	173,418
354	28201	일차전지 제조업	3	354	10,577	86,068	55,536	10,958	28,496	2,267	61,308	89,495	52,736
355	28202	축전지 제조업	12	4,609	255,749	2,471,738	1,810,427	157,785	348,679	25,160	765,758	2,439,093	1,317,763
356	28301	광섬유 케이블 제조업	2	X	X	X	X	X	X	X	X	X
357	28302	기타 절연선 및 케이블 제조업	39	2,435	101,474	2,682,467	2,476,275	235,050	158,986	9,950	732,127	2,710,163	493,561
358	28303	절연 코드세트 및 기타 도체 제조업	3	432	14,308	112,376	100,838	38,256	12,306	6	68,433	115,850	43,128
359	28410	전구 및 램프 제조업	4	84	2,342	10,553	9,926	2,742	153	–	9,415	9,860	4,376
360	28421	운송장비용 조명장치 제조업	7	863	27,874	383,008	378,008	10,346	30,261	327	61,056	384,882	99,603
361	28422	일반용 전기 조명장치 제조업	4	154	5,219	119,930	111,940	6,874	608	–	19,849	117,579	34,256
362	28423	전시 및 광고용 조명장치 제조업	3	47	1,585	13,189	13,366	6,430	1,726	–	8,655	14,213	4,940
363	28429	기타 조명장치 제조업										
364	28511	주방용 전기기기 제조업	11	901	40,537	628,294	595,959	49,466	14,247	–	140,641	624,987	256,765
365	28512	가정용 전기 난방기기 제조업										

366	28519	기타 가정용 전기기기 제조업	7	387	14,552	130,766	133,959	23,468	5,135	–	60,029	132,934	50,969
367	28520	가정용 비전기식 조리 및 난방 기구 제조업	7	361	7,482	85,831	83,384	9,309	4,040	3,483	23,997	86,307	22,912
368	28901	전기경보 및 신호장치 제조업											
369	28902	전기용 탄소제품 및 절연제품 제조업	1	X	X	X	X	X	X	X	X	X	X
370	28903	교통 신호장치 제조업	3	39	1,124	4,468	4,366	466	101	–	348	4,606	2,390
371	28909	그 외 기타 전기장비 제조업	4	64	1,773	16,806	16,034	757	1,319	–	4,549	16,721	5,817
372	29111	내연기관 제조업	4	181	5,918	27,139	27,737	2,345	1,880	120	11,569	27,250	12,485
373	29119	기타 기관 및 터빈 제조업	2	X	X	X	X	X	X	X	X	X	X
374	29120	유압기기 제조업	6	143	5,089	34,075	31,635	1,939	1,783	610	12,791	34,237	14,613
375	29131	액체 펌프 제조업	6	195	6,369	43,696	43,308	5,626	6,475	–	25,508	44,593	18,108
376	29132	기체 펌프 및 압축기 제조업	8	775	38,521	479,977	368,764	56,384	26,138	2,083	66,519	470,628	228,424
377	29133	탭, 밸브 및 유사장치 제조업	17	716	26,677	223,959	226,870	42,458	59,635	987	165,434	232,609	65,334
378	29141	볼베어링 및 롤러베어링 제조업	2	X	X	X	X	X	X	X	X	X	X
379	29142	기어 및 동력전달장치 제조업	4	95	3,664	10,770	10,444	519	998	126	10,730	10,830	6,584
380	29150	산업용 오븐, 노 및 노용 버너 제조업	4	116	5,240	59,895	54,587	1,629	481	–	20,338	59,684	18,957
381	29161	산업용 트럭 및 적재기 제조업											
382	29162	승강기 제조업	10	406	14,684	317,688	200,173	12,214	3,051	–	48,815	317,824	161,504
383	29163	컨베이어장치 제조업	13	360	13,040	117,830	116,012	12,807	2,554	6,013	46,929	121,586	37,131
384	29169	기타 물품취급장비 제조업	8	410	17,505	113,666	115,214	25,189	4,853	2,982	65,509	117,963	38,697
385	29171	산업용 냉장 및 냉동 장비 제조업	11	539	14,326	117,316	114,292	10,412	15,752	10	56,192	117,011	36,281

386	29172	공기조화장치 제조업	59	3,323	118,820	1,311,466	1,307,877	113,302	90,741	10,858	303,469	1,313,409	309,478
387	29173	산업용 송풍기 및 배기장치 제조업	4	85	2,980	46,883	40,946	1,411	1,747	242	34,732	47,108	15,612
388	29174	기체 여과기 제조업	5	311	12,216	80,027	87,991	6,085	4,751	42	35,721	81,954	31,090
389	29175	액체 여과기 제조업	15	867	30,592	629,432	573,703	12,753	14,147	43	133,611	630,191	233,535
390	29176	증류기, 열교환기 및 가스발생기 제조업	8	209	6,365	70,754	68,465	6,514	2,834	34	21,547	72,878	26,942
391	29180	사무용 기계 및 장비 제조업	4	301	10,533	128,250	124,609	21,164	3,077	34	130,315	117,807	63,181
392	29191	일반저울 제조업											
393	29192	용기세척, 포장 및 충전기 제조업	1	X	X	X	X	X	X	X	X	X	X
394	29193	자동판매기 및 화폐교환기 제조업											
395	29194	분사기 및 소화기 제조업	6	155	4,436	19,519	20,515	5,371	3,674	69	18,919	20,569	8,889
396	29195	동력식 수지공구 제조업	3	53	1,193	12,807	12,254	592	580	–	1,989	12,723	2,902
397	29199	그 외 기타 일반목적용 기계 제조업	7	448	16,884	197,497	177,305	35,392	239	641	32,778	210,360	70,976
398	29210	농업 및 임업용 기계 제조업	13	364	10,864	86,600	81,705	23,324	2,784	90	48,096	89,763	31,498
399	29221	전자응용 공작기계 제조업	2	X	X	X	X	X	X	X	X	X	X
400	29222	금속 절삭기계 제조업	4	63	2,172	7,499	8,260	818	188	–	3,399	7,464	2,758
401	29223	금속 성형기계 제조업	7	138	4,267	26,940	24,740	4,454	2,319	719	9,932	28,318	11,450
402	29229	기타 가공공작기계 제조업	3	115	4,334	28,577	42,242	918	16,313	–	53,370	27,946	4,348
403	29230	금속 주조 및 기타 야금용 기계 제조업	1	X	X	X	X	X	X	X	X	X	X
404	29241	토목공사 및 유사용 기계장비 제조업	14	903	33,364	350,306	367,094	50,031	29,799	1,771	170,235	336,947	78,235
405	29242	광물처리 및 취급장비 제조업											
406	29250	음·식료품 및 담배 가공기계 제조업	3	46	2,222	7,849	7,638	720	22	11	1,204	8,119	4,267

407	29261	산업용 섬유세척, 염색, 정리 및 가공 기계 제조업	1	X	X	X	X	X	X	X	X	X	X
408	29269	기타 섬유, 의복 및 가죽 가공 기계 제조업	1	X	X	X	X	X	X	X	X	X	X
409	29271	반도체 제조용 기계 제조업	121	5,764	224,998	2,113,463	2,064,213	317,743	96,796	7,420	507,228	2,174,585	798,817
410	29272	평판디스플레이 제조용 기계 제조업	30	2,712	109,781	698,051	785,684	59,098	30,303	2,155	236,678	664,433	123,789
411	29280	산업용 로봇 제조업	7	237	11,172	84,945	80,912	4,270	1,100	–	37,284	83,649	31,237
412	29291	펄프 및 종이 가공용 기계 제조업											
413	29292	고무, 화학섬유 및 플라스틱 성형기 제조업	6	165	7,391	977,938	809,652	1,473	5,361	3	13,582	978,036	187,787
414	29293	인쇄 및 제책용 기계 제조업											
415	29294	주형 및 금형 제조업	33	1,112	38,696	226,760	242,105	25,031	40,480	3,592	150,381	228,308	101,112
416	29299	그 외 기타 특수목적용 기계 제조업	20	464	16,472	109,567	105,788	13,512	4,446	20	44,394	110,727	44,872
417	30110	자동차용 엔진 제조업											
418	30121	승용차 및 기타 여객용 자동차 제조업	2	X	X	X	X	X	X	X	X	X	X
419	30122	화물자동차 및 특수목적용 자동차 제조업											
420	30201	차체 및 특장차 제조업	12	458	13,369	150,346	150,455	16,673	13,492	1,004	56,219	143,853	22,105
421	30202	트레일러 및 세미트레일러 제조업	5	152	4,169	28,412	27,688	7,246	338	51	11,797	27,899	9,574
422	30203	운송용 컨테이너 제조업											
423	30310	자동차 엔진용 부품 제조업	59	4,775	189,815	1,424,202	1,406,614	120,059	285,928	45,302	684,499	1,436,496	515,107
424	30320	자동차 차체용 부품 제조업	141	8,610	300,989	3,425,281	3,370,228	151,896	388,314	71,066	1,180,257	3,434,564	875,981
425	30391	자동차용 동력전달장치 제조업	84	8,461	437,377	5,845,156	5,343,314	346,005	966,945	106,308	2,220,106	5,860,145	1,640,993

426	30392	자동차용 전기장치 제조업	20	1,441	47,325	731,520	741,241	80,410	20,594	249	104,619	728,170	169,107
427	30399	그 외 기타 자동차 부품 제조업	182	11,494	407,297	3,366,843	3,279,637	216,530	477,273	86,078	1,414,750	3,384,032	1,168,895
428	31111	강선 건조업											
429	31112	합성수지선 건조업	1	X	X	X	X	X	X	X	X	X	X
430	31113	비철금속 선박 및 기타 항해용 선박 건조업											
431	31114	선박 구성부분품 제조업	2	X	X	X	X	X	X	X	X	X	X
432	31119	기타 선박 건조업	1	X	X	X	X	X	X	X	X	X	X
433	31120	오락 및 스포츠용 보트 건조업											
434	31201	기관차 및 기타 철도차량 제조업											
435	31202	철도차량부품 및 관련장치물 제조업	2	X	X	X	X	X	X	X	X	X	X
436	31310	항공기, 우주선 및 보조장치 제조업											
437	31321	항공기용 엔진 제조업											
438	31322	항공기용 부품 제조업	3	197	7,107	48,705	39,280	4,882	3,130	375	20,775	49,177	23,658
439	31910	전투용 차량 제조업											
440	31920	모터사이클 제조업											
441	31991	자전거 및 환자용 차량 제조업											
442	31999	그 외 기타 달리 분류되지 않은 운송장비 제조업	1	X	X	X	X	X	X	X	X	X	X
443	32011	운송장비용 의자 제조업	38	2,605	110,022	1,391,882	1,346,643	44,837	63,957	1,631	213,629	1,390,346	262,422
444	32012	매트리스 및 침대 제조업	1	X	X	X	X	X	X	X	X	X	X
445	32019	소파 및 기타 내장가구 제조업											
446	32021	주방용 및 음식점용 목재가구 제조업	4	58	899	6,215	6,326	2,140	627	–	3,368	6,448	1,827

447	32029	기타 목재가구 제조업	12	212	6,334	47,393	45,214	4,023	2,187	6,387	29,161	47,429	18,578
448	32091	금속 가구 제조업	8	203	6,335	41,012	39,637	4,741	2,011	6	18,253	41,047	15,292
449	32099	그 외 기타 가구 제조업	2	X	X	X	X	X	X	X	X	X	X
450	33110	귀금속 및 관련 제품 제조업	1	X	X	X	X	X	X	X	X	X	X
451	33120	모조 귀금속 및 모조 장신용품 제조업											
452	33201	피아노 제조업											
453	33202	현악기 제조업	1	X	X	X	X	X	X	X	X	X	X
454	33203	전자악기 제조업											
455	33204	국악기 제조업											
456	33209	기타 악기 제조업	1	X	X	X	X	X	X	X	X	X	X
457	33301	체조, 육상 및 체력단련용 장비 제조업	2	X	X	X	X	X	X	X	X	X	X
458	33302	놀이터용 장비 제조업											
459	33303	낚시 및 수렵용구 제조업											
460	33309	기타 운동 및 경기용구 제조업	2	X	X	X	X	X	X	X	X	X	X
461	33401	인형 및 장난감 제조업	1	X	X	X	X	X	X	X	X	X	X
462	33402	영상게임기 제조업											
463	33409	기타 오락용품 제조업											
464	33910	간판 및 광고물 제조업	4	58	1,098	4,450	4,273	235	182	–	650	4,450	2,001
465	33920	사무 및 회화용품 제조업											
466	33931	가발 및 유사 제품 제조업											
467	33932	조화 및 모조장식품 제조업											
468	33933	표구 및 전사처리 제조업											
469	33934	교시용 모형 제조업											
470	33991	우산 및 지팡이 제조업											

471	33992	단추 및 유사 파스너 제조업											
472	33993	라이터, 연소물 및 흡연용품 제조업											
473	33994	비 및 솔 제조업	2	X	X	X	X	X	X	X	X	X	X
474	33999	그 외 기타 달리 분류되지 않은 제품 제조업	3	183	6,948	8,754	8,179	–	–	–	39	8,754	8,746
2014년 합계			3,764	234,300	9,961,895	176,978,868	158,049,151	18,880,122	32,089,134	6,893,052	76,392,902	177,224,043	56,646,203

부록 3 지역별 주력산업 현황

1. 강원지역 주력산업

번 호	주력산업명	KSIC	세세분류업종명
1	웰니스 식품산업	10211	수산동물 훈제, 조리 및 유사 조제식품 제조업
		10212	수산동물 건조 및 염장품 제조업
		10501	액상시유 및 기타 낙농제품 제조업
		10730	면류, 마카로니 및 유사식품 제조업
		10794	두부 및 유사식품 제조업
		10797	건강기능식품 제조업
		11111	탁주 및 약주 제조업
		11209	기타 비알콜 음료제조업
2	세라믹 신소재 산업	23213	산업용 도자기 제조업
		20129	기타 기초무기화학물질 제조업
		23221	구조용 정형내화제품 제조업
		20422	요업용 유약 및 관련 제품 제조업
		26299	그 외 기타 전자부품 제조업
		30399	그 외 기타 자동차부품 제조업
		24113	합금철 제조업
3	스포츠 지식 서비스 산업	58221	시스템 소프트웨어 개발 및 공급업
		58222	응용 소프트웨어 개발 및 공급업
		61220	무선통신업
		62010	컴퓨터 프로그래밍 서비스업
		63120	포털 및 기타 인터넷 정보매개 서비스업

2. 경남지역 주력산업

번 호	주력산업명	KSIC	세세분류업종명
1	지능형 생산기계 산업	29162	승강기 제조업
		29163	컨베이어장치 제조업
		29199	그 외 기타 일반목적용 기계 제조업
		29221	전자응용 공작기계 제조업
		29222	금속 절삭기계 제조업
		29223	금속 성형기계 제조업
		29229	기타 가공공작기계 제조업
		29230	금속 주조 및 기타 야금용 기계 제조업
		29271	반도체 제조용 기계 제조업
		29280	산업용 로봇 제조업
		29299	그 외 기타 특수목적용 기계 제조업
2	기계 소재부품 산업	24113	합금철 제조업
		24119	기타 제철 및 제강업
		24121	열간 압연 및 압출 제품 제조업
		24122	냉간 압연 및 압출 제품 제조업
		25912	금속단조제품 제조업
		25913	금속압형제품 제조업
		25924	절삭가공 및 유사처리업
		29120	유압기기 제조업
		29141	볼베어링 및 롤러베어링 제조업
		29142	기어 및 동력전달장치 제조업
		29172	공기조화장치 제조업
		29294	주형 및 금형 제조업
3	항공산업	22240	기계장비 조립용 플라스틱제품 제조업
		25122	설치용 금속탱크 및 저장용기 제조업
		31310	항공기, 우주선 및 보조장치 제조업
		31321	항공기용 엔진 제조업
		31322	항공기용 부품 제조업
4	풍력부품 산업	25113	금속 조립구조재 제조업
		28111	전동기 및 발전기 제조업
		28112	변압기 제조업
		28119	기타 발전기 및 전기변환장치 제조업
		28302	기타 절연선 및 케이블 제조업
		28303	절연 코드세트 및 기타 도체 제조업
		29119	기타 기관 및 터빈 제조업

5	항노화 바이오 산업	10211	수산동물 훈제, 조리 및 유사 조제식품 제조업
		10309	기타 과실 · 채소 가공 및 저장처리업
		10402	식물성 유지 제조업
		10403	식용 정제유 및 가공유 제조업
		10743	장류 제조업
		10749	기타 식품 첨가물 제조업
		10792	차류 가공업
		10794	두부 및 유사식품 제조업
		10796	건강보조용 액화식품 제조업
		10797	건강기능식품 제조업
		11111	탁주 및 약주 제조업
		11119	기타 발효주 제조업
		21101	의약용 화합물 및 항생물질 제조업
		21220	한의약품 제조업

3. 경북지역 주력산업

번 호	주력산업명	KSIC	세세분류업종명
1	디지털 기기부품	22212	플라스틱 필름, 시트 및 판 제조업
		26110	전자집적회로제조업
		26211	액정평판디스플레이 제조업
		26219	플라즈마 및 기타 평판디스플레이 제조업
		26295	전자코일, 변성기 및 기타 전자유도자 제조업
		26299	그 외 기타 전자부품 제조업
		26323	컴퓨터프린터 제조업
		26329	기타 주변기기 제조업
		26410	유선통신장비 제조업
		26511	텔레비전 제조업
		29272	평판디스플레이 제조용기계 제조업
		58222	응용소프트웨어 개발 및 공급업
2	에너지 소재부품	20129	기타 기초무기화학물질 제조업
		20302	합성수지 및 기타 플라스틱물질 제조업
		24132	강관 제조업
		26292	전자축전기 제조업
		27215	기기용 자동측정 및 제어장치 제조업
		28111	전동기 및 발전기 제조업
		28112	변압기 제조업
		28119	기타 발전기 및 전기변환장치 제조업
		28122	배전반 및 전기자동제어반 제조업
		28202	축전지 제조업
		29132	기체 펌프 및 압축기 제조업
		29133	탭, 밸브 및 유사장치 제조업
		29176	증류기, 열교환기 및 가스발생기 제조업
		35120	송전 및 배전업
3	성형가공	20499	그 외 기타 분류 안된 화학제품 제조업
		22240	기계장비조립용 플라스틱제품 제조업
		24121	열간압연 및 압출제품 제조업
		24191	도금, 착색 및 기타 표면처리강재 제조업
		25921	금속열 처리업
		25923	도장 및 기타 피막처리업
		25924	절삭가공 및 유사 처리업
		25929	그 외 기타 금속가공업
		29294	주형 및 금형제조업

4	기능성 바이오소재	10121	가금류 가공 및 저장 처리업
		10211	수산동물훈제, 조리 및 유사조제식품 제조업
		10212	수산동물건조 및 염장품 제조업
		10301	과실 및 채소 절임식품 제조업
		10309	기타 과실채소가공 및 저장 처리업
		10794	두부 및 유사식품 제조업
		10795	인삼식품 제조업
		10797	건강기능식품 제조업
		11209	기타 비알콜음료 제조업
		20433	화장품 제조업
5	모바일 융합산업	26120	다이오드, 트랜지스터 및 유사반도체소자 제조업
		26221	인쇄회로기판 제조업
		26222	전자부품 실장기판 제조업
		26321	기억장치 제조업
		26422	이동전화기 제조업
		26429	기타 무선통신장비 제조업
		26519	비디오 및 기타 영상기기 제조업
		61220	무선통신업
		62010	컴퓨터 프로그래밍 서비스업

4. 광주지역 주력산업

번 호	주력산업명		KSIC	세세분류업종명
1	스마트가전 산업		26511	텔레비전 제조업
			27215	기기용 자동측정 및 제어장치 제조업
			28121	전기회로 개폐, 보호 및 접속장치 제조업
			28202	축전지 제조업
			28511	주방용 전기기기 제조업
			28519	기타 가정용 전기기기 제조업
			29172	공기조화장치 제조업
			29280	산업용 로봇 제조업(가정용 서비스로봇에 한함)
2	복합금형 산업		22240	기계장비조립용 플라스틱제품 제조업
			22250	플라스틱 발포 성형제품 제조업
			24199	그 외 기타 1차 철강 제조업
			25913	금속압형제품 제조업
			29294	주형 및 금형 제조업
3	생체의료용 소재부품 산업		27191	치과용 기기 제조업
			27192	정형외과용 및 신체보정용 기기 제조업
			27199	그 외 기타 의료용 기기 제조업
4	초정밀생산가공 시스템 산업		25924	절삭가공 및 유사처리업
			27216	산업처리 공정제어장비 제조업
			28122	배전반 및 전기자동제어반 제조업
			29142	기어 및 동력전달장치 제조업
			29221	전자응용공작기계 제조업
			29222	금속절삭기계 제조업
			29229	기타 가공공작기계 제조업
			29299	그 외 기타 특수목적용기계 제조업
5	디자인 산업 (문화콘텐츠 융합산업 포함)	디자인	71393	광고물 작성업
			73201	인테리어 디자인업
			73202	제품디자인업
			73203	시각디자인업
		문화 콘텐츠융합	26329	기타 주변기기 제조업
			58221	시스템 소프트웨어 개발 및 공급업
			58222	응용소프트웨어 개발 및 공급업
			59112	애니메이션 영화 및 비디오물 제작업
			59120	영화, 비디오물 및 방송프로그램 제작 관련 서비스업
			62010	컴퓨터 프로그래밍 서비스업
			62022	컴퓨터시설 관리업
			62090	기타 정보기술 및 컴퓨터운영 관련 서비스업

5. 대구지역 주력산업

<table>
<tr><th>번 호</th><th>주력산업명</th><th>KSIC</th><th>세세분류업종명</th></tr>
<tr><td rowspan="10">1</td><td rowspan="10">의료기기</td><td>27111</td><td>방사선 장치 제조업</td></tr>
<tr><td>27112</td><td>전기식 진단 및 요법 기기 제조업</td></tr>
<tr><td>27191</td><td>치과용 기기 제조업</td></tr>
<tr><td>27192</td><td>정형외과용 및 신체보정용 기기 제조업</td></tr>
<tr><td>27199</td><td>그 외 기타 의료용 기기 제조업</td></tr>
<tr><td>27213</td><td>물질 검사, 측정 및 분석기구 제조업</td></tr>
<tr><td>27321</td><td>광학렌즈 및 광학요소 제조업</td></tr>
<tr><td>27329</td><td>기타 광학기기 제조업</td></tr>
<tr><td>31991</td><td>자전거 및 환자용 차량 제조업</td></tr>
<tr><td>86101</td><td>종합병원</td></tr>
<tr><td rowspan="6">2</td><td rowspan="6">정밀성형</td><td>22191</td><td>산업용 비경화고무제품 제조업</td></tr>
<tr><td>25911</td><td>분말야금제품 제조업</td></tr>
<tr><td>25912</td><td>금속단조제품 제조업</td></tr>
<tr><td>25921</td><td>금속열처리업</td></tr>
<tr><td>25934</td><td>톱 및 호환성 공구 제조업</td></tr>
<tr><td>29294</td><td>주형 및 금형제조업</td></tr>
<tr><td rowspan="14">3</td><td rowspan="14">스마트분산형
에너지</td><td>22212</td><td>플라스틱 필름, 시트 및 판 제조업</td></tr>
<tr><td>26120</td><td>다이오드, 트랜지스터 및 유사 반도체소자 제조업</td></tr>
<tr><td>26221</td><td>인쇄회로기판 제조업</td></tr>
<tr><td>26299</td><td>그 외 기타 전자부품 제조업</td></tr>
<tr><td>26422</td><td>이동전화기 제조업</td></tr>
<tr><td>28119</td><td>기타 발전기 및 전기변화 장치 제조업</td></tr>
<tr><td>28121</td><td>전기회로 개폐, 보호 및 접속장치 제조업</td></tr>
<tr><td>28122</td><td>배전반 및 전기자동제어반 제조업</td></tr>
<tr><td>28202</td><td>축전지 제조업</td></tr>
<tr><td>28302</td><td>기타 전열선 및 케이블 제조업</td></tr>
<tr><td>28422</td><td>일반용 전기조명장치 제조업</td></tr>
<tr><td>29271</td><td>반도체 제조용 기계 제조업</td></tr>
<tr><td>61210</td><td>유선통신업</td></tr>
<tr><td>61220</td><td>무선통신업</td></tr>
<tr><td rowspan="5">4</td><td rowspan="5">소재기반
바이오헬스</td><td>10121</td><td>가금류 가공 및 저장 처리업</td></tr>
<tr><td>10213</td><td>수산동물 냉동품 제조업</td></tr>
<tr><td>10712</td><td>빵류 제조업</td></tr>
<tr><td>10792</td><td>차류 가공업</td></tr>
<tr><td>10797</td><td>건강기능식품 제조업</td></tr>
</table>

		10798	도시락 및 식사용 조리식품 제조업
		20433	화장품 제조업
		21220	한의약품 제조업
5	스마트지식 서비스	58211	온라인·모바일 게임 소프트웨어 개발 및 공급업
		58221	시스템소프트웨어 개발 및 공급업
		58222	응용소프트웨어 개발 및 공급업
		62010	컴퓨터 프로그래밍 서비스업
		62021	컴퓨터시스템 통합 자문 및 구축 서비스업
		62090	기타 정보기술 및 컴퓨터운영 관련 서비스업
		63111	자료 처리업
		63120	포털 및 기타 인터넷 정보매개 서비스업
		63991	데이터베이스 및 온라인정보 제공업

6. 대전지역주력산업

번 호	주력산업명	KSIC	세세분류업종명
1	무선통신 융합산업	26222	전자부품 실장기판 제조업
		26329	기타 주변기기 제조업
		26421	방송장비 제조업
		26422	이동전화기 제조업
		26429	기타 무선 통신장비 제조업
		27211	항행용 무선기기 및 측량기구 제조업
		27212	전자기 측정, 시험 및 분석기구 제조업
		58221	시스템 소프트웨어 개발 및 공급업
		62010	컴퓨터 프로그래밍 서비스업
		62021	컴퓨터시스템 통합 자문 및 구축 서비스업
2	메디바이오	21101	의약용 화합물 및 항생물질 제조업
		21102	생물학적 제제 제조업
		21210	완제 의약품 제조업
		21220	한의약품 제조업
		21300	의료용품 및 기타 의약 관련 제품 제조업
		27213	물질 검사, 측정 및 분석기구 제조업
		70111	물리, 화학 및 생물학 연구개발업
		70113	의학 및 약학 연구개발업
		10797	건강기능식품 제조업
3	로봇자동화	22291	플라스틱 적층, 도포 및 기타 표면처리 제품 제조업
		27215	기기용 자동측정 및 제어장치 제조업
		27216	산업처리공정 제어장비 제조업
		27219	기타 측정, 시험, 항해, 제어 및 정밀기기 제조업
		28122	배전반 및 전기자동제어반 제조업
		29142	기어 및 동력전달장치 제조업
		29280	산업용 로봇 제조업
		58222	응용소프트웨어 개발 및 공급업
		72129	기타 엔지니어링 서비스업
4	금속가공산업	24312	강주물 주조업
		25112	구조용 금속판제품 및 금속공작물 제조업
		25113	금속 조립구조재 제조업
		25913	금속압형제품 제조업
		25929	그 외 기타 금속가공업
		25941	금속파스너 및 나사제품 제조업
		25943	금속선 가공제품 제조업

		25991	금속캔 및 기타 포장용기 제조업
		25999	그 외 기타 분류안된 금속가공제품 제조업
		29294	주형 및 금형 제조업
5	지식재산 서비스산업	63111	자료 처리업
		63120	포털 및 기타 인터넷 정보매개 서비스업
		71102	변리사업
		71400	시장조사 및 여론조사업
		71531	경영컨설팅업
		73202	제품 디자인업
		73203	시각 디자인업
		73903	사업 및 무형 재산권 중개업
		73909	그 외 기타 분류 안된 전문, 과학 및 기술 서비스업

7. 부산지역 주력산업

번 호	주력산업명	KSIC	세세분류업종명
1	초정밀융합 부품산업	26221	인쇄회로기판 제조업
		26294	전자카드 제조업
		26295	전자코일, 변성기 및 기타 전자유도자 제조업
		27199	그 외 기타 의료용 기기제조업
		27211	항행용 무선기기 및 측량기구 제조업
		27212	전자기 측정, 시험 및 분석기구 제조업
		27213	물질 검사, 측정 및 분석기구 제조업
		27215	기기용 자동측정 및 제어장치 제조업
		27219	기타 측정, 시험, 항해, 제어 및 정밀기기 제조업
		28121	전기회로 개폐, 보호 및 접속장치 제조업
		28122	배전반 및 전기자동제어반 제조업
		28303	절연 코드세트 및 기타 도체 제조업
		28901	전기경보 및 신호장치 제조업
		28902	전기용 탄소제품 및 절연제품 제조업
2	지능형기계부품	22240	기계장비 조립용 플라스틱제품 제조업
		27216	산업처리공정 제어장비 제조업
		28111	전동기 및 발전기 제조업
		28119	기타 발전기 및 전기변환장치 제조업
		29120	유압기기 제조업
		29131	액체 펌프 제조업
		29132	기체 펌프 및 압축기 제조업
		29141	볼베어링 및 롤러베어링 제조업
		29162	승강기 제조업
		29222	금속 절삭기계 제조업
		29229	기타 가공공작기계 제조업
		29230	금속 주조 및 기타 야금용 기계 제조업
		29241	토목공사 및 유사용 기계장비 제조업
		29261	산업용 섬유세척, 염색, 정리 및 가공 기계 제조업
		29269	기타 섬유, 의복 및 가죽 가공 기계 제조업
3	바이오헬스	10211	수산동물 훈제, 조리 및 유사 조제식품 제조업
		10212	수산동물 건조 및 염장품 제조업
		10219	기타 수산동물 가공 및 저장처리업
		10220	수산식물 가공 및 저장 처리업
		10742	천연 및 혼합조제 조미료 제조업
		10796	건강보조용 액화식품 제조업

		10797	건강기능식품 제조업
		10800	동물용 사료 및 조제식품 제조업
		11209	기타 비알콜음료 제조업
		70111	물리, 화학 및 생물학 연구개발업
4	금형열처리	24191	도금, 착색 및 기타 표면처리강재 제조업
		24311	선철주물 주조업
		24312	강주물 주조업
		24321	알루미늄주물 주조업
		24322	동주물 주조업
		24329	기타 비철금속 주조업
		25921	금속 열처리업
		25923	도장 및 기타 피막처리업
		25934	톱 및 호환성공구 제조업
		29133	탭, 밸브 및 유사장치 제조업
		29150	산업용 오븐, 노 및 노용 버너 제조업
		29294	주형 및 금형 제조업
5	디지털콘텐츠	59111	일반 영화 및 비디오물 제작업
		59113	광고 영화 및 비디오물 제작업
		59114	방송 프로그램 제작업
		59120	영화, 비디오물 및 방송프로그램 제작 관련 서비스업
		62010	컴퓨터 프로그래밍 서비스업
		60221	프로그램 공급업
		63120	포털 및 기타 인터넷 정보매개 서비스업
		71310	광고 대행업

8. 세종지역 주력산업

번 호	주력산업명	KSIC	세세분류업종명
1	자동차부품 산업	30310	자동차 엔진용 부품 제조업
		30320	자동차 차체용부품 제조업
		30399	그 외 기타 자동차 부품 제조업
		30392	자동차용 전기장치 제조업
		30202	트레일러 및 세미트레일러 제조업
		29133	탭, 밸브 및 유사장치 제조업
		29131	액체 펌프 제조업
		29111	내연기관 제조업
2	바이오소재 산업	10301	과실 및 채소 절임식품 제조업
		10401	동물성 유지 제조업
		10402	식물성 유지 제조업
		10501	액상시유 및 기타 낙농제품 제조업
		10742	천연 및 혼합조제 조미료 제조업
		10743	장류 제조업
		10749	기타 식품 첨가물 제조업
		10796	건강보조용 액화식품 제조업
		10797	건강기능식품 제조업
		10799	그 외 기타 식료품 제조업
		10800	동물용 사료 및 조제식품 제조업
		20433	화장품 제조업

9. 울산지역 주력산업

번 호	주력산업명	KSIC	세세분류업종명
1	친환경가솔린 자동차부품	30310	자동차 엔진용 부품 제조업
		30320	자동차 차체용 부품 제조업
		32011	운송장비용 의자 제조업
2	정밀화학	19229	기타 석유정제물 재처리업
		20111	석유화학계 기초화학물질 제조업
		20131	무기안료 및 기타금속산화물 제조업
		20132	합성염료, 유연제 및 기타 착색제 제조업
		20202	복합비료 제조업
		20302	합성수지 및 기타 플라스틱물질 제조업
		20303	가공 및 재생 플라스틱원료 생산업
		20421	일반용 도료 및 관련 제품 제조업
		20431	계면활성제 제조업
		20432	치약, 비누 및 기타 세제 제조업
3	조선기자재	31111	강선 건조업
		31114	선박 구성부분품 제조업
4	에너지부품	25122	설치용 금속탱크 및 저장용기 제조업
		25991	금속캔 및 기타 포장용기 제조업
		28111	전동기 및 발전기 제조업
		28112	변압기 제조업
		28122	배전반 및 전기자동제어반 제조업
		28302	기타 절연선 및 케이블 제조업
		29131	액체 펌프 제조업
5	환 경	37011	하수 처리업
		37012	폐수 처리업
		37021	분뇨 처리업
		37022	축산분뇨 처리업
		38210	지정 외 폐기물 처리업
		38220	지정 폐기물 처리업
		38230	건설 폐기물 처리업
		38301	금속원료 재생업
		38302	비금속원료 재생업
		39001	토양 및 지하수 정화업
		39009	기타 환경 정화 및 복원업

10. 전남지역 주력산업

번 호	주력산업명	KSIC	세세분류업종명
1	금속소재·가공	24121	열간 압연 및 압출 제품 제조업
		24123	철강선 제조업
		24132	강관 제조업
		24191	도금, 착색 및 기타 표면처리강재 제조업
		24199	그 외 기타 1차 철강 제조업
		24212	알루미늄 제련, 정련 및 합금 제조업
		24219	기타 비철금속 제련, 정련 및 합금 제조업
		24222	알루미늄 압연, 압출 및 연신제품 제조업
		24321	알루미늄주물 주조업
		24329	기타 비철금속 주조업
		25119	기타 구조용 금속제품 제조업
		25912	금속단조제품 제조업
		25913	금속압형제품 제조업
		25943	금속선 가공제품 제조업
		29294	주형 및 금형 제조업
2	바이오 식품	10121	가금류 가공 및 저장 처리업
		10129	기타 육류 가공 및 저장처리업
		10211	수산동물 훈제, 조리 및 유사조제식품 제조업
		10212	수산동물 건조 및 염장품 제조업
		10301	과실 및 채소 절임식품 제조업
		10309	기타 과실 · 채소가공 및 저장처리업
		10402	식물성유지 제조업
		10501	액상시유 및 기타 낙농제품 제조업
		10743	장류 제조업
		10797	건강기능식품 제조업
		10798	도시락 및 식사용 조리식품 제조업
		11209	기타 비알콜음료 제조업
3	석유화학기반 고분자소재	20111	석유화학계 기초화학물질 제조업
		20132	합성염료, 유연제 및 기타 착색제 제조업
		20302	합성수지 및 기타 플라스틱물질 제조업
		20303	가공 및 재생 플라스틱원료 생산업
		20421	일반용 도료 및 관련 제품 제조업
		20431	계면활성제 제조업
		20493	접착제 및 젤라틴 제조업
		22212	플라스틱 필름, 시트 및 판

		22222	저장용 및 위생용 플라스틱제품 제조업
		22232	포장용 플라스틱 성형용기 제조업
		22240	기계장비 조립용 플라스틱제품 제조업
		22250	플라스틱 발포 성형제품 제조업
4	에너지설비	25113	금속 조립구조재 제조업
		27216	산업처리공정 제어장비 제조업
		28111	전동기 및 발전기 제조업
		28121	전기회로 개폐, 보호 및 접속 장치 제조업
		28302	기타 절연선 및 케이블 제조업
		28303	절연 코드세트 및 기타 도체 제조업
		28909	그 외 기타 전기장비 제조업
		29142	기어 및 동력전달장치 제조업
		72129	기타 엔지니어링 서비스업

11. 전북지역 주력산업

번 호	주력산업명	KSIC	세세분류업종명
1	기계부품 산업	22240	기계장비 조립용 플라스틱제품 제조업
		29111	내연기관 제조업
		29119	기타 기관 및 터빈 제조업
		29142	기어 및 동력전달장치 제조업
		29210	농업 및 임업용 기계 제조업
		29222	금속 절삭기계 제조업
		29223	금속 성형기계 제조업
		29229	기타 가공공작기계 제조업
		29241	토목공사 및 유사용 기계장비 제조업
		29299	그 외 기타 특수목적용 기계 제조업
		31322	항공기용 부품 제조업
2	건강기능 식품산업	10121	가금류 가공 및 저장 처리업
		10301	과실 및 채소 절임식품 제조업
		10501	액상시유 및 기타 낙농제품 제조업
		10619	기타 곡물 가공품 제조업
		10712	빵류 제조업
		10730	면류, 마카로니 및 유사식품 제조업
		10743	장류 제조업
		10795	인삼식품제조업
		10797	건강기능식품제조업
		10798	도시락 및 식사용 조리식품 제조업
		11111	탁주 및 약주 제조업
		27111	방사선장치제조업
3	해양설비 기자재산업	20302	합성수지 및 기타 플라스틱물질 제조업
		24132	강관 제조업
		24312	강주물 주조업
		25113	금속 조립구조재 제조업
		25119	기타 구조용 금속제품 제조업
		28119	기타 발전기 및 전기변환장치 제조업
		28122	배전반 및 전기자동제어반 제조업
		29133	탭, 밸브 및 유사장치 제조업
		29175	액체 여과기 제조업
		31111	강선 건조업
		31114	선박 구성부분품 제조업
		31119	기타 선박 건조업

4	경량소재 성형산업	24121	열간 압연 및 압출 제품 제조업
		24191	도금, 착색 및 기타 표면처리강재 제조업
		24212	알루미늄 제련, 정련 및 합금 제조업
		24290	기타 1차 비철금속 제조업
		25112	구조용 금속판제품 및 금속공작물 제조업
		25912	금속단조제품 제조업
		25913	금속압형제품 제조업
		25923	도장 및 기타 피막처리업
		25929	그 외 기타 금속가공업
		29294	주형 및 금형 제조업
5	복합섬유소재 산업	20501	합성섬유 제조업
		23999	그 외 기타 분류 안된 비금속 광물제품 제조업(탄소코드)
		13101	면 방적업
		13211	면직물 직조업
		13223	커튼 및 유사제품 제조업
		13224	천막 및 기타 캔버스 제품 제조업
		13310	편조원단 제조업
		13402	직물 및 편조원단 염색 가공업
		14120	내의 및 잠옷 제조업
		14191	셔츠 및 체육복 제조업
		14194	유아용 의복 제조업
		14411	스타킹 및 기타 양말 제조업

12. 제주지역 주력산업

번 호	주력산업명	KSIC	세세분류업종명
1	물응용 산업	11111	탁주 및 약주 제조업
		11113	맥아 및 맥주 제조업
		11119	기타 발효주 제조업
		11122	소주 제조업
		11201	얼음 제조업
		11202	생수 생산업
		11209	기타 비알콜음료 제조업
		10796	건강보조용 액화식품 제조업
		36010	생활용수 공급업
		36020	산업용수 공급업
		39001	토양 및 지하수 정화업
		70111	물리, 화학 및 생물학 연구개발업
		96121	욕탕업
2	청정헬스푸드 산업	10129	기타 육류 가공 및 저장처리업
		10309	기타 과실채소 가공 및 저장처리업
		10742	천연 및 혼합조제 조미료 제조업
		10792	차류 가공업
		10743	장류 제조업
		10797	건강기능식품 제조업
		10800	동물용 사료 및 조제식품 제조업
		10220	수산식물 가공 및 저장 처리업
		10301	과실 및 채소 절임식품 제조업
		10501	액상시유 및 기타 낙농제품 제조업
		10713	코코아 제품 및 과자류 제조업
		10749	기타 식품 첨가물 제조업
		10794	두부 및 유사식품 제조업
		10799	그 외 기타 식료품 제조업
		10212	수산동물 건조 및 염장품 제조업
3	관광 디지털 콘텐츠 산업	58211	온라인 · 모바일 게임 소프트웨어 개발 및 공급업
		58222	응용소프트웨어 개발 및 공급업
		59111	일반 영화 및 비디오물 제작업
		59112	애니메이션 영화 및 비디오물 제작업
		59113	광고 영화 및 비디오물 제작업
		59114	방송 프로그램 제작업
		60210	지상파 방송업

		61210	유선통신업
		62010	컴퓨터 프로그래밍 서비스업
		63120	포털 및 기타 인터넷 정보매개 서비스업
		73203	시각 디자인업
		90132	비공연 예술가
		90199	그 외 기타 창작 및 예술 관련 서비스업
		90221	박물관 운영업
4	풍력 전기차 서비스 산업	28111	전동기 및 발전기 제조업
		29192	용기세척 포장 및 충전기 제조업
		35119	기타 발전업
		35120	송전 및 배전업
		58221	시스템 소프트웨어 개발 및 공급업
		61299	그 외 기타 전기 통신업
		70119	기타 자연과학 연구개발업
		72121	건물 및 토목엔지니어링 서비스업
		72122	환경컨설팅 및 관련 엔지니어링 서비스업
		72129	기타 엔지니어링 서비스업
		74100	사업시설 유지관리 서비스업
		75320	보안시스템 서비스업
		95119	기타 일반 기계 및 장비 수리업
		95123	전기 및 정밀기기 수리업

13. 충남지역 주력산업

번 호	주력산업명	KSIC	세세분류업종명
1	자동차부품 산업	24191	도금, 착색 및 기타 표면처리강재 제조업
		25923	도장 및 기타 피막처리업
		28421	운송장비용 조명장치 제조업
		29132	기체 펌프 및 압축기 제조업
		29172	공기조화장치 제조업
		30121	승용차 및 기타 여객용 자동차 제조업
		30202	트레일러 및 세미트레일러 제조업
		30310	자동차 엔진용 부품 제조업
		30320	자동차 차체용 부품 제조업
		30391	자동차용 동력전달장치 제조업
		30392	자동차용 전기장치 제조업
		30399	그 외 기타 자동차부품 제조업
		32011	운송장비용 의자 제조업
2	인쇄전자부품 산업	22212	플라스틱 필름, 시트 및 판 제조업
		22299	그 외 기타 플라스틱 제품 제조업
		26110	전자집적회로 제조업
		26221	인쇄회로기판 제조업
		26222	전자부품 실장기판 제조업
		26299	그 외 기타 전자부품 제조업
		29271	반도체 제조용 기계 제조업
3	디스플레이 산업	23121	유리섬유 및 광학용 유리 제조업
		23122	판유리 가공품 제조업
		23129	기타 산업용 유리제품 제조업
		26211	액정 평판 디스플레이 제조업
		26219	플라즈마 및 기타 평판 디스플레이 제조업
		27321	광학렌즈 및 광학요소 제조업
		29272	평판디스플레이 제조용 기계 제조업
4	동물식의약 산업	10800	동물용 사료 및 조제식품 제조업
		21101	의약용 화합물 및 항생물질 제조업
		21102	생물학적 제제 제조업
		21210	완제 의약품 제조업
		21230	동물용 의약품 제조업
		21300	의료용품 및 기타 의약 관련 제품 제조업
		27213	물질 검사, 측정 및 분석기구 제조업

14. 충북지역 주력산업

번 호	주력산업명	KSIC	세세분류업종명
1	반도체 산업	26110	전자집적회로 제조업
		26120	다이오드 트랜지스터 및 유사 반도체소자 제조업
		29271	반도체 제조용 기계 제조업
2	바이오의약 산업	21101	의약용 화합물 및 항생물질 제조업
		21102	생물학적 제제 제조업
		21210	완제 의약품 제조업
		21220	한의약품 제조업
		21230	동물용 의약품 제조업
		21300	의료용품 및 기타 의약 관련 제품 제조업
3	전기전자 부품산업	26211	액정 평판 디스플레이 제조업
		26221	인쇄회로기판 제조업
		26222	전자부품 실장기판 제조업
		26293	전자저항기 제조업
		26294	전자카드 제조업
		26299	그 외 기타 전자부품 제조업
		26322	컴퓨터 모니터 제조업
		26329	기타 주변기기 제조업
		30392	자동차용 전기장치 제조업
		58221	시스템소프트웨어 개발 및 공급업
		58222	응용소프트웨어 개발 및 공급업
4	태양광 산업	20119	기타 기초유기화학물질 제조업
		20129	기타 기초무기화학물질 제조업
		26292	전자축전기 제조업
		26295	전자코일 변성기 및 기타 전자유도자 제조업
		28111	전동기 및 발전기 제조업
		28119	기타 발전기 및 전기변환장치 제조업
		28122	배전반 및 전기자동제어반 제조업
5	동력기반 기계부품 산업	25113	금속 조립구조재 제조업
		25941	금속파스너 및 나사제품 제조업
		25943	금속선 가공제품 제조업
		30320	자동차 차체용 부품 제조업
		30391	자동차용 동력전달장치 제조업
		30399	그 외 기타 자동차 부품 제조업

참고문헌

국내 문헌

강근복(2002). 정책분석론, 대영문화사.
강현수 외(2001). 공간이론의 사상가들, 국토연구원.
강현수 · 정준호(2004). 세계의 지역혁신체계 사례분석, 응용경제, 6(20).
고석남(1998). 테크노파크와 지역경제, 경상대학교산업경제연구소.
고석찬(2004). 지역혁신 이론과 전략 과학기술단지와 테크노 폴리스 조성, 대영문화사.
고석찬 · 김인환(1999). 과학기술정책과 지역발전, 과학기술정책연구원.
고영선 · 김주훈(2006). 지역전략산업진흥사업(4+9사업) 심층평가 보고서, 한국개발연구원.
고유상 · 고정민 · 권오혁 · 김득갑 · 박용규 · 복득규 · 심상민(2003). 한국 산업과 지역의 생존전략, 클러스터, 삼성경제연구소.
고재경 · 주정현(2014). 유럽 에너지자립마을 중간지원조직의 역할과 특징연구, 환경정책, 22(2): 101－135.
______(2012). 경기도 저탄소 녹색마을 중간지원조직 발전방안 연구, 경기개발연구원.
과학기술부(2001). 지역혁신을 위한 지식클러스터 실태분석, 과학기술정책연구 정책연구, 2001－08.
과학기술부 · 과학기술정책연구소(1999). 지방과학기술연감.
과학기술정책연구원(2003). 과학기술의 질적 제고 및 불균형 완화.
______(2007). 국가혁신체제에서의 국가의 역할 연구.

구문모(2005). 국내 지방광역시의 창조산업 특성화를 위한 구조조정 기본방안, 한국지역개발학회지, 19(20): 95－119.
＿＿＿(2007). 창조산업의 경제적 기여와 서울시의 정책적 함의, 서울도시연구, 6(4): 101－120.
국가균형발전위원회(2005). 선진국의 혁신 클러스터, 동도원.
국토개발연구원(1986). 첨단산업과 지역발전방향.
국토연구원(2004). 공간분석기법, 아카데미 한울.
권영섭(2001). 시범 테크노파크사업과 지역혁신체제 구축, 국토연구원.
권영섭・변세일・김태환(2007). 국가균형발전을 위한 지역전략산업 클러스터 촉진방안, 국토연구원.
권오상 외 14명(2004). 공간분석기법, 국토연구원.
권오혁(1995). 연구개발활동의 공간적 입지연구, 서울대 환경대학원 박사학위 논문.
권호혁・조기현・김홍석(2002). 지역전략산업 육성을 위한 지방자치단체의 역할, 한국지방행정연구원.
김갑성・송영필(1997). 지역의 산업구조가 지역경제에 미치는 영향분석, 삼성경제연구소.
＿＿＿(1999). 지역의 산업구조 다양성이 지역경제에 미치는 영향분석, 지역연구, 15(1).
김경아(2009). 창조산업 기업혁신의 영향요인에 관한 연구: 문화산업 정부지원을 중심으로, 한국거버넌스학회보, 16(3): 187－208.
김경환・김종적(2006). 맨큐의 경제학, 교보문고.
김계숙(2010). 산업구조 특화와 다양성이 지역산업고용성장과 근로소득 불평등에 미친영향, 단국대대학원 박사학위 논문.
김대중(2010). 테크노파크의 지역전략산업 지원효과에 관한 연구: 충남의 산업구조변화와 지역경제성장과의 관계를 중심으로, 단국대학교 박사학위 논문.
＿＿＿(2014). 고성장 산업군의 발굴 및 육성전략: 가젤산업에 대한 시론을 중심으로, 한국산학기술학회, 15(5): 2821－2830.
김대중・김태연(2014). 지역전략산업의 지역경제성장 효과분석: 충청남도를 중심으로, 한국산학기술학회, 15(4): 2085－2092.
김대중・김태진(2014). 지역발전을 위한 지역산업정책의 개선방향에 관한 연구: 충남 전략산업의 산업집적과 지역경쟁력간의 관계분석을 중심으로, 한국지역개발학회지, 26(3): 31－50.
김대중・김학민(2014). 충남가젤산업의 기술수준 및 산업구조분석, 한국경제지리학회지, 17(2): 1－14.
김범식・김종훈(1995). 지역별 경제현황 비교 및 산업의 특화정도와 효율성 분석, 삼성경제연구소.
김선배・정준호・이진면(2005). 산업클러스터의 효율성 진단(모형) 연구, 산업연구원.
김성록(2012). 산업의 지역간 파급효과에 의한 연계성 분석, 한국경제지리학회지, 15(3):

424－436.
김영수·김선배·오형나(2007). 지역산업정책 10년의 성과와 과제: 지역산업진흥사업을 중심으로, 산업연구원.
김용웅·차미숙(1998). 지역개발정책의 이론과 실제, 국토개발연구원.
_____(2001). 지역개발사업의 파급효과 분석기법 및 적용연구, 국토연구원.
김용환(2007). 산업클러스터의 형성에 관한 연구, 조선대학교 대학원 박사학위 논문.
김원규·김인철(2008). 한국 산업정책의 과거와 현재 그리고 미래, e－kiet산업경제정보, 제379호(2008－5), 산업연구원.
김재현·장주연·이효정(2011). 농촌지역 활성화를 위한 기업의 지역사회 투자활동과 중간지원조직의 역할: 농촌사랑국민운동본부의 1사1촌 운동을 사례로, 한국경제지리학회지, 14(2): 211－224.
김정호·박문호·김태연(2004). 지역농업 클러스터의 형성과 발전 방향, 한국농촌경제연구원.
김정홍(2012). 가젤지역의 산업 및 기업 특성 분석, KIET 지역경제, 36－48.
김종범(1993). 과학기술정책론, 대영문화사.
김주한·김선배·최윤희(2003). 바이오클러스터의 성공조건과 발전방안, 산업연구원.
김천권(2004). 도시개발과 정책, 대영문화사.
김태연(2010). 내생적 지역발전의 새로운 전개, 내생적 지역발전 세미나 발표자료, 충남발전연구원.
김태연·고경호·김대중·홍동욱(2015). 충남 경제생태계 활성화를 위한 중간지원조직 기초 실태조사 연구, 충남연구원.
김태운(2014). 창조경제 패러다임에서의 지방과학기술정책의 개선방향:대구·경북의 사례를 중심으로, 한국경제지리학회지, 17(1): 45－68.
김태진(2006). 행정계량분석의 이론과 활용, 대영문화사.
김태운·박문수(2013). 산학협력 정책의 통합적 운영의 한계: 정책행위자들의 구조적·환경적 요인을 중심으로, 한국지방자치연구, 15(2): 67－91.
김학민·고석찬·권경득·김성종·김익진·허용정·최연·이사영·오덕성·강병주·임양빈(2000). 충남테크노파크 종합발전계획, 충남테크노파크.
김학민·고석찬·오덕성·권영섭·이우배·홍승훈(2004). 충남테크노파크 자립화 및 천안밸리 운영에 관한 연구, 충남테크노파크.
김홍배(2005). 도시 및 지역경제 분석론, 기문당.
김홍주(2010). 창조성의 공간적 특성과 도시성장의 관계, 지역경제, 6(3): 6－25.
남영호(1991). 과학단지의 유형분석과 대덕연구단지조성의 문제점 검토, 과학기술정책동향 제10호, 과학기술정책관리연구소.
노준석(2009). 영국 창조 산업의 사례분석 및 벤치마킹 방안, 한국콘텐츠진흥원 포커스, 9(1): 1－38.
노화준·안해균(1991). 정부의 과학기술혁신정책이 중소기업의 연구개발활동에 미친 영향,

행정논총, 29(2), 행정대학원.
류수열 · 최기홍 · 윤성민(2013). 산업구조 다양성이 지역경제의 성과에 미치는 영향, 지역사회연구, 21(1): 73-94.
류지성(2007). 정책학, 대영문화사.
마상진(2011). 사회적기업 역량강화를 위한 중간지원조직 육성과 네트워크 활성화, 한국농촌경제연구원.
문화관광부(2003). 2003 문화산업백서.
미래창조과학부(2013). 과학기술과 ICT를 통한 창조경제와 국민행복 실현, 2013. 4. 18일자 보도자료.
미야모토겐이치, 심재희 역(2004). 지역경제학, 전남대학교출판부.
민경휘 · 김영수(2003). 지역별 산업집적의 구조와 집적경제 분석, 산업연구원.
박경(2005). 지역정책인가신성장정책인가?, 경제발전연구, 11(1).
______(2008). 대안적 지역발전 전략으로서 내생적 발전론, 사회과학연구, 제47집.
박삼옥(1996). 한국 첨단산업의 지방화와 세계적 연계망, 국토계획, 31(1).
______(2005). 현대경제지리학, 아르케.
박성익 · 유병철(2007). 과학기술을 고려한 지역산업구조의 추이와 지역경제성장의 관계 분석, 지역연구, 23(2): 117-147.
박용규(2005). 한국 산업클러스터의 공간적 분포특성, 서울시립대학교 박사학위 논문.
박종화 · 윤대식 · 이종열(2006). 지역개발론, 박영사.
박희봉(2009). 사회자본, 조명문화사.
배병일(2002). 테크노파크에 관한 법적 문제점과 개선방안, 영남법학.
변창욱(2005). 지역산업구조의 다양성과 안정성, 산업경제분석, 산업연구원.
변창욱 · 장재홍(2013). 지역별 사회간접자본(SOC) 분포 및 정책방향, 산업연구원.
변필성 · 김광익 · 김태환(2005). 지역 경쟁력과 경제발전 간의 관계: 변이할당분석기법의 고용성장에의 적용을 토대로, 한국경제지리학회, 8(2): 267-268.
복득규(2003). 해외성공클러스터의 네트워크 구조: 실리콘밸리와 도요타 시티의 사례분석을 중심으로, 지역사회연구, 11(1).
산업통상자원부(2013). 산업통상자원부 지침.
삼성경제연구소(2003). 중소기업 활로 모색을 위한 긴급제언.
서울시정개발연구원(2011). 서울시 창조산업 육성을 위한 전략적 방안.
서원석 · 이종천 · 정지은 · 김영환(2009). 한국테크노파크 2020 발전 전략 및 개선 방안 연구, 한국테크노파크 협의회.
송두범(2011). 충남 사회적경제 중간지원조직의 역할과 과제, 열린충남, 56호(2011, 가을호): 31-39.
신정철(1998). 미국실리콘밸리와 우리나라의 테크노파크조성 연구, 국토개발연구원(현 국토연구원).

안상협 · 최원일 · 이선희(2004). 지역경제활성화를 위한 지역특화산업 육성방안, 동서대학교.
여상일(2002). 지역특화산업육성을 위한 지방자치단체의 역할, 한국지방행정연구원.
오덕성 · 박천보(1994). 21세기 대전지역 과학기술도시개발의 방향과 주요 과제, 지역개발논총, 제6집, 충남대학교 지역개발연구소.
오영석 · 김원규 · 김인철 · 민혁기(2009). 경제위기 이후의 성장잠재력 확충을 위한 산업구조고도화 촉진전략, 산업연구원.
오영석 · 이진면 · 藤川清史(2006). 개방경제하에서의 산업구조 고도화와 그 성과측정에 관한 연구, 산업연구원.
윤우진 · 김인철(2008). 산업정책의 새로운 패러다임과 시사점, e-kiet산업경제정보, 제376호(2008-2). 산업연구원,
윤진효(2008). 클러스터, 클러스터 정책의 이론, 쟁점 및 사례 검토, 산업기술재단.
윤칠석91999). 일본의 테크노폴리스 경험이 한국의 테크노파크 육성정책에 주는 교훈, 한국지역개발학회.
이가종(1990). 기술혁신전략, 나남신서.
이규명 · 김진열 · 정문기(2013). 창조산업과 지역경제발전, 2013 한국정책학회 하계학술대회 겸 국제학술대회 발표, 93-126.
이덕희 · 박재곤(1999). 과학기술집적지 발전방안, 산업연구원.
이미홍 · 김재현 · 장주연(2011). 사회연결망 분석을 이용한 중간지원조직 분석: LH 초록사회위원회 지원사업을 중심으로, 한국사회와 행정연구, 22(1): 141-178.
이상일 · 이강우 · 김명엽 · 박근석 · 이정화 · 배진희 · 김민균 · 강희동 · 임수경(2007). 2단계 테크노파크조성사업 기획, 한국산업기술평가원.
이상호(2014). 산업집적 구조변화와 지역노동시장 성과, 한국노동연구원,
이성근(1999). 국가지원 시범 테크노파크의 계획적 특성과 정책방향, 한국지역개발학회.
이양현, 심상규(2007). 중소기업의 성장단계 판별모형에 관한 연구, 중소기업연구, 29(2).
이종하 · 박성훈(2010). 산업집적 외부성에 관한 연구, GRI연구논총, 12(2): 149-170.
이철우 · 이종호 · 김명엽(2003). 지역혁신체제에 있어 지역개발기구의 역할: 이탈리아 에밀리아 로마냐 지역개발기구(ERVET 시스템)를 사례로, 한국경제지리학회지, 6(1): 1-20.
이희연 · 황은정(2008). 창조산업의 집적화와 가치사슬에 따른 분포특성: 서울을 사례로, 국토연구, 58: 71-93.
임채윤 · 서지영 · 이광호 · 김병우 · 김영훈 · 김병기(2006). 한국형 벤처생태계 활성화 방안, 정책연구, 2006-01, 과학기술정책연구원.
임혜란(2007). 한국, 일본, 대만의 사회적 자본에 관한 비교연구 : 클러스터에서의 신뢰를 중심으로, 한국정치연구, 16(2).
장덕제 외(2004). 풀어쓴 정책학 강의, 도서출판 대경.
장재홍(2008). 지역경제 발전을 위한 새로운 정책 패러다임 모색, 응용경제, 10(2).

장재홍·정종석·박재곤92002). 지역산업정책 평가시스템 구축에 관한 연구, 산업연구원.
장재홍·송하율·김찬준·김동수·변창욱·서정해·정준호(2012). 한국 지역정책의 새로운 도전, 산업연구원.
장재홍·정종석·박재곤(2002). 지역산업정책 평가시스템 구축에 관한 연구, 산업연구원.
장후은(2015). 국내 산학협력정책 동향 분석, (사)하늑지역지리학회 하계 학술대회 특별심포지엄 "산학협력과 지역대학 발전", 26-29.
전상곤·공철·김용민·박한울(2012). 수도권과 동남권의 산업집적 효과 비교 분석, 한국지역개발학회, 24(3): 125-142.
정경희(2008). 한국과 일본의 혁신클러스터 육성정책에 관한 연구, 강원대학교 박사학위 논문.
정규호(2012). 한국 도시공동체운동의 전개과정과 협력형 모델의 의미, 정신문화연구, 35(2): 7-34.
정문호(1997). 대전지역 테크노폴리스 활성화 방안, 내무부 지방행정연수원.
정수화·이한주·이화진(2011). 경기도 사회적기업 중간지원조직의 역할 및 운영방안, 경기복지재단.
정한규(2004). 재무관리원론, 경문사.
정홍열(2011). 지역경제학, 시스마프레스.
조형제·이성균·리차드 차일드 힐(2001). 지역혁신체제의 형성과 발전: 울산 산업지구의 사례, 지역사회학, 제3호.
지식경제부(2012). 신지역특화산업 육성사업 개편 가이드라인.
최병훈(2008). 산업클러스터 내에서 사회적 자본과 구조적 요인이 혁신성과에 미치는 영향에 관한 연구, 서울산업대학교 박사학위 논문.
최해옥(2012). 지식집약산업의 공간과 네트워크 형성과정에 대한 공진화적 고찰, 한국경제지리학회지, 15(4): 628-641.
충청남도(2004). 제1차 지역혁신발전 5개년 계획, 충청남도.
특허청(2008). 특허분류와 한국표준산업분류의 연계표 작성에 관한 연구.
한국개발연구원(2004). 정보화사업 사전타당성분석 방법론 연구, 한국전산원.
한국경제연구원(1994). 새로운 기술개발체제의 확립.
한국산업기술진흥원(2011). 산업기술생태계 관점에서 본 기술이전사업화의 새로운 패러다임.
한국산업기술평가원(2004). 테크노파크 중심의 지역기술혁신체제 구축방안 연구.
______(2009). 2009년도 지역산업진흥사업 안내.
현재호(1996). 과학기술단지의 조성동향과 향후 정책추진 방향, 과학기술정책관리연구소.
현재호·황병호(1998). 과학기술지방화와 과학기술협력, 과학기술정책연구소.
홍사균(2004). 과학기술정책연구의 체계적 접근, 과학기술정책연구원.
홍형득(1997). 지방정부의 지역혁신체제 구축을 위한 테크노폴리스 조성전략: 대덕연구단지와 대전광역시를 중심으로, 한국정책학회보, 6(2), 한국정책학회.

국외 문헌

Acs, Z. J., Parsons, W., & Tracy S.(2008). "*High-Impact Firms: Gazelles Revisited*", SBA.

Amin, A.(1999). "*The Emilian Model: Institutional Challenges*", European Planning Studies, 7(4): 389-405.

Andrikopoulos, A., Brox, J. & Carvalho. E.(1990). *Shift-Share Analysis and the Potential for Predicting Regional Growth Patterns: Some Evidence for the Region of Quebec, Canada*. Canada, Growth and Change, 21(1).

AURP(1996). *Worldwide Research Science Park Directory*.

Barro, R.(1991). "*Economic Growth in a Cross Section of Countries*," Quarterly Journal of Economics 106(2): 407-443; Noland, M. & H. Pack(2003). *Industrial Policy in an Era of Globalization: Lessons from Asia*, Institute for International Economics; World Bank(1993). *The East AsianMiracle: Economic Growth and Public Policy*.

Begg, I., Moore B., & Altunbas, Y.(2002). "*Long-run trends in the competitiveness of British cities*," in Begg, I.(ed.), Urban Competitiveness: Policies for Ddynamic Cities, Bristol, UK: The Policy Press, 101-133.

Bellini, N. & Pasquini, F.(1998). "*The case of ERVET in Emilia-Romagna: towards a second-generation regional development agency*", in Halkier, H., Danson, M. & Damborg, C.(eds.), Regional Development Agencies in Europe, London, Jessica Kingsley, 253-270.

Birch, D. L. & J. Medoff(1994). "*Gazelles*", in Lewis C. S. & A. R. Levenson(eds.), Labor Markets, "Employment Policy and Job Creation", Boulder: Westview Press.

Birch, D. L., A. Haggerty & W. Parsons(1997). *Who is Creating Jobs?*, Cognetics, Inc.

Blank, M. J., Deich, S., Kazis, R., Bolitz, B. & S. Trippe(2003). "*Local Intermediary Organizations: Connecting the Dots for Children, Youth, and Families*", Partners for the Intermediaries Report, 1-8.

Bourdieu, P.(1986). *The forms of capital*, In Richardson J.(ed.), Handbook of Theory and Research for the Sociology of Education, New York, Greenwood, 241-258.

Braczyk, Hans-Joachim, P. Cooke, & M. Heidenreich(1998). *Regional Innovation System*, UCL Press.

Briggs, Z.(2003). "*Working the Middle: Roles and Challenges of Intermediaries*", The Community Problem-Solving Project@MIT. available at www.communityproblem-solving.net.

Brown, D. & A. Kalegaonkar(2002). "*Support Organizations and the Evolution of the NGO Sector*", Nonprofit and Voluntary Sector Quarterly, 31(2): 231-258.

Brusco, S.(1982). "*Small firms and the provision of real services*", in Pyke, F. & Sengenberger, W.(eds.), Industrial Districts and Local Economic Regeneration, Geneva, ILO.

Brusco, S.(1992). "*The Emilian Model: productive decentralization and social integration*", Cambridge Journal of Economics, 6: 167–184.

Camagni, R.(1991). *Innovation Network: Spatial Perspective*, London and Newyork: Bellhaven Press.

Capello, R.(1999a). *SME Clustering and Factor Productivity: A Milieu Production Function Model.* European Planning Studies, 7(6): 719–735.

______(1999b). *Spatial transfer of knowledge in High Technology Milieux: learning Versus Collective Learning Process*, Regional Studies, 33(4): 353–365.

Caves, R.(2000). *Creative Industries: contracts Between Art and Commerce*, Cambridge, Harvard university Press.

CISG(Creative Industries Strategy Group)(2003). *Economic Contributions of Singapore's Creative Industries*, Economic Survey of Singapore First Quarter, Ministry of Information, Communications and the Arts.

Compass Partnership(2004). "*Working Towards an Infrastructure Strategy for the Voluntary and Community Sector*", available at http://www.compasspartnership.co.uk/pdf/pr_1.pdf.

Conroy, M. E.(1975). "*The Concept and Measurement of Regional Industrial Diversification,*" Southern Economic Journal, 41(3): 492–505.

Cook, P. & Lazzeretti. L.(eds.)(2008). *Creative Cities. Cultural Clusters and Local Economic Development*, Cheltenham: Edward Elgar.

Cooke, P. & Clifton, N.(2002). *Social Capital and SME performance in the United Kingdom*, Paper Prepared for Workshop on Entrepreneurship in the Modern Space–Economy: Evolutionary and Policy Perspectives. Timbergen Institute, Amsterdam.

Cooke, P. & K. Morgan(1998). *The Associational Economy: Firms, Regions, and Innovations*, Oxford: Oxford University Press.

Coy. P.(2000). *The Creative Economy*, Business Week Online. August 28.

DCMS(Department of Culture, Media and Sport)(1998–2001). "*Creative Industries Mapping Document.* London."

DelNet & ASTER(2002). *Emilia–Romagna Region and the ERVET System(Italy) Integrated Regional Development*, Working paper No. 12, ILO.

Diamond, Charles. A. & Simon, Curtis J.(1990). "*Industrial Specialization and the Return to Labor,*" Journal of Labor Economics, 8(2): 175–201.

Dunn, William N.(1981). *Public Policy Analysis.* Englewood Cliffs, NJ: Prentice–Hall.

Eaton, B. C. & R. G. Lipsey(1976). *The introduction of space into the neoclassical model of value theory*, in M. l. Greenhut & G. Norman(eds.), The Economics of Location, London: Elgar.

Feibleman, J. K.(1961). "*Pure Science, Applied Science, Technology, Engineering: An Attempt at Definition*", Technology and Culture, 2(4): 305–317.

Fiedler, Heinz.(1993). "*The Role of Science and Technology Parks in Regional Economic Development*", NISTEP Workshop paper.

Florence, P. S.(1948). *Investment, Location and Size of Plant*, Cambridge: Oxford University Press.

Florida. R.(2002). *The rise of the Creative Class–and How it Transforming Work*, Leisure, Community and Everyday Life, New York: Basic Books.

Gertler, M.(2001). "*Best practices? Geography, learning and the institutional limits to strong convergence*", Journal of Economic Geography, 1(1): 5–26.

Gibbs, J. M.(1985). *Science Parks and Innovation Centers: Their Economic and Social Impact*, Amsterdam, Elsevier Science Publications.

Glasmeier, Amy(1990). *The Making of High Tech Regions*. Princeton: Princeton University Press.

Hargadon, A. & R. I. Sutton(1997). "*Technology Brokering and Innovation in a Product Development Firm*", Administrative Science Quarterly, 42: 716–749.

Hausman R. & D. Rodrik(2003). "*Economic Development as a Self–Discovery*," Journal of Development Economics, 72(2): 603–633.

Hausman, R., D. Rodrik, & A. Velasco(2005). "*Growth Diagnostics*," John F. Kennedy School of Government, March.

Hidalgo, et al(2007). "*The Product Space Conditions the Development of Nations*," Science, 317, July.

Hirsch, S.(1967). *Industrial Location and International Competitiveness*, Oxford, Clarendon Press.

Hoover, E. M.(1948). *Learn and Mean: The Changing Landspace of Corporate Power in the Age of Flexibility*, New York: Basic Books.

Howard Partners(2007). "*The role of Intermediaries in Support of Innovation*", Department of Industry, Tourism and Resources.

Howells, Jeremy(2006). "*Intermediation and the Role of Intermediaries in Innovation*", Research Policy, 35: 715–728.

Howkins, J.(2002). *The Creative Economy: How People Make Money From Ideas*, London. Penguin Global.

J. Friedmann(1966). *Regional Development Policy*, Mass: MIT Press, 121.

Jones, Charles O.(1984). *An Introduction to the Study of Public Policy*. Monterey, CA:

Brooks/Cole Publishing Co., 3rd ed.
Kellogg Foundation(2002). *Building Community Capacity: an Initial Inventory of Local Intermediary Organizations*, Assocaition for the Study and Development of Community.
Kenney, M. & Patton, D.(2003). *Innovation and Social Capital in Silicon Valley*. In Berkeley Roundtable on the International Economy: University of California, Berkeley, BRIE Working Paper, 155: 1-27.
Kondratieff, N.(1978). *The long waves in economic life*, Lliyds Bank Review, 129: 41-60.
Kort, John R.(1981). "*Regional Economic Instability and Industrial Diversification in the U.S.*," Land Economics 57: 596-608.
Kortum, S., & Putnam, J.(1997). *Assigning Patents to Industries: Tests of the Yale Technology Concordance.*, Economic Systems Research, 9(2): 161-175.
Laur, I., M. Klofsten & D. Bienkowska(2012). "*Catching regional development dreams: a study of cluster initiatives as intermediaries*", European Planning Studies, 20(11): 1909-1921.
Loesch, A.(1954). *The Economics of Location*, New Haven: Yale University Press.
Luger, M. I. & Harvey Goldstein(1991). *Technology in the Garden: Research Parks and Regional Economic Development*, Chapel Hill, N.C.: The University of North Carolina Press.
Marshall, A.(1890). *Principles of Economics*, London: Macmillan.
Massey, D. et al.(1992). *High Tech Fantasies: Science Parks in Society*, Science, and Space. London: Routledge.
McEvily, B., Zaheer, A.(1999). *Bridging ties: a source of firm heterogeneity in competitive capabilities*, Strategic Management Journal, 20: 1133-1156.
Mclaughlin G.(1930). *Industrial Diversification in American Cities*, Quarterly Journal of Economics, 44: 131-149.
Miller, R. & M. Cote(1987). *Growing the Next Silicon Valley: A Guide for Successful Regional Planning*, Lexington Books.
Mittilä, T.(2008). "*Intermediary Organisation in a Regional Development Network*", Conference on Regional Development and Innovation Processes, March 5th-7th, 2008, Porvoo-Borgå, Finland.
Mizuno, K., Mizutani, F. & Nakayama, N.(2006). "*Industrial Diversity and Metropolitan Unemployment Rate*," Annals of Regional Science, 40(1): 157-172.
Moss, T.(2009). "*Intermediaries and the governance of sociotechnical networks in transition*", Environment and Planning A, 41: 1480-1495.
N. Vanhove & Leo H. Klaassen(1987). *Regional Policy: A European Approach*, Avebury, 309-310.

Nilsson, M. & C. Sia－Ljungström(2013). "*The Role of Innovation Intermediaries in Innovation Systems*", Proceedings in System Dynamics and Innovation in Food Networks, North America, August.

NOIE(2003). *Creative Industries Cluster Study*, National Office for the Information Economy, Department of Communications, IT and the Arts, http://www.govenline.gov.au/publications/.NOIE/DICA/cluster_study_28 may. pdf.

______(2005). The National Office for the Information Economomym Austraia.

Nourse, H.(1968). *Regional Economics*, New York: McGraw－Hill.

OECD(www.oecd.org)(2003). *Classification of manufacturing industries into categories based on R&D intensities*, ANBERD and STAN databases, May.

OECD(1999). *Boosting Innovation: The Cluster Approach*, Paris: OECD.

______(2002). *Social Capital and Clusters*, East West Cluster Conference 28－31, October.

Porter, M. E.(1990). *The Competitive Advantage of Nations*, New York: Free Press.

______(1998a). *On Competition*. Cambridge, MA: Havard Business School Press.

______(1998b). *Clusters and the New Economics of Competition*. Havard Business School Review, Nov－Dec: 77－90.

Putmam, R. D.(1993). *Making Democracy Work: Civic Traditions in Modern Italy*. Princeton, NJ: Princeton University Press.

Pyke, F.(1994). *Small firms, technical services and inter－firm cooperation*, Geneva, ILO.

Richardson, H. W.(1969). *Regional Economics*, New York: Praeger.

Rodrik, D.(2007). "*Normalizing Industrial Policy*," John F. Kennedy School of Government, Harvard University, August 2007; "Industrial Policies for the Twenty－First Century," John F. Kennedy School of Government, September 2004.

Romer, Paul(1990). "*Endogenous Technological Change, Journal of Political Economy*", 98(5): 71－102.

Roy Rothwell & Walter Zegveld(1981). *Industrial Innovation and Public Policy*, Westport, Connecticut: Greenwood Press, 61.

Sanyal, P.(2006). "*Capacity Building Through Partnership: Intermediary Nongovernmental Organizations as Local and Global Actors*", Nonprofit and Voluntary Sector Quarterly, 35(1): 66－82.

Saxenian. A. L.(1996). *Regional Advantage: culture and competition in Sillicon Valley and Route 128*. Cambridge, MA and London: Havard University Press.

Simon, Curtis J.(1988). "*Frictional Unemployment and the Role of Industrial Diversity*," Quartely Journal of Economics, 103(4): 715－728.

Smilor, R. W., G. Kozmetsky & D. Gibson(1988). *Creating the Technopolis: Linking Technology Commercialization and Economic Development*, Cambridge: Ballinger

Publlishing Co.
Storey, D. J.(1994). "*Understanding the small business sector*", London: Routledge.
Technologie－Netzwerk Berlin e.V.(2001). *Promoting Local Employment in the Third System－The role of Intermediary Support Structures in Promoting Third System Employment Activities at Local Level*, Berlin: Technologie－Netzwerk Berlin e.V.
Thwaites A. & R. Lakey, eds.(1985). *The Regional Economic Impact of Technological Change*, New York, St Martin Press.
Tracy, Jr., S. L.(2011). "*Accelerating Job Creation in America: The Promise of High－Impact Companies*", SBA.
Tress, R. C.(1938). "*Unemployment and the Diversification of Industry*," Manchester School, 9: 140－152.
UNCTAD(2004). *Creative Industries and Development*, June. TD(XI), 13: 1－14.
Valentin, M.(2000). "*University cooperation: a framework of benefits and obstacles.*" Industry and Higher education, 14(3): 165－172.
Van der Meulen, B., Rip, A.(1998). *Mediation in the Dutch science system.* Research Policy, 27: 757－769.
Vernon, R.(1966). *International Investment and International Trade in the production cycle*, Quarterly Journal of Economics, 80: 190－207.
Weber, A.(1929). *Theory of the Location of Industries*, Chicago. University of Chicago Press.
Williams, R.(2002). "*Bologna and Emilia Romagna－A Model of Economic Democracy*", Paper presented to the annual meeting of the Canadian Economics Association, UNiversity of Calgary.
Yin, Robert K. et al.(1985). *Attracting High－Technology Firms to Local Areas: Lessons from Nine High－Technology and Industrial Parks*, Cosmos Corporation.

김대중

- 단국대학교 경영학사(전공: 회계학)
- 단국대학교 경영학석사(전공: 재무회계)
- 단국대학교 경제학박사(전공: 지역경제 및 산업정책)
- 현, 선문대학교 교수
- 전, 한국정책연구소 객원연구위원
- 전, 충남테크노파크 정책기획단 책임연구원
- 전, 충청남도중소기업연수원 경영기획실장
- 전, 경영컨설팅전문위원
- 전, 단국대학교/순천향대학교/선문대학교/나사렛대학교 출강
- 정책분석평가사, 기업기술가치평가사

〈최근 논문 및 저서〉

No	제 목	저 자	게재지	게재면 (권, 호, pp)	발표 년월
1	지역전략산업의 지역경제성장 효과분석: 충청남도를 중심으로	김대중 김태연	한국산학기술학회논문지	15(4): 2085 – 2092	2014년 4월
2	고성장 산업군의 발굴 및 육성전략: 가젤산업에 대한 시론을 중심으로	김대중	한국산학기술학회논문지	15(5): 2821 – 2830	2014년 5월
3	충남가젤산업의 기술수준 및 산업구조분석	김대중 김학민	한국경제지리학회지	17(2): 335 – 348	2014년 6월
4	지역발전을 위한 지역산업정책의 개선방향에 관한 연구: 충남 전략산업의 산업집적과 지역경쟁력간의 관계분석을 중심으로	김대중 김태진	한국지역개발학회지	26(3): 31 – 50	2014년 9월
5	산업구조 다양성과 고용창출 및 지역경쟁력간의 관계분석	김대중 경종수 정성훈	한국경제지리학회지	17(4): 786 – 300	2014년 12월
6	방위산업발전과 지역산업발전의 연계전략: 충남지역의 기동 및 통신전자산업을 중심으로	김대중 김태연	정책분석평가학회보	25(1): 59 – 85	2015년 3월
7	충청지역 창조산업 부문별 산업구조 특성분석	김대중 경종수 김태연	정책분석평가학회보	25(2): 197 – 219	2015년 6월
8	충남의 기술수준별 연구개발 및 산업특성에 관한 연구	김대중 고경호 이영훈 김태연	한국지역개발학회지	27(3): 167 – 180	2015년 9월
9	충남지역 창조산업의 산업분포 특성에 관한 연구	김대중 김태연	한국경제지리학회지	18(3): 319 – 334	2015년 9월
10	충남 시군별 창조산업 가치사슬별 산업구조 특성에 관한 연구	김대중	한국지역개발학회지	28(2): 1 – 18	2016년 6월

『지역 산업경제 분석론』(우리시스템 출판기획사업부, 2015)

지역산업분석

펴낸날 제1판 제1쇄 2016년 6월 20일
지은이 김대중
펴낸이 임춘환
펴낸곳 도서출판 대영문화사
주소 서울특별시 용산구 청파로 61길 5(청파동 1가) 제일빌딩 2층
등록 1975년 12월 26일 제3-16호
전화 (02)716-3883, (02)714-3062
팩스 (02)703-3839
홈페이지 http://www.dymbook.co.kr

ISBN 978-89-7644-555-1
값 20,000원